Grace Blakeley

Die Geburt der Freiheit aus dem Geist des Sozialismus

Wie das Kapital die Demokratie zerstört

AUS DEM ENGLISCHEN VON
ALEXANDER KRÜTZFELDT, CHRISTIAN ALEXANDER
HERSCHMANN UND TOM MÜLLER

TROPEN SACHBUCH

Tropen
www.tropen.de
J. G. Cotta'sche Buchhandlung Nachfolger GmbH
Rotebühlstr. 77, 70178 Stuttgart
Fragen zur Produktsicherheit: produktsicherheit@klett-cotta.de

Die Originalausgabe erschien unter dem Titel »Vulture Capitalism«
im Verlag ATRIA BOOKS, New York

Cover: Favoritbuero, München
Gesetzt von C.H.Beck.Media.Solutions, Nördlingen
Gedruckt und gebunden von CPI – Clausen & Bosse, Leck
ISBN 978-3-608-50274-9
E-Book ISBN 978-3-608-12393-7

Bibliografische Information der Deutschen Nationalbibliothek
Die Deutsche Nationalbibliothek verzeichnet diese Publikation in der
Deutschen Nationalbibliografie; detaillierte bibliografische Daten
sind im Internet über http://dnb.d-nb.de abrufbar.

Inhalt

Vorwort

Deutschland befindet sich an einem Scheideweg. Jahrzehntelange Sparmaßnahmen haben die physische und soziale Infrastruktur des Landes ruiniert und die arbeitende Bevölkerung schwer getroffen. Die jüngsten Erhöhungen der Staatsausgaben haben die Auswirkungen der Pandemie kaum gemildert. Profitiert haben allein große Unternehmen. Das Wachstum stagniert seit mehreren Jahren, und während ich dieses Vorwort schreibe, sieht es danach aus, als sei die Wirtschaft 2024 sogar in die Rezession gerutscht. Und die extreme Rechte nutzt diese Lage aus, um Hass gegen Migranten und andere Gruppen zu schüren.

Was ist aus dem berühmten deutschen Wirtschaftswunder geworden?

Vor kaum zehn Jahren noch blickten Politiker in ganz Europa voller Bewunderung auf die starke und stabile deutsche Wirtschaft. Andere reiche Länder beneideten die Industrie für ihre erstaunlichen Produktivitätsraten und die guten Beziehungen zwischen Arbeitnehmern und Vorgesetzten. Nur wenige Nationen besaßen eine solche Stabilität wie Deutschland in der 16-jährigen Regierungszeit Angela Merkels. Oft war vom deutschen »Sonderweg« die Rede, meist mit positivem Unterton.

Doch die Eurokrise trieb den schwelenden Konflikt Deutschlands mit den südeuropäischen Staaten auf die Spitze. Deutsche Politiker nahmen für ihr Land finanzpolitische Rechtschaffenheit in Anspruch und kritisierten die Verschwendungssucht der sogenannten »PIIGS«, also der angeschlagenen Länder Portugal, Italien, Irland und Griechenland. Sie hielten ihnen Vorträge und zwangen ihnen eine rigide Sparpolitik auf. Würden diese Länder nur den Vorgaben der Troika aus Europäischer Zentralbank, EU-Kommission und Internationalem Währungsfonds gehorchen, so erklärten sie, dann würden auch die PIIGS eines Tages Wachstumsraten wie Deutschland erreichen.

Tatsächlich basierte das deutsche Wirtschaftswunder jedoch gar nicht auf Sparmaßnahmen, und die Schuldenkrise wurde auch nicht durch Verschwendungssucht verursacht. Vielmehr war beides auf die Einführung des Euros zurückzuführen, der die deutschen Exporte äußerst attraktiv machte, die Wettbewerbsfähigkeit des Südens hingegen schwächte, dessen Länder Deutschland technologisch hinterherhinkten. Den deutschen Politikern war das zweifellos bewusst, als sie ihren südlichen Nachbarn eine katastrophale Sparpolitik aufzwangen.

Heute ist die selbstgefällige Überlegenheit deutscher Spitzenpolitiker passé. Tatsächlich lässt sich die aktuelle Malaise zu großen Teilen mit der deutschen Sparversessenheit erklären. In den Jahren des Booms waren die Investitionen in die Wirtschaft erschreckend gering. Anstatt zu investieren, um künftigen Wohlstand zu sichern, zielte die politische Klasse auf Haushaltsüberschüsse, betört vom Sirenengesang der »Schwarzen Null«. Diese einseitige Fixierung auf Sparmaßnahmen wurde nur noch von den Politikern im Vereinigten Königreich übertroffen, die mit tiefen Einschnitten bei den öffentlichen Ausgaben die britische Wirtschaft lahmlegten.

Seit der Coronapandemie diskutiert Deutschland heftig über das angebliche Ende der Sparmaßnahmen. Als die Staatsausgaben jedoch stiegen, um die durch das Virus ausgelöste Katastrophe einzudämmen, hätte dies beinahe eine Verfassungskrise verursacht.

Das Funktionieren des Kapitalismus beruht auf einem ungehinderten Fluss von Waren, Dienstleistungen und Geld. Als diese Ströme in der Pandemie zu versiegen drohten, mussten die Regierungen handeln, um einen totalen wirtschaftlichen Kollaps zu verhindern und die Basis für künftiges Wachstum zu schaffen. Die Christdemokraten verklagten jedoch die Ampelkoalition wegen des Klimainvestitionsfonds, der im Rahmen des Konjunkturpakets zur Bekämpfung der Pandemie geschaffen wurde. 2023 entschied das Gericht schließlich, dass der 60 Milliarden Euro schwere Corona-Klimafonds verfassungswidrig sei, da er gegen die sogenannte »Schuldenbremse« verstoße, die 2009 unter Merkel im Grundgesetz verankert wurde. Letztlich brach die Regierung über dieser Frage auseinander.

Die Sparmaßnahmen sind tot. Es leben die Sparmaßnahmen!

Sowohl in Deutschland als auch in Großbritannien waren die Folgen jahrzehntelang niedriger oder sinkender Staatsausgaben verheerend. Nicht nur die arbeitende Bevölkerung litt unter den geringeren Ausgaben für öffentliche Dienstleistungen und soziale Sicherheit. Das Versäumnis, in künftigen Wohlstand zu investieren, gefährdete auch die Grundlagen des Wirtschaftswachstums. Die Produktivität ist eingebrochen, und die deutsche Infrastruktur befindet sich in einem desolaten Zustand, was erklärt, warum das Verkehrsnetz bei widrigem Wetter schnell zum Erliegen kommt. Selbst der IWF, gewöhnlich ein Freund der Sparpolitik, erklärt unumwunden, dass die Produktivität »durch unzureichende Investitionen in die öffentliche Infrastruktur gesunken ist«.[1]

Diese wirtschaftlichen Probleme haben zu einer großen gesellschaftlichen Unzufriedenheit geführt. In Großbritannien liegt das Vertrauen ins Regierungssystem auf einem »Allzeittief«. In Deutschland ist der Trend derselbe: Nur 27 Prozent der Menschen gaben 2023 an, dass sie dem Staat zutrauten, seinen

Aufgaben gerecht zu werden.[2] Hinter diesem Misstrauen verbirgt sich eine tiefe Vorahnung über die Zukunft sowohl der deutschen Gesellschaft als auch des globalen Wirtschaftssystems. Laut einer aktuellen Umfrage machen sich 65 Prozent der Deutschen Sorgen über steigende Lebenshaltungskosten, 60 Prozent fürchten zu teuren Wohnraum und 57 Prozent Steuererhöhungen oder Leistungskürzungen.[3]

Die zunehmende Zukunftsangst ist mit einem wachsenden Gefühl wirtschaftlicher Unsicherheit verbunden. Fast 17 Prozent der Deutschen leben heute in Armut, die meisten von ihnen, obwohl sie einen Job haben. Damit gehören sie zu jener Gruppe, die im englischen Sprachraum »Working Poor« genannt wird. Die Kinderarmut hat kürzlich sogar ein Rekordhoch erreicht.[4] Die Erosion der öffentlichen Dienstleistungen bedeutet, dass Kranke und Arbeitslose auf sich allein gestellt sind. Der deutsche Sozialstaat wurde seit den sogenannten Hartz-Gesetzen von 2010, die die Renten- und Arbeitslosenleistungen erheblich reduzierten, stetig ausgehöhlt.

Politiker rechtfertigten die Sparmaßnahmen mit der Begründung, sie schützten freie Märkte und förderten die Haushaltsdisziplin. In der Tradition des deutschen Ordoliberalismus solle sich der Staat darauf beschränken, das effektive Funktionieren des Marktes zu gewährleisten. Nur ein sorgfältig austariertes Gleichgewicht zwischen Märkten und staatlichen Eingriffen, hieß es, bewahre die deutsche Wirtschaft vor den Problemen einer ineffizienten Zentralplanung sowjetischer Prägung einerseits und einem ungezügelten Kapitalismus nach US-Vorbild andererseits.

Deutschland, so argumentierten die Entscheidungsträger, sei etwas Besonderes: Das Engagement für Ordnung, Disziplin und Rechtsstaatlichkeit, das von seinen Politikern und Bürokraten an den Tag gelegt werde, ermögliche es diesen Eliten, die Wirtschaft wie eine fein abgestimmte Maschine zu steuern.

Technokratie – die Herrschaft von technischen Experten – ist der Leitstern der deutschen Politik.

Aber wie ich im Laufe dieses Buches zeigen werde, untergräbt eine technokratische Herrschaft die Demokratie. Demokratische Politik muss durch eine offene Debatte zwischen Interessengruppen gekennzeichnet sein, die jeweils für ihre Ziele eintreten. Technokratische Regierungsführung ersetzt diese Debatte durch eine Verwaltung aus technischen Experten, die vorgeben, die Allgemeinheit zu vertreten. In einer kapitalistischen Gesellschaft neigen diese technischen Experten jedoch zu Maßnahmen, die zuerst dem Kapital und nicht den Arbeitnehmern zugutekommen. Immer mit der Begründung, es gehe nur darum, das Wirtschaftswachstum zu steigern.

Diese Tendenz ist im deutschen Sparkurs der vergangenen Jahrzehnte deutlich zu erkennen. Sparmaßnahmen wurden als technische Eingriffe dargestellt, um den Staat schlank zu halten und den Markt vor schädlichen Interventionen zu schützen. Tatsächlich aber bedeuteten diese Maßnahmen eine Umverteilung von unten nach oben.

Das Geld, das den Menschen in der Pandemie zur Verfügung gestellt wurde, sollte den Konsum stützen und Masseninsolvenzen verhindern, nicht den Lebensstandard der Menschen erhalten. Die Erhöhung der Staatsausgaben während Corona diente größtenteils der Subventionierung von Großunternehmen, wie ich in Kapitel drei dieses Buches zeige. So stimmte die Regierung beispielsweise einem Neun-Milliarden-Euro-Rettungspaket für die Lufthansa zu, wobei der Staat einen Anteil von 20 Prozent an dem Unternehmen übernahm. In der Logik des deutschen Kapitalismus ist die teure Rettung klimaschädlicher Industrien keine verfassungswidrige Verwendung öffentlicher Mittel. Investitionen zur Verhinderung des Klimakollapses sind es hingegen schon.

Die deutsche Bevölkerung glaubt ihren Eliten, weil sich das ganze Land davon überzeugt hat, nicht wie »andere« kapitalistische Volkswirtschaften zu sein: In Deutschland gibt es weniger Ungleichheit und weniger Unordnung als in den extremen freien amerikanischen und britischen Modellen von Marktkapitalismus. Deutschland ist effizienter und produktiver als die südeuropäischen Volkswirtschaften, was man selbstzufrieden auf den zurückhaltenden Ansatz bei den Staatsausgaben zurückführt. Deutschland gelingt es weitaus besser als Nachbarn wie Frankreich oder Belgien, den Frieden zwischen Arbeitnehmern und Arbeitgebern zu wahren. So zumindest die Selbstwahrnehmung.

Deutschland ist überzeugt, dass es gar kein kapitalistisches Land sei. Bei einer meiner ersten Reisen nach Deutschland wurde ich von einem sehr sachkundigen Wirtschaftskommentator darüber informiert, dass es in Deutschland keinen Kapitalismus gebe, sondern »die soziale Marktwirtschaft«.

Die Stärke dieser Erzählung beruht auf einem grundlegenden Missverständnis über das Wesen des Kapitalismus – ein Missverständnis, das Gegenstand dieses Buches ist. *Die Geburt der Freiheit aus dem Geiste des Sozialismus* entlarvt die Lüge, dass kapitalistische Volkswirtschaften auf einem »freien Markt« basierten, der einer zentralisierten Planwirtschaft wie in der ehemaligen UdSSR diametral entgegenstehe. Ich zeige, dass alle real existierenden kapitalistischen Volkswirtschaften auf einem sorgfältig gesteuerten Gleichgewicht zwischen Markt und Planung basieren, in dem Unternehmen und Finanzinstitutionen mit Regierungen zusammenarbeiten, um sich vor Wettbewerb und Krisen zu schützen.

Der einzige Unterschied zwischen Deutschland und anderen fortgeschrittenen Volkswirtschaften sind die Mechanismen, durch die diese Zusammenarbeit stattfindet. Die Betonung des technischen Wirtschaftsmanagements bedeutet, dass

Kapitalisten nicht einfach die Art von Schutz verlangen können, die sie in den USA für selbstverständlich halten. Sie müssen ihre Forderungen als technisch wirksame politische Lösungen tarnen, die das Allgemeininteresse fördern. Subventionen für Großunternehmen und Kürzungen der Sozialversicherung werden als Wachstumsförderung dargestellt und nicht als nackter Ressourcentransfer von Arm zu Reich.

Wie der britische Marxist Ralph Miliband argumentiert, scheint in einer kapitalistischen Gesellschaft das Allgemeininteresse immer gleichbedeutend mit den Interessen des Kapitals zu sein. Mächtige Gruppen sponsern Thinktank-Berichte, veranstalten runde Tische und treten in den Medien auf, um zu argumentieren, dass politische Maßnahmen wie Steuersenkungen, »Sozialreformen« und die Aushöhlung von Arbeitnehmerrechten notwendig seien, um die »Wettbewerbsfähigkeit« zu verbessern. Dass diese Politik vor allem dem Kapital und nicht den Arbeitern zugutekommt, wird als reiner Zufall abgetan.

Die deutsche Technokratie hat dazu geführt, den Klassismus des deutschen Kapitalismus zu verschleiern, woraus abgeleitet wurde, Deutschland sei kein »kapitalistisches« Land. Doch wie ich in diesem Buch zeige, wird der Kapitalismus nicht durch die Anwesenheit oder Abwesenheit »freier Märkte« definiert. Er ist bestimmt durch eine Aufteilung der Gesellschaft in Klassen. In kapitalistischen Volkswirtschaften besitzt eine kleine Minderheit alles und bestimmt die Regeln – alle anderen sind gezwungen, sich unter Androhung von Armut zu fügen.

Der technokratische Diskurs in Deutschland verschleiert diese harte Klassentrennung. Das heißt aber nicht, dass es sie nicht gibt. Ein Blick auf die Wirtschaftspolitik der letzten Jahrzehnte zeigt deutlich, dass sie zum größten Teil die Arbeiter schlechterstellte und das Kapital förderte, genau wie in Großbritannien. Und wie dort haben diese Maßnahmen der deutschen Arbeiterklasse sehr geschadet.

Heute sind Millionen Deutsche von wirtschaftlicher Unsicherheit betroffen, insbesondere in Ostdeutschland. Sie trauen den politischen Eliten nicht zu, diese Probleme zu lösen, und sie wissen, dass der Abbau des Wohlfahrtsstaates, der sie in der Vergangenheit geschützt hat, weitergehen wird. Sie blicken in eine Zukunft, die von Wirtschaftskrisen, globalen Konflikten und der Klimakatastrophe geprägt sein wird. Sie haben Angst und fühlen sich schutzlos.

Die extreme Rechte war schon immer geschickt darin, die Verzweiflung und Unsicherheit der Menschen auszunutzen. Da sich Politiker der etablierten Parteien zu sehr auf technische Debatten über die Wirtschaftspolitik konzentrieren, konnten sich rechtsextreme Parteien in von Armut betroffenen Gemeinden etablieren, indem sie eine einfache Erklärung für das Leid der Menschen lieferten: Migranten und Minderheiten würden sich nehmen, was ihnen zustehe. Mit Unterstützung der Medien haben Parteien wie die AfD die Unsicherheit der Menschen ausgenutzt, um sie aufzuwiegeln. Die Wut, die die Menschen gegenüber denjenigen an der Spitze empfinden, wurde auf »woke Politiker« umgeleitet, die angeblich immer neue Migranten ins Land kommen lassen, statt die Probleme der einfachen Menschen zu lösen. Die Verzweiflung, Wut und wirtschaftliche Unsicherheit der deutschen Arbeiterklasse sind ein Nährboden für Hass und Intoleranz.

Aber das muss nicht so sein. Die deutsche Linke muss nicht der extremen Rechten das Feld überlassen, indem sie marginalisierte Gruppen für das Leid der arbeitenden Bevölkerung verantwortlich macht. Stattdessen kann sie mit dem Finger auf die Spitze der Gesellschaft zeigen – auf die Politiker, Investmentbanker und CEOs, die kooperieren, um ihre Interessen auf Kosten der Mehrheit zu schützen. Dies sind »die Planer«, die im Zentrum des Buches stehen.

Dazu muss die Linke allerdings mehr tun, als nur die Machthaber für das Leid der arbeitenden Bevölkerung verantwortlich zu machen. Es genügt auch nicht, die Staatsmacht in Anspruch zu nehmen, um den Arbeitern das zu geben, was sie wollen. Sie muss vielmehr den Arbeitnehmern helfen, sich zu organisieren, um für das zu kämpfen, was sie brauchen.

Das Fehlen dieser Art von kollektiver Organisation, von Gemeinschaft, erklärt die Verzweiflung und Isolation, die vielerorts zu spüren sind. In der Vergangenheit haben die Menschen auf Armut und Ungleichheit reagiert, indem sie sich zusammenschlossen, um für ihre kollektiven Interessen zu kämpfen. Da sie wussten, dass sie weder den Arbeitgebern noch den Politikern vertrauen konnten, schlossen sich die Arbeitnehmer zu Gewerkschaften zusammen, um für höhere Löhne zu kämpfen. Aktivisten gingen auf die Straße, um für Frieden und Gleichberechtigung zu kämpfen. Und Familien kämpften Seite an Seite, um ihre Gemeinden vor staatlichen Kürzungen und Deindustrialisierung zu schützen. Durch die Zusammenarbeit im Kampf um ihre Zukunft schlossen sie Bündnisse miteinander, die jedem Beteiligten ein Gefühl von Sinnhaftigkeit und Zugehörigkeit vermittelten. Wenn man einer Gewerkschaft beitrat, kämpfte man nicht nur für seine eigenen Interessen, sondern auch für die derjenigen, die an seiner Seite standen. Man kämpfte für eine bessere Welt.

Aber diese Formen der kollektiven Organisation sind viel seltener geworden, besonders in Gesellschaften wie unseren, in denen ein wettbewerbsorientierter Individualismus die Oberhand gewonnen hat. Das Vereinigungsrecht der Arbeitnehmer wurde eingeschränkt, und ihnen wurde beigebracht, eher zu konkurrieren als zu kooperieren.

Diese Entwicklung gilt für Deutschland ebenso wie für Großbritannien oder die USA. Jeder weiß, dass die Wirtschaft für die meisten Menschen nicht funktioniert, weil die Reichen auf Kosten der Armen immer reicher werden. Den Politikern traut man nicht zu, das Problem zu lösen, weil sie von den Reichen abhängig sind. Die Wenigsten sind heute Teil einer Gewerkschaft, einer politischen Partei oder einer Bewegung, die sich gegen diese Ungerechtigkeiten wehren könnte. Stattdessen erleben das alle auf sich allein gestellt.

Wie ich im letzten Abschnitt dieses Buches aufzeigen möchte, ist die einzige Möglichkeit, diese Gefühle von Wut und Verzweiflung zu überwinden, die Falle des Individualismus zu überwinden. Statt sich darauf zu verlassen, dass Politiker die Wirtschaft im Interesse aller lenken, müssen die arbeitenden Menschen zusammenkommen, um die Kontrolle über ihre Arbeitsplätze, ihre Gemeinden und ihre politischen Institutionen zu übernehmen. Der einzige Weg in die Freiheit führt über echte Demokratie – und wie die Geschichte zeigt, muss für echte Demokratie gekämpft werden.

Einführung

Wahrscheinlich stimmt es, dass die Menschen meist nicht fähig sind, selbstständig zu denken, dass sie in der Regel vorgekaute Meinungen schlucken und dass es ihnen gleichgültig ist, ob sie in diese oder jene Gesamtheit von Glaubensvorstellungen hineingeboren oder hineingetrieben werden. In jeder Gesellschaft dürfte die Glaubensfreiheit nur für eine kleine Minderheit von Bedeutung sein. Das heißt aber nicht, dass irgendeiner dazu berufen ist oder die Macht dazu haben sollte, diejenigen auszuwählen, denen die Gedankenfreiheit vorbehalten bleiben soll.

Friedrich August von Hayek, Der Weg zur Knechtschaft

Eine Spinne verrichtet Operationen, die denen des Webers ähneln, und eine Biene beschämt durch den Bau ihrer Wachszellen manchen menschlichen Baumeister. Was aber von vornherein den schlechtesten Baumeister vor der besten Biene auszeichnet, ist, dass er die Zelle in seinem Kopf gebaut hat, bevor er sie in Wachs baut.

Karl Marx, Das Kapital, Band 1

Wenn Sie morgens aufwachen, greifen Sie wahrscheinlich als Erstes zu Ihrem Telefon. Darin stecken seltene Erden, die aus einem Land wie der Demokratischen Republik Kongo stammen könnten. Die dortigen Rebellengruppen finanzieren mit dem Abbau den Kauf von Waffen.[1] Aber Ihre Gedanken sind sicher woanders. So früh am Tag gönnen Sie sich vielleicht noch etwas »Zeit für sich« und schauen, was in den sozialen Medien los ist. Dabei hinterlassen Sie eine Spur privater Daten. Sie landen womöglich bei Facebook, einem Konzern, dem vorgeworfen wird, Rechtsextremismus zu verbreiten, Beihilfe zur sexuellen Ausbeutung von Kindern zu leisten und sich in den Ausgang demokratischer Wahlen eingemischt zu haben. Vielleicht gehen Ihre Daten auch an X, jene Plattform, die von einem milliardenschweren, gewerkschaftsfeindlichen Egomanen aufgekauft wurde, als sie noch Twitter hieß. Ein Mann, der Mitarbeiter feuert, wenn seine Tweets zu wenige Likes erhalten.[2]

Später schlüpfen Sie aus dem Bett und ziehen sich an. Die Kleidung kommt vermutlich von einem multinationalen Konzern, der seine Produktion nach Bangladesch ausgelagert hat, wo Tausende Arbeiterinnen beim Einsturz einer Textilfabrik starben. Obwohl die Näherinnen daraufhin eine Gewerkschaft gründeten, erhalten sie noch immer Hungerlöhne.[3] Sollten Sie Hemd und Hosen irgendwann nicht mehr anziehen, bringen Sie beides sicher zur Kleidertonne. Von dort wird die Kleidung nach Kenia verschifft und landet auf einer riesigen Müllhalde, auf der Kinder nach den wenigen Stücken suchen, die sich noch verkaufen lassen.[4]

Sie treten vor die Haustür. Es ist zwar schon Winter, aber draußen ist es auch nicht viel kälter als drinnen. Denn ebenso wenig wie die Regierung es geschafft hat, für bezahlbaren Wohnraum zu sorgen – weshalb zwei Drittel Ihres Einkommens in die Miete fließen –, hat sie die steigenden Heizkosten in den Griff bekommen.[5]

Schuldbewusst steigen Sie in Ihr Auto, im Wissen, dass Sie mit der Fahrt zum weltweiten Temperaturanstieg beitragen. Vielleicht trösten Sie sich damit, dass Sie einen Benziner fahren und keinen Diesel, der Umwelt und Gesundheit noch stärker schädigt,[6] wie wir wissen, seit der Dieselskandal aufgeflogen ist.

Am Ende des Tages sind Sie erschöpft – körperlich und mental. Sie öffnen eine App, um sich etwas zu essen zu bestellen. Sie geben dem Lieferanten ein kleines Trinkgeld, wofür er sehr dankbar ist, denn sein Motorrad ist kurz davor, den Geist aufzugeben. Er steht nun vor der Wahl: Soll er einen Kredit zu hohen Zinsen aufnehmen, um es reparieren zu lassen? Oder nimmt er künftig das Fahrrad, selbst wenn er dann weniger Auslieferungen schafft?[7]

Bevor Sie endlich schlafen gehen, schließen Sie Ihr Telefon zum Laden an. Sie sind viel zu müde, um noch daran zu denken, dass Smartphones in China mitunter in Produktionshallen gebaut werden, um die Auffangnetze gespannt sind, da Arbeiter mehrfach versucht haben, sich durch einen Sprung aus dem Fenster das Leben zu nehmen.[8]

Vielleicht ist das eine treffende Beschreibung Ihres Lebens, vielleicht auch nicht. Vielleicht lesen Sie dieses Buch in einem abbezahlten Eigenheim und die Zeit der Schufterei liegt bereits hinter Ihnen. Womöglich bekommen Sie aber trotzdem mit, dass es Ihren Kindern einfach nicht gelingen will, selbst eine Immobilie zu kaufen, und dass sie von einem komfortablen Lebensabend wie dem Ihren nur träumen können.

Vielleicht gehören Sie auch zu den wenigen Glücklichen, die ihren Job lieben, die sich hervorragend mit den Kollegen verstehen und den Eindruck haben, etwas Sinnvolles zu tun. Oder zählen Sie zu jenen, die das Gefühl nicht loslässt, dass mit der Welt etwas grundsätzlich nicht stimmt, dass sie aber nichts daran ändern können, außer Produkte zu kaufen, die »green« oder »fair« gelabelt sind?

Zu welcher Gruppe Sie sich auch rechnen, einige dieser Aspekte werden mit Sicherheit auf Sie zutreffen. Denn sie beschreiben, was es heißt, Teil der Strukturen unseres Systems zu sein. Und auf diese Strukturen haben die meisten von uns wenig Einfluss. Manche haben vielleicht das Glück, sich die eine oder andere unangenehme Konsequenz vom Leib halten zu können. Doch kaum jemand entkommt komplett jenem System aus Arbeit, Produktion und Konsum, das den gegenwärtigen Kapitalismus ausmacht. Infolgedessen empfinden viele eine wachsende Ohnmacht. Manche verzweifeln gar daran.

Schließlich wünschen sich die meisten Menschen, das Richtige tun. Doch oft gibt es gar keine echte Wahl. Darin liegt der tiefe Widerspruch zwischen dem Glauben, frei zu sein und frei handeln zu können, und der Realität im Kapitalismus – einem System, das stetig Unfreiheit erzeugt.

Diese Unfreiheit ist auf die großen Machtgefälle zurückzuführen, die kapitalistischen Gesellschaften innewohnen, wobei diese Gefälle nicht immer zu erkennen sind. Die meisten Menschen können nicht selbst über ihr Leben bestimmen, auch wenn sie vom Gegenteil überzeugt sind. Zentrale Vorentscheidungen darüber, wie wir arbeiten, wie wir leben und was wir kaufen, sind bereits an anderer Stelle getroffen worden. Leben im Kapitalismus bedeutet, in einer Planwirtschaft gefangen zu sein, während einem erzählt wird, man sei vollkommen frei.

Lange Zeit wurden Planwirtschaft und Kapitalismus als Gegensätze betrachtet: Entweder man lebt in einer kapitalistischen Gesellschaft mit freier Marktwirtschaft, in der die Produktion und die Quellen der Ressourcen nie von einem einzelnen Akteur bestimmt werden, oder man lebt in einer zentralen Planwirtschaft, in der eine Institution über alles entscheidet – meist der Staat. Einige, die dieses Buch lesen, sind vermutlich während des Kalten Krieges aufgewachsen, als das Wunder des marktwirtschaftlichen US-Kapitalismus der sklerotischen und unterdrückenden Planwirtschaft der UdSSR gegenübergestellt wurde. Doch obwohl diese Systeme sich in vieler Hinsicht stark unterschieden, haben sie eine wichtige Gemeinsamkeit: zentrale Planung.

Wenn das jetzt etwas verwirrend klingt, dann weil »freier Markt« und Kapitalismus allgemein als Synonyme verstanden werden.[9] Tatsächlich sind existierende kapitalistische Volkswirtschaften aber Hybridsysteme aus Markt- und Planwirtschaft. Das liegt nicht etwa daran, dass der Kapitalismus bislang einfach unvollständig umgesetzt wäre oder dass ihn eine böse, allmächtige Elite korrumpieren würde. Es ist einfach die Art und Weise, wie Kapitalismus funktioniert.

Märkte mögen zwar ein zwingender Bestandteil jeder kapitalistischen Gesellschaft sein, aber Kapitalismus wird nicht durch den freien Markt definiert. Er ist bestimmt durch die Teilung in die Klasse der Besitzenden und der Arbeiter. Auf der einen Seite stehen die, denen all das gehört, was für die Produktion von Waren benötigt wird, auf der anderen Seite die, die arbeiten müssen, um diese Waren zu produzieren.[10] Die Besitzenden können hierbei Entscheidungen fällen, die von großer Tragweite sind und deren Auswirkungen alle anderen zu spüren bekommen. Diese Personen haben Planungsmacht.

In allen kapitalistischen Gesellschaften gibt es Akteure mit Planungsmacht, von Großkonzernen über Finanzinstitute bis hin zu Staaten. Auch auf globaler Ebene haben die einflussreichsten Staaten und die von ihnen kontrollierten Institutionen eine gewisse Planungsmacht. Diese Macht ist niemals allumfassend. Kapitalistische Gesellschaften und die Weltwirtschaft sind äußerst komplexe Systeme, die nie vollständig von einem einzelnen Akteur oder einer Gruppe kontrolliert werden können. Manche von ihnen haben jedoch einen ungleich größeren Einfluss darauf, wer was bekommt. Das gilt selbst für sehr wettbewerbsorientierte Volkswirtschaften, wenn auch in geringerem Maße.

Die Frage, die wir uns stellen sollten, ist also nicht, ob planwirtschaftliches Handeln in einer kapitalistischen Wirtschaft möglich ist. Sondern wo diese Planung stattfindet, wie sie durchgeführt wird und wessen Interessen sie dient.

Es herrscht oft die Vorstellung, dass Planungsmacht nur von Nationalstaaten ausgeübt werde und dass diese Staaten dazu neigten, sie vor allem im Interesse der Politiker und Bürokraten einzusetzen und nicht im Sinne der Allgemeinheit. Märkte mögen in dieser Lesart zwar nicht perfekt sein, aber langfristig sorgten sie dafür, dass kein Einzelner sie zu lange beherrscht. Der Staat hingegen könne durch sein Gewaltmonopol bestimmte Entwicklungen nach seinen Vorstellungen gestalten. Und diese Macht sei gefährlich, wenn sie keiner Kontrolle unterliege.

Friedrich A. Hayek, österreichischer Wirtschaftswissenschaftler und einer der Väter dessen, was später als Neoliberalismus bekannt wurde, stand direkten staatlichen Eingriffen in kapitalistische Gesellschaften sehr misstrauisch gegenüber. Ohne Beschränkung des staatlichen Machtmonopols, erklärten Denker wie Hayek, würden »sozialistische Maßnahmen« wie Gesundheitsversorgung, öffentlicher Wohnungsbau und Verstaatlichung selbst die liberalste Wirtschaft in einen totalitären Albtraum verwandeln.[11]

Hayek formulierte seine Gedanken dabei in direktem Gegensatz zu denen eines anderen Ökonomen, der nach dem Zweiten Weltkrieg das ökonomische Denken weltweit geprägt hat: John Maynard Keynes. Sein Hauptwerk, *Allgemeine Theorie der Beschäftigung, des Zinses und des Geldes,* hatte großen Einfluss auf die Politik der Nachkriegszeit – einen deutlich größeren zunächst als Hayeks, auch wenn der Titel weit weniger zugespitzt war als Hayeks *Der Weg zur Knechtschaft.*[12]

Keynes war überzeugt, dass ein gewisses Maß an staatlicher Planung in allen freien Märkten unerlässlich sei, schlicht aufgrund irrationaler Marktdynamiken, die jede Marktwirtschaft mit sich bringe. Wenn zum Beispiel viele Anleger pessimistisch in die Zukunft blickten und deshalb ihre Investitionen stoppten, riefen sie genau die Lage hervor, die sie befürchtet hatten. In solchen Situationen könne der Staat einspringen, um die private Nachfrage anzukurbeln, Investitionen zu tätigen und die Beschäftigung von Arbeitern sicherzustellen. Nach dem Zweiten Weltkrieg übernahmen Regierungen aus der ganzen Welt die Ideen von Keynes, um irrationale Marktdynamiken einzudämmen. Deren Folgen waren durch den Börsencrash an der Wall Street 1929 allzu deutlich geworden. Auch Gewerkschafter und Sozialisten griffen seine Gedanken dankbar auf, da sie zeigten, wie staatliche Leistungen aussehen könnten, die das Leben aller arbeitenden Menschen verbesserten.

Auf dem berühmt-berüchtigten Treffen am Schweizer Mont Pèlerin forderten daraufhin neoliberale Ökonomen, dieser Welle an »marxistischer und keynesianischer Planwirtschaft, die die Welt erfasst hat«,[13] ein Ende zu setzen. Neoliberale wie Hayek widmeten sich in den ersten Nachkriegsjahren voll und ganz der Ausarbeitung einer vernichtenden Kritik dieses Denkens. Planwirtschaft, so die Argumentation, führe zu einer toxischen Verschmelzung der Macht des Staates mit der der Arbeiter, was die Freiheit der Menschen gefährde und in Hayeks Worten den »Weg zur Knechtschaft«[14] weise.

Sie kennen wahrscheinlich den Ausgang der Geschichte: Die Neoliberalen haben gewonnen. Sie schufen ein Klima, in dem gewerkschaftsfeindliche Politiker die Macht erhielten, die Privatisierung öffentlicher Unternehmen durchzusetzen und den Sozialstaat nach Marktkriterien zu beschneiden.[15] Stets im Namen der »Freiheit«.

Doch die Entwicklung verlief nicht so, wie die Neoliberalen vorausgesagt hatten. Denn unsere Gesellschaft heute wird mindestens genauso stark reguliert, überwacht und kontrolliert wie vor einigen Jahrzehnten.[16] Auch die öffentlichen Ausgaben sind nicht gesunken, sie werden nur anders verteilt. Statt für Sozialausgaben und öffentliche Dienstleistungen – von Neoliberalen als ineffiziente Bereiche staatlicher Finanzierung gebrandmarkt –, geben Staaten heute Milliarden für die Unterstützung von Großkonzernen und Vermögenden aus: in Form von Subventionen, Steuererleichterungen und Rettungspaketen.[17]

Zugleich können manche dieser Konzerne unser Leben auf nie dagewesene Weise steuern.[18] Was also ist aus Hayeks Traum von Freiheit geworden?

Hayek hatte recht, als er feststellte, dass Gesellschaften viel zu komplex seien, um von einer zentralen Instanz gesteuert zu werden, ohne unbeabsichtigte Fehlentwicklungen hervorzurufen. Das Problem ist nicht, dass seine These falsch war, sondern dass er sie nicht zu Ende gedacht hat. Seine Beobachtung bestand darin, dass zentrale Planwirtschaft oftmals in die Diktatur führt. Aber warum sollte eine konzerngesteuerte Planwirtschaft weniger gefährlich sein als eine staatliche? Jede Institution, die in einer vorgeblich demokratischen Gesellschaft fähig ist, unkontrolliert Macht auszuüben, sollte – und das ist das Mindeste – Ziel kritischer Betrachtung sein.

Die Frage, der wir in diesem Buch nachgehen wollen, ließe sich daher wie folgt formulieren: Was, wenn wir Hayek ernst nähmen?

Um das zu tun, müssen wir den real existierenden Kapitalismus näher anschauen und zu unseren Eingangsfragen zurückkehren: Wo findet wirtschaftliche Planung statt? Wie wird sie durchgeführt? Wessen Interessen dient sie?

Der kapitalistische Staat ist nicht das einzige Feld, in dem zentrale Planung und eine halbwegs rechenschaftspflichtige Instanz auf eine nominell freie Markwirtschaft treffen. Dasselbe gilt auch für Unternehmen. Sie planen Investitionen, treffen Beschäftigungsentscheidungen – und üben so nicht nur großen Einfluss auf unser Leben aus, sondern auch auf die Struktur der Gesellschaft.[19] Doch Unternehmen müssen sich dafür gegenüber den Betroffenen nicht verantworten, allenfalls in geringem Maß.

Neoliberale könnten einwenden, dass die Macht von Unternehmen durch die Mechanismen des Marktes beschränkt sei. Ein Manager könne Pläne entwickeln, aber nur so weit, wie es das Konkurrenzumfeld erlaubt. Vermasselt er es, scheitert das Unternehmen. Staaten hingegen sind nicht so sehr an Marktkräfte gebunden. Mainstream-Ökonomen zufolge können sie den Markt auf eine Weise steuern, wie es die meisten Unternehmen nie könnten. Staatliche Akteure besitzen demnach größere Entscheidungsfreiheit und können leichter Pläne entwickeln und umsetzen als Manager von Unternehmen.

Dies gilt jedoch nur, wenn der Markt tatsächlich so funktioniert, wie es in Ökonomielehrbüchern erklärt wird. Sobald wir aber das Feld der kleinen und mittleren Unternehmen verlassen, die miteinander um Marktanteile konkurrieren, und uns der Realität des Kapitalismus zuwenden, sieht es anders aus. Wir begegnen einer Welt aus riesigen, stetig wachsenden Konzernen, die sowohl mit Staaten als auch mit konkurrierenden Unternehmen gleichzeitig kooperieren und im Wettbewerb stehen. Wir begegnen einer Welt ständiger privatwirtschaftlicher Planung. Konzerne können nicht nur die Kräfte des Marktes oftmals recht gut ignorieren, sie wirken auch selbst darauf ein. Ein Autor drückt es so aus: »Der freie Markt ist eine Nebelkerze, hinter der sich die brutale, despotische Macht der Konzerne verbirgt.«[20]

Ein großer Arbeitgeber hat die Macht, Löhne und Arbeitsbedingungen festzulegen, ohne sich allzu stark um den Wettbewerb sorgen zu müssen. Er kann selbst festlegen, was er Lieferanten zahlt und was er von Kunden verlangt. Ab einer bestimmten Größe kann ein Finanzinstitut Investitionen in bestimmte Technologien lenken und so entscheiden, wie die Zukunft aussieht und wie nicht. Diese Unternehmen können ihre Macht absichern, indem sie Konkurrenten aufkaufen oder anderen den Markteintritt erschweren und indem sie die gewerkschaftliche Organisation der Arbeiter unterdrücken. So schützen sie sich vor Wettbewerbsdruck und stärken ihre Position sowohl in ihrem Segment als auch in der Gesellschaft als Ganzes.

Okay, aber gibt es nicht einen grundsätzlichen Unterschied zwischen staatlicher und privatwirtschaftlicher Planung? Um auf unsere Eingangsfrage zurückzukommen: Dient privatwirtschaftliche Planung nicht anderen Interessen als die eines Staates?

Wie bereits erwähnt, ist die Vorstellung weit verbreitet, Staaten dienten nur den Interessen verantwortungsloser Bürokraten und gieriger Politiker. Konzerne aber folgten den Interessen der Aktionäre, und was gut sei für die Aktionäre, sei gut für alle. Sie müssten nur die Gewinne maximieren, dabei schafften sie wie von selbst Jobs und Produkte für alle.

Staaten hingegen, heißt es dann, würden diese Dynamik ständig behindern: durch Steuern, Vorschriften und andere ungerechtfertigte Eingriffe in den freien Markt.

Das Problem: Die Gewinnmaximierung kommt gerade in den weitgehend unfreien Märkten des kapitalistischen Systems nicht allen zugute. Ohne den Wettbewerbsdruck, die Gewinne zu reinvestieren oder angemessene Löhne zu zahlen, fließen sie an die wohlhabenden Anteilseigner, während die Arbeiter mit schlechten Löhnen und höheren Preisen konfrontiert sind.

Eine Welt mit ungebrochener Macht der Konzerne ist gekennzeichnet durch geringe Investitionen, eine niedrige Produktivitätsrate, schlechte Löhne und große Ungleichheit.[21]

Vor dem kapitalistischen Monster, das die Neoliberalen selbst geschaffen haben, ist ihr äußerst dürftiges Verständnis von Freiheit nicht zu retten. Der Neoliberalismus sollte den Konsumenten ja zumindest bei der Wahl von Produkten eine große Freiheit ermöglichen, aber tja, weit gefehlt: »Statt vor einer unendlichen Auswahl stehen wir in Wirklichkeit vor einer Wand aus Dosen und Packungen von Massenprodukten, die sich nur durch Aufschrift und Farbe ihrer Etiketten unterscheiden. Die geheime Zutat des US-Kapitalismus kommt vielleicht doch aus der Sowjetunion.«[22]

Es gibt aber noch ein weiteres, vielleicht sogar entscheidenderes Problem mit der genannten neoliberalen Argumentation. Die Vorstellung, dass staatliche und privatwirtschaftliche Planung jeweils entgegengesetzten Interessen dienten, setzt eine scharfe Trennung von Politik und Wirtschaft voraus. Doch die existiert real gar nicht. Unternehmen sind sowohl politische als auch wirtschaftliche Akteure. Einige stellen ihren wachsenden politischen Einfluss, das heißt, ihre unternehmerische Souveränität (ein Konzept, das wir in Kapitel 4 aufgreifen), über kurzfristige Profite.[23]

Auch der Staat ist kein neutrales Gebilde, das über der Gesellschaft schwebt und nur dazu da ist, diejenigen mit Macht auszustatten, die das Glück haben, zu regieren. Politiker und Bürokraten neigen dazu, den wirtschaftlichen Rahmen so zu gestalten, dass er den Vorstellungen derjenigen entspricht, die am stärksten Einfluss darauf nehmen können: große Unternehmen und ihre wohlhabenden CEOs. Denn die verwenden die meiste Zeit und Mühe genau auf die Pflege dieses Einflusses. Das heißt nichts anderes, als dass Gesetze gezielt für diese Leute gemacht werden, wie jeder sehen konnte, der die Finanzkrise 2008 verfolgt hat.[24] Mit anderen Worten: Staatliche Politik wird durch die Machtverhältnisse innerhalb der Gesellschaft geprägt.

Die Interessen von Politikern und CEOs sind also nicht so unterschiedlich, wie man vielleicht denken würde. Unternehmen und Staaten sind demnach keine Kontrahenten im Spiel des »freien Marktes«, im Gegenteil, oftmals sind sie mächtige Verbündete.

Was heißt das nun für die Demokratie? Sollte sich daraus nicht zwingend die Notwendigkeit ergeben, die Ausübung privater Macht zu kontrollieren, sowohl innerhalb der staatlichen Strukturen als auch darüber hinaus? Kapitalistische Demokratien bieten den Wählern aber nur eine begrenzte Mitbestimmung über staatliche Macht und keine über Wirtschaftsunternehmen. Das ist kein Zufall. Ohne demokratische Kontrolle über große Unternehmen und Finanzinstitute haben diese teilweise mehr Durchsetzungsvermögen als autoritäre Regime. So wird eine besondere Form der Unfreiheit geschaffen. Denn während den Bürgern einerseits zugestanden wird, an demokratischen Wahlen teilzunehmen, bleibt vielen an ihrem Arbeitsplatz andererseits nur die Rolle des »Untertanen einer despotischen Unternehmensregierung«.[25]

Natürlich lässt sich einwenden, dass Unternehmen in einer Demokratie durch Gesetzgebung und Rechtsprechung in ihrem Handeln beschränkt sind. Doch die Megakonzerne von heute sind so gut aufgestellt, dass es ihnen oft gelingt, die Regeln zu umgehen oder die staatliche Politik zu ihren Gunsten zu beeinflussen. Der US-amerikanische Ökonom und Soziologe Thorstein Veblen stellte schon vor Jahrzehnten fest, dass Wettbewerbsdruck zwangsläufig Anreize schafft, die Regeln zum eigenen Vorteil zu verändern.[26] Die Regeln des Spiels im »freien Markt«, an dem wir all teilnehmen sollen, begünstigen mit der Zeit deshalb immer stärker die Interessen der Mächtigen.[27]

Vielleicht denken Sie jetzt: »So what?!« Was bringt diese theoretische Diskussion über Planungsmacht und Märkte, Politik und Wirtschaft? Was heißt das konkret für unser Leben?

So berechtigt die Frage ist, verdeutlicht sie gleichzeitig das Grundproblem der Situation. Ohne genaues Verständnis der Mechanismen von kapitalistischer Planung wird stets die Basis fehlen, überzeugende und sinnvolle Alternativen zu entwerfen. Infolge fehlender neuer Anstöße ist das Denken noch immer in den alten Mustern verfangen: Wenn Politiker Fehler machen, heißt es, der Staat sei zu aufgebläht, die öffentlichen Ausgaben sollten gekürzt werden und die Unternehmen mehr Spielraum erhalten. Wenn dann Unternehmen diesen Spielraum missbrauchen, heißt es, es sei das Beste, den Politikern, die von diesen Unternehmen ja finanziell unterstützt werden, mehr Kontrolle zu geben. Macht und Wissen bleiben so auf eine bestimmte Führungsebene beschränkt, selbst wenn Politiker Wahlen verlieren und die CEOs der Unternehmen ausgetauscht werden.

Dieses Elitenkarussell löst in vielen Menschen das Gefühl tiefer Ohnmacht aus. Egal, wen man wählt, egal, was für Produkte man kauft, egal, wo man arbeitet, es macht offenbar keinen Unterschied. Dabei leben wir doch angeblich in einer marktwirtschaftlichen Demokratie. Wir sollten eigentlich frei sein.

Stattdessen leben wir in einer Zeit, die durch die toxische Kombination einer mächtigen Wirtschaft und politischer Entmündigung gekennzeichnet ist, einer Zeit des »umgekehrten Totalitarismus«. Staatliche Macht wird mit privatwirtschaftlicher verbunden. Hieraus entsteht ein Herrschaftssystem, das so allgegenwärtig ist, dass es mitunter schwerfällt, es zu erkennen und zu kritisieren, geschweige denn, sich dagegen zu wehren.

Neoliberale wie Hayek versprachen, Maßnahmen wie Deregulierung und Privatisierung förderten die Freiheit des Einzelnen. Hürden für Unternehmen abzuschaffen und sich von der angeblich obsessiven Forderung nach Gleichheit zu verabschieden, ermögliche es den fähigsten Menschen, sich voll zu entfalten, und so Reichtum und Wohlstand für alle schaffen. Doch wie das Zitat zu Beginn dieser Einführung zeigt, glaubte Hayek nicht daran, dass die große Mehrheit der Menschen etwas mit dieser Freiheit anzufangen wüsste. Er war der Meinung, »die kognitiven Fähigkeiten der Massen [seien] im Vergleich zum intellektuellen Einfluss der Eliten trivial«.[28] Die Massen sind dazu bestimmt, den Rest ihres Lebens Befehle von anderen entgegenzunehmen.

Leider weist auch die einzige Alternative, die wir kennen, der regulierte Markt von Keynes, etliche gravierende Mängel auf. Auch Keynes' zwiespältige Haltung zur Freiheit und Autonomie der Massen zieht sich wie ein roter Faden durch seine Arbeiten. Ihm zufolge sollte die dringliche Aufgabe, den Markt zu regulieren, einer aufgeklärten Klasse von Politikern und Bürokraten überlassen bleiben, die die Menschen vor den Folgen ihres eigenen Handelns schützt. So könnten der Kapitalismus vor sich selbst gerettet und die westliche Zivilisation samt ihrer angeblichen Freiheit gewahrt werden.[29]

Der Kampf, der in unserer Politik schon so lange tobt, ist der zwischen Hayek und Keynes – ein Kampf zwischen einer sehr verengten Auffassung von Freiheit als persönlicher Uneingeschränktheit und einer Auffassung von Freiheit als Unterwerfung unter die Herrschaft aufgeklärter Bürokraten. Beide eint dabei die Überzeugung, dass man den meisten Menschen nicht zutrauen könne, wirkliche Entscheidungen über die Struktur der Gesellschaft zu treffen.

Da es keine ernsthaften Alternativen zum Status quo gibt, ruft das schnell Verschwörungstheorien auf den Plan. Die gesamte Weltwirtschaft werde hinter verschlossenen Türen von einer geheimnisvollen, allmächtigen Elite gesteuert, die meist der einen oder anderen Ethnie oder Gesellschaftsgruppe zugerechnet wird. Solche Sichtweisen verkennen das Wesen kapitalistischer Planung, die immer auf dem schmalen Grat zwischen Wettbewerb und Kontrolle balanciert. Kapitalistische Planung ist nie absolut. Keine Institution, keine Instanz ist mächtig genug, um alle Konkurrenten ganz zu beherrschen. Ob Sie nun einen Staat oder eine Firma leiten, Sie werden es immer mit unterschiedlichen Interessen und unvorhergesehenen Herausforderungen zu tun haben. Sie können Ihre Macht nutzen, um zu planen, wie Sie darauf reagieren wollen, aber Sie können das Ergebnis nicht vollends bestimmen. Wie Hayek feststellte, sind Volkswirtschaften komplexe Systeme, die sich nie vollständig einer zentralen Kontrolle unterwerfen lassen.[30] Kapitalistische Gesellschaften basieren auf einer Dialektik, einer kreativen Spannung zwischen Planung und Wettbewerb, Kontrolle und Anarchie. Diese Spannung macht diese Gesellschaften gleichzeitig so anpassungsfähig und so unveränderlich. Institutionen können umgestaltet, Eliten ausgetauscht und Ideologien verändert werden, ohne dass sich die Struktur der Gesellschaft grundlegend ändert. Die Zentralisierung der Macht in unserer Welt resultiert nicht aus den Plänen einiger weniger. Sie resultiert aus der Klassenstruktur des Kapitalismus.

Weit vor Keynes und Hayek erkannte Karl Marx, dass kapitalistische Gesellschaften dazu neigen, Monopole herauszubilden. Die Vorteile bei der Produktionsmenge und die große Nähe zwischen Firmeneignern, Geldgebern und Staaten führen zu hoher Konzentration in einzelnen Märkten. Eine Zahl mächtiger Leute entscheidet, was produziert wird und wie wir regiert werden. Mit anderen Worten: Zentralisierung ist Teil des kapitalistischen Wirtschaftssystems. Manche wenden ein, dieser Prozess könne langfristig zu Weltfrieden und wirtschaftlicher Stabilität führen, wenn private Unternehmen und staatliche Bürokratien zu einer Superinstitution verschmelzen, die dann in der Lage wäre, global zu planen. Marx allerdings sah einen anderen Ausgang: die Zunahme des »Elends, des Drucks, der Knechtschaft, der Entartung, der Ausbeutung«.[31] Hauptbetroffene? Die arbeitende Bevölkerung.

Mehr Planung führt also nicht zwingend zu weniger Kapitalismus. Das wird man erst erreichen, indem die Befugnisse des Kapitals, also der Besitzenden, eingeschränkt werden. Dazu reicht es nicht, den Politikern mehr Kontrolle zu geben, denn solange wir keine echte Wirtschaftsdemokratie haben, werden die Reichen einfach ihren Einfluss nutzen, um Politiker zu korrumpieren. Wir können auch nicht erwarten, dass riesige Privatunternehmen einfach aus eigenem Wohlwollen im Interesse der Allgemeinheit handeln. Die Lösung liegt in einer Demokratisierung unserer Gesellschaft: Statt eine kleine Gruppe von Menschen zu beauftragen, im Sinne aller die besten Entscheidungen zu treffen, braucht es eine echte Übertragung politischer und wirtschaftlicher Macht an die Bürger.

Wir müssen uns nicht mit einer Politik abfinden, die sich auf »mehr oder weniger Staat« reduzieren lässt, auf eine Dynamik nach dem Prinzip: Alles muss sich ändern, damit alles so bleiben kann, wie es ist. Wir müssen nicht hinnehmen, dass extremistische Randgruppen erstarken, die das Gefühl von Hoffnungs- und Machtlosigkeit ausnutzen. Wir müssen nicht in einer Gesellschaft leben, in der nur einige wenige frei sein können. Es gibt einen anderen Weg.

Für Hayek ist der Arbeiter eine Biene: Seine Aufgabe ist es, den Honig zu produzieren, nicht den Bienenstock zu gestalten. Für Marx dagegen ist der Arbeiter im Kern ein Architekt, der im Kopf neue Vorstellungen entwickelt und sie durch seine Hände gestaltet. Dieses Verständnis von Freiheit – das sozialistisch konnotiert ist – umfasst nicht nur die Autonomie, über das eigene Leben zu bestimmen, sondern auch die, über die Ausrichtung der Gesellschaft mitzuentscheiden. Es erkennt unsere gegenseitige Abhängigkeit ebenso an wie die individuelle Freiheit. Es ist eine Vorstellung, die von uns verlangt, demokratische Strukturen aufzubauen und zu erhalten.

Im gegenwärtigen System sind die Arbeiter ihrer kreativen Möglichkeiten beraubt, die Vorstellungskraft ist ein Vorrecht des Kapitals. CEOs entscheiden über Geschäftspläne und Manager setzen sie um – und denken dabei vor allem an ihre persönliche Macht und die Profite des Unternehmens. Politiker bestimmen die Regeln und Bürokraten setzen sie um – sie denken dabei nur an ihre persönliche Macht und die des Staates. Arbeiter müssen in einem Umfeld miteinander konkurrieren, das darauf ausgelegt ist, dass sie verlieren.

Die marxistische Theoretikerin Ellen Meiksins Wood argumentierte, dass die »Trennung von Ökonomie und Politik« eines der bestimmenden Merkmale der kapitalistischen Ideologie ist.[32] Demokratie ist im politischen Bereich (im Rahmen offizieller staatlicher Institutionen) erlaubt, während sie in der Wirtschaft (innerhalb des Unternehmens und des Marktes) stark begrenzt ist. Doch indem Unternehmen als »wirtschaftliche« Institution bezeichnet werden, wird verschleiert, dass innerhalb des Unternehmens eine Art »privater Regierung« besteht.[33] Und das Verständnis des Staates als politischer Institution, die von der »Wirtschaft« getrennt ist, verschleiert, wie die Ausübung staatlicher Macht durch einen Prozess gesellschaftlicher Aushandlung bestimmt wird, bei der das Kapital dominiert.[34]

Die Fusion von politischer und wirtschaftlicher Macht in kapitalistischen Gesellschaften bedeutet umgekehrt, so Meiksins Wood, dass echte Demokratie »zum Synonym für Sozialismus geworden ist«.[35]

Die Kluft zwischen Kapitalismus und Sozialismus hat also nichts mit technischen Aspekten zu tun wie der Preisfindung oder der Frage, ob Planwirtschaft oder freier Markt vorherrschen. Sie hat ihren Ursprung auch nicht im Verhältnis zwischen öffentlichem und privatem Sektor. Diese Faktoren spielen eine wichtige Rolle in sozialistischen und kapitalistischen Gesellschaften, aber der Unterschied zwischen beiden ist viel einfacher: Eine kapitalistische Gesellschaft ist eine Klassengesellschaft, in der die Macht von den Besitzenden und ihren Verbündeten monopolisiert wird. Eine sozialistische Gesellschaft ist eine klassenlose Gesellschaft, in der die Macht geteilt wird und Entscheidungen kollektiv getroffen werden. Eine sozialistische Gesellschaft ist also eine echte Demokratie.

Die meisten Menschen reagieren auf solche Gedanken ähnlich: »Klingt schön in der Theorie, aber wie soll das in der Praxis funktionieren?«

Die Geschichte hat uns viele Beispiele dafür geliefert, was passiert, wenn Arbeiter die Verantwortung für politische und wirtschaftliche Entscheidungen selbst übernehmen. Versuche demokratischer Planung, bei denen die Beschäftigten die Verantwortung für ihre Firma selbst tragen mussten, zeigen zweifelsfrei, dass Menschen durchaus zu Kooperation, kollektiven Entscheidungen und Kreativität fähig sind. Vom Lucas-Plan, bei dem die Belegschaft Vorschläge für die Umwandlung eines multinationalen Rüstungsunternehmens in ein Sozialunternehmen in Arbeitnehmerhand entwickelte, bis hin zur Bürgerhaushaltsbewegung, bei der die Bürger mit erstaunlichen Ergebnissen die Kontrolle über die Staatsausgaben übernommen haben, ist der Beweis eindeutig: Wenn man den Menschen echte Macht gibt, nutzen sie diese in einem sozialistischen Geist.

Und das ist auch die Antwort auf die Frage, was theoretische Analysen mit dem echten Leben zu tun haben: sehr viel.

Hayek tat gut daran, seine Analyse mit der Frage nach der Freiheit zu beginnen. Die Freiheit, über das eigene Leben zu entscheiden, ist schließlich ein großer Teil dessen, was uns zu

Menschen macht. Im Kapitalismus steht diese Freiheit jedoch, wie Hayek einräumte, nur einer kleinen Minderheit zur Verfügung.

In einem sozialistischen Modell steht jedem die Freiheit zu, auch Architekt zu sein – selbst zu gestalten, etwas zu schaffen. Natürlich bezieht sich das nie auf eine einzelne Person im luftleeren Raum, diese Freiheit balanciert auf dem schmalen Grat zwischen Individuum und Kollektiv. Diese Freiheit muss sozial gedacht werden, sodass die gegenseitige Abhängigkeit der Menschen untereinander und von der Natur anerkannt und aufrechterhalten wird.

Im Laufe dieses Buches führe ich am Beispiel der wichtigsten Konzerne, Finanzinstitutionen, Staaten und Imperien der jüngeren Gegenwart vor, wie kapitalistische Planung heutzutage konkret funktioniert, was die Folgen sind und wie wir beginnen können, uns dagegen zu wehren.

Es ist nötig zu klären, was Kapitalismus eigentlich ist, wie er sich im Laufe der Zeit verändert hat und warum zentrale Planung dabei immer eine entscheidende Rolle gespielt hat. Natürlich möchte ich auch zeigen, wie aus kapitalistischer Planung wieder demokratische werden kann.

Als das Coronavirus Regierungen weltweit dazu zwang, die Ausgaben zu erhöhen, um das Kapital zu schützen und gleichzeitig – angesichts der vielen Todesfälle – die eigene Legitimität zu sichern, waren Kommentatoren aus dem gesamten politischen Spektrum schnell dabei, die Flut öffentlicher Gelder als »Sozialismus« zu deklarieren. Es schien, dass alles, was der kapitalistische Staat tat, als »sozialistisch« bezeichnet werden konnte – obwohl er ja Milliarden an Konzerne und Großaktionäre verteilte. Zu dieser Zeit verwendete ich die meiste Energie darauf, den Menschen zu erklären, was Sozialismus ist und was nicht.[36]

Mir wurde bald klar, dass die Fragen nach dem Wesen des Sozialismus mit einem viel tieferen Missverständnis zusammenhingen: dem Wesen des Kapitalismus. Vielleicht war es ein Erbe des Kalten Krieges, dass viele glaubten, Planwirtschaft sei das Gegenteil von Kapitalismus. Die Vorstellung, diese chaotischen, anarchischen freien Märkte könnten von irgendjemandem gesteuert sein, erschien völlig absurd. Politiker planen, Unternehmen reagieren. Das ist die gängige Überzeugung. In den folgenden Kapiteln möchte ich zeigen, dass Unternehmen und Finanzinstitute durchaus in der Lage sind, eigenständig zu planen, und sie außerdem häufig mit staatlichen Stellen zusammen Politik machen.

Die kapitalistische Planwirtschaft ist quicklebendig, selbst nach dem angeblichen Triumph des »freien Marktes«.

Nach der Lektüre werden Sie hoffentlich besser verstehen, warum Märkte und Staaten keine getrennten Sphären der Macht sind; wieso gerade nicht freie Märkte den Kapitalismus ausmachen, sondern die Herrschaft des Kapitals; und weshalb Sozialismus nicht als staatliche Übergriffigkeit missverstanden werden darf, sondern als gelebte Demokratie gesehen werden muss. Vor allem aber hoffe ich, Sie davon zu überzeugen, dass Sie die Macht haben, die Welt zu verändern. Denn es gibt eine Menge sehr mächtiger Leute da draußen, die Sie glauben machen wollen, dass dem nicht so ist.

Die meisten Gedanken in diesem Buch sind nicht neu. Meine Argumentation basiert auf einer Analyse der Arbeiten bekannter politischer Ökonomen, mit denen akademische Leser bereits vertraut sein werden. Doch ich wollte diese Ideen in einer überzeugenden und einfachen Weise zusammenfassen, die hoffentlich viele Menschen anspricht.

Denn während in akademischen Zirkeln bereits viel darüber diskutiert wurde, ist nicht allzu viel davon im politischen Mainstream angekommen. Fast überall spaltet sich die Politik noch – wie kurz nach dem Zweiten Weltkrieg – in die zwei Lager der Keynesianer und der Hayekianer.

Da es meine Aufgabe ist, diese Debatten mitzugestalten, ärgert mich das.

Teil I

Kapitalismus und Freiheit

1

Wie man mit Mord davonkommt

Am 29. Oktober 2018 verschwand Lion Air-Flug 610 von der Bildfläche, eine Boeing 737 MAX. 13 Minuten nach dem Start in Jakarta verlor die Flugsicherung den Kontakt zum Piloten.[1] Um 7.30 Uhr gaben die Behörden bekannt, dass das Flugzeug einige Meilen vor der indonesischen Küste ins Meer gestürzt sei.[2] Es dauerte zwei Tage, bis das erste Opfer identifiziert wurde; später ergaben die Such- und Rettungsarbeiten, dass alle 189 Menschen an Bord sowie sechs Flugbegleiter und zwei Piloten ums Leben gekommen waren.[3] Im Sturzflug war die Maschine noch unbeschädigt, doch sie zerschellte beim Aufprall aufs Meer, selbst die stabilsten Teile des Flugzeugs barsten.

Später fanden die Ermittler heraus, dass der Absturz mit dem Anstellwinkelsensor des Flugzeugs zusammenhing. Aus unbekannten Gründen hatte der defekte Sensor schon während des Flugs dazu geführt, dass das Flugzeug viermal abgekippt war. Beim fünften Mal kam es zum tödlichen Absturz.[4] Jedes Mal, wenn die Maschine in den Sturzflug geriet, hatte der Pilot versucht, sie wieder hochzuziehen, doch gegen die Flugdynamik blieb er machtlos. Boeing bemühte sich, die Schuld der Besatzung zuzuschieben, die die Systeme und die Methoden nicht verstanden habe.[5]

Wenige Monate später erlitt eine weitere 737 MAX das gleiche Schicksal. Ethiopian-Airlines-Flug 302 startete am 10. März 2019 um 8.38 Uhr in Addis Abeba. Nach zwei Minuten kontaktierte der Pilot die Flugsicherung, um einen »Flugfehler« zu melden.[6] Die Spitze des Flugzeugs hatte begonnen, sich zu senken.[7] Die Piloten versuchten, die Maschine unter Kontrolle zu bekommen und die Nase manuell wieder hochzuziehen.[8] Um 8.44 Uhr verlor die Flugsicherung den Kontakt zur Besatzung.[9] Das Flugzeug war mit einer Geschwindigkeit von 700 Meilen pro Stunde auf dem Boden aufgeschlagen.[10] Die Wrackteile des Flugzeugs wurden neun Meter tief in die Erde gerammt, der Einschlagkrater war 27 Meter breit und 35 Meter lang.[11] Alle 157 Menschen an Bord des Flugzeugs waren sofort tot.

Ein Jahr nach dem Absturz veröffentlichte die äthiopische Zivilluftfahrtbehörde einen Zwischenbericht mit den Ergebnissen ihrer Untersuchungen. Darin stellte sie fest, dass die Anstellwinkelsensoren des Flugzeugs versagt und für jede Tragfläche unterschiedliche Werte übermittelt hatten, wodurch ein System – das MCAS – aktiviert wurde, welches das Abkippen der Flugzeugnase verursachte.[12] Der Bericht bestätigte, dass die Besatzung und die Piloten alle Verfahren korrekt befolgt hatten, das Unglück aber dennoch nicht verhindern konnten.

Die 737 MAX-Abstürze kamen zu einem schlechten Zeitpunkt für Boeing, denn das Unternehmen musste buchstäblich überall Brände löschen. Das Vorgängermodell des Konzerns, der 787 Dreamliner, wurde nicht nur mit extremer Verspätung und Budgetüberschreitungen ausgeliefert, er wies auch technische Mängel und Konstruktionsfehler auf. Einer davon verursachte Brände der Flugzeugbatterien, ein Defekt, der schließlich ein Flugverbot für die gesamte Flotte zur Folge hatte.[13]

Die Fehler beim Dreamliner ließen sich auf eine Strategie der Kostensenkungen und Sparmaßnahmen zurückführen, die bei Boeing in den letzten Jahrzehnten Einzug gehalten hatte.[14]

2003 wurde Harry Stonecipher CEO von Boeing. Er war zuvor Chef des Luftfahrtunternehmens McDonnell Douglas, das nach der Pleite und einer staatlichen Intervention mit Boeing fusionierte. Stonecipher war der Protegé von Jack Welch, dem ehemaligen Chef von General Electric. Er trieb die Kapitalisierung von GE an den Finanzmärkten fast bis zur Unkenntlichkeit des Unternehmens voran. Die hausinterne »Sparkultur« gipfelte in Skandalen wie der Verklappung giftiger Chemikalien durch GE im Hudson River.[15] Stonecipher war später gezwungen, Boeing zu verlassen – und seine Frau ihn –, weil herauskam, dass er eine Affäre mit einer anderen Führungskraft gehabt hatte.[16]

Seine Strategie für Boeing, die er mit Welch zusammen entwickelt hatte, war simpel: Er wartete, bis Probleme sich massiv häuften, und nutzte das anschließende Chaos, um durchzusetzen, was er als »Kulturrevolution« bezeichnete.[17] Die zuvor hochgeschätzte Expertise der Boeing-Ingenieure war innerhalb des Unternehmens nicht mehr viel wert. Es regierten die Sparkommissare.[18]

Früher waren viele Boeing-Beschäftigte gewerkschaftlich organisiert, aber Stonecipher machte es sich zur Aufgabe, die Gewerkschaften mithilfe von Subunternehmen zu untergraben.[19] Bei der Entwicklung des 787 Dreamliners forderte Stonecipher, »das Flugzeug für weniger als 40 Prozent dessen zu entwickeln, was 13 Jahre zuvor die Entwicklung der 777 gekostet hatte, und jedes Flugzeug für weniger als 60 Prozent der Stückkosten der 777 im Jahr 2003 zu bauen«.[20]

Diese Strategie der Renditemaximierung steckte hinter den Unglücken der 737 MAX. Ohne auf Widerstand der Regulierungsbehörde FAA zu treffen, »stellte das Management von Boeing die Rentabilität und den Aktienkurs des Unternehmens über alles andere, einschließlich der Sicherheit der Passagiere«.[21]

Einer der verlässlichsten Wege, um mehr Flugzeuge zu verkaufen, ist die Senkung der sogenannten Sitzmeilenkosten – der Kosten eines Flugs pro Passagier und Meile.[22] Besonders gut lassen sich die Kosten mit möglichst großen Triebwerken drücken. Die Maschinen können damit längere Strecken mit mehr Passagieren fliegen.

Doch es gibt ein Problem dabei: Bei Start und Landung hängen die Triebwerke vergleichsweise dicht über dem Boden. Bei den riesigen Triebwerken der 737 MAX war das entscheidend.[23] Man verlegte sie daher nach vorn, vor den Flügel. Das aber zog ein weiteres Problem nach sich: »Wenn die Piloten beschleunigten, tendierte das Flugzeug dazu, die Nase anzuheben. Und wenn sich die Nase des Flugzeugs auf diese Weise anhob, kam es häufig zum Strömungsabriss.«[24]

Im Grunde hatte Boeing auf diese Weise ein »dynamisch instabiles« Flugzeug gebaut.[25] Wie der Luftfahrtexperte Gregory Travis erklärt, handelt es sich bei den einzigen anderen dynamisch instabilen Flugzeugen um Kampfjets, »und die sind mit Schleudersitzen ausgestattet«.[26]

Anstatt das Problem durch eine teure Änderung des Flugzeugdesigns zu beheben, entwickelte Boeing eine Softwarelösung. Das Unternehmen war entschlossen, die 737 MAX der 737 so ähnlich wie möglich erscheinen zu lassen, um bestehende Vereinbarungen mit den Fluggesellschaften einzuhalten.[27] Boeings Kunden verlangten geringe Änderungen, damit sie ihre Piloten nicht umschulen mussten. Und Boeing war nur zu gern bereit, dem nachzukommen. Das Unternehmen willigte ein, Southwest eine Million Dollar für jedes gekaufte Flugzeug zu erstatten, wenn die Fluggesellschaft ihre Piloten umschulen müsste.[28]

Aufseiten der Software-Ingenieure erfand man eine Behelfslösung namens MCAS (Maneuvering Characteristics Augmentation System). Das MCAS interagiert mit den Anstellwinkelsensoren des Flugzeugs, um die Nase der Maschine automatisch nach unten zu drücken, sobald die Sensoren einen Strömungsabriss erkennen – damit sollte das Problem der »dynamischen Instabilität« gelöst werden.[29] Im Gegensatz zu Boeings früherer »Pilot-first«-Philosophie – einem weiteren Opfer der Stonecipher-Ära – funktionierte das System automatisch.[30] Somit gab es für den Piloten keine Chance, den Fehler manuell zu korrigieren. Wenn MCAS es für nötig hielt, wurden die Steuerknüppel nach unten gedrückt.[31]

Eine weitere Schwierigkeit bestand darin, dass das MCAS nur an einen der beiden Anstellwinkelsensoren angeschlossen war. Wären beide Sensoren mit dem MCAS verbunden gewesen, hätten sie einander womöglich widersprechen können, ein Problem, das nur durch eine menschliche Intervention zu beheben gewesen wäre und daher zusätzliche Pilotenschulungen erfordert hätte.[32] Um dem beizukommen, verband man das MCAS nur mit einem der Sensoren. Daher musste es auch nur bei einem von beiden zu einer Störung kommen, und schon kippte das Flugzeug ab. Die Piloten wurden nicht über den Software-Fix informiert; die Erklärung, wie das MCAS funktionierte, wurde aus dem Pilotenhandbuch der neuen Maschine gestrichen.[33]

Im Ergebnis war es Boeing gelungen, das »erste sich selbst kapernde Flugzeug der Welt«[34] zu entwickeln. Wenn nur einer der Anstellwinkelsensoren fehlerhafte Daten lieferte, neigte sich das Flugzeug mit einer solchen Vehemenz, dass es für die Piloten nahezu unmöglich war, die Steuerung wieder hochzureißen. 346 Menschen starben bei zwei schrecklichen Flugzeugabstürzen aufgrund dieser Fehlkonstruktion. In der Zeit zwischen 2010 und 2020, während dieses Desaster immer schlimmere Formen annahm, schüttete Boeing 24,6 Milliarden Dollar an Dividenden an die Aktionäre aus – viele davon Führungskräfte des Unternehmens – und kaufte Aktien im Wert von 43,4 Milliarden Dollar zurück, wodurch das Unternehmen zum Liebling der Wall Street aufstieg.[35]

Die Mitarbeiter bei Boeing waren sich der Probleme mit der 737 MAX bewusst. Peter Robison, Autor von *Flying Blind,* führt eine Reihe von Beispielen an, bei denen vor der Entwicklung und Zulassung des Flugzeugs gewarnt wurde. Ingenieure klagten über die Geschäftsleitung, die Unternehmenskultur und die schludrige Kontrolle durch die US-Luftfahrtbehörde FAA. Es ist gruselig zu hören, dass einer der Manager des Unternehmens gegenüber einem Mitarbeiter geäußert haben soll: »Menschen werden sterben müssen, bevor Boeing etwas ändert.«[36] Die FAA hatte das Flugzeug in weniger als einem Jahr zugelassen, sodass Boeing die 737 MAX sogar vorzeitig ausliefern konnte.[37]

Inzwischen ist jedoch deutlich geworden, dass die Luftfahrtbehörde das Flugzeug durchgewunken hat, obwohl es die bestehenden Sicherheitsstandards nicht erfüllte (was nichts mit der MCAS-Software zu tun hat, sondern mit einem anderen fragwürdigen Teil der Konstruktion).[38] In der Tat wollte »niemand bei der FAA an der MAX-Zertifizierung arbeiten«.[39]

Niemand wollte Boeing in die Quere kommen. Warum eigentlich?

In den vorangegangenen Jahrzehnten war die Kompetenz der Aufsichtsbehörde FAA stark ausgehöhlt worden; die Gehälter wurden gekürzt, und die meisten Fachingenieure arbeiteten schließlich für die Flugzeughersteller. Zum Zeitpunkt der Abstürze agierte die FAA – wie viele andere Behörden, darunter auch die US-Finanzaufsichtsbehörde – mit einer Philosophie der »freiwilligen Selbstkontrolle«. Seit 2005 wurde Boeing überwiegend von einer Abteilung zertifiziert, »die innerhalb des Unternehmens angesiedelt war« und deren Mitarbeiter von Boeing bezahlt wurden.[40] Ein Bericht stellte schließlich fest, dass diese Struktur zu »inhärenten Interessenkonflikten geführt hat, die die Sicherheit der Bürgerinnen und Bürger in Flugzeugen gefährdet haben«.[41]

Nur vier Wochen vor dem Absturz der Lion Air-Maschine und nachdem Boeing 15 Millionen Dollar für Lobbyarbeit im Kongress ausgegeben hatte, war eine weitere Runde der Deregulierung beschlossen worden. Die Begründung, so ein republikanischer Kongressabgeordneter, bestehe darin, dass »wir eine unnötige Belastung durch Vorschriften sehen, die nicht dazu dienen, die tatsächliche Sicherheit von Flugzeugen zu verbessern«, sondern stattdessen nur »Verfahren um der Verfahren willen«[42] aufrechterhalten. Außerdem, argumentierte ein weiterer republikanischer Kongressabgeordneter, würde kein Luftfahrtunternehmen unsichere Flugzeuge bauen wollen, da dies seinem Ruf schade.[43] Der Markt werde alles regeln.

Aber das war nicht der Fall. Heute ist bekannt, dass das Unternehmen über die Probleme mit dem MCAS-System vor den Abstürzen Bescheid wusste.[44] Als die Vertuschung ans Licht kam, wurde Boeing wegen kriminellen Betrugs gegen die USA zu einer Zahlung von 2,5 Milliarden Dollar verurteilt, von denen allerdings nur 500 Millionen Dollar an die Familien der Verstorbenen gingen.[45] Der CEO von Boeing, Dennis Muilenburg, erhielt nach seiner Entlassung ein Abfindungspaket in Höhe von 62 Millionen Dollar.[46]

Das Ganze ist aber nicht nur eine weitere Geschichte über die zerstörerischen Auswüchse eines unregulierten Marktes. Der Aufstieg und Fall von Boeing ist eng verknüpft mit dem US-amerikanischen Staat, der dem Unternehmen Milliarden zuschanzte, um es vor dem Bankrott zu retten. Eine Studie von 2015 ergab, dass Boeing zu den größten Nutznießern von Subventionen in den USA gehört und allein in jenem Jahr 14 Milliarden Dollar an Fördergeldern erhielt.[47]

2013 gewährte der Bundesstaat Washington Boeing eine Steuererleichterung in Höhe von 8,7 Milliarden Dollar – zu dieser Zeit die größte, die ein Staat je einem Unternehmen gewährt hatte.[48] Die Rechtfertigung dafür lautete, dass sie dazu beitragen werde, die Luftfahrtindustrie in Washington zu schützen und zu fördern. In der Zwischenzeit hat Boeing mehr als 12 000 Mitarbeiter entlassen, mehr als 15 Prozent der Belegschaft in diesem Bundesstaat.[49]

Die Verbindungen zwischen Boeing und dem Staat reichen aber sogar noch weiter. Donald Trump machte Patrick Shanahan zu seinem Verteidigungsminister. Er hatte 31 Jahre lang für Boeing gearbeitet und die katastrophale Entwicklung des 787 Dreamliner verantwortet.[50] Shanahan fand schnell in seine neue Rolle, innerhalb weniger Wochen nach seiner Ernennung unternahm er unangekündigte Reisen nach Afghanistan und an die Grenze zu Mexico. Wochen später wurde ein Ermittlungsverfahren gegen ihn eröffnet, wegen des Verdachts, er habe sich »in unzulässiger Weise für seinen früheren Arbeitgeber Boeing eingesetzt«.[51] Er soll sich für lukrative Militäraufträge an Boeing eingesetzt und Konkurrenten benachteiligt haben, wurde aber letztlich freigesprochen.

Die Vetternwirtschaft zwischen Boeing und dem Staat funktionierte aber keineswegs nur in eine Richtung. Boeing zeigte sich zum Beispiel dadurch erkenntlich, dass der Konzern kurz nach Shanahans Ernennung zum Verteidigungsminister Trumps ehemalige UN-Botschafterin Nikki Haley in den Vorstand berief.[52] Trump hielt beim Besuch eines Boeing-Werks in St. Louis eine Rede, in der er mit seinen Steuersenkungen für Unternehmen prahlte und Berichten zufolge »Druck auf US-Verbündete ausgeübt hat, Produkte von Boeing zu kaufen«.[53] Zwischen 2014 und 2018 verdiente Boeing 104 Milliarden Dollar durch öffentliche Verteidigungsaufträge.[54]

Diese Verbindungen sind keine Besonderheit der Trump-Regierung. Bereits in den Neunzigern ermöglichte das Verteidigungsministerium die Fusion von Boeing und McDonnell

Douglas, dessen ehemaliger CEO Stonecipher die Verantwortung für die Abstürze der 737 MAX trägt.[55] McDonnell Douglas war wichtig für die USA, da das Unternehmen zentrale Komponenten für die US-Luftwaffe lieferte. Die Beschäftigten bei Boeing wehrten sich vergeblich gegen den Zusammenschluss, unter anderem mit einem 40-tägigen Streik. Die Fusion wurde trotzdem vollzogen, und McDonnells Unternehmenskultur der Kostensenkung und des Outsourcings fest verankert.[56] Es gibt viele Belege dafür, dass es dieser Strategiewechsel war, der den Boden für die 737 MAX-Katastrophen bereitet hat – und er war von Bundesbehörden selbst ermöglicht worden.[57]

Nach den Abstürzen und vor dem Hintergrund einer weltweiten Pandemie, die die Luftfahrtindustrie hart traf, stand Boeing im Jahr 2020 kurz vor dem Ruin, was der Staat aber mit dem CARES-Gesetz zu verhindern wusste. Es umfasste 17 Milliarden Dollar an Darlehen »für Unternehmen, die entscheidend sind für die Aufrechterhaltung der nationalen Sicherheit«. Dazu gehörte auch Boeing. Hinzukam ein Darlehen in Höhe von fast 58 Milliarden Dollar für die Luftfahrtindustrie – eine Summe, die auffallend nahe an den 60 Milliarden Dollar liegt, die von Boeing-Führungskräften im März 2020 für die Branche gefordert worden waren.[58] Doch es gab einen Haken. Die Trump-Regierung verlangte, dass das Unternehmen einen Teil des Eigenkapitals als Gegenleistung für die Darlehen abgab – ein Schritt, den Boeings neuer CEO David Calhoun für inakzeptabel hielt. Der Konzern sollte auch auf Entlassungen verzichten und Aktienrückkäufe einschränken.

Dem Konzern gelang es, diese Auflagen durch einen Hinterzimmerdeal mit der Federal Reserve Bank zu unterlaufen.[59] Als die Anleihenmärkte im März 2020 in den Keller rauschten, schritt die Fed ein und kündigte an, sie werde Unternehmensschulden bis zu einer Höhe von 20 Milliarden aufkaufen, womit sie faktisch die Bürgschaft für einige der mächtigsten Unternehmen der Welt übernahm. Boeing erkannte, dass es nun neue Anleihen ausgeben konnte, und im Wissen, dass das Unternehmen vom mächtigsten Staat der Welt gestützt wurde, schlugen die Investoren zu. Am Ende gab Boeing Anleihen im Wert von 25 Milliarden Dollar aus.[60]

Der ursprünglich für Boeing und ähnliche Unternehmen konzipierte und nun überflüssige 17-Milliarden-Dollar-Fonds des Finanzministeriums wurde hastig für weitere, nicht minder fragwürdige Unternehmen geöffnet, die so in den bereits umfangreichen Kreis staatsnaher militärisch-industrieller Betriebe der USA aufgerückt sind.[61] Dazu gehören ein Unternehmen, das eine Gesichtserkennungssoftware zur Verfolgung von Einwanderern entwickeln will, ein Unternehmen, das mit gering bezahlten Gefängnisinsassen Rüstungsgüter produziert, und ein »Unternehmen für experimentelle Raumfahrttechnologie«, das bereits von wohlhabenden Risikokapitalgebern unterstützt wird.[62]

Wie wurde diese Auswahl getroffen? Natürlich von einem Privatunternehmen. Das Finanzministerium beauftragte eine Beratungsfirma, die Anträge zu bewerten, die für den Fonds eingereicht wurden, und zahlte dafür 650 000 Dollar.[63]

Das Wachstum von Megafirmen wie Boeing, einem Konzern mit engen Verbindungen zur US-Regierung, macht es schwer zu behaupten, dass der Kapitalismus ein Synonym für freie Märkte sei. Die USA sind die größte Volkswirtschaft der Welt, als Paradies der freien Marktwirtschaft kann man sie aber kaum bezeichnen. Der Wettbewerbsdruck ist oft nur ein Nebenaspekt in den Köpfen der Führungskräfte, die die größten Unternehmen des Landes leiten. Wie bei Boeing sind sie mehr damit beschäftigt, ihre Aktienkurse zu beobachten, Lobbyarbeit bei Politikern zu betreiben und Skandale zu vertuschen. Dabei ist Boeing durchaus einem Wettbewerb ausgesetzt: Der

Konkurrenzkampf mit Airbus, das ebenfalls massive staatliche Beihilfen von der Europäischen Union erhält, ist brutal. Doch die Konzerne befinden sich nicht in einem wettbewerbsorientierten Markt, in dem sie um den besseren Preis konkurrieren. Stattdessen agieren sie in einem zweipoligen Feld, das von Staaten alimentiert wird, die an der Marktbeherrschung »ihres« Herstellers interessiert sind. Statt über den Preis konkurrieren die Unternehmen um niedrige Kosten (was in schlechten Flugzeugen resultiert) und um Beziehungen (was sich in Korruptionsskandalen niederschlägt). Hinterzimmerabsprachen mit Fluggesellschaften – wie Boeings Vereinbarung mit Southwest – und Druck auf Zulieferer helfen ebenfalls. Selbst wenn der Markt (oder ein neugieriger Journalist) schließlich einem Unternehmen wie Boeing auf die Schliche kommt, kann es sich auf seine engen Beziehungen zum Staat verlassen.

Genau wie der globale Markt der Luft- und Raumfahrtindustrie sind viele der größten und wichtigsten Märkte, die in kapitalistischen Gesellschaften existieren, alles andere als frei: Sie werden von einigen wenigen Großkonzernen beherrscht, die über äußerst komfortable Beziehungen zum Staat verfügen. Staaten sind jedoch keine autonomen Gebilde, die über der Gesellschaft schweben und in die Märkte eingreifen, um eine Effizienzmaximierung zu erzielen. Staatliche Macht ist geprägt durch Beziehungen zu großen Konzernen und Finanzinstituten. Sie können in diesem Rahmen eigene Maßnahmen zu ihrem Schutz und in ihrem Interesse durchsetzen. Aber diese Macht hat sonst niemand innerhalb des Staates. Das ist keine Perversion des Kapitalismus. Das ist Kapitalismus.

In diesem Kapitel werden wir uns ansehen, wie der Kapitalismus wirklich funktioniert. Die meisten Menschen denken, dass damit so etwas wie »freie Märkte« gemeint sind. Dieser Irrglaube kommt den Mächtigen zugute, weil freie Märkte nach einer guten Sache klingen – oder zumindest einer ziemlich guten. Wie könnte jemand freie Märkte ablehnen, ohne die Freiheit selbst abzulehnen?

In Wirklichkeit bedeutet Kapitalismus aber nicht freie Märkte. Er bedeutet: die Beherrschung der Gesellschaft durch das Kapital.

Die Menschen neigen zu der Annahme, Kapital stünde für Geld oder Ressourcen, und so wird der Begriff auch in der Alltagssprache häufig verwendet. Doch das Wort Kapital steht eigentlich für eine gesellschaftliche Beziehung und für das Material, das diese Beziehung definiert. Kapitalistische Gesellschaften sind geteilt in zwei Klassen von Menschen: diejenigen, die alles besitzen (Kapitalisten), und diejenigen, die gezwungen sind, für ihren Lebensunterhalt zu arbeiten (Arbeiter). In diesen Gesellschaften gehen die Profite des Kapitalisten auf Kosten des Arbeiters. Kapitalistische Gesellschaften sind auf die Interessen der Bosse ausgerichtet. Sie sind keine Utopie des freien Marktes.

Kapitalismus ist nicht das, was Sie denken

In kapitalistischen Gesellschaften wird gern die Geschichte von findigen Unternehmern erzählt, die sich mit brillanten neuen Geschäftsideen im harten Wettbewerb durchsetzen, um uns mit tollen neuen Produkten und Dienstleistungen zu erfreuen – und die dabei noch beträchtliche Gewinne erzielen. Mainstream-Ökonomen betrachten kapitalistische Volkswirtschaften als Räume, in denen Firmen bei der Produktion von Gütern oder dem Angebot von Dienstleistungen um die niedrigsten Kosten konkurrieren, bevor sie sie an die Verbraucher zu einem Preis verkaufen, der die Marktkräfte von Angebot und Nachfrage widerspiegelt. Das alles im Streben nach Profit.

Freie Märkte und Wettbewerb sind angeblich die Merkmale des Kapitalismus, die ihn einzigartig machen. Doch auch wenn Märkte, Preise und Wettbewerb seit dem Aufkommen des Kapitalismus immer wichtigere Bestandteile der Weltwirtschaft geworden sind, gab es sie alle schon lange vor dem Kapitalismus. Märkte gibt es schon, seit Menschen untereinander mit Waren und Dienstleistungen handeln. Geld ist ein politisches Konstrukt, das Jahrtausende alt ist. Und Wettbewerb ist etwas, das Menschen und die von ihnen geschaffenen Organisationen immer ausgemacht hat, seit den Anfängen der Menschheitsgeschichte.

Wettbewerb ist so erkennbar wichtig für die Menschheit, dass es völlig irrational erschiene, seine Notwendigkeit zu leugnen. Freie Märkte und Wettbewerb gehören zu den Grundlagen des Kapitalismus, aber sie bestimmen ihn nicht. Das, was den Kapitalismus definiert, ist Kapital.

Was genau ist also Kapital? Die meisten Menschen denken dabei an etwas Gegenständliches – einen Stapel Geldscheine oder Maschinenanlagen. Es ist unmissverständlich, was es bedeutet, wenn man im Kleingedruckten einer Werbeanzeige für eine neue Geldanlage liest: »Ihr Kapital ist möglicherweise gefährdet.« Es bedeutet, dass man Geld verlieren könnte. Ökonomen haben eine etwas kompliziertere Sichtweise auf Kapital. Sie verwenden den Begriff manchmal für Geld, manchmal für die Vermögenswerte eines Unternehmens und manchmal für das Eigenkapital einer Bank. Man könnte sagen, dass Mainstream-Ökonomen eigentlich keine kohärente Vorstellung davon haben, was Kapital überhaupt ist.[64]

Das »Kapital« in *Kapitalismus* hat allerdings eine andere Bedeutung als die, wie der Begriff üblicherweise in den Wirtschaftswissenschaften verwendet wird. Es meint eine Beziehung, die zwischen verschiedenen Gruppen besteht sowie zwischen realen Dingen, die diese Beziehung ausmachen. Um das zu verstehen, kann man den Begriff Kapitalismus mit dem Begriff Feudalismus vergleichen – die Bezeichnung für das Gesellschaftssystem, das dem Kapitalismus in weiten Teilen der Welt vorausging. Entscheidendes Merkmal des Feudalismus war die Beziehung zwischen Bauern und Aristokraten. Letztere besaßen alles Land, Erstere bearbeiteten es im Tausch gegen lebensnotwendige Dinge. Die Bauern hatten keine wirklichen Rechte, die Politik wurde von Grundbesitzern gemacht. Land war das wertvollste Gut in diesem System, und der Begriff Feudalismus bezieht sich sowohl auf die Bedeutung des Bodens oder Lehens (von lat. *feudum*), als auch auf die Vorherrschaft der Grundbesitzer in feudalen Gesellschaften.

Im Kapitalismus drückt sich der Reichtum einer Gesellschaft nicht in Form von Bodenreichtum aus, sondern als »eine ungeheure Warensammlung«.[65] Der Begriff Kapital bezieht sich auf die Ressourcen, die für die Produktion dieser Waren erforderlich sind (was Marx die Produktionsmittel nannte). Kapitalisten sind dabei jene Menschen, die all diese Ressourcen besitzen, und Arbeiter diejenigen, die gezwungen sind, ihre Arbeitskraft den Kapitalisten für ihren Lebensunterhalt zur Verfügung zu stellen, weil sie nicht über diese Ressourcen verfügen. Der Lohn, den diese Arbeiter erhalten, ist niedriger als der Wert der von ihnen im Laufe des Arbeitstags produzierten Waren – darin liegt die Quelle des Profits für den Kapitalisten und der Grund für die Ausbeutung des Arbeiters.

Der Kapitalismus wird im Kern durch diese Kluft definiert: die Kluft zwischen den Menschen, die alle für die Warenproduktion erforderlichen Mittel besitzen, und denen, die gezwungen sind, ihre Arbeitskraft an die Kapitalisten zu verkaufen, um genau diese Güter wiederum zu kaufen.[66] Die Interessen der beiden sind diametral entgegengesetzt.

Ähnlich wie der Begriff Feudalismus beschreibt Kapitalismus sowohl die zentrale Bedeutung der Waren als auch die

Vorherrschaft der Kapitalistenklasse. Das ist gemeint, wenn es heißt, dass Kapital ein »soziales Verhältnis« ist.[67] Die Bedeutung des Begriffs bezieht sich nicht nur auf die Produktionsmittel, sondern auch auf die Beziehungen, die deren Herstellung und Verwendung zugrunde liegen – so wie der Feudalismus eben auch nicht nur auf die Bedeutung von Land im Allgemeinen rekurriert, sondern auch auf die Art und Weise, wie dieses Land durch die Aristokratie beherrscht wurde.

Die Menschen und Institutionen, die die Dinge kontrollieren, die wir zur Produktion der Waren benötigen, und das Geld, das mit ihrem Verkauf verdient wird, haben das Sagen. Das macht den Kapitalismus zum Kapitalismus: nicht die zentrale Rolle des Marktes, sondern die Beherrschung der Gesellschaft durch das Kapital.

Ein Unternehmen mit großer Marktmacht kann Dinge tun, die weitreichende Auswirkungen auf das Leben der Arbeitnehmer haben, auf die Entscheidungen der Verbraucher und sogar auf Aspekte wie die Geschwindigkeit und Art von Innovationen oder den Zustand des Planeten. All diese Entscheidungen werden mit wenig oder gänzlich ohne demokratische Rechenschaftspflicht getroffen.

Die Kontrolle, die Arbeitgeber über Arbeitnehmer ausüben, ist eine Form der politischen Macht, die oft Gegenstand heftiger Kämpfe ist. Führungskräfte besitzen Autorität über Beschäftigte – mitunter erhebliche Befugnisse – und das Einzige, was ein Arbeitnehmer in die Waagschale werfen kann, ist der Entzug seiner Arbeitskraft. Genau das aber ist in vielen Ländern der Welt illegal oder streng reguliert.[68] Große Unternehmen können ebenso innerhalb des Staates erhebliche Macht ausüben; durch Lobbyarbeit zur Verabschiedung einer bestimmten Politik, durch Spenden an Parteien, um Wahlen zu beeinflussen, oder sogar durch die Entwicklung und Durchsetzung eigener Formen des Privatrechts und der Kontrolle.[69]

Was noch entscheidender ist: Der Wettbewerb selbst fördert, wie Thorstein Veblen feststellte, die »Allianz« und »Verschwörung« zwischen einzelnen Kapitalisten.[70] Gerade der Wettbewerbsdruck ermutigt die Betroffenen, Allianzen zu bilden, um ihre eigene Position gegenüber der Konkurrenz zu stärken. Diese Allianzen sind wiederum stärker darin, ihre Konkurrenten auszustechen und ihre Märkte zu beherrschen. Das versetzt sie schließlich in die Lage, die Regeln des Wettbewerbs, an dem sie eigentlich teilnehmen sollen, selbst zu gestalten.

Statt den Kapitalismus als einen freien Markt mit lediglich zwischenzeitlichen staatlichen Eingriffen zu betrachten, müssen wir den Kapitalismus als ein Gesamtsystem verstehen – eines, in dem mächtige Firmen, Finanzinstitute und Staaten zusammenarbeiten, um zu bestimmen, wer in der globalen Wirtschaft was bekommt. Erst diese Perspektive macht den Blick frei darauf, dass der Kapitalismus ein System allgegenwärtiger, zentralisierter Planung ist.

Was genau ist also Planung?

Planung beinhaltet die bewusste Gestaltung eines Systems. Jeder kann sich einen Plan machen, sofern man ein klares Bild von der Welt hat und eine Vorstellung, wie man sie verändern möchte. Doch was die Planung Gestalt werden lässt, ist die Ausübung von Macht.

Im Kapitalismus erfolgt das auf vielen, oft unsichtbaren Wegen. Die Macht des Kapitals drückt sich nicht einfach durch rohe Gewalt aus (auch wenn sie ziemlich häufig doch so in Erscheinung tritt). Sie ist auch eine Art ökonomische Macht.[71] Die Klassenteilung der Gesellschaft bedeutet, dass manche Menschen gezwungen sind, sich aus Angst vor dem Verhungern Arbeit zu suchen. Die Menschen, die über die Beschäftigung entscheiden, haben also eine enorme Macht über alle anderen. Dies ist keine Macht, die von einer einzelnen Person ausgeübt wird – schließlich steht es jedem Arbeitnehmer frei, sich nach einem anderen Job umzuschauen, wenn er seinen Chef nicht mag. Es ist eine Macht, die sich durch die Struktur der Gesellschaft selbst entfaltet: Einige Menschen müssen arbeiten, um ihr Überleben zu sichern, während das für andere nicht gilt.

Doch die wirtschaftliche Macht des Kapitals ist nicht nur die Macht der Chefs über ihre Mitarbeiter. Große Konzerne, deren Entstehen, wie wir sehen werden, in einer kapitalistischen Ordnung unvermeidlich ist, können die wirtschaftlichen Bedingungen aller Beteiligten selbst gestalten. Diese Unternehmen sind in der Position, ganze Wirtschaftszweige zu kontrollieren, die Löhne, die Preise und den technologischen Wandel, und das ohne jegliche Rechenschaftspflicht gegenüber der Gesellschaft als Ganzem. Dabei ist längst überdeutlich, dass die wirtschaftliche Macht des Kapitals auch Auswirkungen auf die Ökologie hat. Großunternehmen sind für 71 Prozent der weltweiten CO_2-Emissionen verantwortlich. Sie bestimmen folglich über die Zukunft des Lebens auf der Erde.[72]

Das Kapital kann auch innerhalb des Staates darauf hinwirken, dass Staatsgewalt und bürokratische Regulierung in seinem Interesse eingesetzt werden. Wenn Menschen nachweisen müssen, dass sie aktiv auf Arbeitssuche sind, um Arbeitslosenhilfe zu erhalten, stärkt das die Macht der Kapitaleigentümer über die Arbeiter. Wenn Staaten bei wettbewerbsfeindlichen Praktiken ein Auge zudrücken, erleichtern sie die Monopolisierung. Wenn Zentralbanken Rettungsaktionen durchführen oder Geld in die Finanzmärkte pumpen, schützen sie bestimmte mächtige Unternehmen auf Kosten anderer. Darüber hinaus übt der Staat auch echte Gewalt im Namen des Kapitals aus, und zwar durch die Polizei und das Militär. Von dieser Befugnis ist in der Vergangenheit sehr häufig Gebrauch gemacht worden, gegen Gewerkschafter und Demonstranten – von Margaret Thatchers gewaltsamer Unterdrückung der streikenden Bergarbeiter bis hin zur Inhaftierung von »Klimaklebern« heute.

Verstärkt wird die physische und ökonomische Gewalt durch ideologische Macht. Die Wohlhabenden besitzen den größten Einfluss darauf, welche Vorstellung wir uns von der Welt machen und welchen Sinn wir ihr geben. Sie beeinflussen Lehrpläne an Schulen, Forschung an Universitäten, Inhalte von Medien und viele weitere Instanzen der kulturellen Produktion. Ja, sie gestalten sogar die Art und Weise, wie wir uns selbst sehen, das Verantwortungsgefühl gegenüber einander als Gesellschaft und unsere Beziehung zum Staat.

Mainstream-Ökonomen neigen nicht dazu, diese Formen der Herrschaft als solche anzuerkennen. Schließlich dürfte es in freien Marktwirtschaften gar nicht erst zu einer so großen Ungleichheit der Machtverteilung kommen. Konzerne müssten vielmehr durch die Kräfte des Marktes begrenzt werden, denn sobald sie nicht die erforderliche Effizienz erreichten, sollten sie durch neue, schlankere Konkurrenten verdrängt werden. In der Theorie hätten Unternehmensführungen nicht wirklich die Möglichkeit, Löhne und Gehälter festzulegen, da die Beschäftigungsbedingungen für Arbeitnehmer von den Kräften des Marktes bestimmt würden. Diese abstrakten, unpersönlichen Kräfte von Angebot und Nachfrage würden in einer freien Marktwirtschaft zum Tragen kommen – nicht das Handeln einer einzelnen Person.

Im Kapitalismus aber gibt es viele Akteure, die mächtig genug sind, die Marktgesetze außer Kraft zu setzen.[73] Die Weltwirtschaft wird von einigen riesigen Monopolisten beherrscht, auf die der Markt kaum Einfluss hat. Gleichzeitig verwenden diese Unternehmen den Arbeitsmarkt als Druckmittel gegenüber ihren Beschäftigten: Wer die Anforderungen nicht erfüllt, läuft stets Gefahr, durch andere ersetzt zu werden. Die Großunternehmen haben die Möglichkeit, Konkurrenten zu verdrängen oder aufzukaufen, bevor diese zu einer Bedrohung werden können. Der »freie Markt« übt auf einige brutalen Wettbewerbsdruck aus, nämlich auf diejenigen mit der geringsten Macht: Gleichzeitig wird er von anderen zur privaten Bereicherung gesteuert und manipuliert. Oder wie der marxistische Theoretiker Fredric Jameson es treffend ausdrückte: »Der Markt ist also ein Leviathan im Schafspelz.« Seine Funktion bestehe nicht darin, die Freiheit zu fördern und zu schützen, sondern zu unterdrücken.[74]

Allerdings ist die Macht des Kapitals nie allumfassend. Kapitalistische Gesellschaften und die Weltwirtschaft sind immens komplexe Systeme, die nie vollständig von einem einzelnen Akteur oder einer Gruppe kontrolliert werden können. Dennoch sind einige Personen und Institutionen privilegierter in der Entscheidung, wer was bekommt, als andere. Diese Beobachtung gilt sogar für jene kapitalistischen Volkswirtschaften, in denen der Wettbewerb am besten funktioniert, wenn auch in geringerem Ausmaß. Kapitalismus ist also ein hybrides System aus Wettbewerbsdruck und zentralisierter Kontrolle – aus Wettbewerb und Planwirtschaft.

Erinnern wir uns an das Beispiel Boeing. Der Luftfahrtkonzern ist ein gewaltiges Unternehmen, das in einem stark konzentrierten, man könnte auch sagen, oligopolistischen Markt tätig ist. Die Preise und Abläufe, die wir auf dem Luft- und Raumfahrtmarkt sehen, sind weniger das Ergebnis von unpersönlichen Kräften des Marktes als von aktiven *Entscheidungen*, also von Plänen der Boeing-Führungskräfte. Die Vereinbarungen von Boeing mit Southwest und anderen Fluggesellschaften sowie die engen Beziehungen zu anderen großen Unternehmen und Finanzinstituten sind zentraler für den Erfolg als die Gestaltung der Preise. Es ist der Druck des Wettbewerbs, der große

Unternehmen wie Boeing verleitet, die Regeln zu ihrem Vorteil verbiegen zu wollen.[75] Die Führungsetage von Boeing kann es sich leisten, kurzzeitige Veränderungen des Marktumfelds zu ignorieren, weil das Unternehmen so groß und so gut vernetzt ist – und die Fähigkeit, Marktsignale zu ignorieren, *ist* die Marktmacht.

Boeing befindet sich allerdings weiterhin in einem Marktumfeld. In der Tat liegt im Bestreben, den Konkurrenten Airbus zu schlagen, eine Begründung für die Kostensenkungen, die die Entwicklung der 737 MAX bestimmt haben. Doch selbst wenn die Marktkräfte sich etwa in Form eines Aktiencrashs bemerkbar machen, kann sich das Unternehmen darauf verlassen, dass seine politischen Beziehungen es vor dem Bankrott bewahren.

Wie wir gesehen haben, sind die USA sehr daran interessiert, das Überleben von Unternehmen wie Boeing zu gewährleisten, fast unabhängig von deren Wettbewerbsfähigkeit. Für den unwahrscheinlichen Fall, dass alle engsten Verbündeten der Unternehmens- und Finanzwelt einen solchen Konzern schließlich doch im Stich lassen würden, wäre immer noch der Staat da, um einzugreifen und die Scherben aufzusammeln.

Die Freiheit des freien Marktes war nie eine besonders große Freiheit – die Großkonzerne heute werden jedoch von Markt und Wettbewerbsdruck nur sehr gering beeinflusst. Märkte sind natürlich nach wie vor von zentraler Bedeutung für das Funktionieren des Kapitalismus, der Wettbewerbsdruck aber wird häufig auf die ausgeübt, die am wenigsten Kapazitäten haben, ihm zu begegnen. Diese Märkte sind weit davon entfernt, frei zu sein – sie sind vielmehr in der Tat »eindeutig ›unfrei‹«.[76] Statt in der durch die freien Märkte versprochenen Freiheit leben wir in einer globalen Welt, bestehend aus einigen wenigen Großkonzernen, Finanzinstituten, Staaten und überstaatlichen Zusammenschlüssen. Eine Welt, die geprägt ist durch allgegenwärtige, zentralisierte Planung.

Die Frage, die wir uns stellen sollten, ist also nicht, ob Planwirtschaft im Kapitalismus möglich ist. Stattdessen sollten wir fragen, wo diese Planung stattfindet, wie sie angewendet wird und wessen Interessen sie dient. Diesen Fragen gehen wir im nächsten Kapitel nach.

2

Die Vereinigten Staaten von Fordlândia

Henry Ford ist einer der berühmtesten Geschäftsmänner aller Zeiten. Er hat nicht nur einen der größten Autohersteller der Welt gegründet, auch eine ganze Form der industriellen Produktion trägt seinen Namen – Fordismus, das dominierende Produktionssystem der reichen Volkswirtschaften im frühen bis mittleren 20. Jahrhundert.[1]

Die fordistischen Produktionsmethoden basierten auf der Einführung der Fließbandtechnologie, bei der der Produktionsprozess in Hunderte von Einzelschritten aufgebrochen wurde, die jeweils von einem anderen Arbeiter ausgeführt wurden. Die Arbeit war ungeheuer stumpfsinnig und repetitiv, gleichzeitig war eine hohe Disziplin und Geschwindigkeit erforderlich, um größtmögliche Produktivität zu garantieren. Eine gesteigerte Produktivität brachte andererseits auch Lohnerhöhungen mit sich, die es den Arbeitern ermöglichten, allerhand Konsumgüter zu kaufen, welche zuvor den Wohlhabenden vorbehalten waren.

Ford wird oft als paradigmatisches Beispiel für den amerikanischen Traum gesehen. Er kam auf einem Bauernhof als Sohn einer Familie von Einwanderern zur Welt und wurde zu einem der reichsten Männer der Welt. Ford hatte jedoch eine dunkle Seite. Er vertrat äußerst starre Ansichten über Ethik und Moral.

Diese Ansichten drängte er auch seinen Mitarbeitern auf; zudem war er bekannt für seinen unversöhnlichen Antisemitismus. Er finanzierte den Druck und die Verbreitung von 500 000 Exemplaren von *Protokolle der Weisen von Zion*, ein Text über angebliche jüdische Weltherrschaftspläne.[2] Adolf Hitler erwähnt Ford positiv in seinem autobiografischen Manifest *Mein Kampf*. 1938 verlieh man Ford mit dem Großkreuz vom deutschen Adler den höchsten Orden, den Ausländer im Dritten Reich erhalten konnten.[3] Wie die meisten Sympathisanten des Faschismus war auch er ein erbitterter Gegner der Arbeiterbewegung. Ford beschäftigte einen ehemaligen Marineboxer, und sein Team von Ringern und Bandenmitgliedern war dafür bekannt, Gewerkschafter mit Knüppeln zu schlagen, um sie daran zu hindern, sich zu organisieren.[4]

Antonio Gramsci, der italienische Marxist, der den Begriff Fordismus prägte, hatte eine weitaus härtere Kindheit als Ford.[5] Gramsci wurde 1891 geboren und litt an schweren Problemen mit der Wirbelsäule. Damals nahm man an, dass sie von einem Unfall in der Kindheit herrührten, heute jedoch sind sie als eine Form der Tuberkulose anerkannt.[6] Seine Rückenprobleme behinderten sein Wachstum – er war nur knapp 1,50 Meter groß –, und er kämpfte sein Leben lang mit akuten Gesundheitsproblemen.[7] Seine Familie war ständig auf der Flucht vor der Polizei, und sein Vater wurde inhaftiert, als Gramsci noch jung war, was die Familie in die Armut stürzte.[8]

Im Gegensatz zu Ford formten Gramscis jugendliche Armutserfahrungen ihn zum Sozialisten. Während Ford mit dem Faschismus sympathisierte, war Gramsci der Todfeind aller Faschisten. Er wurde von Mussolinis Regime verhaftet und zu fünf Jahren Haft auf einer abgelegenen italienischen Insel verurteilt. Das Regime erhöhte die Strafe später auf 20 Jahre; bei seinem Prozess erklärten die Staatsanwälte geradeheraus, dass ihre Absicht sei, zu »verhindern, dass dieses Hirn funktioniert«.[9] Gramsci verbrachte die nächsten elf Jahre im Gefängnis und litt häufig unter extremen Schmerzen und ständigen Beschwerden. Er starb im Alter von 46 Jahren.

Doch Mussolinis Regime konnte nicht verhindern, dass Gramscis genialer Geist funktionierte. In der Haft schrieb er seine *Gefängnishefte,* in denen er eine unerhört klarsichtige und vorausahnende Analyse dessen lieferte, was als Fordismus bekannt werden sollte. Gramsci erkannte, dass Fließbandverfahren von der Sorte, wie Ford sie vorantrieb, ein gefügiges Heer emsiger, angelernter Arbeiter erforderte. Da der Produktionsprozess in eine große Anzahl winziger, getrennter Arbeitsschritte gegliedert war, musste nur ein Teil der »menschlichen Maschine« fehlen und der gesamte Prozess käme zum Stillstand.[10] Es war daher an Ford und seinen Verbündeten innerhalb der US-Regierung, eine neue Art von Arbeiter zu formen, der sich widerstandslos in diesen modernen Produktionsprozess fügen würde; einen Arbeiter, der sich bereitwillig der eigenen Ausbeutung unterwerfen würde.

Das Problem für Ford bestand darin, dass die meisten seiner Beschäftigten ihre Tätigkeit als todlangweilig, einförmig und ermüdend wahrnahmen. Infolgedessen waren nicht nur die Fehlzeiten in seinen Fabriken auffallend hoch, sondern auch die Fluktuationsraten: Sie erreichten Schätzungen zufolge um die 370 Prozent in den Jahren vor dem Ersten Weltkrieg.[11] Die Gewerkschaften versuchten, diese Unzufriedenheit in eine Bewegung für höhere Löhne und bessere Bedingungen umzuwandeln. Ford reagierte mit Zuckerbrot und Peitsche. Einerseits rekrutierte er »die größte Privatarmee der Welt und schuf das umfangreichste und effizienteste Spionagesystem in der amerikanischen Industrie«.[12] Andererseits führte er den Fünf-Dollar-Tag ein.

Im Gegenzug für diese Lohnerhöhung wurde die gewerkschaftliche Organisation gestrichen und ersetzt durch strenge

Kontrollen des Arbeiterverhaltens. Dem Fünf-Dollar-Tag wurde viel öffentliche Aufmerksamkeit geschenkt, aber in Wahrheit bestand er einfach aus einem Grundgehalt von 2,50 Dollar plus weiteren 2,50 Dollar pro Tag an »Gewinnen«, die der Arbeiter erhalten würde, wenn er sich an die strengen Regeln von Ford hielt – sowohl am Arbeitsplatz als auch zu Hause.[13] Von Ford-Arbeitern wurde erwartet, dass sie eine Reihe von Tests bestanden, die sicherstellten, dass ihr Verhalten im Einklang mit der Unternehmenspolitik stand: Sie mussten auf Alkohol verzichten, und Ford richtete Kirchen und Bildungsprogramme ein, um seine Beschäftigten dazu anzuhalten, seinen Moralvorstellungen zu entsprechen.[14] Zugewanderte Arbeiter mussten Kurse besuchen, um »amerikanisiert« zu werden, Ehemänner erhielten keinen Bonus, wenn ihre Frauen außer Haus arbeiteten.[15]

Die Produktivität stieg dramatisch, und die Fehlzeiten und die Fluktuation sanken proportional.[16] Die Ford Motor Company plante nicht nur die voraussichtlichen Produktionsmengen und Investitionen, sondern den gesamten Arbeitsprozess von Anfang bis Ende, einschließlich des Lebens ihrer Arbeiter. In den 1930er-Jahren war Ford im Wesentlichen eine »planwirtschaftliche Bürokratie in Privatbesitz, die der Sowjetunion nicht unähnlich war«.[17]

Wie Barry Lynn in seinem Buch *Cornered* beschreibt, war Ford nicht allein. Riesige Autokonzerne fungierten zunehmend als »Amerikas wichtigste Wirtschaftsplaner«. Sie koordinierten Aktivitäten wie »die Entwicklung und Einführung neuer Technologien, den Entwurf und die Konstruktion der notwendigen Produktionssysteme, die Ausbildung von Arbeitern und Verbrauchern sowie die Beschaffung und Zusammensetzung des Kapitals, das für all dies erforderlich ist«.[18]

Jedoch hätten die Autokonzerne aus eigener Kraft niemals derart erfolgreiche Planer werden können. Zum einen erforderte der nahtlose Produktionsprozess, auf den sich der Fordismus stützte, ein Maß an makroökonomischer Sicherheit, das in der Ära des Vorkriegskapitalismus nicht gegeben war. Gramsci erkannte, dass der Erfolg des Fordismus nicht nur die Schaffung eines bestimmten Typs von Arbeitern verlangte. Er benötigte auch die Errichtung einer Staatsform, deren Ziel die Schaffung einer Gesellschaft war, die den Interessen der Konzerne entsprach. Der Fordismus benötigte den Aufbau eines »assoziativen Staates«, wie der ehemalige US-Wirtschaftsminister Herbert Hoover ihn nannte – eines Staates, der sich darum kümmerte, »den riesigen Komplex von Geschäftsinteressen durch eine Vielzahl von öffentlich-privaten Konferenzen in Einklang zu bringen«.[19]

1928 bekam Ford die Chance, seine eigene Version des fordistischen Staates zu errichten. Mit dem Bau von Fordlândia, einer Fabrikstadt in den Tiefen des Amazonas-Regenwaldes, wollte er seinen Traum von einem reinen christlichen Königreich nach seinem Bilde verwirklichen.[20] Der Zweck von Fordlândia bestand darin, Ford eine sichere Quelle für Kautschuk zu verschaffen – einen Rohstoff, der damals von den Briten kontrolliert wurde. Ford gelang es, einen Deal mit der brasilianischen Regierung auszuhandeln: Für neun Prozent der Gewinne, die durch den Standort erwirtschaftet würden, erhielt der Konzern die Kontrolle über eine Million Hektar Land in der Region Boa Vista in Brasilien.[21] Natürlich holte er auch die Zustimmung der US-Regierung ein. Das Geschäft war ein bemerkenswertes Beispiel für das, was Akademiker später als »Unternehmenssouveränität« bezeichneten. Ähnlich wie bei der Britischen Ostindien-Kompanie wurde der Ford Motor Company gestattet, ihr eigenes Imperium unter dem wachsamen Auge des Staates aufzubauen.[22]

Da Ford die Souveränität über das Gebiet erhalten hatte,

konnte er es als »Terra incognita« behandeln und die Stadt und ihre Gesetze am Reißbrett entwerfen. Er glaubte, dass die Arbeiter in Fordlândia billiger und leichter zu kontrollieren seien als seine privilegierten, gewerkschaftlich organisierten Angestellten in den USA. Amerikanische Manager – von denen viele auf der gefährlichen Reise in den Regenwald erkrankten – wurden eingeschaltet, um die einheimischen brasilianischen Arbeiter zu führen.[23] Während die Brasilianer in einfachen Unterkünften vor Ort lebten, wurde das »amerikanische Dorf« mit Häusern im amerikanischen Stil ausgestattet. Es besaß eine Bibliothek, einen Swimmingpool, ein Hotel und sogar einen Golfplatz, was mit erheblichen zusätzlichen Kosten verbunden war.[24] Die brasilianischen Arbeiter wurden streng überwacht und gezwungen, in der Stadt Ausweiskarten zu tragen.[25] Verbote von Alkohol, Frauen, Tabak und sogar Fußball wurden streng durchgesetzt.[26]

Es überrascht nicht, dass die Arbeiter einen Weg fanden, Fords puritanische Richtlinien zu umgehen, indem sie ein paar Meilen den Rio Tapajós flussaufwärts eine »Insel der Unschuld« errichteten, inklusive »Bars, Nachtclubs und Bordellen«.[27] Wie ihre US-Kollegen weigerten sich einige, zur Arbeit zu erscheinen, und im Dezember 1930 revoltierten die Arbeiter in der Kantine und plünderten schließlich die Stadt, einschließlich eines Großteils der Ausrüstung, die für die Kautschukernte benötigt wurde.[28] Erschwerend kam hinzu, dass die US-Manager nicht wussten, wie man Kautschuk nachhaltig anbaut und erntet, sodass viele Pflanzen verfaulten, bevor überhaupt geerntet werden konnte.[29]

Bei Ausbruch des Zweiten Weltkriegs steckte Fordlândia in der Krise. Zu diesem Zeitpunkt hatte das US-amerikanische Unternehmen DuPont – das wir später in diesem Buch kennenlernen werden – eine Formel für synthetischen Kautschuk entdeckt, und Henry Ford II war gezwungen, Fordlândia zurück an die brasilianische Regierung zu verkaufen, das Ganze mit einem Verlust von 20 Millionen Dollar, was einer heutigen Summe von 325 Millionen Dollar entspräche.[30] Henry Ford hat sein Dschungel-Utopia nicht ein einziges Mal besucht.

Das Scheitern von Fordlândia mag für Ford eine persönliche Enttäuschung gewesen sein, dem Wachstum der Ford Motor Company versetzte es jedoch keinen Dämpfer – einem Wachstum, das auf den engen Verbindungen des Unternehmens mit dem Staat beruhte. Während des Zweiten Weltkriegs war Ford zu einem der größten und mächtigsten Konzerne der Welt geworden, zu einem integralen Bestandteil des militärisch-industriellen Komplexes der USA. 1944 stellte Ford 50 Prozent aller in den USA produzierten B-24-Flugzeuge her, 1945 sogar 70 Prozent. Viele der Maschinen wurden in einem neuen Werk des Unternehmens in Willow Run im Bundesstaat Michigan gebaut.[31] Bei seinem Bau 1941 galt es als größte Kriegsfabrik der Welt. Die US-Regierung hatte 200 Millionen Dollar dazu beigesteuert.[32]

Doch Ford half auch der anderen Seite. Das Unternehmen erzielte »enorme Einnahmen« mit der Herstellung von Rüstungsgütern für Hitlerdeutschland und errichtete sogar ein neues Werk »rein militärischer Natur« in einer Sicherheitszone in der Nähe von Berlin.[33] 1939 war Ford einer der größten Fahrzeuglieferanten für die deutsche Armee. Bis 1941 hatte der deutsche Ford-Ableger die Produktion von gewerblichen Fahrzeugen ganz eingestellt und sich stattdessen auf die Versorgung der deutschen Kriegsmaschinerie konzentriert. Tatsächlich waren »von den 350 000 Lastwagen, die Stand 1942 von der motorisierten deutschen Armee eingesetzt wurden, etwa ein Drittel von Ford produziert worden«.[34]

Am Ende nahmen die Nazis die deutsche Tochtergesellschaft unter Treuhänderschaft.[35] Robert Schmidt, der das Werk bis dahin geleitet hatte, war ein derart glühender Anhänger der Nazis, dass er auch nach dem Wechsel auf seinem Posten bleiben durfte. Er überwachte daraufhin die Einführung von Zwangsarbeit im Werk, um die Kriegsproduktion aufrechtzuerhalten. Die Arbeiter wurden gezwungen, zwölf Stunden am Tag zu arbeiten, mit nur einer 15-minütigen Pause. Ihre Nahrungszufuhr war auf 200 Gramm Brot zum Frühstück und ein Abendessen aus Spinat und Kartoffelsuppe beschränkt. Erstaunlicherweise wurde Schmidt nach dem Krieg von Ford Deutschland wieder eingestellt. Er blieb bis zu seinem Tod 1962 in der Firma. Drei Jahre später erhielt der Konzern von der US-Regierung eine Entschädigung von mehr als einer Million Dollar für die Schäden, die durch alliierte Bombenangriffe an seinen Fabriken verursacht wurden.

Gramsci sah, dass die engen Beziehungen, die sich zwischen den mächtigsten Konzernen der Welt und den mächtigsten Staaten entwickelten, den Weg zur »Planwirtschaft« ebnen würden.[36] Vorbei waren die Zeiten, in denen isolierte kapitalistische Unternehmen rücksichtslos miteinander um jedes Stückchen Marktanteil konkurrierten – soweit es dieses Ideal je gegeben hatte. Stattdessen ging es im Fordismus darum, der Anarchie des freien Marktes eine gewisse zentralisierte Kontrolle aufzuerlegen. Diese Koordination erfolgte sowohl in Form von staatlicher als auch unternehmerischer Kontrolle über die Gesellschaft – vom Einsatz öffentlicher Mittel zur Bekämpfung von Konjunkturflauten bis hin zu den strengen Verhaltensrichtlinien, denen Ford seine Arbeiter unterwarf.

Gramsci war scharfsinnig genug, um zu erkennen, dass die von ihm beobachteten Entwicklungen nicht neu waren.[37] In der gesamten Geschichte des Kapitalismus war eine Sache konstant geblieben: Staaten, Konzerne und Finanzinstitute arbeiteten zusammen, um zu planen, wer was bekam. Das Wesen dieses Planungsprozesses hat sich jedoch im Laufe der Zeit verändert.

Wir sind daran gewöhnt, uns die Nachkriegszeit als eine Zeit umfassender planwirtschaftlicher Prozesse vorzustellen, in der in vielen Teilen der Welt die Exzesse des Marktmechanismus durch den sozialdemokratischen Staat gebändigt wurden. Folgt man diesem Gedankengang, war es die neoliberale Revolution, die diese Ära der Planwirtschaft beendet und ein neues Zeitalter des freien Markts und schmalen Staats eingeläutet hat.[38]

Doch diese Darstellung ist falsch. Was sich zwischen der Nachkriegszeit und der neoliberalen Ära änderte, war nicht das Vorhandensein oder Fehlen von planwirtschaftlichen Vorgängen. Was sich änderte, war schlicht, wer diese Planung durchführte und wessen Interessen sie diente.

Das Problem mit der sozialdemokratischen Regelung der Nachkriegszeit war, dass sie den Beschäftigten einen Sitz am Tisch einräumte – wie klein dabei auch immer ihr Stimmrecht war – und dadurch die Autorität des Kapitals gegenüber der Arbeiterschaft untergrub. Darüber hinaus begrenzte die keynesianische Politik jene Bedrohung durch Arbeitslosigkeit, die das Gros der Beschäftigten bis dahin so weit diszipliniert hatte, dass sie niedrige Löhne akzeptierten und von Streiks absahen.[39] Mit anderen Worten: Die Sozialdemokratie untergrub die »Regierbarkeit« der Gesellschaft.[40] Der Übergang zum Neoliberalismus löste dieses Problem, indem er die Beschäftigten sowohl von den korporativen als auch von den staatlichen Planungsprozessen ausschloss und die Macht weiter in den Händen des Kapitals konzentrierte.

Das planwirtschaftliche Problem der Neoliberalen unterschied sich jedoch deutlich von dem der keynesianischen Planer der Nachkriegszeit. Die Rolle des Staates bestand nicht mehr darin, das Verhältnis zwischen Beschäftigten und Bossen zu regeln, um den betrieblichen Frieden zu sichern, sondern vielmehr darin, für das unablässige Profitstreben des Kapitals einzustehen und dann nach all den Krisen aufzuräumen, die durch diese Gier verursacht wurden. Auf mikroökonomischer Ebene war die Politik des Staates auch darauf ausgerichtet, den Einzelnen dazu zu bringen, das »richtige« Verhalten an den Tag zu legen – ein Verhalten, das man von rationalen, eigennützigen Marktteilnehmern erwarten würde – und diejenigen zu disziplinieren, die rebellierten.

Wie wir in diesem Kapitel sehen werden, waren diese Kontinuitäten und Verschiebungen innerhalb der Ford Motor Company deutlich sichtbar. In der Vorkriegszeit des »Laissez-faire«-Kapitalismus war Ford in der Lage, seine unternehmerische Souveränität weitgehend ungehindert vom Wettbewerb oder von einer organisierten Arbeiterschaft auszuüben, und wurde dabei vom Staat im In- und Ausland unterstützt. Während des Krieges verschwammen die Grenzen zwischen Ford und den Staaten, in denen der Konzern tätig war, noch weiter: Das Unternehmen war in die militärisch-industriellen Komplexe der Alliierten und der Achsenmächte eingegliedert, was ihm beträchtliche Gewinne garantierte.

Aber wie ich im nächsten Abschnitt zeigen werde, sah sich Ford nach dem Krieg mit einer viel stärkeren Arbeiterbewegung konfrontiert und mit einem Staat, der das Unternehmen zur Zusammenarbeit mit den Gewerkschaften aufforderte – sehr zum Frust der Ford-Führungsriege.

Diese Periode endete mit der neoliberalen Revolution, als nationale und internationale Machtverschiebungen zum Niedergang der ehemals einflussreichen Gewerkschaften führten. Bei Ford wurden Tausende von Arbeiter entlassen, und da der internationale Wettbewerbsdruck zunahm, hing die Rentabilität des Unternehmens zunehmend von der Kreditvergabe und den Finanzmärkten ab, weniger von der Produktion selbst. Am

Ende wurde Ford vom Staat gerettet, als der Konzern wegen seiner unverantwortlichen Kreditnahmen unter einen Schuldenberg geriet.

Die neoliberalen Kräfte behaupteten, dass ihre Politik darauf ausgerichtet sei, die Freiheit der Menschen zu schützen und zu fördern, indem sie die zentralisierte Planwirtschaft der Nachkriegsjahre beendete. In Wahrheit, wie die Geschichte von Ford zeigt, hat die neoliberale Revolution die zentralisierte kapitalistische Planung nicht beendet – sie hat lediglich verändert, wer die Kontrolle über diesen Prozess hatte und wessen Interessen er diente. Anstatt zu versuchen, zwischen Bossen und Beschäftigten zu vermitteln, versucht der neoliberale Staat lediglich, »den Kapitalismus vor seinen selbstzerstörerischen Tendenzen zu bewahren, ohne jedoch jemals die grundlegenden wirtschaftlichen Verhältnisse zu beeinflussen, die ihn bestimmen«.[41]

Die unregierbare Gesellschaft

Die organisierte Arbeiterschaft ging aus dem Zweiten Weltkrieg erstarkt hervor. Die Arbeitskämpfe der Zwanziger- und Dreißigerjahre hatten zu den Reformen des New Deal geführt, der den Achtstundentag, das Wochenende und den Mindestlohn mit Überstundenzuschlag brachte. Zudem hatten die Erfordernisse der Kriegsproduktion die Position der Arbeiter gestärkt.

Ford bildete dabei keine Ausnahme. Während des Krieges hatte das Unternehmen die Auto-Gewerkschaft UAW-CIO anerkannt. Nach Kriegsende verloren die Arbeiter keine Zeit, um sich für eine Lohnerhöhung zu organisieren, die Henry Ford II gezwungenermaßen gewährte.[42] 1949 waren die Ford-Arbeiter so gut organisiert, dass die Gewerkschafter mit Ford ein Abkommen aushandelten, das den Arbeitern Renten, Sozialversicherungen und andere Leistungen ohne Lohneinbußen gewährte – etwas, das Henry Ford nur wenige Jahre zuvor für unmöglich erklärt hatte.[43] In einer Geschichte des Unternehmens heißt es dazu: »Einerseits können wir uns an die lose, hilflose Ansammlung von Ford-Arbeitern erinnern, die am 5. Januar 1914 nicht von ihren eigenen Anführern und nicht durch irgendwelche Verhandlungskanäle, sondern aus den Zeitungen erfuhren, dass das Unternehmen fortan ein Minimum von fünf Dollar pro Tag zahlen würde. Andererseits können wir uns die straff organisierte UAW-CIO-Gewerkschaft vorstellen, eine disziplinierte Armee, die 41 Jahre später mit den Ford-Managern auf Augenhöhe eine der denkwürdigsten Vereinbarungen in der Geschichte der amerikanischen Arbeiterschaft aushandelte.«[44]

Die Arbeiter beließen es nicht dabei. 1949 organisierte die UAW einen 25-tägigen Streik bei Ford wegen der Beschleunigung der Arbeitsabläufe. Ihre Forderung: die Arbeiter entsprechend der gestiegenen Produktivität zu entlohnen.[45] Die Gewerkschafter waren zudem besorgt über die Automatisierung des Produktionsprozesses, die zum Verlust von Arbeitsplätzen führen und die Verhandlungsmacht der Arbeiter schmälern könnte.[46] Doch die Entscheidung über das Tempo und den Umfang der Investitionen in die Automatisierung war das sorgfältig gehütete Vorrecht des Managements.

Von den Staatsbeamten erhielten die Arbeiter wenig Unterstützung, da diese darauf bedacht waren, ihre engen Beziehungen zu großen Unternehmen wie Ford zu schützen. Robert McNamara war ein ehemaliger leitender Angestellter bei Ford und der erste Präsident des Unternehmens, der nicht aus der Ford-Familie stammte.[47] McNamara trat als Spezialist einer »Management-Wissenschaft« hervor: Er versuchte, Daten über den Betrieb zu sammeln und daraus Modelle zu entwickeln, um die Effizienz zu verbessern.[48] Nach seinem Militärdienst im Zweiten Weltkrieg war er zu Ford gekommen und in der Folge so erfolgreich darin, das aufgeblähte Unternehmen zu entschlacken, dass man ihn als »Senkrechtstarter« bezeichnete.[49] McNamara diente später als Verteidigungsminister in der Kennedy- und der Johnson-Regierung. (Wir werden auf seine politische Karriere in Kapitel 7 zurückkommen.)

Angesichts der engen Beziehungen zwischen Ford und der US-Regierung war Letztere bestrebt, Ford bei der Beilegung von Arbeitskonflikten zu helfen. Dafür schuf Kennedy das President's Committee on Labor-Management Policy, auch bekannt als »Dreierkomitee«: ein formelles Gremium, in dem Beschäftigte, Bosse und andere Beteiligte ihre Differenzen beilegen und gemeinsame Ziele finden sollten.[50] Das Dreierkomitee war eines der wenigen Beispiele für eine offen korporatistische Planung in den USA – eine Planung, die auf einer formalen Zusammenarbeit zwischen Unternehmen und dem Staat beruht. Kennedy beeilte sich, Henry Ford II mit an den Tisch zu holen.[51] Die Regierung hoffte, dass die Kooperation von Beschäftigten und Unternehmen den USA helfen würde, ihre internationale Wettbewerbsfähigkeit mit der Zustimmung der organisierten Arbeiterschaft aufrechtzuerhalten.

Doch diese Zustimmung war nicht immer leicht zu bekommen. Zu jener Zeit waren die Arbeiter in der Automobilbranche von einem antiautoritären Geist ergriffen, der sie gegen ihre »vergoldeten Ausbeutungsbetriebe« rebellieren ließ.[52]

Grégoire Chamayou zitiert Arbeiter bei General Motors, die das Fabrikleben als »Gefängniszelle« betrachteten, in dem sie vor dem Hintergrund einer immer stärkeren Kontrolle durch das Management zu »Disziplinlosigkeit« gezwungen waren, nur um ihre Freiheit zu behaupten. Die Arbeitnehmervertreter, darunter auch einige der UAW, waren sich bewusst, dass sie einen erheblichen Einfluss auf den Produktionsprozess hatten.

Sie waren nicht bereit, sich den Forderungen des Kapitals zu beugen.

Einige der wichtigsten Auseinandersetzungen im Ausschuss drehten sich um die Frage der Automatisierung.[53] Die Arbeiter verlangten das Recht, mit dem Management über das Tempo und den Umfang der Automatisierung zu verhandeln; das Management hingegen wollte ausschließlich nach eigenem Ermessen in neue Technologien investieren. Ford erklärte, dass sich weder die Arbeitnehmer noch der Staat in Managemententscheidungen über neue Technologien einmischen sollten, da dies bedeuten würde, sich an »den Prinzipien des freien Marktes zu vergehen«.[54]

Die Versuche der Arbeiter, Einfluss auf die Unternehmensführung zu nehmen, gingen den Konzernchefs zu weit. Im Gegenzug versuchten sie, ihre Streitigkeiten außerhalb des Dreierkomitees auszutragen. Angeführt vom unerbittlichen Henry Ford II geißelten sie die Gewerkschaftsführer dafür, dass sie ihre »Monopolmacht« über den Arbeitsmarkt missbrauchten. Damit wendeten sie die fortschrittliche Anti-Monopol-Sprache des New Deal gegen die Gewerkschaften.[55] Die Verhandlungen blieben schließlich stecken und das Dreierkomitee wurde zur reinen Gesprächsrunde.

Das Scheitern der Verhandlungen markierte eine Machtverschiebung weg von der organisierten Arbeiterschaft. Ab den Siebzigerjahren setzten ausländische Autobauer die US-Konzerne zunehmend unter Druck.[56] Die CEOs behaupteten, dass das Problem der Wettbewerbsfähigkeit auf eine zu militante Arbeiterbewegung zurückzuführen sei, die die Arbeitskosten auf ein unhaltbares Niveau treibe. Die Gewerkschafter schlossen sich dieser Interpretation der Ereignisse häufig an. Da die Konzernchefs aggressiv auf eine stärkere Automatisierung drängten und der Staat von seinen Bemühungen um Vollbeschäftigung abrückte, stagnierte das Lohnwachstum, und die

Belegschaften schrumpften. Es kam vermehrt zu Werksschließungen und Entlassungen, »und die in den Achtzigerjahren ausgehandelten Verträge spiegelten diesen Machtverlust wider«.[57] Zwischen 1979 und 1980 sank die Zahl der stundenweise bezahlten Ford-Mitarbeiter um fast 50 000.[58]

Während der Lohnzuwachs und die Zahl der Erwerbstätigen schrumpften, wurde Ford zu einer Cash Cow für die Aktionäre, die das Unternehmen mit dem Ziel steigender Kurse bis zur Unkenntlichkeit auf Rendite trimmten.

Im Lauf der Neunzigerjahre erhöhte der Konzern die Dividenden um fast 40 Prozent.[59] Außerdem tätigte er umfangreiche Fusionen und Übernahmen – er kaufte etwa Volvo und Land Rover –, um seine Marktmacht zu vergrößern. Trotz der üppigen Ausgaben saß das Unternehmen immer noch auf einem Berg von Barvermögen. Im Jahr 2000 lagen die flüssigen Mittel bei 24 Milliarden Dollar; kein anderer Konzern der Welt besaß mehr.[60]

Ford war unter anderem deshalb in der Lage, im späten 20. Jahrhundert profitabel zu bleiben, weil es sich faktisch von einem Autohersteller in eine Kombination aus Autohersteller und Finanzinstitut verwandelte. Die Ford Motor Credit Company (FMCC) versorgte Ford-Kunden mit günstigen Autodarlehen. Während die Produktionssparte der Firma ab 2001 »Milliarden Dollar« verlor, erzielte Ford mit Finanzdienstleistungen »exzellente Renditen«.[61] 2015 war die Zahl der Ford-Beschäftigten von über 350 000 im Jahr 2001 auf 199 000 gesunken – und die FMCC war zehnmal profitabler als die Autosparte.[62] Ein Autor drückte es so aus: »Wären diese Mittel aus Finanzaktivitäten nicht zugeflossen, wäre das Unternehmen wahrscheinlich bankrottgegangen.«[63]

Doch die Erbringung von Finanzdienstleistungen befeuerte die Schuldenaufnahme des Konzerns, und 2001 wurde seine Kreditwürdigkeit aufgrund der schwächelnden Bilanz herabgestuft. Als gut sieben Jahre später die Finanzkrise tobte, wurde Ford von einem Schuldenberg erdrückt.

Natürlich sprang der Staat ein, um dem Unternehmen aus der Klemme zu helfen. Die Ford-Konkurrenten Chrysler und General Motors waren die größten Empfänger staatlicher Gelder während der Rettungsaktionen. Zusammen erhielten sie 20 Prozent aller Mittel, die die Regierung im Rahmen des Troubled Asset Relief Program (TARP) verteilte, insgesamt rund 80 Milliarden Dollar.[64] Ford wird in der Regel zugutegehalten, dass es einen Kredit ablehnte und seine Bilanz aus eigener Kraft sanierte, aber genau wie Boeing während der Pandemie erhielt das Unternehmen staatliche Gelder durch die Hintertür.

Während die Öffentlichkeit GM und Chrysler für die Annahme öffentlicher Gelder in Milliardenhöhe geißelte, ergatterte Ford im Rahmen eines Programms zur Verbesserung der Kraftstoffeffizienz sechs Milliarden Dollar vom Energieministerium – ein Darlehen, für dessen Rückzahlung der Autobauer mehr als ein Jahrzehnt benötigte.[65] Selbstredend konzentrierte sich Ford weiterhin auf die Gewinnausschüttung an die Aktionäre. Zwischen 2012 und 2020 zahlte Ford »100 Prozent des Nettogewinns an die Aktionäre«[66].

Der damalige CEO Alan Mulally behauptete inmitten der Finanzkrise, dass die Rettungsaktionen zugunsten der Autohersteller notwendig gewesen seien, weil man in der Autoindustrie »in einzigartiger Weise voneinander abhängig« sei.[67] Die meisten Unternehmen, so sein Argument, arbeiteten mit denselben Zulieferern zusammen. Sollte eines von ihnen in Konkurs gehen, würde auch das Geschäft der Zulieferer einbrechen, und das wäre genauso problematisch für die Konkurrenten. Anders gesagt hatten die massiven Rettungsaktionen für die übrigen Autokonzerne dazu beigetragen, Ford vor dem Zusammenbruch zu bewahren. Und Mulally hatte ungewollt einen zentralen Aspekt seiner Branche preisgegeben. Ein Autor beschrieb es so: »So wie die vielen Köpfe der Hydra auf einen Körper angewiesen sind, stützen sich die Autohersteller zunehmend auf einen einzigen gemeinsamen Unterbau, der sie alle mit denselben Komponenten beliefert.«[68]

Ford verwandelte sich in diesen Jahren von einem der größten Arbeitgeber der USA in ein oligopolistisches Finanzinstitut, das als Sparschwein für reiche Aktionäre fungierte, deren Gier den Konzern schließlich an den Rand des Bankrotts brachte, nur um am Ende vom US-Staat gerettet zu werden: Diese Entwicklung liefert ein ziemlich genaues Bild dessen, worum es beim Übergang zum »freien Markt« in den Achtzigerjahren ging. Anstatt die Macht des Staates einzuschränken, brachte die neoliberale Wende eine Umverteilung von Macht und Reichtum mit sich, weg von den Beschäftigten und hin zu den Eigentümern und leitenden Managern.[69] Bei der neoliberalen Revolution ging es darum, die Autorität des Kapitals über die Arbeiterschaft wiederherzustellen.

Der Korporatismus der Nachkriegsjahre – die vom Staat vermittelte Zusammenarbeit zwischen Arbeitgeber- und Arbeitnehmerseite – fand ein derart abruptes Ende, weil die Beteiligung der Beschäftigten am Planungsprozess das eigentliche Wesensmerkmal des Kapitalismus bedrohte: nicht etwa die Zuteilung von Ressourcen durch den »freien Markt«, sondern die Herrschaft des Kapitals.[70] Den Arbeitnehmern war ein Sitz am Tisch beschert worden, doch das hatte sie in ihren Bestrebungen keineswegs besänftigt – im Gegenteil. In dem Maße, in dem sie mehr und mehr in die Unternehmens- und Staatsführung einbezogen wurden, war in ihnen der Glaube gereift, dass sie diese Institutionen womöglich sogar ohne die Hilfe von Eigentümern, Managern und Politikern kontrollieren könnten.

Anstatt die Bedingungen der Bosse widerspruchslos zu akzeptieren, stellten die organisierten Arbeitnehmer eigene Forderungen und machten dem Management das Recht abspenstig, über Zeitraum und Art von Investitionen in arbeitssparende Technologien zu entscheiden. Die Beschäftigten hatten die Tragweite der Entscheidungen erfasst, die innerhalb des Staates getroffen wurden. Sie erkannten ihre eigene Macht, diese Entscheidungen zu ihrem Vorteil zu beeinflussen und dabei nicht selten die Pläne der anderen zu durchkreuzen.

In der Folge wurden viele reiche Länder Mitte des 20. Jahrhunderts – wie Grégoire Chamayou es ausdrückt – »unregierbar«.[71] Die Konzernchefs konnten die Verwaltung des Produktionsprozesses nicht an die Arbeiter abtreten, denn dadurch wäre die charakteristische Abgrenzung untergraben worden, auf der die gesamte kapitalistische Produktionsweise beruht: die Abgrenzung zwischen Kapital und Arbeit. Wenn die Arbeiter in der Lage wären, den Produktionsprozess ebenso erfolgreich zu planen wie die Manager, wofür brauchten sie dann überhaupt ein Management? Warum mussten sie für ihre Arbeit einen Lohn erhalten? Warum besaßen und verwalteten die Arbeiter nicht einfach die Unternehmen, in denen sie arbeiteten?

Die Führungskrise innerhalb der Firma fand im Kontext einer umfassenderen Krise der kapitalistischen Legitimität statt.[72] Es war nicht nur die Autorität des Chefs über den Beschäftigten, die infrage gestellt wurde, sondern das »System der freien Marktwirtschaft« insgesamt.[73] Diejenigen, die Machtpositionen innehatten, sahen sich mit einer Managementkrise an zwei Fronten konfrontiert – zum einen mit der »vertikalen« Herausforderung, diejenigen zu führen, die in der organisatorischen Hierarchie unter ihnen standen, und zum anderen mit der »horizontalen« Herausforderung, auf ein soziales und politisches Umfeld zu reagieren, in dem der Ton zunehmend feindselig wurde.[74]

Um die Gesellschaft wieder »regierbar« zu machen, mussten die Neoliberalen die Macht des Kapitals entfesseln und gleichzeitig aus den Arbeitnehmern wieder eine gefügige Klasse von Verbrauchersubjekten machen.[75] In den Worten von Leo Panitch und Sam Gindin: »Der Neoliberalismus war im Wesentlichen eine politische Antwort auf die demokratischen Errungenschaften, die zuvor von den Arbeiterklassen erreicht worden waren.«[76] Trotz des Geredes vom schlanken Staat wurde das Ziel erst durch die oft außerordentlich gewaltsame Ausübung staatlicher Macht erreicht.

In den Achtzigerjahren wurden Beschränkungen für die Kreditvergabe und den Geldverkehr aufgehoben, die Finanzmärkte dereguliert, die Steuersätze gesenkt und Branchen privatisiert.[77] Die Religion des Shareholder Value wurde institutionalisiert, und die Unternehmen taten, was sie konnten – entweder aus eigenem Willen oder unter dem Druck »aktivistischer Investoren« –, um die Kosten zu senken und die Renditen zu steigern.[78] Die Gewerkschaften wurden zerschlagen und aus Arbeitern und Bürgern wurden atomisierte Konsumenten staatlicher Dienstleistungen.[79] Als Politiker wie Thatcher und Reagan schließlich den Sieg über die Arbeiterbewegungen für sich beanspruchten, war die Regierbarkeit wiederhergestellt; einmal mehr waren es die Bosse, die die alleinige Planungsgewalt innehatten.

Die neoliberale Lüge

Eine Sache, die uns der Neoliberalismus definitiv nicht beschert hat, ist ein kleinerer oder schlankerer Staat.[80] Die Staatsausgaben stiegen während der gesamten neoliberalen Ära immer weiter – und zwar sowohl wegen der Lobbyarbeit für die *Corporate Welfare* und der Rettungsaktionen während Krisen als auch wegen der Forderungen nach höheren Ausgaben für öffentliche Dienstleistungen. In den USA sind die Staatsausgaben als Prozentsatz des BIP heute viel höher als in den Siebzigern. Ein Großteil des Anstiegs fand während der Blütezeit des Neoliberalismus statt. In Großbritannien gelang es den aufeinanderfolgenden neoliberalen Regierungen, die öffentlichen Ausgaben zu kürzen, nur um sie dann auf den höchsten Stand in Friedenszeiten steigen zu lassen, um Banken zu retten, deren Leichtsinn durch die neoliberale makroökonomische Politik genährt worden war. Die Erkenntnis, dass »der Staat wächst, weil er wächst« – von der erstmals in den Siebzigerjahren gesprochen wurde – lebte im Neoliberalismus fort.[81]

Und es ging dabei nicht nur um die Ausgaben. Wie wir in Kapitel 5 sehen werden, führte die Schaffung »unabhängiger« Zentralbanken zur Vereinnahmung der Geldpolitik durch eigennützige Interessengruppen im Finanzsektor, die sich seit den Achtzigern Milliarden an kostenlosen Zuwendungen seitens dieser Institute gesichert haben.[82] Auch das Maß an Regulierung hat sich vervielfacht, da finanzielle Interessen sich innerhalb des Staates neue Wege gesucht haben, um Gewinne zu erzielen.[83] Die Finanzkrise von 2008 war beispielsweise keine Krise der Deregulierung, sondern eine Krise der regulativen Übernahme.[84] Diese Art der »verweigerten Regulierung« bestärkte die Finanzinstitute faktisch darin, die Art von Produkten zu entwickeln und Risiken einzugehen, die dann zur Krise führten.[85]

Der Staat hat in kapitalistischen Ökonomien schon immer eine aktive Rolle gespielt: Er war nie »nachlässig oder untätig«.[86] Doch die Ausübung dieser Macht hat sich über Zeit und Raum hinweg gewandelt. Neue politische Paradigmen sind, begleitet von neuen Ideologien und neuen Instrumenten der Regierungsführung, in verschiedenen Staaten im Verlauf der Geschichte hervorgetreten. Diese Veränderungen sind nicht das

Ergebnis »reiner« ideologischer Verschiebungen. Sie entstehen vielmehr aus den Kämpfen, die zwischen verschiedenen Gruppen auf einem sich ständig verändernden Terrain stattfinden.[87]

Was sich im Neoliberalismus änderte, war nicht die Größe oder die Macht des Staates, sondern die Tatsache, wer von der staatlichen Intervention profitierte. Anstatt in Arbeitsplätze, Infrastrukturprogramme oder öffentliche Dienstleistungen zur Unterstützung der arbeitenden Bevölkerung zu investieren, verteilten neoliberale Staaten unvorstellbare Summen an Großunternehmen und reiche Einzelpersonen, mit der Behauptung, »freie Märkte« zu fördern.[88]

Durch das Mittel der Privatisierung etwa sollten aus ineffizienten öffentlichen Ungetümen, die von nicht haftbaren Staatsbeamten geleitet wurden, eigentlich effiziente, gewinnmaximierende Privatunternehmen gemacht werden.[89] Doch stattdessen wurde die Steuerung der unerlässlichen nationalen Infrastruktur einfach vom öffentlichen Sektor auf ein Oligopol von quasi-öffentlichen Unternehmen übertragen, deren Gewinne vom Staat garantiert wurden. Und diese Verkäufe wurden über kleine Investoren getätigt, die in der Lage waren, öffentliche Vermögenswerte billig aufzukaufen und sie mit Gewinn zu verkaufen.[90]

In der Tat lassen sich die Prioritäten des neoliberalen Staates immer weniger von denen moderner Unternehmen unterscheiden.[91] Staaten werden nach wirtschaftlichen Maßstäben beurteilt, und Beamten im öffentlichen Dienst wird beigebracht, ihre jeweiligen Ziele anhand kommerzieller Begriffe zu beschreiben. Die führende Theoretikerin des Neoliberalismus, Wendy Brown, zitiert Donald Trumps Schwiegersohn Jared Kushner mit seiner Behauptung, dass »die Regierung wie ein großes amerikanisches Unternehmen geführt werden sollte«.[92] Wie Brown eloquent herausstellt, besteht eines der charakteristischen Merkmale des Neoliberalismus im Schrumpfen der politischen Sphäre und im Tausch der Sprache und der Werte der Politik mit denen der Wirtschaft. Im Ergebnis wird die »Ausübung der Freiheit in der sozialen und politischen Sphäre« radikal geschwächt.[93]

Dabei werden die Menschen zu »Humankapital«, das selbst dafür verantwortlich ist, seine jeweiligen Partikularinteressen durch »harte Arbeit« und »Unternehmertum« zu maximieren.[94] Wir sind keine Bürger mehr, die als Teil einer politischen Sphäre in Konflikte und Debatten verwickelt sind. Stattdessen werden wir zu passiven »Verbrauchern« und geben unsere Stimme derjenigen Partei, die uns wahrscheinlich die besten und effizientesten Dienstleistungen bieten wird. Wir sind nicht mehr die kollektiven Eigentümer öffentlicher Güter, sondern »Mini-Kapitalisten«, die ihre eigenen Portfolios von Vermögenswerten und Verbindlichkeiten verwalten müssen.[95]

Derweil werden die Spielregeln der Wirtschaft als natürliche Kräfte angesehen, die unser Leben bestimmen und auf die wir als Verbraucher wenig Einfluss haben.[96] Diese wirtschaftlichen Regeln werden politisch nicht mehr angefochten, dennoch scheinen sie immer einige gegenüber anderen zu bevorzugen. Einzelverbraucher ohne viel Macht – ähnlich kleineren, weniger mächtigen Firmen – sind dazu bestimmt, von den unvermeidlichen Kräften des Marktwettbewerbs hin- und hergeworfen zu werden; dagegen sind mächtige Einzelpersonen – ähnlich großen, mächtigen Firmen – in der Lage, genau diese Kräfte zu ihrem eigenen Vorteil umzugestalten.

Außerhalb des wirtschaftlichen Bereichs ist die Macht des neoliberalen Staates, die auf Gewalt und Zwang fußt, im Gegenteil sogar größer als die des sozialdemokratischen Staates.[97] Diese Gewalt wird *für* das Kapital ausgeübt, nicht gegen es – weshalb so wenige Wirtschaftsverbrechen überhaupt verfolgt werden. Kriminologen haben sogar behauptet, dass wir in einer Welt »staatlich gelenkter Kriminalität« leben, in der Regierungen die Kriminalität großer Unternehmen billigen oder aktiv fördern.[98]

Derweil richtet sich die Gewalt des Staates mit aller Macht gegen diejenigen, die sich am wenigsten wehren können. Ein hervorragendes Beispiel für diesen Trend ist der dramatische Anstieg der Gefängnisinsassen in den USA. Davon profitiert der Gefängnis-Industrie-Komplex, in dem private Unternehmen zum Nutznießer staatlicher Gewalt werden. Ein weiteres Beispiel ist die Heftigkeit, mit der Margaret Thatcher die britische Arbeiterbewegung zerschlug.[99] Am deutlichsten aber tritt die Gewalt des neoliberalen Staates im Globalen Süden hervor. In Chile etwa wurden Zehntausende unschuldige Menschen von Pinochets neoliberalem Regime ermordet oder verschwanden schlichtweg. Neoliberale Gefolgsleute wie Milton Friedman unterstützten das Regime, alles im Namen der Zerstörung des Sozialismus und des Aufbaus »freier Märkte«.

Den Neoliberalen gelang es schließlich, »eine antidemokratische Kultur von unten zu schaffen und gleichzeitig antidemokratische Formen staatlicher Macht von oben aufzubauen und zu legitimieren«.[100] Das Ergebnis war die Herausbildung einer Form von »Vetternwirtschaft«, die Brown zufolge von den ursprünglichen Neoliberalen noch verabscheut worden wäre. Hayek selbst schrieb in *Der Weg zur Knechtschaft*, dass er »lieber eine solche Unzulänglichkeit in Kauf nehmen« würde, als sich sein »Leben lang mit organisierter Monopolkontrolle ab[zu]finden.«[101] Und doch brachte die Bewegung, die er ins Leben rief, einige der größten und mächtigsten Monopole der Menschheitsgeschichte hervor.

Frühe neoliberale Denker wie Hayek hätten wahrscheinlich eingewandt, dass die Ausweitung von Herrschaftsstrukturen und die Beschneidung freier Marktprozesse im Neoliberalismus nur deshalb stattgefunden haben, weil ihre Pläne für einen schlankeren Staat und freiere Märkte von Interessengruppen wie Gewerkschaften und Beamten untergraben wurden.

Aber diese Antwort geht an der Realität vorbei. In den meisten fortgeschrittenen Volkswirtschaften wurde die Arbeiterbewegung im Laufe der Achtzigerjahre vollständig besiegt. Das gelang mithilfe der von neoliberalen Regierungen eingeführten Gesetze, die die Möglichkeiten der arbeitenden Bevölkerung zerstören sollten, sich der Macht des Kapitals zu widersetzen.[102] Es waren Staatsbeamte, die zu den eifrigsten Umsetzern neoliberaler Strategien gehörten. Sie begnügten sich nicht damit, diese Politik dem Rest der Gesellschaft aufzuzwingen, sondern machten sich sogar daran, sie sich selbst aufzuerlegen.

In Großbritannien ging es im neoliberalen »New Public Management« vor allem darum, Markteffizienz in den öffentlichen Sektor zu bringen, indem man die Leistung der Beamten anhand strenger Zielvorgaben bewertete.[103] Diese Methode schien im Widerspruch zu Hayeks Sichtweise von Märkten und Planwirtschaft zu stehen, schließlich sollen die Resultate des Marktes nicht absehbar und planbar sein. Tatsächlich aber basiert der bestehende Neoliberalismus auf einer Verschmelzung von Hayeks marktwirtschaftlichem Denken mit einer längeren Tradition des Verwaltungs- und Strategiezentrismus, die sich darauf konzentriert, immer effizientere Methoden zur Kontrolle der Beschäftigten zu entwickeln.[104] Wie Hayek vielleicht vorhergesagt hätte, bewirkten diese Reformen angesichts des Mangels eines wirklichen Marktes schlicht, dass die Bürokratie sich vergrößerte und das mittlere Management im gesamten Sektor dramatisch wuchs.

Diese Bürokratisierung ist nicht nur ein Merkmal des neoliberalen Wandels, sondern wird seit den Anfängen des Kapitalismus mit den Reformen des »freien Marktes« in Verbindung gebracht. Wie David Graeber in *Bürokratie: Die Utopie der Regeln* eindringlich darlegt: »Der englische Liberalismus beispielsweise erreichte keineswegs eine Reduzierung staatlicher Bürokratie, sondern genau dessen Gegenteil: Er brachte eine stetig wachsende Zahl von Verwaltungsbeamten, Archivaren, Inspektoren, Notaren und Polizisten hervor. Sie erst ermöglichten den liberalen Traum einer Welt der freien vertraglichen Vereinbarungen zwischen autonomen Individuen. Die Aufrechterhaltung einer freien Marktwirtschaft erforderte tausendmal mehr Papierkram als eine absolutistische Monarchie wie die Ludwigs XIV.«[105]

Der Neoliberalismus ist zu einem monströsen Regime geworden, das auf immer mehr Überwachung und Kontrolle beruht.[106] Dies ist jedoch nur dann ein Widerspruch, wenn wir die Neoliberalen beim Wort nehmen, als sie sagten, sie wollten eine »freie Marktwirtschaft« aufbauen. Die Idee hinter dem New Public Management war nicht, die Macht des Staates zu beschneiden oder gar die staatlichen Institutionen der Macht des »freien Marktes« zu unterwerfen. Die Idee war, die demokratische Regierung durch eine technokratische Regierung zu ersetzen.[107]

Die neoliberalen »Träume von einem unpolitischen Staat« werden oft in die Sprache der Freiheit gekleidet, in der neutrale und objektive politische Entscheidungsträger Gesetze schaffen können, die die Privatsphäre vor staatlicher Einmischung schützen.[108] Diese Reformen sollten verhindern, dass »Eigeninteressen« einen unangemessenen Einfluss auf den politischen Entscheidungsprozess ausüben. Wenn politische Maßnahmen auf Grundlage der ökonomischen »Wissenschaft« beurteilt werden könnten, wären keine Kontroversen oder Beratungen zwischen verschiedenen Gruppen erforderlich. Politische Maßnahmen könnten ganz ohne »Politik« erarbeitet werden.[109]

Und doch wird dieser Anspruch auf rechtliche Neutralität immer und überall durch die tatsächliche Praxis der neoliberalen Politikgestaltung untergraben, bei der von den politischen

Entscheidungsträgern erwartet wird, dass sie regelmäßig Feedback von den wichtigsten Interessengruppen erhalten.[110] Diese Gruppen sind diejenigen, die das meiste Wissen über das jeweils diskutierte Politikfeld mitbringen, und damit handelt es sich in der Regel um genau die Menschen, die von den politischen Entscheidungen am wahrscheinlichsten betroffen sind. »Eigeninteressen« kehren in Gestalt von »technischen Experten« in den politischen Entscheidungsprozess zurück.

Beim Neoliberalismus ging es nie darum, den Staat zu »schrumpfen«, sondern darum, »ihn zu kapern und ihm dann eine neue Aufgabe zu geben«.[111] Viele der Begründer des Neoliberalismus hätten das zugegeben. Wie Philip Mirowski herausstellt, könnte man die Maxime der Neoliberalen so zusammenfassen: »Nur ein starker Staat kann eine freie Marktwirtschaft erhalten und fördern.« Nur ein starker, »hochkonzentrierter« Staat könne darauf hoffen, sich von den Forderungen »der Massen« abzuschirmen.[112]

Anders gesagt hat sich die Macht des Staates nicht deshalb ausgeweitet, weil der neoliberale Traum unterwandert wurde. Sie hat sich ausgeweitet, gerade weil die Neoliberalen die Kontrolle übernommen haben. Die Fundamente dieser neuen Weltordnung wurden auf einer Lüge errichtet – oder dem, was Hayek als »doppelte Wahrheit« bezeichnete. Die Elite musste in der Kunst geschult werden, die Demokratie zu zügeln und einen starken Staat aufzubauen, während man gleichzeitig den Massen eine »Zurückdrängung des Bevormundungsstaates« und »mehr Wahlfreiheit« vorgaukelte.[113] Für einige wie Hayek selbst war diese »doppelte Wahrheit« ein notwendiges Übel, das sich aus der schwierigen Wechselwirkung zwischen der eleganten neoliberalen Theorie und der realen, chaotischen Welt der kapitalistischen politischen Ökonomie ergab.[114] Für andere war das neoliberale Projekt schon immer nichts anderes als eine »unverhüllte Machtbehauptung des Kapitals«.[115]

Die Lüge, die dem Neoliberalismus zugrunde liegt, wurde zwar schon vor Jahrzehnten entlarvt, hat aber nach wie vor großen Einfluss auf unsere Politik. Die Vorstellung, dass die Märkte »sauber« und effizient sind, wird nach Worten des deutschen Soziologen Wolfgang Streeck mit bemerkenswertem »Erfolg verbreitet, allen Nachrichten über Kartelle, Preisabsprachen, ›Bankenrettungen‹ usw. zum Trotz«.[116]

Neoliberale Politiker behaupten zwar immer noch, sie wollten den Staat verschlanken und Raum für einen freien Markt schaffen, doch sobald sie ihr Amt antreten, verteilen sie öffentliche Gelder an private Unternehmen, erlassen Vorschriften, die Kapitalinteressen zugutekommen, und unterdrücken gewaltsam all jene, die sich ihnen in den Weg stellen. In perverser Manier bestärkt dann der Volkszorn, der sich an dem Einsatz staatlicher Macht zugunsten von Kapitalinteressen entzündet, genau die Politiker, die behaupten, »freie Märkte« zu unterstützen.

Diese Lüge basiert auf einem falschen Verständnis vom eigentlichen Wesen des Kapitalismus. Die meisten Menschen glauben, der Kapitalismus definiere sich durch freie Märkte und sein Gegenteil, der Sozialismus, durch staatliche Planwirtschaft. In Wahrheit ist der Kapitalismus ein hybrides System, das auf einer Dialektik zwischen Märkten und Planung beruht. Massive staatliche Eingriffe in die Wirtschaft stehen nicht im Gegensatz zum Kapitalismus. Wie wir gesehen haben, stehen sie nicht einmal im Gegensatz zum Neoliberalismus. Doch der Glaube daran, dass sie es tun, dient den Interessen der Mächtigen. Die Aufteilung der Welt in kapitalistische Märkte und sozialistische Staaten verhindert, dass wir das Wesen des Systems verstehen, in dem wir leben: ein System, das durch die Herrschaft des Kapitals definiert ist.

Wie wir gesehen haben, hat sich das Wesen der Herrschaft des Kapitals im Laufe der Zeit verändert. Die Wettbewerbsfähigkeit von Märkten bestimmt das Ausmaß der Macht von Unternehmen und die Planungsmöglichkeiten ihrer Führungsebenen. Die Art und das Ausmaß der Zusammenarbeit zwischen Unternehmen und staatlichen Akteuren prägen die Art der Politik, die wir bekommen. Und der Status quo im immerwährenden Konflikt zwischen Kapital und Arbeit bestimmt, wessen Interessen den Planungsprozess dominieren. Was jedoch gleich geblieben ist, ist die Tatsache der zentralisierten Planung im Kapitalismus – sei es durch Unternehmen, Finanzinstitute, Staaten oder überstaatliche Akteure.

Als der linksliberale Ökonom John Kenneth Galbraith nach dem Zweiten Weltkrieg die Entstehung des »neuen Industriekapitalismus« beobachtete, erkannte er sowohl eine Zunahme von Planwirtschaft und Zentralisierung als auch eine wachsende Rolle der Beschäftigten im Planungsprozess.[117] Ein Ergebnis dieser Verschiebung war, dass die Häufigkeit und Heftigkeit kapitalistischer Krisen zurückgingen. In den Achtzigerjahren behaupteten Scott Lash und John Urry, dass der Neoliberalismus das »Ende des organisierten Kapitalismus« bedeute und dass diese Ära der Stabilität zu Ende gegangen sei.[118] Doch obwohl es mit Aufkommen des Neoliberalismus zweifellos häufiger zu Krisen kam, lag dies nicht daran, dass Planungsmaßnahmen weniger verbreitet waren, sondern daran, dass Kapitalisten herausgefunden hatten, die Gewinne aus Boomzeiten zu privatisieren und die Verluste aus Pleiten zu sozialisieren.[119]

Die Neoliberalen rieten der Politik von dem Versuch ab, die Aufs und Abs des Konjunkturzyklus zu mildern. Stattdessen sollte sie sich auf die Aufräumarbeiten nach dem Crash konzentrieren.[120] Man solle dem Konjunkturzyklus seinen Lauf lassen, frei von der Einmischung staatlicher Stellen, die nicht haftbar gemacht werden konnten. In Wirklichkeit bedeutete dieser neue Ansatz des Krisenmanagements lediglich, dass die mächtigen Kapitalisten von allen Vorteilen der boomenden Finanzmärkte profitieren konnten, im Falle von Pleiten jedoch geschützt waren.[121] Die Konsequenzen trugen die Beschäftigten – in Form von Arbeitslosigkeit, niedrigeren Löhnen und Kürzungen bei öffentlichen Dienstleistungen und der sozialen Sicherheit.[122]

Naomi Kleins Darstellung dieser Form des Katastrophen-Kapitalismus in *Die Schock-Strategie* wirft ein klares Licht darauf, wie die mächtigsten Firmen und Staaten in Krisen oft zusammenarbeiten, um sie in ihrem Interesse zu steuern.[123] Niemand hat die Finanzkrise *geplant*. Aber die *Reaktion* auf diese Krise wurde von einem engmaschigen Netzwerk von Finanziers und Politikern bestimmt, die untereinander entschieden, wer gerettet und wer geopfert werden sollte. Es überrascht nicht, dass die meisten der großen Banken, die die Krise verursacht hatten, in der einen oder anderen Form überlebten, während die arbeitenden Menschen weltweit den Preis für ihre rücksichtslose Gier zahlten. Es dauerte nicht lange, bis viele Banken wieder Rekordgewinne einfuhren.

Die Verschmelzung von politischer und wirtschaftlicher Macht, die wir in solchen Krisenmomenten erleben, ist ein fester Bestandteil der Funktionsweise kapitalistischer Gesellschaften und nicht etwa eine Anomalie, die von verschwörerischen Netzwerken oder Geheimbünden ausgeht. Verschwörungstheorien, von den Illuminaten bis zum Great Reset, basieren in der Regel auf einem ähnlichen Weltbild, wie es rechtsgerichtete Libertäre zeichnen. Diese Leute glauben, dass der Kapitalismus im Grunde zwar funktioniere, aber von bösen Eliten korrumpiert werde. (Und unter diesen Eliten werden häufig offen oder verdeckt bestimmte Bevölkerungsgruppen verstanden wie im Fall von antisemitischen Verschwörungstheorien.)

Kapitalisten sind jedoch keine bösen Monster, sie sind einfach Menschen, die nach ihren eigenen Interessen handeln (auch wenn viele der in diesem Buch erwähnten Charaktere ein paar faszinierende Marotten haben). Das Problem ist, dass diese Interessen den Interessen der Mehrheit diametral entgegenstehen. Selbst wenn wir jeden einzelnen Politiker oder Investor und jede Führungskraft durch eine völlig andere Person ersetzten, würde das System weiterhin mehr oder weniger wie heute funktionieren.

Die Finanzkrise hätte nicht verhindert werden können, wenn wir es nicht mit Lehman Brothers, sondern Lehman Brothers and Sisters zu tun gehabt hätten, wie Arianna Huffington es einmal formulierte, die frühere Chefredakteurin der *Huffington Post*. Der Kapitalismus ist ein klassenbasiertes System, das eine inhärente Neigung zu Instabilität und Krisen birgt. Der einzige Weg, dieses Problem zu lösen, ist die Auflösung der Unterscheidung zwischen Kapital und Arbeit, auf der das System beruht. Der einzige Ausweg führt über die Demokratisierung unserer gesamten Wirtschaft.

Im nächsten Kapitel betrachten wir, wie genau sich diese Krisentendenzen in den letzten Jahrzehnten manifestiert haben. Wir werden sehen, wie der Katastrophen-Kapitalismus funktioniert und warum es so scheint, als konzentriere sich nach jeder Krise die Macht noch stärker in den Händen derer, die sie verursacht haben.

3

Katastrophen-Kapitalismus

Zu Beginn der Pandemie legten die USA ein umfangreiches Konjunkturprogramm auf, das darauf abzielte, den US-Kapitalismus zu stützen. Über das Paycheck Protection Program (PPP) flossen 800 Milliarden Dollar an öffentlichen Geldern an Millionen von Unternehmen. Zudem erließ die Regierung mehr als 90 Prozent der ausstehenden Schulden.[1] An die Arbeitnehmer ging über das Programm nur jeder vierte Dollar, die anderen drei Dollar erhielten die Unternehmenseigner.[2]

Die Small Business Association (SBA) weigerte sich offenzulegen, welche Unternehmen dieses Geld erhalten hatten, bis eine Gruppe von Medienorganisationen Klage erhob. Die Akten enthüllten, dass die PPP-Kredite ein völliges Debakel waren. Nach Aussage von Barack Obamas Generalinspekteur, der die Rettungsmaßnahmen aus der Finanzkrise überwachte, beweist das Programm, dass aus der Krise von 2008 »keine Lehren gezogen wurden«.[3] Dem *Time Magazine* erklärte er, dass das PPP »die größten und etabliertesten Unternehmen begünstigen würde, weil das immer so ist«.

Eines der größten geförderten Unternehmen war Shake Shack, das ein Darlehen über zehn Millionen Dollar erhielt.[4] Zum Zeitpunkt der Kreditvergabe beschäftigte die Restaurantkette 7603 Mitarbeiter. 1000 davon wurden später entlassen.[5] Die Ruth's Hospitality Group, eine weitere Restaurantkette, erhielt sogar 20 Millionen Dollar, aufgeteilt auf zwei Darlehen.[6] Als die Teilnahme dieser verbrauchernahen Unternehmen am PPP bekannt wurde, gaben sie dem öffentlichen Druck nach und zahlten die Darlehen zurück.

Jedoch haben fast 80 Prozent der Unternehmen ihre PPP-Darlehen nicht zurückgezahlt, womit mindestens 1,5 Milliarden Dollar an öffentlichen Krediten in den Händen von Großunternehmen landeten.[7] Ein Unterausschuss des Repräsentantenhauses forderte fünf große Unternehmen schriftlich auf, die Kredite zurückzuzahlen, doch nur eines kam dem Aufruf nach.[8]

Als die Fed intervenierte, um die Finanzmärkte zu stützen, schnellten bei vielen Unternehmen die Aktienkurse in die Höhe, und die US-Wirtschaft begann wieder zu wachsen. Die Investigativjournalisten von ProPublica zitierten den Fall von Lazydays Holdings, einem börsennotierten Wohnmobilhändler, der ein Darlehen über neun Millionen Dollar erhielt, obwohl er Ende 2019 über 31 Millionen Dollar Barvermögen verfügte.[9] Die Lazydays-Aktie legte während der Pandemie um 500 Prozent zu, da Wohnmobilreisen in dieser Zeit im Trend lagen, was die Frage aufwirft, warum Lazydays überhaupt ein Darlehen benötigte.

Und als ob das nicht schon schlimm genug wäre, haben in jüngerer Zeit zwölf börsennotierte Unternehmen, die große PPP-Kredite erhalten haben, ihre Steuerbescheide reduziert, indem sie Steueroasen nutzten.[10] Sieben von ihnen zahlten 2019 überhaupt keine Steuern in den USA. ZAGG Inc., ein an der Nasdaq notierter Hersteller von Telefonzubehör mit einer Tochtergesellschaft auf den Cayman-Inseln, erhielt ein PPP-Darlehen über fast zehn Millionen Dollar.[11] Das Unternehmen zahlte 2019 keine Körperschaftssteuer in den USA. Die Regierung wusste über die fragwürdigen Steuerpraktiken von ZAGG Bescheid, da das Unternehmen im Rahmen der GILTI-Gesetzgebung (Global Intangible Low-Tax Income) eine Strafe erhalten hatte. Tatsächlich hatte ZAGG im Vorjahr eine Steuererstattung in Höhe von 3,3 Millionen Dollar erhalten, zusätzlich zu Steuergutschriften im Wert von mindestens sieben Millionen Dollar.

Mehrere Mitglieder des Kongresses profitierten von dem Programm, da ihre Familienunternehmen Kredite beantragen konnten. Der Republikaner Roger Williams aus Texas besitzt eine Kette von Autohäusern, die durch das PPP Ermäßigungen erhielten.[12] Es war nicht das erste Mal, dass Williams wegen seiner geschäftlichen Angelegenheiten in ethische Schwierigkeiten geriet. 2016 ermittelte der Ethikausschuss des Repräsentantenhauses gegen ihn, weil er eine Bestimmung in einen Gesetzentwurf eingefügt hatte, die Autohäuser wie seine begünstigen sollte. Der Ausschuss stellte fest, dass Williams gegen die Ethikregeln verstoßen hatte, da seine persönlichen finanziellen Interessen offenbar »seine Amtsführung beeinflusst hatten«.[13]

Der Ehemann der Demokratin Susie Lee aus Nevada betreibt eine Kasinokette, die ebenfalls ein PPP-Darlehen bekam.[14] Lee hatte zuvor entsprechende Lobbyarbeit betrieben. Der Ehemann von Nancy Pelosi, der Sprecherin des Repräsentantenhauses, ist an einem Hotel beteiligt, das ein Darlehen erhielt, ebenso wie das Schifffahrtsunternehmen der Familie von Elaine Chao, der US-Verkehrsministerin und Ehefrau des ehemaligen Mehrheitsführers im Senat, Mitch McConnell. Drei weitere republikanische Kongressabgeordnete, die Autohäuser und Fast-Food-Franchises besitzen, erhielten ebenfalls Darlehen, genauso wie zwei Anwaltskanzleien mit Verbindungen zu den Demokraten.[15] Sogar die Trump-Familie profitierte von dem Programm.

Lobbyisten, politische Berater und Firmen, die mit politischen Spendern verbunden sind, erhielten ebenfalls Geld durch die Rettungsaktionen. Die Lobbykontrollorganisation OpenSecrets fand heraus, dass politische Geldgeber, deren Unternehmen PPP-Unterstützung erhielten, bei der Wahl 2020 mindestens 52 Millionen Dollar spendeten.[16] Spätere Untersuchungen des Project On Government Oversight und des Anti-Corruption Data Collective ergaben, dass 113 Unternehmen, die zusammen bis zu 300 Millionen Dollar an PPP-Darlehen erhielten, später Spenden in Höhe von jeweils mindestens 25 000 Dollar leisteten.[17]

Geoffrey H. Palmer ist ein bedeutender republikanischer Geldgeber und Immobilienunternehmer, der als »umstrittenster« Immobilienmagnat in Los Angeles bezeichnet wurde.[18] Palmer verklagte die Stadt L. A., weil sie eines seiner Projekte abgelehnt hatte, weil es gegen Standards für erschwinglichen Wohnraum verstieß, und setzt sich seither lautstark gegen diese Standards ein. Später verklagte ihn die Stadt wegen Fahrlässigkeit, als ein Feuer in einem seiner Gebäude ein Regierungsgebäude beschädigt hatte. Palmer, der rund drei Milliarden Dollar besitzt, taucht auch in den Panama Papers auf, einem Datenleck, das fragwürdige und illegale Steuerpraktiken enthüllte.[19] Er erhielt ein PPP-Darlehen von bis zu einer Million Dollar, bevor er zwei Millionen Dollar zur Unterstützung Trumps spendete.[20]

Die Liste lässt sich fortsetzen. Der Filmmagnat Joseph E. Roth erhielt ein PPP-Darlehen von bis zu 350 000 Dollar, bevor er 250 000 Dollar für den Versuch zur Absetzung des Mehrheitsführers im Senat Mitch McConnell spendete.[21] Eine Reihe von Ölpipeline-Baufirmen, die im selben Gebäude untergebracht sind, erhielten jeweils PPP-Darlehen in Höhe von fünf bis elf Millionen Dollar; eine der Firmen spendete anschließend 250 000 Dollar zur Wiederwahl Trumps.[22]

In einigen besonders ungeheuerlichen Fällen erhielten Politiker, die sich um ihre Wiederwahl bemühten, Spenden von

Unternehmen mit PPP-Darlehen, die ganz oder teilweise ihnen selbst oder Mitgliedern ihrer Familie gehörten. Marjorie Taylor Greene ist eine rechtsextreme Kongressabgeordnete, die White Supremacy-, Antisemitismus- und QAnon-Verschwörungstheorien verbreitet und während der Pandemie eingeführte Sicherheitsmaßnahmen mit der Behandlung der Juden während des Holocausts verglichen hat.[23] Sie rief sogar zur Ermordung hochrangiger demokratischer Politiker auf, bevor sie in den Kongress einzog.[24]

Als Kongressabgeordnete wurde sie gerügt, weil sie Corona-Verschwörungstheorien verbreitete und Wladimir Putin nach seinem Einmarsch in der Ukraine lobte.[25] Später stimmte das Repräsentantenhaus dafür, sie aus allen Ausschussfunktionen zu entfernen. Greene besitzt zusammen mit ihrem Ehemann ein Bauunternehmen, das ein PPP-Darlehen von bis zu 350 000 Dollar erhielt.[26] Später spendete es 700 000 Dollar für Greenes Wahlkampfkampagne.

In mindestens einem Fall wurde ein Empfänger eines PPP-Darlehens, der anschließend politische Spenden tätigte, wegen Betrugs angeklagt:[27] Martin Kao, ein ehemaliger Rüstungsunternehmer, nutzte seine politischen Beziehungen, um PPP-Gelder zu ergattern, indem er bei der Beantragung eines Darlehens für sein Unternehmen Navatek LLC. seine Korrespondenz mit Mitgliedern des Kongresses zitierte. Kao bestand darauf, dass die Bank ihm einen Kredit anbieten müsse, und verwies auf E-Mails, die er mit einem prominenten Senator ausgetauscht hatte, der an der Ausarbeitung der PPP-Gesetzgebung beteiligt war. Er behauptete, der Senator habe »direkt bestätigt, dass die [Bank] verpflichtet ist, sein Unternehmen zu finanzieren« und schrieb – unterstrichen und in Großbuchstaben –, dass dieser Senator »geholfen habe, die Regeln« für das PPP zu schreiben.

Er erhielt von der Bank den höchstmöglichen Kredit und

sicherte sich anschließend einen weiteren in Höhe von 2,8 Millionen Dollar von einer anderen Bank. Kaos Unternehmen leistete anschließend politische Beiträge zu verschiedenen Wiederwahlkampagnen – machte also so weiter wie vor Corona. Eine der von Kao mit Spenden bedachten Senatorinnen sprach sich für einen Auftrag des Pentagons in Höhe von acht Millionen Dollar aus, der an sein Unternehmen vergeben wurde. Durchgesickerte E-Mails zeigen, wie Kao auf die »persönlichen Sorgen« seiner Belegschaft in der Pandemie reagierte. Er schrieb seinen Mitarbeitern, dass er drei Worte für sie habe: »I … Don't … Care.«

Währenddessen verloren Millionen von Menschen ihren Job oder wurden von staatlich unterstützten Unternehmen aus ihren Häusern vertrieben. In den USA hat die Zahl der gewerblichen Vermieter stark zugenommen: Unternehmen wie der Vermögensverwalter Blackstone, die ganze Landstriche aufkaufen, um sie dann mit hohen Mieten auf den Markt zu bringen.[28] Viele dieser Unternehmen nutzten die Pandemie, um trotz eines landesweiten Räumungsmoratoriums massenhaft Mieter zu vertreiben. Das Select Subcommittee on the Coronavirus Crisis fand heraus, dass vier gewerbliche Vermieter mindestens 15 000 Zwangsräumungen mitten im Lockdown durchgeführt hatten, oft unter Einsatz von Einschüchterung und illegalen Taktiken.[29]

Das Komitee stellte fest, dass ein Vermieter, die Siegel Group, Kopien eines Gerichtsbeschlusses verbreitete, in dem fälschlicherweise behauptet wurde, das Räumungsmoratorium werde von den Gerichten nicht durchgesetzt. Ein leitender Angestellter der Firma schickte E-Mails an seine Kollegen, in denen er sie ermutigte, die Leute auf diese Weise aus ihren Häusern zu »bluffen«.[30]

Siegel erhielt »Millionen Dollar« an Nothilfe von der US-Regierung, die zur Unterstützung von in Zahlungsschwierigkeiten geratenen Mietern bestimmt waren. Dies ist nur ein Beispiel für die außergewöhnliche Umverteilung von unten nach oben während der Pandemie. Regierungen und Zentralbanken verteilten Milliarden Dollar an multinationale Konzerne und Finanzinstitute, während Millionen von Menschen in die Armut getrieben wurden.

Und das betraf nicht nur die USA.[31] Nachforschungen des Magazins *VICE* in Großbritannien ergaben, dass Dutzende von Großunternehmen, die über die Covid Corporate Financing Facility (CCCF) der Bank of England staatliche Unterstützung erhielten, Beschäftigte entließen und Dividenden an die Aktionäre auszahlten. Der Journalist Ben Smoke fand heraus, dass 21 Unternehmen, die die CCCF in Anspruch nahmen, in der ersten Hälfte des Jahres 2020 insgesamt 11,5 Milliarden Pfund an die Aktionäre ausschütteten. 26 Unternehmen, die auf den Fonds zugriffen, hatten Pläne zur Entlassung von fast 43 000 britischen Beschäftigten angekündigt. Viele von ihnen, wie das US-amerikanische IT-Unternehmen DXC, zahlten hohe Dividenden aus *und* kündigten Massenentlassungen an. Das Unternehmen zahlte 41 Millionen Pfund an Dividenden, bevor es den Abbau von weltweit 4500 Arbeitsplätzen ankündigte.

Der deutsche Chemie- und Pharmariese Bayer bekam 600 Millionen Pfund aus dem CCCF, obwohl er einige Monate zuvor Dividenden von 2,75 Milliarden Pfund ausgeschüttet hatte.[32] Das deutsche Chemieunternehmen BASF war mit einer Milliarde Pfund der größte Nutznießer des Fonds und schüttete ebenfalls Milliarden an die Aktionäre aus. BASF und Bayer wurden vor US-Gerichten wegen der »irreparablen Schäden«, die ihre Produkte verursacht haben, zu Geldstrafen verurteilt. 2020 bezog der US-Ölkonzern Schlumberger, der seinen Sitz im Steuerparadies Curaçao hat, 415 Millionen Pfund aus dem CCCF, bevor er im darauffolgenden Monat ankündigte, weltweit 21 000 Jobs zu kappen. Einen Tag zuvor hatte das Unternehmen beschlossen, 135 Millionen Pfund als Dividende auszuzahlen. Zu diesem Zeitpunkt war die Firma bereits wegen Sanktionsverstößen zu einer Geldstrafe in Höhe von 233 Millionen Dollar verurteilt worden – damals die höchste jemals gezahlte Strafe dieser Art.

G4S, das globale Sicherheits- und Outsourcing-Unternehmen, bezog 300 Millionen Pfund aus dem CCCF, bevor es wegen »unredlicher Irreführung« der Regierung mit einer Geldstrafe in Höhe von 44 Millionen Pfund belegt wurde.[33] Der CCCF wurde sogar von Waffenherstellern wie der Chemring Group genutzt, die 50 Millionen Pfund erhielt, bevor sie fast sieben Millionen Pfund an Aktionärsdividenden auszahlte. Chemring ist einer der wichtigsten Waffenlieferanten für Saudi-Arabien, das während seiner militärischen Intervention im Jemen der Kriegsverbrechen beschuldigt wird.

In Frankreich erhielten alle Unternehmen, die im Leitindex CAC 40 notiert sind, öffentliche Unterstützung – sei es in Form von Kurzarbeitergeld, Darlehen, Steuerstundungen, Subventionen oder Zugang zum Anleihekaufprogramm der EZB.[34] Die Regierung führte zwar einige »verwässerte« Auflagen ein, um sicherzustellen, dass Unternehmen, die öffentliche Gelder erhalten, die Höhe ihrer Dividendenausschüttungen begrenzen. Aber »der Aufruf zur Zurückhaltung wurde nur mäßig befolgt«. Nach Angaben der französischen NGO Multinationals Observatory hat nur ein Drittel der CAC 40-Unternehmen die Dividendenzahlungen an ihre Aktionäre gestrichen oder ausgesetzt.[35]

Der französische Energieriese Total erhielt indirekte Unterstützung vom Staat, erhöhte die Dividenden und schüttete fast sieben Milliarden Euro an seine Aktionäre aus. Die französischen Unternehmen Vivendi, Danone und Sanofi erhöhten ebenfalls ihre Ausschüttungen, wobei Sanofi fast vier Milliarden Euro an seine Aktionäre verteilte. Danone strich danach

2000 Stellen. Insgesamt schütteten die größten französischen Unternehmen – die alle in der einen oder anderen Form von der Regierung unterstützt wurden – 34 Milliarden Euro an die Aktionäre aus, während weltweit fast 60 000 Arbeitsplätze abgebaut wurden. Wie die Autoren eines Berichts betonen, übersteigt in Frankreich »die öffentliche Unterstützung für den privaten Sektor inzwischen den Betrag, der als Sozialhilfe ausgezahlt wird«.[36]

In Australien wurden 12,5 Milliarden Dollar an staatlichen Geldern an Unternehmen verteilt, von denen sich später herausstellte, dass sie von der Pandemie »weitgehend unberührt« geblieben waren.[37] Viele hatten ihre Gewinne sogar gesteigert. In Kanada erhielten 53 börsennotierte Unternehmen mehr als zehn Millionen kanadische Dollar aus dem Notprogramm für Lohnkostenzuschüsse. 30 von ihnen verteilten anschließend fast zwei Milliarden an die Aktionäre, sieben kauften zudem eigene Aktien zurück.[38] In Deutschland profitierte Volkswagen – das wegen des Dieselabgasskandals mehr als 30 Milliarden Euro an Bußgeldern und Vergleichszahlungen an Behörden in Dutzenden von Ländern zahlen musste – von der Kurzarbeitsregelung des Unternehmens, bevor es im Laufe der Jahre 2020 und 2021 Milliarden an Dividenden an die Aktionäre ausschüttete.[39]

Überall auf der Welt ist die Geschichte dieselbe: Regierungen verteilten riesige Summen öffentlicher Gelder an große Unternehmen, die dann Beschäftigte entließen und Dividenden an die Aktionäre ausschütteten. Dieses Geld wurde direkt aus den Taschen der Menschen genommen, die es für lebensnotwendige Dinge wie die Miete und monatliche Rechnungen benötigen. Während der gesamten Pandemie arbeiteten mächtige Unternehmen, Finanzinstitute, Staaten und internationale Organisationen zusammen, um ihre Interessen zu schützen und die Stabilität des Status quo zu gewährleisten – so wie sie es in jeder Krise tun.

Krisen an sich sind vielleicht nicht geplant – in kapitalistischen Volkswirtschaften kommt es immer wieder zu Krisen, gerade weil die Aktionen der verschiedenen Marktteilnehmer nicht immer koordiniert werden können. In einem System mit einem wirklich freien Markt wären solche Krisen wichtig für die Gesundheit der Wirtschaft. Weniger produktive Unternehmen würden scheitern und überschuldete Finanzinstitute untergehen. Das liegt in der Natur der rücksichtslosen Anarchie des Marktes, die in einer Krise Reiche und Arme gleichermaßen in den Ruin treiben sollte. In den Augen vieler Ökonomen ist es genau dieser Mangel an Diskriminierung, der das Marktsystem gerecht macht.

Aber im real existierenden Kapitalismus – einer Mischform aus Märkten und zentraler Planwirtschaft – können die größten und mächtigsten der etablierten Kräfte im öffentlichen und privaten Sektor zusammenarbeiten, um ihre eigene Haut zu retten. Statt die Folgen der von ihnen verursachten Krisen zu tragen, wälzen sie die Kosten auf diejenigen ab, die am wenigsten Macht haben – arbeitende Menschen, vor allem in den ärmsten Teilen der Welt.

In kapitalistischen Krisen kommt es oft zu Situationen, in denen es allen besser gehen würde, wenn sie zusammenarbeiten würden. Doch sie sind dazu nicht in der Lage. Das Problem ist, dass sich Kapitalisten in einer Krisensituation nicht darauf verlassen können, dass die anderen zu ihrem Wort stehen. Wenn sie sich alle darauf einigen, einen bestimmten Plan zu verfolgen – sagen wir, einen Vermögenswert zu behalten, anstatt ihn zu verkaufen –, wird es immer Anreize für einzelne Akteure geben, den Plan zu hintergehen. Das Wissen darum verhindert dann oft, dass eine sinnvolle Zusammenarbeit überhaupt zustande kommt. Einzelne Kapitalisten sehen den Wald vor lauter Bäumen nicht, vor allem, wenn sie in eine schwere Krise geraten. Es sind diese Momente, in denen der Staat eingreifen und im Namen der gesamten Klasse der Kapitalisten handeln muss.[40]

Die Regierungen können die Kapitalisten zur Zusammenarbeit *zwingen*, was durch die Zwangsgewalt des Staates gedeckt ist. Auf diese Weise können sie sich über konkurrierende Interessen einzelner Kapitalisten hinwegsetzen und im Namen des Kapitals insgesamt handeln. In jeder der jüngsten Krisen, von der Finanzkrise über die Pandemie bis zur Inflation, spielte der Staat eine Schlüsselrolle bei der Lösung der kollektiven Handlungsprobleme des Kapitals. Und obwohl die Kapitalisten oft darüber jammerten, gingen sie immer als Sieger hervor.

AIG: Amerikas Internationale Gaunerbande

Die US-Investmentbanken verdienten vor 2008 mehr Geld als Gott, und der bescheidene Versicherer American International Group (AIG) verlangte sein Stück vom Kuchen.[41] Er bot den Investmentbanken Versicherungen gegen das Risiko einer Pleite des Immobilienmarkts an: Würden die Immobilienpreise fallen, würde AIG zahlen. Im Konzern war man überzeugt, eine sichere Wette einzugehen. So sicher, dass AIG sich selbst nicht gegen das Risiko absicherte, eines Tages tatsächlich zahlen zu müssen. So lang der Hypothekenmarkt stabil war, bot das Geschäft eine fantastische Möglichkeit, sehr schnell viel Geld zu verdienen. Doch als sich die Dinge zum Schlechten wendeten, stand AIG bei den Investmentbanken mit horrenden Summen in der Kreide.

Wenige Monate nach dem Kollaps von Lehman Brothers wurde die Kreditwürdigkeit des Unternehmens herabgestuft;

es war kurz vor dem Bankrott. AIG schuldete einigen der größten Investmentbanken der Welt Versicherungszahlungen in Milliardenhöhe. Bei Goldman Sachs waren es mindestens 20 Milliarden Dollar.[42]

Die Verbindlichkeiten von AIG gegenüber Goldman waren besonders hoch, weil die Bank ihren Kunden zweifelhafte hypothekenbesicherte Wertpapiere verkauft hatte, bevor sie sich gegen das Risiko versicherte, dass der Wert dieser Papiere fallen würde. Goldman Sachs hatte faktisch eine massive Wette gegen den US-Hypothekenmarkt mit seinen Kunden als Gegenpartei abgeschlossen. Das Vorgehen von Goldman Sachs war, wie ein Journalist es ausdrückte, »als würde man ein Haus bauen, eine Bombe hineinlegen, es an einen ahnungslosen Käufer verkaufen und eine Lebensversicherung im Wert von 20 Milliarden Dollar auf den Hausbesitzer abschließen, von dem man weiß, dass er sterben wird!«[43]

Dieser Fonds war die Grundlage für Goldmans Forderung gegen AIG. Prompt versuchten Wall-Street-Lobbyisten, die Regierung von einer Rettung des Versicherers zu überzeugen. Angeblich ließen sich nur so die anderen AIG-Kunden schützen. Doch das Argument war offenkundig falsch. Denn wenn AIG untergegangen wäre, hätten die anderen Versicherungsnehmer unter gesetzlichem Schutz gestanden.[44] AIG wurde folglich nicht gerettet, um die übrigen Kunden zu schützen – sondern um Goldman Sachs zu retten.

Die Fed gewährte AIG ein Darlehen in Höhe von 85 Milliarden Dollar im Tausch gegen 80 Prozent des Eigenkapitals und stimmte damit einer der größten Rettungsaktionen in der US-Geschichte zu.[45] Der ehemalige Goldman-Chef Henry Paulson spielte eine zentrale Rolle dabei. Die Investmentbank hatte während der Krise »mindestens vier Dutzend ehemalige Mitarbeiter, Lobbyisten oder Berater, die auf den höchsten Ebenen der Macht in Washington und dem Rest der Welt tätig waren«.

Eine Aufsichtsbehörde erfasste »40 Stunden an Tonaufnahmen, die das unangemessene Verhalten von Fed-Mitarbeitern dokumentierten. Um die Bank zu schützen, berichteten sie absichtlich nicht über Unregelmäßigkeiten, von denen sie Zeuge wurden«.[46, 47]

Als die AIG-Verluste immer größere Ausmaße annahmen, musste die Regierung noch mehr Geld nachschießen. Schließlich belief sich die Summe auf 182 Milliarden Dollar.[48] Eine Bedingung für die Rettungsaktion war, dass AIG zustimmte, alle seine Versicherungsverträge zu erfüllen, einschließlich des Goldman-Geschäfts.[49] Die Bank kassierte fast 13 Milliarden Dollar dieser öffentlichen Gelder, von denen zwar ein Teil bei den Kunden des Unternehmens landete, aber mindestens 2,9 Milliarden Dollar blieben im Konzern.[50]

Die Société Générale und die Deutsche Bank erhielten jeweils zwölf Milliarden Dollar aus dem AIG-Fonds.[51] Doch elf Milliarden Dollar des Geldes, das die Société Générale bekommen hatte, flossen gemäß eines zwischen beiden Banken geschlossenen Deals direkt weiter an Goldman. Das Geld, das Goldman aus der AIG-Rettung erhielt, kam zu den zehn Milliarden Dollar hinzu, die die Regierung dem Konzern im Rahmen des Troubled Asset Relief Program (TARP) zur Verfügung stellte. Ein Jahr später leistete sich Goldman den Rekordbetrag von 11,4 Milliarden Dollar an Mitarbeiterprämien. AIG zahlte unterdessen 168 Millionen Dollar an Boni aus – eine Zahl, die in den folgenden Jahren bis auf 1,2 Milliarden Dollar wuchs.[52] Einer der größten Investoren von AIG reichte später Klage ein und behauptete, das Finanzministerium habe »AIG geplündert, um Goldman und andere Firmen vor ihrer eigenen Insolvenz zu schützen«.[53]

Während der Finanzkrise versuchten das Finanzministerium und die Fed, eine Form planwirtschaftlicher Maßnahmen einzuführen, ohne dabei den Anschein von Planung zu erwecken. Sie wollten eine öffentliche Garantie für die riskanten Transaktionen der großen Banken geben, behaupteten aber öffentlich, lediglich die Öffentlichkeit zu schützen. Um dieses Ziel zu erreichen, verstaatlichten die USA einen großen Versicherungsträger zu Milliardenkosten und nutzten ihn als »ein riesiges, mit Steuergeldern finanziertes Sparschwein, aus dem die Regierung Milliarden holen konnte, um sie in die notleidenden Banken zu pumpen«.[54]

Trotz der unzweideutigen Rolle, die der Staat bei der Verschlimmerung der Krise und der Abwälzung der Kosten auf die arbeitende Bevölkerung gespielt hat, wird die Finanzkrise oft als klassisches Lehrstück über das anarchische und ungeplante Wesen des modernen Kapitalismus betrachtet. In einer komplexen und hochgradig verflochtenen Welt kann selbst etwas so Sicheres wie Hypothekenkredite am Ende zu einem sogenannten Schwarzen Schwan werden, einer Katastrophe, von der alle überrascht werden.[55]

In der Tat hatte der Staat dazu beigetragen, die Blase zu vergrößern, die 2008 dann so heftig platze. Ohne die implizite Versicherung durch die Zentralbank wären die Investmentbanken niemals zu der Art von Risiken bereit gewesen, die sie eingegangen sind. Ohne die jahrzehntelang niedrigen Zinssätze und die Aufhebung der Kreditvergabebeschränkungen hätten sie ihre Hypothekenkredite nicht so dramatisch ausweiten können. Ohne die staatlichen Unternehmen Fannie Mae und Freddie Mac, die den Verbriefungsboom vorangetrieben haben, wären die großen Investmentbanken vielleicht gar nicht erst in das Geschäft mit der Verbriefung von Hypotheken eingestiegen.[56]

Die US-Regierung schuf außerdem ein Aufsichtssystem, in dem zwei staatlich sanktionierte Rating-Agenturen 80 Prozent des Marktes für Anleiheratings kontrollierten.[57] Die vertrauten

Beziehungen zwischen den Rating-Agenturen und den Anleiheanbietern führten zu erheblichen Interessenkonflikten. Im Vorfeld der Krise versteckten die Rating-Agenturen »zweitklassigen Schrott in Anleihen mit AAA-Rating«, sodass sich verborgene Risiken ungehindert auftürmen konnten.[58] Die Aufsichtsbehörden beriefen sich dann auf die Ratings dieser Agenturen, wenn sie die Risiken innerhalb des Finanzsystems beurteilten. Derweil scheffeln die Agenturen weiterhin Rekordgewinne. Moody's erzielte von 2016 bis 2019 eine durchschnittliche Rendite von 77 Prozent, S&P sogar von 84 Prozent. Zum Vergleich: Beim Erzmonopolisten Google waren es nur 24 Prozent.[59]

Es handelte sich jedoch nicht nur um eine amerikanische Finanzkrise, sondern um eine globale – und ihre Ursprünge lagen in der Globalisierung des Finanzwesens aus den vorangegangenen Jahrzehnten. Die internationalen Finanzmärkte wuchsen sich in der zweiten Hälfte des 20. Jahrhunderts aus, wobei die grenzüberschreitenden Kapitalströme bis zum Ausbruch der Finanzkrise auf mehr als 150 Prozent des Bruttoweltprodukts stiegen.[60]

Die Globalisierung wird im Allgemeinen als ein »natürliches« Phänomen betrachtet, das sich aufgrund des Wirtschaftswachstums und des technologischen Wandels vollzieht, und bei der Finanzglobalisierung verhielt es sich nicht anders.[61] In den Jahren nach der Jahrtausendwende waren es oft die Politiker in reichen Ländern, deren Klagen man hörte: Es sei ihnen einfach nicht möglich, die Steuern zu erhöhen, multinationale Unternehmen angemessen zu regulieren oder grenzüberschreitende Finanzströme zu kontrollieren, da die finanzielle Globalisierung alle Länder gezwungen habe, die gleiche neoliberale Politik zu verfolgen. Aber die reichen Länder waren in diesem Prozess nicht so machtlos, wie viele Politiker suggerierten.

Wie Eric Helleiner bereits 1994 zeigte, wurde die finanzielle

Globalisierung in den Siebziger- und Achtzigerjahren durch Staaten in Gang gebracht, insbesondere die USA und Großbritannien.[62] Die Regierungen und Zentralbanker dieser Nationen hatten bereits in den Fünfzigerjahren unter enormem Lobbydruck für sich beschlossen, dass die nach dem Zweiten Weltkrieg geschaffenen Beschränkungen der internationalen Finanzströme das potenzielle Wachstum ihrer mächtigen Finanzsektoren einschränkten. Daher trieben sie sowohl national als auch international die finanzielle Globalisierung voran.[63] Ihre Maßnahmen wurden gemeinhin als Deregulierung bezeichnet, aber man sollte den Prozess der finanziellen Liberalisierung besser als eine »Reregulierung betrachten, die ein stärkeres Eingreifen des Staates und eine stärkere Zusammenarbeit erforderte«.[64]

Die erwähnten politischen Entscheidungsträger hatten natürlich nicht die Absicht, die Finanzkrise von 2008 vom Zaun zu brechen. Aber sie hätten sie kommen sehen können. Die asiatische Finanzkrise der Neunzigerjahre hatte sehr deutlich gezeigt, wie gefährlich es ist, wenn man Geld schnell und ohne Absicherungen Grenzen überqueren lässt.[65] Der US-Ökonom und Wirtschaftsnobelpreisträger Joseph Stiglitz hatte darauf hingewiesen, dass »die Liberalisierung der Kapitalbilanzen der wichtigste Faktor war, der zur [asiatischen] Krise geführt hat«.[66] In ihrem Gefolge kam es in einigen Kreisen sogar zum Versuch, der Globalisierung Grenzen zu setzen.

Doch alle derartigen Bestrebungen wurden von einer Allianz aus internationalen Finanzinstituten und Politikern in der reichen Welt sowie von Bürokraten in internationalen Finanzorganisationen vereitelt. Die Reaktion auf Asiens Finanzkrise bestand einfach darin, den armen Ländern die Schuld für wirtschaftliches Missmanagement zu geben und die neoliberale Orthodoxie zu stützen, die überhaupt erst zum Crash geführt hatte.[67]

Die Finanzkrise war ebenso sehr auf eine betrügerische Koordination zwischen mächtigen Akteuren zurückzuführen wie auf den ungezügelten Kapitalismus des »freien Marktes«. Als die Krise ausbrach, schaltete sich wieder einmal der Staat ein, um mächtige Interessengruppen vor den Folgen ihrer eigenen Gier zu schützen.

Nach der Savings-and-Loan-Krise der Achtzigerjahre in den USA wurden Tausende von Banker wegen Betrugs und anderer Vergehen ins Gefängnis gesteckt. Nach der Finanzkrise von 2008 kam nur ein einziger US-Banker ins Gefängnis – Kareem Serageldin, ein Banker der Credit Suisse, der wegen Betrugs verurteilt wurde. Serageldin, der in Ägypten geboren wurde und in einfachen Verhältnissen in Michigan aufwuchs, verdiente fast sieben Millionen Dollar im Jahr, als er verhaftet wurde. Der *New York Times* zufolge lebte er jedoch ein »ziemlich bescheidenes« Leben.[68] Wie viele seiner Investmentbanker-Kollegen arbeitete er hart – doch anstatt in seinen freien Nächten zu feiern, las er lieber Wirtschaftsbücher, was ihm den Titel »Mönch des Investmentbankings« einbrachte.[69]

Er wurde verurteilt, weil er über den Wert der hypothekenbesicherten Wertpapiere der Credit Suisse gelogen hatte – eine gängige Praxis unter Investmentbanken in dem »bösartigen Milieu« der Finanzbranche, wie es der Richter mit Blick auf die Zeit vor der Finanzkrise bezeichnete.[70] Serageldin zeigte nach seiner Verurteilung mehr Reue als viele andere, wohl schuldigere Führungskräfte, die mit hohen Geldstrafen davonkamen.

So wurde beispielsweise festgestellt, dass Manager bei JPMorgan »wissentlich minderwertige Hypotheken in Wertpapiere verpackten, die nicht den Kreditstandards der Bank entsprachen, und diese dann an Investoren verkauften«.[71] Anschließend feuerten sie den Whistleblower, der ihre Machenschaften aufgedeckt hatte. Am Ende einigte sich die Bank mit verschiedenen Regierungsbehörden auf einen Vergleich, der sie 13 Milliarden Dollar kostete und viele ihrer Missetaten geheim hielt.[72]

Unterdessen verloren in den USA zehn Millionen Menschen ihr Zuhause[73], viele im Rahmen illegaler Zwangsvollstreckungen, die bis zum heutigen Tag vor Gericht verhandelt werden. Die *Los Angeles Times* berichtete über eine Kalifornierin, die schon seit einem Jahrzehnt Eigentümerin ihres Hauses war, als man ihren Mann zwang, eine Gehaltskürzung zu akzeptieren. In der Krise verlor das Ehepaar sein Haus sowie 300 000 Dollar an Rentenersparnissen und lebte ein Jahrzehnt später »immer noch von Gehaltsscheck zu Gehaltsscheck« in gemieteten Unterkünften.[74]

Marx argumentierte schon vor langer Zeit, dass der Staat nichts anderes sei als »ein Ausschuss, der die gemeinschaftlichen Geschäfte der ganzen Bourgeoisieklasse verwaltet«.[75] Wie wir in Kapitel 6 sehen werden, ist das Gesamtbild für gewöhnlich etwas vielschichtiger, doch gerade in Krisen kommt seine Sicht der Wahrheit am nächsten. Die meiste Zeit über müssen die Mächtigen sich nicht an einem Ort zusammenfinden, um zu koordinieren und zu planen. In kapitalistischen Gesellschaften bilden sich Institutionen heraus, die sich verlässlich darum kümmern, die Stabilität des Systems zu erhalten und die Mächtigen zu schützen.

In Krisenzeiten sind diese Institutionen jedoch zu langsam und schwerfällig, um effektiv zu funktionieren. Hochrangige Politiker bringen dann oft Vertreter des privaten Sektors buchstäblich an einen Tisch, um eine Lösung für eine entstehende Krise zu entwickeln. So taten es auch US-Politiker während der Finanzkrise von 2008. Tatsächlich haben Untersuchungen gezeigt, dass »einzelne Bankmanager mit Verbindungen zum US-Finanzministerium während und nach dem Troubled Asset Relief Program von 2008 ungewöhnlich große Gewinne machten«.[76] Mit anderen Worten, die politischen Entscheidungen der Regierungen nach der Finanzkrise haben »Macht und Reichtum nach oben verschoben«.[77]

Einige sehen dies als weiteren Beweis für rassistische Verschwörungstheorien. Wie ein Kolumnist des *Jewish Chronicle* 2009 anmerkte, war die Beschreibung von Goldman Sachs als »Vampirtintenfisch« durch den *Rolling Stone* »nicht unproblematisch für eine Bank mit eindeutig jüdischen Wurzeln«.[78] Der *Chronicle* teilte dennoch mit, dass »der Autor des *Rolling Stone* nicht ganz unrecht hat«. Es geht nicht darum, dass eine geheime Verbindung von Bankern die Welt regiert; es geht darum, dass die größten und mächtigsten Finanzinstitute und Akteure in einer Weise vor den Folgen ihres Handelns geschützt sind, wie es normale Menschen nicht sind. Selbst der ehemalige Chef des Internationalen Währungsfonds schrieb von einem »stillen Putsch« durch eine »Finanzoligarchie«.[79]

Dies ist kein Systemfehler, sondern ein Charaktermerkmal kapitalistischer Volkswirtschaften. Der Kapitalismus ist ein System, das durch ein Spannungsverhältnis – eine Dialektik – zwischen Märkten und Planwirtschaft definiert ist, in dem einige Akteure besser in der Lage sind, das System zu kontrollieren als andere, in dem aber kein einzelner wirtschaftlicher Akteur – geschweige denn eine Einzelperson – die Dynamik von Produktion und Geldwechsel vollständig kontrollieren kann. Der Kapitalismus ist ein System, das auf Messers Schneide zwischen Wettbewerb und Koordination schwankt – und dieser Zustand erklärt sowohl seine Fähigkeit zur Anpassung als auch seine starren Ungleichheiten.

Mörderische Renditen für McKinsey

Bis zur Pandemie haben Sie womöglich nie von der einflussreichsten Unternehmensberatung der Welt gehört. Im Gegensatz zu Boeing oder Amazon handelt es sich um ein Unternehmen, mit dem Sie wahrscheinlich in ihrem täglichen Leben kaum in Berührung gekommen sind. Und im Gegensatz zu den meisten unserer großen Banken war das Unternehmen in der Vergangenheit ziemlich gut darin, seinen Namen aus den Schlagzeilen herauszuhalten.

All das änderte sich, als die britische Regierung McKinsey einen Auftrag im Wert von mehr als einer halben Million Pfund erteilte, um die »Vision, den Zweck und das Narrativ« ihres Test-and-Trace-Programms zu bestimmen.[80]

Die Vergabe kam nicht überraschend, wenn man bedenkt, dass Dido Harding, die Tory-Abgeordnete, die für die Leitung des Programms ausgewählt wurde, eine ehemalige McKinsey-Beraterin ist.[81] Als wäre das nicht genug, ist sie auch noch mit einem konservativen Abgeordneten verheiratet und studierte gemeinsam mit dem ehemaligen Premierminister David Cameron in Oxford.[82] Harding sah sich später gezwungen, ihre Entscheidung, während eines nationalen Notstands bis zu 1000 Pfund pro Tag für Berater auszugeben, vor dem Public Accounts Committee zu verteidigen.[83]

Trotz des Skandals, der den Prozess begleitete, sind 563 000 Pfund für sechs Wochen Arbeit ziemlich billig für McKinsey, wo man gewohnt ist, Regierungen Millionen für die eigenen Dienste zu berechnen. Die Manager des Unternehmens waren wahrscheinlich mehr an einer bestimmten Klausel interessiert, die besagte, dass das Unternehmen bis zu sieben Jahre nach Vertragsunterzeichnung Zugang zu wertvollen persönlichen Informationen erhalten könne, darunter »Namen,

Adressen, biometrische und medizinische Daten«, sofern das Ministerium für Gesundheit und Soziales seine Einwilligung gab.[84]

McKinsey hat nicht gerade eine saubere Weste, wenn es um den Datenschutz geht. Als die saudi-arabische Regierung das Unternehmen beauftragte, die öffentliche Reaktion auf die Sparmaßnahmen des Königreichs im Jahr 2015 zu bewerten, schrieb McKinsey einen Bericht, in dem drei Twitter-Nutzer genannt wurden, die für den Großteil der negativen Reaktionen verantwortlich waren.[85] Einer der drei wurde später verhaftet.

Im Grunde genommen ist die Geschichte des Unternehmens mit Skandalen übersät. Nach der Finanzkrise von 2008 – die McKinsey mitverursacht hatte, indem es seine Kunden aus dem Bankensektor ermunterte, sich zu verschulden und in das Geschäft mit Verbriefungen einzusteigen[86] – wurde ein ehemaliger McKinsey-Manager wegen Insiderhandels verurteilt. Rajat Gupta, der im Vorstand von Goldman Sachs saß, hatte seine Verbindungen zu McKinsey genutzt, um Insiderinformationen an Freunde weiterzugeben, die ihnen einen Vorteil auf den Finanzmärkten verschafften.

Kurze Zeit später wurde bekannt, dass McKinsey über einen geheimen internen Investmentarm namens MIO Partners verfügte, der im Auftrag einer ausgewählten Gruppe von leitenden Angestellten und Partnern investierte.[87] McKinsey hatte es versäumt, den Umstand offenzulegen, dass MIO ein Gläubiger von Alpha Natural Resources war, während die Firma gleichzeitig als Konkursberater von Alpha fungierte. Der Leiter der Konkursabteilung saß sogar im Vorstand von MIO, zusammen mit vielen anderen ehemaligen oder aktuellen McKinsey-Partnern.

Mit anderen Worten: Das Beratungsunternehmen McKinsey trug eigenhändig dazu bei, die Entschädigung für das Investmentunternehmen McKinsey festzulegen, wenn ein Unternehmen zusammenbrach, bei dem McKinsey Gläubiger war. Dies schuf für McKinsey einen Anreiz, mit MIO Partners möglichst an erster Stelle zu sein, wenn es daran ging, die verbleibenden Mittel des insolventen Unternehmens zu verteilen. 2019 zahlte McKinsey im Rahmen eines Vergleichs mit dem US-Justizministerium eine Geldstrafe in Höhe von 15 Millionen Dollar. Es war immerhin eine der höchsten, die je in einem solchen Fall verhängt wurde, aber dennoch deutlich weniger als McKinsey mit den Dienstleistungen für Alpha Natural Resources erwirtschaftet haben soll.[88]

Valeant – das als das »Enron von Big Pharma« bezeichnet wurde (ein weiterer Skandal, an dem McKinsey beteiligt war) – ist ein Unternehmen, von dem man heute weiß, dass es Pharmaunternehmen aufkaufte, um die Preise für lebensrettende Medikamente in die Höhe zu treiben. McKinsey, ein prominenter Berater von Valeant, hat diese Strategie aktiv unterstützt. Diese Tatsache wäre schon skandalös genug, wenn nicht hinzukäme, dass MIO gleichzeitig über verschiedene Hedgefonds in Valeant investierte und mehrere ehemalige McKinsey-Berater im Managementteam des Unternehmens saßen.[89] 2021 einigte sich MIO mit der SEC auf 18 Millionen Dollar, weil das Unternehmen es versäumt hatte, über angemessene Sicherheitsmaßnahmen zu verhindern, dass Informationen aus der Beratungstätigkeit von McKinsey für die Investitionsentscheidungen von MIO verwendet wurden.[90]

Der vielleicht größte Skandal, der McKinsey in den letzten Jahren ereilte, hat jedoch mit seiner Rolle in der Opioid-Epidemie in den USA zu tun.[91] McKinsey beriet Purdue Pharma dabei, wie das Unternehmen den Verkauf des hochgradig süchtig machenden Medikaments OxyContin »ankurbeln« könne – wie es gesetzgeberische Maßnahmen zur Begrenzung des OxyContin-Verbrauchs abwehren könne und sogar wie es »den emotionalen Botschaften von Müttern mit Teenagern, die eine Überdosis genommen haben, begegnen könne«.[92]

Bevor Purdue 2020 Konkurs anmeldete, wurde das Unternehmen zu einer der höchsten Geldstrafen verurteilt, die je gegen ein Pharmaunternehmen verhängt wurden. Das Gericht sah es als erwiesen an, dass sich das Unternehmen »wissentlich und absichtlich mit anderen verschworen und abgesprochen hat, um medizinische Fachkräfte darin zu unterstützen und sie dazu anzustiften«, seine Opioide in unangemessener Weise zu verschreiben.[93] Mehrere McKinsey-Partner hatten sowohl für die Pharmaunternehmen als auch für die Regierungsbehörden gearbeitet, die diese Unternehmen regulieren sollten.

Dennoch beauftragte die US-Regierung, die über die Versäumnisse von McKinsey im Bilde war, das Unternehmen mit der Unterstützung bei der eigenen stümperhaften Pandemiebekämpfung. Genau wie in Großbritannien wurden die Notfallregeln für die Vergabe von Aufträgen genutzt, um McKinsey schnell und ohne Prüfung den Zuschlag zu erteilen. Eine ehemalige McKinsey-Führungskraft, die im Kriegsveteranenministerium (VA) arbeitete, erhielt eine E-Mail von einem aktuellen McKinsey-Mitarbeiter, in der er eine Notfallberatung zur Pandemiehilfe für die neun Millionen von der Regierung unterstützten Veteranen anbot.[94] Am nächsten Tag unterzeichnete das Ministerium einen Vertrag über zwölf Millionen Dollar mit McKinsey. Innerhalb von zehn Tagen waren zwei weitere Ministerien auf den Zug aufgesprungen, sodass sich der Gesamtwert der Pandemie-Notfallverträge von McKinsey mit der Regierung auf 22,5 Millionen Dollar belief. Innerhalb weniger Wochen hatte »McKinsey insgesamt 40,6 Millionen Dollar an Verträgen ohne Ausschreibung abgeschlossen«.[95]

Und damit war das Ausmaß der Verstrickung noch nicht erreicht. McKinsey-Berater unterstützten die Federal Emergency Management Agency (FEMA) und das Department of Health and Human Services (DHHS) bei der Beschaffung von medizinischem Material und Pandemie-Schutzausrüstung, und die Food and Drug Administration (FDA) beauftragte die Firma mit der Datenanalyse.[96] Im Vertrauen auf die Fähigkeiten der Firma angesichts ihrer Megaverträge mit der Regierung in Washington beauftragten einzelne Bundesstaaten und Städte McKinsey ebenfalls mit der Unterstützung ihrer Pandemiebekämpfung.

In vielen Fällen hat die Beteiligung von McKinsey die Reaktion auf das Coronavirus entweder nicht vorangebracht oder sogar behindert. Bei der Zusammenarbeit mit dem Kriegsveteranenministerium benötigte McKinsey Wochen, um die für den Start des Programms erforderlichen Daten zu sammeln, was Verwirrung schuf und die Einführung verzögerte.[97] In Florida stellten die Journalisten von ProPublica fest, dass McKinseys Arbeit darauf hinauslief, »Daten zusammenzustellen und sie in hübsche Schriftarten zu packen«.[98]

Nichtsdestotrotz hat McKinsey von seinem Engagement für den US-Staat während der Pandemie reichlich profitiert, und zwar in Höhe von schätzungsweise 100 Millionen Dollar, außerdem durch den Zugang zu wertvollen Daten. Sie sind besonders kostbar, da sie an andere Teile der Regierung verkauft werden können, die in Ermangelung einer zentralen öffentlichen Datenbank auf die Einsichten von McKinsey angewiesen sind.[99] Wenn Regierungen während einer Krise die Verwaltung unserer persönlichen Daten an Firmen wie McKinsey übertragen und sich dabei oft über Gesetze hinwegsetzen, die zum Schutz unserer Privatsphäre unterzeichnet wurden, gefährden sie damit Bürgerrechte, die nach Ende der Krise nur sehr schwer wiederhergestellt werden können.

Die Pandemie ist eine weitere in einer langen Reihe von Krisen, die dazu genutzt wurden, Länder in einen Ausnahmezustand zu versetzen und die Macht von Staat und Kapital zu stärken. Dazu gehört häufig die Aussetzung von Gesetzen zum Schutz individueller und kollektiver Rechte im Namen einer schnellen und effektiven Krisenbewältigung.[100] 1978 befanden sich 30 Länder in irgendeiner Form des Ausnahmezustands; 1986 waren es bereits 70.[101] Bis zur Jahrhundertwende hatte fast jedes Land der Welt irgendeinen rechtlichen Mechanismus geschaffen, um den Ausnahmezustand zu verhängen. In den USA gab es schon vor der Pandemie 32 aktive »nationale Notstände«, von denen der älteste auf die Achtzigerjahre zurückging.[102] Heute sind es 42.[103]

Corona lieferte eine perfekte Rechtfertigung für die Nutzung – und den Missbrauch – dieser weitreichenden Befugnisse. Es ermöglichte mächtigen Akteuren, von einer Krankheit zu profitieren, die den Tod von Millionen Menschen verursacht hat. 2020 riefen 124 Länder als Reaktion auf die Pandemie den Notstand aus.[104] In Moskau wurden die Quarantänebestimmungen mithilfe eines riesigen Netzes von Gesichtserkennungskameras in der Stadt durchgesetzt.[105] In Bahrain übermittelt die verpflichtende BeAware-App Informationen über den Aufenthaltsort von Menschen direkt an die Behörden. Ähnliche Maßnahmen wurden in Norwegen und Kuwait getroffen.[106] Frankreich hat ein Dekret erlassen, das es der Regierung erlaubt, das Tragen von Masken in öffentlichen Verkehrsmitteln mithilfe von Überwachungskameras zu kontrollieren.[107] In Israel nutzte die Regierung für ihre Pandemiebekämpfung die dystopisch anmutende Datenbank »The Tool«, die Daten von Mobiltelefonen abruft, darunter »den Standort des Geräts, die Funkzelle und die Antennenzone, mit der es verbunden ist, jeden Sprachanruf und jede Textnachricht, die von dem Mobilfunkgerät gesendet oder empfangen wurde, sowie den Internetverlauf«.[108]

Der chinesische Staat entwickelte seine eigene App – Health Code – in Partnerschaft mit den Tech-Giganten Tencent und

Alibaba. Sie verwendet »undurchsichtige Algorithmen, um das Ansteckungsrisiko eines Nutzers zu bewerten und seine Bewegungsfreiheit einzuschränken«.[109] Nutzer geben sensible persönliche Daten ein und erhalten dann einen roten, gelben oder grünen QR-Code, der ihr Ansteckungsrisiko angibt und gescannt werden muss, um Zugang zu öffentlichen Orten zu erhalten. In einigen Provinzen, wie etwa Hangzhou, ist die App mit den Sozialversicherungs- und Krankenakten einer Person verknüpft. Viele Provinzen versuchen nun, die App in China zu einem festen Bestandteil des Lebens zu machen, etwa durch Vorschläge, sie um einen »persönlichen Gesundheitsindex« zu erweitern, der dem Nutzer eine Punktzahl auf Grundlage seiner Schlaf-, Bewegungs- und Essgewohnheiten zuweist.[110]

Es wäre ein Leichtes, diese Entwicklungen als Beispiele für Staaten zu werten, die die Grenze zwischen öffentlicher und privater Machtbefugnis überschreiten. Viele Liberalisten argumentieren, die Pandemie habe gezeigt, dass die Staatsausgaben zurückgefahren werden müssten, um mehr Raum für diejenigen demokratischen Interaktionen zu schaffen, die auf »dem Markt« stattfinden. Aber, wie wir entlang dieses Kapitels gesehen haben, sind Staaten selten allein tätig. Ob es die britische und die amerikanische Regierung sind, die mit McKinsey zusammenarbeiten, oder die chinesische Regierung mit ihren Big-Tech-Giganten – in Krisenzeiten sind die Staaten fast immer auf die Unterstützung des privaten Sektors angewiesen.

Im Gegenzug haben die Unternehmen durch ihre Zusammenarbeit mit den Staaten eine Macht über unser Leben erlangt, um die sie einige der autoritärsten Regierungen der Geschichte beneiden würden. Die Verkleinerung des Staates schafft nicht mehr Raum für freie Märkte, sondern bestärkt die Staaten lediglich darin, sich verstärkt auf nicht rechenschaftspflichtige Organisationen wie McKinsey zu verlassen, die die Drecksarbeit für sie erledigen.[111] Diese Beratungsunternehmen gewinnen dann immensen Einfluss auf die Ausübung staatlicher Macht – sowohl auf höchster Ebene in den Empfehlungen, die sie für Gesetzgeber aussprechen, als auch in den prosaischen Unterstützungsmaßnahmen, die sie den Beamten bei der Umsetzung dieser Politik zur Verfügung stellen.[112]

Die engen Verbindungen zwischen dem öffentlichen und dem privaten Sektor, die während der Pandemie zu beobachten waren, zeigen die Sinnlosigkeit des Versuchs, eine klare Grenze zwischen staatlicher und unternehmerischer Macht in kapitalistischen Gesellschaften zu ziehen, insbesondere in Krisenzeiten. Während der gesamten Pandemie arbeiteten Staaten und Firmen zusammen, um ihre Macht und ihren Reichtum zu vergrößern. Und in dem Maße, in dem sie dies taten, wurde es immer schwieriger zu erkennen, wo der private Sektor endet und der Staat beginnt. Die Kosten dieser Korruption tragen die arbeitenden Menschen, denen man erklärte, dass in den öffentlichen Kassen kein Geld mehr vorhanden sei, um die explodierenden Lebenshaltungskosten in den Griff zu bekommen, die Millionen in die Armut treiben.

Dennoch behaupten Mainstream-Kommentatoren, dass der Anstieg der Staatsausgaben im Laufe der Pandemie mit »Sozialismus« gleichgesetzt werden könne. *Forbes* veröffentlichte einen Artikel über den Aufstieg des »Coronavirus-Sozialismus«.[113] Noch dubioser war die Frage eines Kolumnisten von *The Hill* im März 2020: »Wird das Coronavirus die zweite Welle des Sozialismus herbeiführen?«[114] *Scientific American* griff die Frage in einem Artikel auf, der mit »Wird Corona uns sozialistischer machen?«[115] überschrieben war. »Der freie Markt ist tot«, erklärte *Time* im April 2021; es bleibe einzig die Frage, was ihn ersetzen werde.[116]

Marxisten haben immer darauf bestanden, dass höhere Staatsausgaben nicht mit Sozialismus gleichzusetzen sind. In *Staat und Revolution* kritisiert Lenin »die irrige bürgerlich-reformistische Behauptung, dass der monopolistische oder staatsmonopolistische Kapitalismus schon kein Kapitalismus mehr sei, er könne bereits als ›Staatssozialismus‹ bezeichnet werden«.[117] Der irische Politiker James Connolly schrieb 1899, dass »Staatseigentum und -kontrolle nicht notwendigerweise Sozialismus sind. Wenn es so wäre, dann wären die Armee, die Marine, die Polizei, die Richter, die Gefängniswärter, die Informanten und die Henker allesamt sozialistische Funktionäre, da sie Staatsbeamte sind«.[118] Wie wir gesehen haben, spiegeln die Pandemie-Maßnahmen das Gleichgewicht der Klassenmacht in der betreffenden Gesellschaft wider: In den meisten Fällen sah das für die Reichen wie Sozialismus und für alle anderen wie rücksichtsloser Individualismus aus.

Die Auswirkungen der Pandemie auf die Macht der Unternehmen und die Ungleichheit sind ein guter Hinweis darauf, wessen Interessen mit den Rettungsaktionen von 2020 wirklich gedient wurde. Die Unterstützung des Staates für das Großkapital mündete in einen Goldregen für Unternehmensprofiteure. Nach Trumps Kürzung der Körperschaftssteuer um 2,3 Billionen Dollar 2017 erreichten Aktienrückkäufe in den USA einen Rekord. Doch 2021 wurde er übertroffen: Die S&P 500-Unternehmen kauften eigene Aktien für 882 Milliarden Dollar auf.[119] Die Führungskräfte der Unternehmen profitierten erheblich davon, indem sie ihre Aktien zu den überhöhten Kursen abstießen.[120]

Viele Unternehmen, die nicht ihr gesamtes Geld für Rückkäufe ausgaben, investierten es in Fusionen oder Übernahmen (M&A), um ihre Marktmacht zu stärken. Einer der größten Nutznießer davon war Goldman Sachs, wo man 2021 Rekordgewinne erzielte. Bis Ende 2021 erreichte das weltweite M&A-Volumen 5,8 Billionen Dollar, ein Anstieg von 64 Prozent gegenüber dem Vorjahr.[121]

Nach Angaben der Internationalen Arbeitsorganisation (ILO)

verloren 2020 insgesamt 114 Millionen Menschen ihren Arbeitsplatz. ILO schätzt, dass Beschäftigte im Laufe der Pandemie weltweit mindestens 3,7 Billionen Dollar an Einkommen verloren haben.[122] Weltweit lebten 2020 bis zu 124 Millionen Menschen mehr in extremer Armut als anhand von Prognosen vor Corona erwartet worden war, womit die jahrzehntelangen Fortschritte bei der Armutsbekämpfung zunichte gemacht wurden.[123] Ende 2020 verzeichneten die USA den stärksten Anstieg der Armutsquote seit den Sechzigerjahren.[124] Acht Millionen Amerikaner lebten in Armut, das sind 11,8 Prozent der Bevölkerung.[125] In Großbritannien zeigten Untersuchungen des Trades Union Congress, dass 50 Prozent der Geringverdiener während der Pandemie Einkommensverluste hinnehmen mussten, verglichen mit 29 Prozent der Besserverdiener. 30 Prozent der Geringverdiener mussten mehr Schulden machen.[126]

Auch die Vermögensungleichheit in den USA erreichte Rekordhöhen. Das Nettovermögen des obersten Prozents beträgt das 26-Fache ihrer Verbindlichkeiten, während die untersten 20 Prozent über ein Vermögen im Wert des Fünffachen ihrer Verbindlichkeiten verfügen.[127] 2021 besaßen die reichsten zehn Prozent der Amerikaner rekordverdächtige 89 Prozent aller Aktien[128], und das Vermögen der US-Milliardäre stieg in der Pandemie um 70 Prozent.[129] Ende 2020 besaßen 50 Personen so viel Vermögen wie die untersten 50 Prozent aller Amerikaner.[130]

In Großbritannien erreichte die Zahl der Milliardäre in der Pandemie ein Rekordhoch, und 24 weitere Menschen wurden im Laufe des Jahres 2021 zu Milliardären.[131] Ein Thinktank stellte fest, dass die steigenden Vermögenspreise die Kluft zwischen Arm und Reich vertieft habe, wobei die reichsten zehn Prozent das 500-Fache der Gewinne der ärmsten zehn Prozent einheimsen.[132]

Selbst in Europa stieg das Vermögen der Milliardäre im Laufe der Pandemie um eine Billion auf drei Billionen Dollar. Dabei standen 80 neue Milliardäre auf der Liste.[133] Ende 2021 besaßen 1,1 Prozent der Weltbevölkerung fast 46 Prozent des weltweiten Vermögens.[134]

Der Anstieg der Staatsausgaben im Laufe der Pandemie war nicht, wie einige Kolumnisten behaupteten, ein Beweis für einen Wandel in Richtung Sozialismus. Stattdessen arbeiteten Regierungen und Großkonzerne zusammen, um ihre Kontrolle über die Gesellschaft auszuweiten und die Gewinne auf Kosten der Beschäftigten zu steigern. Dass der kapitalistische Staat mehr tut, bedeutet nicht Sozialismus, wie Lenin und James Connolly vor mehr als einem Jahrhundert erkannten. Meist handelt es sich lediglich um ein Rettungspaket für die Kapitalistenklasse.

Der Preis der Gier

1859 begann die Suezkanal-Gesellschaft mit dem Bau des gleichnamigen Kanals. Die Arbeiten sollten ein Jahrzehnt in Anspruch nehmen und 100 Millionen Dollar kosten,[135] nach heutigem Maßstab 2,3 Milliarden Dollar. Der eigentliche Preis war aber noch viel höher, denn der Bau kostete Tausende Menschen das Leben. Bis zur Eröffnung des Kanals mussten Schiffe Afrika umrunden, um Asien zu erreichen. Nun verkürzte sich die Reise von London zum Arabischen Meer um einen Monat.

1956 verstaatlichte Ägyptens zweiter Präsident General Gamal Nasser den Kanal und löste damit in Großbritannien und Frankreich Schockwellen aus. Nasser versprach zwar, der Handel werde wie zuvor weitergehen, aber die beiden ehemaligen Imperien nahmen die Enteignung ihrer Kapitalisten durch eine ausländische Regierung nicht hin. Sie verbündeten sich mit Israel, um in Ägypten einzumarschieren und den Kanal zurückzuerobern. Ihr Sieg fiel deutlich aus.

Die jüngste imperiale Macht der Welt war mit diesem Ergebnis allerdings nicht einverstanden: Die USA wollten Frankreich und Großbritannien daran erinnern, dass sie keine Imperien mehr waren, und drohten der britischen Regierung mit wirtschaftlichen Vergeltungsmaßnahmen, falls sie nicht nachgeben würde. In einem Vorgang, der noch heute als nationale Demütigung in Erinnerung ist, fügten sich die Briten. Die Konzession für den Betrieb des Kanals wurde an die staatseigene ägyptische Suez Canal Authority übergeben.

Mit der Suezkrise wuchsen die Spannungen zwischen Ägypten und Israel. Während des Jom-Kippur-Krieges 1973 überquerten ägyptische Truppen den Kanal auf die Sinai-Halbinsel, die damals von Israel besetzt war. Israel startete einen Gegenangriff mithilfe der USA, die sowohl ihren Verbündeten unterstützen als auch den Weiterbetrieb des Kanals sicherstellen wollten. Als Reaktion darauf erhöhten die OPEC-Länder die Ölpreise und verhängten ein Embargo gegen die USA. Weltweit kletterte die Inflation in die Höhe.

Neoliberale Politiker versuchten, den Inflationsschock der Siebzigerjahre als natürliche Folge von Versuchen darzustellen, den Gang des »freien Marktes« zu stören. Sie behaupteten, die Krise sei darauf zurückzuführen, dass die Arbeiter Lohnerhöhungen forderten, die über das hinausgingen, was ihnen zustand. Die Neoliberalen behaupteten, dass sich Gewerkschafter auf dem Arbeitsmarkt wie Monopolisten verhielten, die sich zusammenschlossen, um die Preise für ihre Arbeit zum Nachteil anderer zu erhöhen. Dies sei die eigentliche Ursache der Inflation. Der Erfolg dieser Argumente führte zur Wahl einer Reihe von neoliberalen Regierungen, von Thatcher in Großbritannien bis zu Reagan in den USA. Nach ihrer Wahl schlugen diese Regierungen ihre heimischen Arbeiterbewegungen nieder, während sie die Zinssätze erhöhten, um eine Rezession herbeizuführen und den Arbeitern zu zeigen, wer wirklich die Kontrolle hatte.[136]

65 Jahre nach der ersten Suezkrise, am 23. März 2021, blieb das taiwanesische Schiff *Ever Given* im Suezkanal stecken, weil es bei starkem Wind vom Kurs abkam. Das 400 Meter lange Containerschiff – ungefähr die Höhe des Empire State Buildings – versperrte allen anderen Schiffen sechs Tage lang die Durchfahrt. In der Zeit, die benötigt wurde, um die *Ever Given* zu befreien, stauten sich 369 Schiffe in beide Richtungen, sodass andere Schiffe gezwungen waren, die weitaus längere Fahrt um das Kap der Guten Hoffnung zu nehmen. Es wird angenommen, dass die Krise täglich bis zu zehn Milliarden Dollar an Handelsvolumen unterbunden hat.[137]

Diese zweite Suezkrise war eine Logistikkrise, die 2022 in der gesamten Weltwirtschaft die Preise steigen ließ. Höhere Frachtsätze treiben die Kosten für alles in die Höhe, was auf dem Seeweg transportiert wird, also für gut 90 Prozent der weltweiten Waren. Diese Kosten wurden an die Verbraucher weitergegeben.[138] Aber die Auswirkungen waren erst zu spüren, als diese Waren Monate nach der Verschiffung in den Regalen standen. Ein Großteil der Inflation, die Anfang 2022 zu verzeichnen war, ging also auch auf die Unterbrechungen des Schiffverkehrs im Vorjahr zurück.

Die Reedereien haben von diesem Chaos jedoch reichlich profitiert. 2021 kontrollierten zehn Unternehmen – alle mit Sitz in Asien oder Europa – 85 Prozent der weltweiten Gesamtkapazität in der Schifffahrt.[139] Diese Firmen arbeiten vor den Augen der Regulierungsbehörden miteinander zusammen. Die größten von ihnen erzielten allein 2021 Betriebsgewinne in Höhe von 110 Milliarden Dollar – mehr als die Betriebsgewinne der vorangegangenen zehn Jahre zusammen.[140] 2022 fiel sogar noch lukrativer aus; die Gewinne erreichten Rekordwerte von 208 Milliarden Dollar.[141]

Die Arbeiter, die von diesen Unternehmen beschäftigt werden, erhalten derweil Hungerlöhne und man verweigert ihnen grundlegende Rechte.[142] Die Schiffe fahren unter »Billigflaggen«, die es ihnen ermöglichen, sich in Ländern mit mangelhaften Arbeitsgesetzen und niedrigen Steuern registrieren zu lassen, um Verpflichtungen gegenüber ihren Beschäftigten und der Gesellschaft zu umgehen. Während der Pandemie verschlimmerten sich die Bedingungen sogar noch, als Arbeiter an Bord von Schiffen festsaßen, die bis zu vierzehn Monate lang nicht anlegen konnten.[143]

Es gibt eine direkte Verbindung zwischen der Suezkrise und dem Inflationsschock der Siebzigerjahre und dem neoliberalen Wandel in den Achtzigern. Merkwürdigerweise lässt sich eine ähnliche Linie von der Suezkrise, die die Welt inmitten der Coronapandemie erschütterte, über den Inflationsschock von 2022 bis zu den wirtschaftlichen Turbulenzen von 2023 ziehen. Beide Krisen waren keineswegs das natürliche Ergebnis unkontrollierter freier Märkte oder gieriger gewerkschaftlich organisierter Arbeiter. Sie waren vielmehr die Folge politischer Entscheidungen, die von Staaten und Unternehmen als Reaktion auf die Macht- und Vermögensverschiebungen getroffen wurden, die sich damals in der Weltwirtschaft vollzogen.

Der erhebliche Anstieg der Inflation, der nach der Pandemie weltweit zu beobachten war, wurde von vielen als »natürliches« Ergebnis der Entscheidung präsentiert, die Weltwirtschaft zunächst in den Lockdown zu schicken und dann wieder zu öffnen. Die Regierungen hätten den Lauf des Preismechanismus gestört und würden jetzt dafür zahlen.

Aber die Inflationskrise, die wir heute erleben, ist nicht natürlich; sie ist politisch bedingt. Einige Wirtschaftsakteure –

diejenigen mit der größten Macht – haben durch die Krise riesige Summen verdient, andere dagegen wurden in die Armut gestürzt. Das unerbittliche Profitstreben einiger weniger mächtiger Akteure in der Weltwirtschaft erzeugt den inflationären Druck, für den alle anderen zahlen müssen. Die Schifffahrtsunternehmen, die sich die Infrastruktur für den Transport von 90 Prozent aller Waren einverleibt haben, nutzten die Pandemie, um die Preise weit über die Kosten hinaus zu erhöhen und dabei riesige Gewinne einzufahren. Tatsächlich wäre die Handelskrise vielleicht nicht so weitreichend gewesen, wenn dieselben Unternehmen nicht in den letzten Jahrzehnten Schiffe gebaut hätten, die so groß sind, dass sie Tage zum Be- und Entladen brauchen, nur bestimmte Häfen anlaufen können und gelegentlich im Suezkanal stecken bleiben. Und die Reedereien waren nicht die Einzigen, die von dem Chaos profitierten. Die Energiepreise auf der ganzen Welt schossen nach der Pandemie in die Höhe. Grund dafür waren der plötzliche Anstieg der Nachfrage dank der Wiedereröffnung der Wirtschaft vielerorts, der Krieg in der Ukraine und das jahrzehntelange Versäumnis, in erneuerbare Energien zu investieren. Ökonomen und ihre Freunde im Energiesektor behaupteten, dass diese Preissteigerungen eine natürliche und unvermeidliche Folge der wachsenden Kosten seien. Doch irgendwie brachten es die Unternehmen aus der Sparte der fossilen Brennstoffe fertig, Rekordgewinne zu erzielen, während die Menschen auf der ganzen Welt damit zu kämpfen hatten, ihre Heizungsrechnungen zu bezahlen.

2021 verkündete ExxonMobil die höchsten Jahresgewinne seit 2014 und machte damit seine Verluste von 2020 mehr als wett.[144] Das Unternehmen hätte diesen Schub nutzen können, um den Übergang zu erneuerbaren Energien zu beschleunigen. Stattdessen verwendete es das Geld, um ein Aktienrückkaufprogramm im Wert von zehn Milliarden Dollar einzuleiten und seinen Aktionären Kapitalgewinne in Milliardenhöhe zu bescheren.[145] Shell meldete für 2022 seinen bisher höchsten Gewinn von fast 40 Milliarden Dollar – mehr als doppelt so viel wie im Jahr zuvor.[146] BP konnte seinen Gewinn zwischen 2021 und 2022 mehr als verdoppeln und übertraf damit seinen bisherigen Rekord von 26,3 Milliarden Dollar. Auch BP teilte den größten Teil dieses Geldes an die Aktionäre aus, indem es seine Dividendenausschüttung um zehn Prozent erhöhte und gleichzeitig bei seinen Zusagen zur Verringerung der Treibhausgasemissionen zurückruderte.[147] Zusammen kamen Shell, BP, ExxonMobil und Chevron in den ersten drei Monaten 2022 auf Gewinne von rund 70 Milliarden Dollar.[148]

Während die Großkonzerne von dem durch die Pandemie und die Energiekrise verursachten Chaos profitierten, wurden die steigenden Preise den Arbeitern angelastet – genau wie in den Siebzigerjahren. Einige Ökonomen unterstellten, die Inflation von 2022 sei das Ergebnis einer Lohn-Preis-Spirale, bei der die Beschäftigten höhere Löhne zum Ausgleich steigender Preise forderten, was wiederum die Inflation antreibe. In Großbritannien appellierte der Gouverneur der Bank of England, Andrew Bailey, an die Beschäftigten, keine Lohnsteigerung in Höhe der Inflation zu fordern.[149] Bailey vergaß zu erwähnen, dass er eine halbe Million Pfund im Jahr verdient.

Aber diese Einwände entbehrten jeder Grundlage. In Wahrheit war 2022 das schlechteste Jahr für das Wachstum der Reallöhne in Großbritannien seit 1977.[150] Die Inflationskrise wird nicht durch eine Lohn-Preis-Spirale angetrieben. Wenn überhaupt wird sie von einer Gewinn-Preis-Spirale befeuert, bei der Großkonzerne ihre Marktmacht nutzen, um die Preise weit über den Anstieg ihrer Kosten hinaus anzuheben und die Inflation als Vorwand zu nutzen.[151] Dieses Konzept – die sogenannte *Verkäufer-Inflation* – wurde von der deutschen Wirtschaftswissenschaftlerin Isabella Weber im Dezember 2021 vorgestellt. Zunächst wurden ihre Argumente von einigen führenden Ökonomen als »dumm« abgetan. Doch inzwischen stimmen selbst diejenigen, die sich vormals über sie lustig machten, vielen ihrer Erkenntnisse zu.[152] In die Höhe getriebene Gewinne sind für die anhaltende Inflation verantwortlich – nicht steigende Löhne.

Die Zentralbanker haben trotzdem wieder einmal beschlossen, dass die einzige Reaktion auf steigende Preise darin besteht, die Zinssätze zu erhöhen, in der Hoffnung, dass der daraus resultierende Rückgang von Investitionen zu einem Anstieg der Arbeitslosigkeit führen wird. Sie geben zwar vor, eine »weiche Landung« herbeiführen zu wollen, bei der die Zinsen angehoben werden, ohne einen Abschwung auszulösen. Doch die politischen Entscheidungsträger wissen, dass ihr Handeln viele Volkswirtschaften im Jahr 2024 in eine Rezession stürzen könnte. Noch dazu können unerwartete Zinserhöhungen zu einer immensen Instabilität der Finanzmärkte führen – steigende Zinsen waren mitverantwortlich für den Zusammenbruch der Silicon Valley Bank 2023. Wenngleich die sehr wohlhabenden Kunden der Bank natürlich schnell vom Staat gerettet wurden.

Zentralbanker wissen, dass *sie* nicht diejenigen sein werden, die die Kosten dieser Krise tragen müssen. Millionen Berufstätige werden aufgrund der steigenden Zinsen ihren Arbeitsplatz verlieren. Weitere Millionen werden in die Armut gedrängt werden, da die Kosten für ihren Schuldendienst parallel zu ihren Heizkosten in die Höhe schnellen. Daneben werden arme Länder auf der ganzen Welt genau wie in den Achtzigerjahren in eine Schuldenmisere geraten, da die Investitionen aus den armen Regionen abwandern, um von den höheren Renditen in der reichen Welt zu profitieren. Da die Zinszahlungen für Staatsschulden steigen, werden weniger Gelder für die Armutsbekämpfung, die Gesundheitsversorgung und die Bildung zur Verfügung stehen.

Die Inflationskrise, auch Krise der Lebenshaltungskosten genannt, wird durch ein toxisches Zusammenspiel von öffentlicher und privater Macht angetrieben. Mächtige Konzerne nutzen Momente der Knappheit, um die Preise zu erhöhen und dann den Gewinn an Aktionäre und Manager auszuschütten.[153] Die Staaten lehnen es weitgehend ab, diese Knappheitsgewinne zu besteuern, und bauen stattdessen darauf, dass die Zentralbanken zur Eindämmung der Inflation die Zinssätze anheben, was wiederum die Kosten des Schuldendienstes für alle anderen erhöht. Rohstoffhändler haben mit Spekulationen auf die Preise der Grundgüter, auf die die Menschen zum Überleben angewiesen sind, ein Vermögen gemacht, seit ihre Branche dereguliert wurde.[154] Währenddessen argumentieren Politiker, Zentralbanker und mächtige Wirtschaftsführer, dass es unmöglich sei, an Lohnerhöhungen zu denken, da man befürchten müsse, damit die Macht der Beschäftigten zu stärken.

Wirtschaftskrisen sind keine Naturereignisse wie Erdbeben oder Gewitter. Wirtschaftskrisen werden durch die Dynamik des modernen Kapitalismus verursacht, und sie werden zugunsten der Mächtigsten eingehegt. Das gilt für die Inflationskrise, die wir heute erleben, genauso wie für die Krise in den Siebzigern. Selbst wenn die Weltwirtschaft mit dem Rücken zur Wand steht, gibt es mächtige Interessengruppen, die mit dem Chaos Geld verdienen.

Jedoch ist die Energiekrise, die die Welt 2022 erschütterte, nur ein Vorgeschmack auf das, was noch kommen wird, wenn wir die Struktur unserer Wirtschaft nicht radikal ändern. Der Klimawandel ist die größte Herausforderung, vor der eine kapitalistische Gesellschaft je stand. Kurzfristig ist das Kapital gern bereit, von der Krise zu profitieren, doch langfristig weiß jeder, dass die Erwärmung des Planeten die Fundamente des Kapitalismus selbst bedroht.

Vom Regen in die Traufe

Im Juli 2021 veröffentlichte die *Financial Times* einen Kommentar mit der Überschrift »Damit ein nachhaltiges Finanzwesen funktionieren kann, brauchen wir eine zentrale Planung«.[155] Ein paar Monate später folgte der *Economist* mit einem Leitartikel, in dem erörtert wurde, dass der Markt mit Blick auf den Klimawandel möglicherweise nicht immer die gewünschten Ergebnisse liefert. Manchmal »wird ein Ansatz mit mehr zentraler Planung notwendig sein«.[156] Manche fassen dies als Eingeständnis von zwei der ältesten und angesehensten Zeitungen der freien Marktwirtschaft auf, dass der Kapitalismus mit der allumfassenden Krise des Klimawandels nicht fertig wird.

Aber, wie wir gesehen haben, ist mehr staatliche Planung nicht gleichbedeutend mit Sozialismus. Der *Economist* und die *Financial Times* sind seit Jahrzehnten die Zeitungen, in denen die herrschende Klasse ihr Vorgehen bei der Lenkung kapitalistischer Gesellschaften debattiert, diskutiert und koordiniert.[157] Lämmer gehen nicht von selbst zur Schlachtbank; und die führenden Blätter der herrschenden kapitalistischen Klasse fordern nicht die Abschaffung des Kapitalismus. Ihre Plädoyers für eine zentrale Planung sind kein Eingeständnis, dass der Kapitalismus scheitert; sie erkennen lediglich an, dass alle kapitalistischen Gesellschaften ein gewisses Maß an zentraler Planung benötigen, um zu funktionieren.

Wie wir gesehen haben, offenbaren sich viele der Herausforderungen von Unternehmen in einer kapitalistischen Wirtschaft in Form von Problemen kollektiven Handelns. Wenn eine Krise wie der Klimawandel die Grundfesten des Kapitalismus bedroht, müssen sich private Unternehmen abstimmen, um reagieren zu können. In wettbewerbsintensiveren Volkswirtschaften ist eine solche Koordinierung schwierig. Wenn sich alle Wirtschaftsführer darauf einigen würden, den CO_2-Ausstoß zu reduzieren, dann könnten sich einige etwas weniger verantwortungsbewusste Unternehmen einen Vorsprung vor ihren Konkurrenten verschaffen, wenn sie weiterhin fossile Brennstoffe nutzen.

Es liegt an den kapitalistischen Staaten, diese Probleme zu lösen, indem sie die Kapitalisten zur Zusammenarbeit zwingen. Ob der Staat nun Steuern erhebt, um die Ungleichheit zu verringern, in die Infrastruktur investiert oder während einer Rezession Arbeitnehmer beschäftigt – staatliche Institutionen fungieren als organisierende und koordinierende Organe in einer nominell freien Marktwirtschaft. Der Klimawandel ist das nächste in einer langen Reihe von Problemen kollektiven Handelns, mit denen das globale Kapital konfrontiert ist. Es ist jedoch bei Weitem die größte Herausforderung seiner Geschichte.

Die wissenschaftlichen Belege sind inzwischen völlig unstrittig. Laut dem jüngsten Bericht des Weltklimarats von 2021 war die CO_2-Konzentration in der Atmosphäre 2019 höher als je zuvor in den letzten zwei Millionen Jahren. Im letzten Jahrzehnt war das arktische Meereis auf dem niedrigsten Stand seit 1850. Der durchschnittliche globale Meeresspiegel ist seit 1900 schneller gestiegen als zu jedem anderen Zeitpunkt in den letzten 3000 Jahren. Der Planet erwärmt sich nicht nur, das Tempo der Veränderungen beschleunigt sich auch. Die globalen Oberflächentemperaturen sind seit 1970 schneller gestiegen als in jedem anderen Fünfzigjahreszeitraum der letzten 2000 Jahre.

2020 war zusammen mit 2016 das wärmste Jahr seit Beginn der Aufzeichnungen, gefolgt von 2019, 2015 und 2017.[158] 2021 ist das fünftwärmste erfasste Jahr, und es ist »so gut wie sicher«, dass 2023 zu den zehn wärmsten Jahren gehören wird.[159] Im Juli 2023, als ich dieses Buch fertiggestellt habe, erlebte die Welt den wärmsten Monat seit Beginn der Aufzeichnungen. Auch die durchschnittlichen globalen Meerestemperaturen haben Rekorde erreicht und lagen im März 2023 bei 21 Grad Celsius.[160] Extreme Wetterereignisse sind weitaus häufiger geworden, mit außergewöhnlichen Hitzewellen im Nahen Osten, Indien und Pakistan, in denen die Temperaturen auf fast 50 Grad Celsius stiegen. Waldbrände in Kanada bedeckten im Frühjahr 2023 tagelang große Teile des Landes und die Ostküste der USA mit Rauch und setzten weitere Milliarden Tonnen CO_2 frei.

Als sich die Staats- und Regierungschefs der Welt 2015 in Paris trafen, einigten sie sich darauf, Maßnahmen zu ergreifen, um den Anstieg der globalen Temperaturen auf deutlich unter zwei Grad Celsius im Vergleich zum vorindustriellen Niveau zu halten, vorzugsweise sollte der Anstieg auf 1,5 Grad begrenzt werden. Ein kürzlich veröffentlichter Bericht des Zwischenstaatlichen Ausschusses für Klimaänderungen bekräftigt, dass wir das 1,5-Grad-Ziel in fast jedem vorstellbaren Szenario nicht einhalten werden, und hält fest: »Das Ausmaß der jüngsten Veränderungen im gesamten Klimasystem – und der gegenwärtige Zustand vieler Aspekte des Klimasystems – sind seit vielen Jahrhunderten bis Jahrtausenden beispiellos.« Viele der Veränderungen sind dem Weltklimarat zufolge bereits unumkehrbar. Anfang Juni 2023 lag die durchschnittliche globale Oberflächentemperatur mehrere Tage lang bei mehr als 1,5 Grad über dem vorindustriellen Niveau.[161]

Und es ist nicht nur die Erwärmung der Welt; die menschliche Aktivität verändert die globale Ökologie auf vielfältige Weise. Wir erleben derzeit das sechste Massenaussterben in der Erdgeschichte, dessen Ursachen von klimatischen Veränderungen bis hin zum übermäßigen Einsatz chemischer Pestizide reichen.[162] Wir haben den Stickstoffkreislauf durch den übermäßigen Einsatz von chemischen Düngemitteln gestört, was die Qualität des Trinkwassers und der Atemluft beeinträchtigt und den Zusammenbruch des Klimas sowie den Verlust der Artenvielfalt beschleunigt.[163] Der übermäßige Gebrauch von Antibiotika hat zur Entstehung resistenter Stämme vieler potenziell tödlicher Bakterien geführt, und der exzessive Einsatz von Pestiziden hat zu einem Rückgang der Bestäuber geführt, der jedes Jahr weltweit Ernten im Wert von mindestens 600 Millionen Dollar gefährdet.[164] Inzwischen sind bis zu 40 Prozent des Bodens auf der Erde degradiert. Es fällt der Menschheit deshalb immer schwerer, die Nahrungsmittel anzubauen, die wir für unsere Ernährung benötigen.[165]

Marx erkannte vor mehr als einem Jahrhundert, dass der von der Natur bereitgestellte Reichtum vom Kapital als »gratis geschenkt« behandelt wurde – eine Fülle, aus der scheinbar unbegrenzt geschöpft werden könne.[166] Die Pandemie war ein Weckruf für diejenigen, die sich daran gewöhnt haben, die natürliche Welt ohne Konsequenzen auszubeuten. Der Autor und Aktivist Mike Davis warnte 2005 scharfsinnig davor, dass Zoonosen im Zeitalter der industrialisierten Landwirtschaft viel häufiger geworden sind und sich aufgrund der Globalisierung schneller verbreiten.[167]

Das Kapital wird sich nun der Tatsache bewusst, dass die Geschenke der Natur immer knapper werden – nicht nur die Ressourcen, die wir seit Generationen der Erde entnommen haben, sondern auch die Umwelt selbst, auf die wir für unser Überleben angewiesen sind. Die Großindustriellen von heute wissen, dass sie sehr wenig tun können, um die mit dem Klimawandel verbundenen Herausforderungen allein zu lösen; sie brauchen den Staat, um dem Privatsektor eine Lösung aufzuzwingen und die Unternehmen an ihre Ziele bei der Dekarbonisierung zu binden.

Sogenannte marktbasierte Ansätze zur Bekämpfung des Klimawandels wurden in den letzten 40 Jahren bereits ausgiebig erprobt, vor allem in Form von Emissionshandelssystemen, die auf CO_2-Preisen basieren. Nur wenige dieser Programme waren erfolgreich. Das Emissionshandelssystem der Europäischen Union etwa war von Anfang an mit großen Mängeln behaftet, da die Lobbyisten der fossilen Brennstoffindustrie die Einführung eines niedrigeren Preises als ursprünglich beabsichtigt erzwangen.[168] Tatsächlich gaben diese Lobbyisten zwischen 2010 und 2019 mehr als 250 Millionen Euro aus, um die EU zu politischen Strategien zu drängen, die für den Sektor günstig sind.[169] Das Ergebnis war, dass viele Klimasünder am Ende mit dem Emissionshandelssystem effektiv Geld *verdienten* und dass es auf ganzer Linie misslang, damit die CO_2-Emissionen zu reduzieren.

Die Idee einer zentral geplanten Reaktion auf den Klimawandel wird nun als fortschrittliche Alternative zu marktbasierten Lösungen propagiert, nachdem jahrelanges Versagen uns in ein Klimachaos geworfen hat.

2020 setzten sowohl die USA als auch die EU, die gemeinsam am meisten dazu beigetragen haben, den neoliberalen Konsens in der Weltwirtschaft zu verankern, »grüne« Konjunkturpakete durch, die darauf ausgelegt waren, eine Erholung von der Pandemie herbeizuführen und den Herausforderungen des Klimawandels zu begegnen. Zur selben Zeit schrieb Larry Fink – der CEO von BlackRock, den wir in Kapitel 5 kennenlernen werden – an die Chefs der Unternehmen, in die er investiert (das sind so ziemlich alle großen Unternehmen der reichen Welt). Er teilte ihnen mit, dass BlackRock ihren Verfahren zur Dekarbonisierung große Aufmerksamkeit schenkte.

Diese einvernehmliche Fassade verschleiert jedoch die tieferen Meinungsverschiedenheiten darüber, wie sich die Welt an den Klimawandel anpassen sollte. BlackRock hat immer wieder gegen aktivistische Investoren gestimmt, die auf Nachhaltigkeit drängen, und ein Aktivist beschuldigte das Unternehmen, »die Ziele einer Klimakoalition zu untergraben, der es soeben beigetreten ist«.[170] Sowohl Präsident Biden als auch die Staats- und Regierungschefs der EU haben die Sprache des Green New Deal übernommen, um ihre Konjunkturpakete zu beschreiben, doch sie alle blieben weit hinter den Maßnahmen zurück, die notwendig wären, um die globalen Emissionen auch nur geringfügig abzuschwächen.

Genauso wie die Reaktionen auf die Pandemie bereits bestehende Ungleichheiten verstärkten, wird die geplante Reaktion auf den Klimakollaps die Macht des Kapitals wahrscheinlich nicht grundlegend herausfordern. Der *Economist* und die *Financial Times* mögen von der dramatischen Transformation schreiben, die mit dem Übergang von fossilen Brennstoffen einhergeht, aber ihre Vorschläge reichen nicht aus, um jenen tiefgreifenden Wandel des globalen Kapitalismus zu bewirken, der zur Dekarbonisierung erforderlich wäre.

Aufrufe zur ökologischen Nachhaltigkeit aus den Machtzentren verschleiern die Tatsache, dass von derselben kleinen Gruppe von Menschen und Institutionen, die den Klimazusammenbruch verursacht und davon profitiert hat, nun erwartet wird, eine Lösung für das Problem zu entwickeln. Natürlich werden sie versuchen, ihre eigenen Interessen zu schützen und nicht die der Mehrheit. Die Planung, die wir als Reaktion auf Pandemie und Klimakollaps gesehen haben, unterscheidet sich kaum von der zentralen Planung als Reaktion auf die Finanzkrise: Wieder einmal steht das Kapital vor einem kollektiven Handlungsproblem, und wieder einmal eilt der kapitalistische Staat zur Rettung.

Tatsächlich könnte der Klimazusammenbruch, wie Joel Wainwright und Geoff Mann in ihrem Buch *Climate Leviathan* argumentieren, mächtigen Akteuren innerhalb des Staates dazu dienen, ihre Kontrolle über die Bürger auszubauen.[171] Anstelle der liberalen und neoliberalen Vorstellung eines eingehegten Staates könnte eine hobbesianische Rechtfertigung staatlicher Macht neuen Anklang finden,[172] in der die Legitimität einer Regierung davon abhängt, ob sie ihre Bürger vor steigenden globalen Temperaturen schützen kann. Autoritäre Gesetzgebung könnte als Notwendigkeit erscheinen; die Demokratie selbst wäre bedroht. In vielen Ländern ist dieser autoritäre Wandel bereits offensichtlich. In Großbritannien etwa hat die Regierung versucht, Klimaaktivisten zu kriminalisieren, und dabei bemerkenswerte Erfolge erzielt.

Wie bei der Reaktion auf die Finanzkrise werden diejenigen, die keinen Zugang zu den Machtzentren haben, ungehört bleiben. Staaten im Globalen Süden sind bereits gezwungen, mit den Auswirkungen des Klimazusammenbruchs umzugehen, ohne Zugang zu der Technologie, den Ressourcen und der Finanzierung zu haben, die erforderlich wären, um die Auswirkungen steigender Temperaturen zu mildern – geschweige denn für die Dekarbonisierung.

Mia Mottley, Premierministerin von Barbados, bat die Führer der Welt auf der Klimakonferenz COP26, sich stärker anzustrengen, um einen Anstieg der Temperatur in einem Ausmaß zu verhindern, das niedrig liegende Inselstaaten wie Barbados buchstäblich unter Wasser setzen würde.[173] Sie sagte den Delegierten, darunter Präsident Joe Biden und Premierminister Boris Johnson, dass ihr »Versagen, genügend kritische Mittel für kleine Inselstaaten bereitzustellen, in Leben und Lebensgrundlagen in unseren Gemeinschaften gemessen wird«. Diese Versäumnisse seien »unmoralisch und ungerecht«. Doch die Vereinbarungen der COP26 blieben weit hinter den Maßnahmen zurück, die nötig wären, um Mottleys Aufruf zu erfüllen.

Demokratie und Dekarbonisierung werden oft als Feinde angesehen. Demokratische Prozesse sind langsam, und die Zeit läuft davon. Aber wenn wir unsere Gesellschaft nicht demokratisieren können, werden politische und wirtschaftliche Entscheidungsprozesse weiterhin von denen dominiert, die den Klimazusammenbruch bis jetzt verursacht haben.[174]

Wir können nicht darauf hoffen, dass die Mächtigen plötzlich die Notwendigkeit erkennen, den Klimazusammenbruch zu bekämpfen und geeignete Maßnahmen zu ergreifen. Selbst wenn sie es rechtzeitig erkennen, werden sie versuchen, ihre Interessen auf Kosten des Allgemeinwohls zu schützen. Es ist nicht schwer, sich eine Welt vorzustellen, in der wohlhabende Nationen auf die Erderwärmung reagieren, indem sie Mauern bauen, um diejenigen fernzuhalten, die durch steigende Temperaturen vertrieben wurden.

Ähnlich wie die Trennung zwischen Staaten und Märkten ist die Trennung zwischen Mensch und Natur ein liberaler Mythos.[175] Die Menschheit ist ein Teil der Natur. Der Kampf gegen den Klimazusammenbruch ist kein Kampf, um »den Planeten zu retten« – der Planet wird auch dann noch existieren, wenn er für Menschen unbewohnbar geworden ist. Der Kampf gegen den Klimazusammenbruch ist ein Kampf, um das menschliche Leben auf der Erde zu schützen. Und dieser Kampf kann nicht gewonnen werden, indem Millionen von Leben oder die Freiheit geopfert werden. Aber wenn wir weiterhin zulassen, dass die Reaktion auf den Klimazusammenbruch ausschließlich von den Mächtigen gestaltet wird, werden wir genau diese »Lösung« bekommen.

Es wird zweifellos mehr offene zentrale Planung als Reaktion auf den Klimazusammenbruch geben, aber das bedeutet nicht, dass diese Reaktion progressiv sein wird. Die Anarchie des Kapitalismus schafft Krisen, die die Ärmsten weit härter treffen als die Reichen, aber ein zentraler Plan, der von den Reichen und Mächtigen ausgearbeitet wird, ist keine Lösung.

Um zu verstehen, wie man gegen die zentrale Planung der Mächtigen ankämpfen kann, müssen wir wissen, wie sie funktioniert. Im nächsten Teil dieses Buches werden wir uns ansehen, wie Unternehmen, Finanzinstitute, Staaten und Imperien in der Lage sind, die Produktion und Verteilung von Ressourcen in nominell freien Marktwirtschaften zu planen. Und im letzten Teil werden wir betrachten, wie wir das politische und wirtschaftliche Leben zum Nutzen aller demokratisieren können.

Teil II

Die Planer

4

Ausbeutung made in America: Die Planwirtschaft des Big Business

Jeff Bezos könnte man als den Henry Ford unserer Zeit bezeichnen. Genauso wie Ford aus bescheidenen Verhältnissen kam und dann einer der reichsten Männer der Welt wurde, wuchs auch Bezos unter schwierigen Umständen auf. Seine Mutter war erst 17 bei seiner Geburt und besuchte, während sie ihn großzog, eine Abendschule.[1] Wie Ford war Bezos ein ernstes Kind mit einer Vorliebe fürs Basteln und Experimentieren mit alltäglichen Haushaltsgegenständen. Und wie Ford hat Bezos sich nie mit den von seinen Angestellten gebildeten Gewerkschaften angefreundet. Anscheinend beruht dieses Gefühl auf Gegenseitigkeit: 2014 wurde Jeff Bezos von der International Trade Union Confederation zum schlechtesten Arbeitgeber der Welt gewählt.[2]

Ford war als Inhaber des einzigen Unternehmens, bei dem US-Verbraucher in den frühen 1900er-Jahren ein Auto kaufen konnten, einer der ersten und erfolgreichsten Monopolisten Amerikas. Bezos glaubt offenbar, dass er in Fords Fußstapfen treten könne. 2022 dominierte Amazon den Onlinehandel der USA, wobei konservative Schätzungen den Marktanteil auf fast 40 Prozent beziffern.[3] Andere Schätzungen von 2021 gehen von einem Marktanteil von bis zu 60 Prozent aus.[4] Amazon verkauft mehr als die Hälfte aller Computer- und Unterhaltungselektronik sowie von 80 Prozent der Bücher, Musik und Videos.[5] Der Anteil an den US-Werbeeinnahmen steigt ebenso wie der Anteil an den Werbeausgaben – auf voraussichtlich 12,4 Prozent im Jahr 2023, gegenüber 11,7 Prozent 2022. Amazon Web Services (AWS), das Cloud-Computing-Dienste anbietet, ist der bei Weitem profitabelste Teil des Unternehmens, der fast 75 Prozent des gesamten Betriebsgewinns des Unternehmens sowie 32 Prozent des globalen Cloud-Infrastrukturmarktes ausmacht.[6]

All das reicht manchem Ökonomen allerdings nicht, um Amazon als Monopolisten einzustufen. Denn Ökonomen neigen dazu, die Marktmacht danach zu beurteilen, wie hoch die Preisaufschläge eines Unternehmens ausfallen, das heißt, wie viel teurer dessen Produkte sind, als sie auf einem Wettbewerbsmarkt zu erwarten wären. Zumindest in dieser Hinsicht verhält sich Amazon jedoch oft wie das Gegenteil eines Monopolisten: Statt einen Markt zu beherrschen und seine Macht für Preissteigerungen zu nutzen, strebt Amazon eine ständige Expansion an. Der Konzern senkt die Preise eher und arbeitet teils mit Verlust, um seinen Kundenstamm zu erweitern.[7]

Eckpfeiler dieser Strategie ist Amazon Prime. Wenn Kunden erst ein Prime-Abo abgeschlossen haben, kaufen sie mit größerer Wahrscheinlichkeit alles Notwendige bei Amazon, wodurch sich der Konzern einen noch größeren Anteil am E-Commerce sichert. Prime ermöglicht es dem Unternehmen auch, Kunden auf seine eigenen Produkte zu verweisen, eine Praxis, für die Amazon häufig von den Wettbewerbsbehörden gerügt wurde. Angesichts der Größe und Breite des Unternehmens ist es jedoch schwierig, die Parameter zu bestimmen, nach denen Amazons Marktmacht bewertet werden sollte. Denn es ist ein riesiges Konglomerat, das auf unterschiedlichen Märkten als Verkäufer agiert, und gleichzeitig ist es selbst die Plattform eines großen Marktes.

Amazon ist eindeutig kein kleines Unternehmen, das Preise setzt und automatisch aus Einkäufen Verkäufe generiert, wie es in der Mikroökonomie vorgestellt wird. Aber es kann auch nicht als traditioneller Monopolist verstanden werden: Amazons Strategie besteht nicht darin, einen einzigen Markt abzuschotten, Marktzutrittsschranken zu errichten und die Preise zu erhöhen. Vielmehr strebt es danach, den Markt für alles zu beherrschen. Tatsächlich war das Unternehmen während des Großteils seiner Geschichte nicht einmal profitabel. Amazon hat trotz der Marktkräfte überlebt, nicht wegen ihnen. Selbst heute wirkt die Struktur des Unternehmens höchst irrational: Bestimmte Bereiche, wie Amazon Web Services, sind hochprofitabel, während andere Dienste wie Prime große Verluste gemacht haben. Der Markt sagt Amazon, was es tun soll; aber Amazon scheint etwas anderes zu machen.

Marktmacht besteht genau darin, sich dem Druck des Marktes entziehen zu können. Es ist die Macht, den Markt zu kontrollieren, statt von ihm kontrolliert zu werden. Ein Autor drückt es so aus: »Marktmacht ist die Fähigkeit, unabhängig zu handeln und keine Konsequenzen fürchten zu müssen.«[8] In diesem Sinne ist Marktmacht eine Form der politischen Macht – nicht unähnlich der, die ein Staat ausübt. Amazon ist wie alle mächtigen Unternehmen ein politischer Akteur und eine simple Firma. Das Ziel besteht nicht darin, kurzfristig Gewinne zu maximieren, sondern die Gestaltungsmacht zu erweitern. Bezos wollte Amazon zum mächtigsten Unternehmen und sich selbst zu einem der mächtigsten Männer der Welt machen.

Wie immer in kapitalistischen Unternehmen geht der Erfolg des CEO auf Kosten der Arbeitnehmer. Amazon-Beschäftigte haben dem Unternehmen vorgeworfen, sie wie Roboter zu behandeln; einer beschrieb seinen Arbeitsplatz als »existenzielles Drecksloch«, ein anderer verlieh Amazon das Label »Ausbeutung made in America«.[9] Die US-Arbeitsschutzbehörde

(OSHA) stellte fest, dass die Verletzungsrate bei Amazon-Beschäftigten fast doppelt so hoch liegt wie bei den Beschäftigten der Wettbewerber, in einem Fall sogar fünfmal höher.[10]

2019 erlitt ein 48-jähriger Mitarbeiter einen Herzinfarkt und blieb 20 Minuten lang auf dem Boden liegen, bevor das interne Sicherheitspersonal ihn erreichte.[11] Alle wurden angewiesen, sofort zur Arbeit zurückzukehren. Die Geschichte wiederholte sich 2022, als Mitarbeiter in Colorado behaupteten, sie seien gezwungen worden, »buchstäblich über eine Leiche zu gehen«, nachdem ein Mitarbeiter einen tödlichen Herzinfarkt erlitten hatte.[12] Im gesamten Jahr 2022 starben fünf Amazon-Beschäftigte in den USA[13] – im Jahr zuvor sogar sechs Menschen in einem einzigen Lagerhaus in Bessemer, Alabama, wo die Beschäftigten versucht hatten, sich gewerkschaftlich zu organisieren.[14]

Bezos prahlt oft mit den hohen Löhnen, die Amazon-Beschäftigten und Fahrern von Lieferdiensten gezahlt werden.[15] Aber weder sind diese Löhne ein Ausgleich für die horrenden Bedingungen, unter denen die Amazon-Beschäftigten arbeiten, noch gelten sie überall gleichermaßen. Amazon stützt sich auch auf eine Reihe sogenannter Lieferdienstpartner, deren Fahrer bei Subunternehmen angestellt sind.[16] Die zahlen oft viel niedrigere Löhne als Amazon selbst.[17] Amazons private Infrastruktur erstreckt sich sogar bis in den Luftraum: Das Subunternehmen Atlas Air bezahlt Piloten 30 bis 60 Prozent weniger als den Branchenstandard. 2019 stürzte ein Atlas-Air-Flug mit Amazon-Paketen ab, drei Besatzungsmitglieder starben.[18]

Und das gilt nicht nur für die USA. In Großbritannien fand der *Mirror* heraus, dass die Arbeiter wie »Sklaven« und »Roboter« behandelt würden.[19] Sie müssen alle neun Sekunden ein Paket bearbeiten, vom Arbeitsbeginn um 7.30 Uhr bis zum Feierabend um 18 Uhr. 55 Prozent der Amazon-Beschäftigten wurden dafür kritisiert, dass sie Krankheitstage nehmen, wobei weibliche Beschäftigte bestraft wurden, wenn sie sich während der Schwangerschaft freinahmen. Krankenwagen wurden mehr als 600-mal zu Amazon-Lagern gerufen – darunter 115 Notrufe allein zu einem Amazon-Lager in den Midlands.

Warum also organisieren sich die Amazon-Beschäftigten nicht, um sich gegen ihre Ausbeutung zu wehren? Sie tun es – aber Amazon versucht, sie daran zu hindern. In den USA wurde dem Konzern daraufhin eine aggressive gewerkschaftsfeindliche Taktik vorgeworfen, nachdem ein Schulungsvideo durchgesickert war, das »Warnzeichen« für gewerkschaftliche Aktivitäten enthielt, auf die Manager achten sollten. Darunter fällt die Verwendung von Wörtern wie »existenzsichernder Lohn« und »zunehmende Negativität am Arbeitsplatz«.[20] Ein New Yorker Richter hat daraufhin das Unternehmen angewiesen, seine gewerkschaftsfeindlichen Praktiken einzustellen und zu unterlassen, wozu auch die Überwachung von Beschäftigten und die Entlassung von Gewerkschaftern gehört.[21]

Der neue Vorstandsvorsitzende von Amazon, Andrew Jassy, hat den Beschäftigten dennoch offen gesagt, dass sie »weniger Macht« hätten, wenn sie einer Gewerkschaft beiträten. Daraufhin beschuldigte das National Labor Relations Board (NLRB) Jassy der illegalen Nötigung und Einschüchterung.[22] Ein 50-jähriger Amazon-Beschäftigter, der gewarnt worden war, dass er aufgrund seiner Gewerkschaftstätigkeit entlassen werden würde, wurde später gezwungen, eine Auszeit zu nehmen, um sich einer Knieoperation zu unterziehen.[23] Noch im Krankenhaus wurde ihm mitgeteilt, dass er seinen gesamten Krankheitsurlaub aufgebraucht habe und entlassen werden würde.

In Großbritannien hat die Gewerkschaft Unite Amazon beschuldigt, aufgrund von Informationen von Whistleblowern gewerkschaftsfeindliche Taktiken anzuwenden.[24] In Australien wurde die Polizei gerufen, um zwei Gewerkschaftsvertreter gewaltsam aus einem Amazon-Lagerhaus in Sydney zu entfernen, während sie eine Beschwerde eines Arbeitnehmers untersuchten.[25] In Kanada berichteten Arbeitnehmer, die versuchten, sich während der Pandemie zu organisieren, dass sie mit einer gezielten gewerkschaftsfeindlichen Kampagne konfrontiert waren.[26] Einer behauptete, dass er und 14 seiner Kollegen als Vergeltung für ihre Bemühungen entlassen wurden. In Europa, wo die Gesetze zum Schutz der Arbeitnehmer oft strenger sind, war es für das Unternehmen schwieriger, gegen die Gewerkschaften vorzugehen. Aber auch in Deutschland haben die Beschäftigten einer Fabrik einen zweitägigen Streik für bessere Löhne und Arbeitsbedingungen begonnen.[27] In Spanien gab es sogar einen unbefristeten Streik wegen der Schließung eines Lagers[28], und in Polen organisieren sich die Beschäftigten vieler Amazon-Lager des Landes seit Jahren, auch in Solidarität mit den deutschen Beschäftigten, als diese einen Streik ankündigten.[29] In Italien streikten die Beschäftigten und forderten, dass Amazon die Arbeitsbedingungen in seinen Lagern während der Pandemie verbessert.[30] Am Schwarzen Freitag 2022 streikten Amazon-Mitarbeiter in 30 Ländern in einer koordinierten Kampagne für bessere Löhne und Arbeitsbedingungen sowie für mehr Klimaschutz im Unternehmen.[31]

Das Geschäftsmodell von Amazon beruht auf der extremen Ausbeutung seiner Arbeitskräfte, insbesondere derjenigen in den Vertriebszentren und in der Logistik. Aber der Erfolg des Unternehmens hängt auch von seiner Fähigkeit ab, Steuern zu vermeiden und die Umwelt auszubeuten. Zwei Jahre in Folge hat Amazons Hauptgeschäftsbereich in Großbritannien beispielsweise keine Körperschaftssteuer gezahlt.[32] Und in den USA gelang es dem Unternehmen 2021, mehr als fünf Milliarden Dollar an Körperschaftssteuern zu vermeiden, indem es nur für sechs Prozent seiner Gesamtgewinne Steuern zahlte.[33] 2020 machte Amazon 44 Milliarden Euro Umsatz in Europa und zahlte keine Körperschaftssteuer, indem es seine Gewinne nach Luxemburg verlagerte, wo das Unternehmen einen Gesamtverlust auswies, der es ihm ermöglichte, Steuergutschriften in Anspruch zu nehmen, die mit allen zukünftigen Gewinnen verrechnet werden können, die in der Steueroase erklärt werden.[34] Während Amazon seine Arbeiter brutal ausbeutet und Steuern vermeidet, beschleunigt das Unternehmen die Klimakrise. Nach eigenen Schätzungen stieß das Unternehmen 2021 insgesamt 71,54 Millionen Tonnen CO_2 aus, 18 Prozent mehr als im Vorjahr.[35] Wäre Amazon ein Land, entsprächen seine Gesamtemissionen in etwa denen Kenias, wo immerhin 53 Millionen Menschen leben.[36] Amazon wurde jedoch auch beschuldigt, seinen CO_2-Fußabdruck drastisch zu unterschätzen, was es dem Unternehmen erlaubte, sich als »grün« darzustellen.[37] Die Sparte AWS, deren Energiebedarf erheblich ist, nutzt hauptsächlich nicht erneuerbare Energiequellen. Und eine schockierende Untersuchung hat kürzlich ergeben, dass Amazon Millionen von unverkauften Artikeln vernichten lässt, von ungenutzten Fernsehern bis hin zu Smartphones.[38]

Die Macht von Amazon ist also so groß, dass das Unternehmen in der Lage ist, die politischen Systeme der Länder zu beeinflussen, in denen es tätig ist. 2017 spendete Amazon etwa in Seattle, wo das Unternehmen seinen Sitz hat, 345 000 Dollar an die Bürgermeisterkampagne von Jenny Durkan. Deren Gegenkandidatin Cary Moon hatte sich zuvor gegen die Macht des Unternehmens ausgesprochen.[39] Amazons Kandidat diskutierte unterdessen die Notwendigkeit, »Partnerschaften« mit Unternehmen wie Amazon als Teil einer neoliberalen »Smart City«-Agenda zu entwickeln, die darauf abzielt, Big Tech in die Venen und Arterien der Stadt zu integrieren. All dies ist Teil von Amazons Strategie, »Städte gegeneinander auszuspielen und Steuersubventionen für Einrichtungen zu erhalten, die das Unternehmen ohnehin bauen muss und für die es bis August 2019 mindestens 2,7 Milliarden Pfund eingenommen hat«.[40]

Amazon spendete zudem eine Million Dollar an das wirtschaftsfreundliche politische Aktionskomitee der Seattle Metro Chamber of Commerce, das dann wiederum fast eine halbe Million ausgab, um das Stadtratsmitglied Kshama Sawant zu verdrängen, Mitglied der Socialist Alternative Party und lautstarke Kritikerin des Unternehmens.[41] Sawant hatte sich einen Namen gemacht, indem sie an einer Steuer auf Großunternehmen mitwirkte, die sie als »Amazon-Steuer« bezeichnete. Überdies prangerte sie die infolge von Amazon gestiegenen Lebenshaltungskosten in der Stadt an.[42] Als ob das alles nicht genug wäre, hat Jeff Bezos versucht, seinen Einfluss auf die Medien auszuweiten. 2013 kaufte er die *Washington Post*, ernannte einen neuen CEO und änderte das Geschäftsmodell der Zeitung. Als er in einem Interview gefragt wurde, warum er die Zeitung gekauft habe, sagte Bezos nichts über Gewinne. Stattdessen antwortete er: »Es ist die Zeitung in der Hauptstadt des wichtigsten Landes der Welt. [Sie] spielt eine immens wichtige Rolle in dieser Demokratie.«[43] 2021 startete er auf der Homepage der Zeitung eine riesige Werbekampagne für Amazon. Kritiker sagten, er nutze die Zeitung als sein »persönliches Megaphon, um sich gegen Kritik an Löhnen und Arbeitsbedingungen zu wehren«.[44] Amazon wurde zudem beschuldigt, Journalisten anderer Zeitungen zu schikanieren, zu manipulieren und zu belügen, wenn sie das Unternehmen negativ darstellten.[45]

In seinem Buch *The Everything Store* erwähnt Brad Stone, dass ein wesentlicher Teil der Geschäftsphilosophie von Bezos auf der Idee positiver Rückkopplungsschleifen beruht: Das Unternehmen wächst, seine Kosten sinken, und es kann in weiteres Wachstum investieren.[46] Dieser sich selbst verstärkende Effekt kann also als Spielart des bekannten Economies-of-Scale-Arguments verstanden werden, das in jedem Wirtschaftslehrbuch zu finden ist: Je mehr ein Unternehmen produziert, desto stärker fallen die Kosten, weil in größerer Stückzahl produziert wird. Einen ähnlichen Rückkopplungseffekt gibt es auf anderer Ebene: Wenn Amazon seinen Kundenstamm vergrößert, entstehen Größenvorteile, die es dem Unternehmen ermöglichen, wiederum niedrigere Preise anzubieten. Wäre Bezos' Ziel lediglich die Gewinnmaximierung, würde er in bestimmten Bereichen die Preise erhöhen. Doch offenbar ist es sein Ziel, seinem Unternehmen Souveränität zu verschaffen – ihm finanziellen, regulatorischen und wettbewerblichen Spielraum zu geben, um zu tun, was er will: frei vom Druck des Marktes zu planen. Statt also die Preise zu erhöhen, nutzt Amazon sein Wachstum, um die Preise zu senken, den Marktanteil zu vergrößern und politische Macht zu gewinnen. Als einer der wenigen sehr großen Arbeitgeber an vielen Orten kann das Unternehmen horrende Bedingungen durchsetzen und trotzdem auf viele Arbeitskräfte zugreifen. Als mächtiger politischer Akteur kann Bezos sowohl persönliche Spenden als auch den wirtschaftlichen Einfluss seines Unternehmens nutzen, um die Gesetzgeber zur Annahme der von ihm bevorzugten Politik zu bewegen. Und als einflussreiche Stimme in den Medien ist er in der Lage, die Ansichten der politischen Entscheidungsträger und der Öffentlichkeit zu beeinflussen. Amazon hat sogar sein eigenes System des Privatrechts geschaffen, um seinen Marktplatz zu regeln – eines, das Drittverkäufer daran hindert, rechtliche Schritte gegen das Unternehmen einzuleiten. Es wurde als die »größte arbeitsrechtliche und berufsbezogene Schiedsvereinbarung in Amerika« bezeichnet.[47]

Und Amazon ist nicht allein. Diese Art der Unternehmensplanung ist bei den größten Unternehmen der Welt die Norm. Da es sich jedoch um eine Form der Planung an der Schnittstelle zwischen Wirtschaft und Politik handelt, ist sie für viele akademische Wirtschaftswissenschaftler unsichtbar.

Zentralisierte Planung hat auf freien Märkten nichts zu suchen – sie ist etwas, das nur Staaten tun können. Doch die größten Unternehmen der Welt sind nicht nur in der Lage, die Produktion zu planen, oft relativ isoliert von den Marktkräften. Sie können überdies alles beeinflussen, von den Kandidaten, mit denen wir bei Wahlen konfrontiert werden, bis hin zu den Geschichten, die wir in unseren Medien sehen. Moderne kapitalistische Gesellschaften zeichnen sich durch »eine Machthierarchie aus, in der einige wenige riesige Handelsunternehmen, die mit einigen wenigen dominanten Versorgungskonglomeraten unter einer Decke stecken, fast alle industriellen Aktivitäten kontrollieren, von denen wir abhängig sind, und sie unterstützen ihre Bemühungen mit einer Art Polizeigewalt«.[48]

Aber wie funktioniert diese Planung in der Praxis? Und wie können wir uns dieser Planung an unseren Arbeitsplätzen widersetzen? Mit diesen Fragen werden wir uns im Laufe des nächsten Kapitels beschäftigen.

Blackbox-Unternehmen

Der mit dem Nobelpreis ausgezeichnete Ökonom Ronald Coase ist vor allem für seine Erklärung bekannt, warum Unternehmen im Kapitalismus notwendig sind. Klingt trivial, schließlich betrachten die meisten von uns Unternehmen als das Lebenselixier kapitalistischer Volkswirtschaften. Fällt das Wort Kapitalismus, assoziieren wir Bilder von Marken wie McDonald's und Coca-Cola.

Für die frühen Ökonomen war es jedoch eine Herausforderung zu erklären, warum es überhaupt Unternehmen geben sollte. Denn Unternehmen sind ziemlich starre Institutionen, die das Funktionieren eines freien Marktes behindern.[49] Schließlich gehen die Chefs nicht jeden Tag auf den Markt, um die für die Produktion benötigten Ressourcen zu kaufen. Sie schließen vielmehr langfristige Verträge mit Lieferanten und Arbeitnehmern ab, was bedeutet, dass diese Ressourcen für lange Zeiträume im Unternehmen »gefangen« sind.[50] Alle Gebäude, Maschinen und Arbeitskräfte, die zu einem Unternehmen gehören, können nicht von einem anderen Unternehmen genutzt werden, auch nicht von einem wettbewerbsfähigeren Unternehmen, es sei denn, das erste Unternehmen geht unter. Unternehmen sind wie »Butterklumpen, die in einem Eimer mit Buttermilch gerinnen«.[51]

Ökonomen mussten sich daher fragen: Wenn wir wirklich in einem System der freien Marktwirtschaft leben, warum gibt es dann Unternehmen? In diesem Abschnitt werden wir uns das genauer ansehen und erfahren, was die Frage uns über die Art und Weise sagen kann, wie die Macht der Unternehmen in der gängigen Wirtschaftstheorie konzeptualisiert wird. Wir werden uns ansehen, warum die Unternehmenswelt nicht so funktioniert, wie sie in einem Wirtschaftslehrbuch dargestellt wird. In der realen Welt besitzen Unternehmenseigentümer und -manager eine Macht, die sich aus ihrer Kontrolle über ihre Arbeitnehmer ergibt, aus ihrem Eigentum an den im Produktionsprozess verwendeten materiellen Ressourcen und aus ihren engen Beziehungen zu Staaten. Unternehmen sind eine Form der despotischen Privatregierung.[52]

Lange Zeit schenkten die Wirtschaftswissenschaftler diesen Problemen keine große Aufmerksamkeit. Sie konzentrierten sich stattdessen darauf, einen Überblick über die kapitalistische Wirtschaft insgesamt zu geben; die heikle Frage des kapitalistischen Unternehmens blieb außen vor.[53]

Ein früher Wirtschaftswissenschaftler, der tiefer drang, war Karl Marx. Er erkannte, dass das Verständnis des Kapitalismus voraussetzt, dass wir die »verborgene Stätte der Produktion« betreten.[54] Marx war der Ansicht, dass man den Kapitalismus nicht verstehen kann, ohne zu untersuchen, was im Inneren der kapitalistischen Firma vor sich geht. Durch das Studium der Unternehmen konnte Marx zeigen, dass das bestimmende Merkmal der kapitalistischen Produktion nicht der freie Markt ist, sondern die gesellschaftliche Arbeitsteilung – die Klassenteilung zwischen denjenigen, die die Werkzeuge besitzen, die wir zur Produktion von Waren benötigen (Kapitalisten), und denjenigen, die gezwungen sind, ihre Arbeitskraft für ihren Lebensunterhalt zu verkaufen (Arbeiter). Marx erkannte, dass der Kapitalismus nur durch die Ausbeutung der Arbeiter durch die Bosse funktionieren konnte.

Aber diese Erklärung war für die Mainstream-Ökonomen nicht besonders überzeugend, wenn sie zeigen wollten, dass der Kapitalismus für alle funktioniert – auch für die Arbeitnehmer. Zu diesem Zweck entwickelten sie eine Theorie des kapitalistischen Unternehmens, die die politische Macht moderner Konzerne verschleierte. Die Soziologin Isabelle Ferreras drückt es so aus: »Die ökonomische Theorie des Unternehmens behauptet zwar, wissenschaftlich neutral zu sein, hat aber in Wirklichkeit einen sehr engen Ansatz für das Unternehmen bestätigt« – einen, der die obskure Sprache der Ökonomie verwendet, um Macht und Politik zu verschleiern.[55]

Der eingangs erwähnte Ronald Coase war einer der ersten Mainstream-Theoretiker, der eine überzeugende Mainstream-Erklärung für die Existenz der kapitalistischen Unternehmen lieferte. Der 1910 in eine Arbeiterfamilie hineingeborene Wirtschaftswissenschaftler[56] betrachtete sich selbst zunächst als Sozialist.[57] Doch während seines Studiums wandte er sich von seinen sozialistischen Prinzipien ab durch den Glauben an die »Tugenden eines Wettbewerbssystems«.[58] Coases ursprüngliche sozialistische Neigungen waren vielleicht der Grund dafür, dass er dem Innenleben des Unternehmens und insbesondere der Beziehung zwischen Arbeitnehmern und Chefs so viel Aufmerksamkeit schenkte.

Coase entwickelte die »Transaktionskostentheorie«[59]: Ohne Unternehmen, so argumentierte er, müssten Produzenten jedes Mal, wenn sie etwas kaufen oder einen Arbeitnehmer einstellen wollten, neue Verträge abschließen, was teuer und zeitaufwendig wäre, insbesondere bei Arbeitsverträgen.

Als Sie Ihre Stelle antraten, wussten Sie also vermutlich nicht genau, was Sie jeden Tag tun würden, selbst wenn Sie jede Seite Ihres Arbeitsvertrags gelesen hatten. Und Ihr Chef wahrscheinlich auch nicht. Es kann sogar vorkommen, dass Ihr Chef Sie bittet, Dinge zu tun, die nicht in Ihrem Arbeitsvertrag stehen, und in den meisten Fällen sind Sie wahrscheinlich damit einverstanden. Warum tun Sie, was Ihr Chef Ihnen sagt? Weil er eine Autorität über Sie hat, die im Vertrag implizit enthalten ist. Wenn Sie einen Standard-Arbeitsvertrag haben, gibt er Ihrem Chef wahrscheinlich eine weitreichende Kontrolle über Ihre Aktivitäten während der Arbeit. Tatsächlich ist diese Befugnis genau das, worauf eine formelle Beschäftigung hinausläuft: Der Common Law Control Test definiert das Verhältnis zwischen Arbeitgeber und Arbeitnehmer auf der Grundlage einer Bewertung, »ob der Arbeitgeber das Recht hat, die Handlungen des Arbeitnehmers im Rahmen des Arbeitsverhältnisses zu kontrollieren«.[60]

Wenn Ihr Chef nicht über diese weitreichenden Befugnisse verfügen würde, müssten Sie jedes Mal einen neuen Vertrag mit ihm abschließen, wenn er Sie mit neuen Aufgaben betrauen wollte. Wirtschaftswissenschaftler bezeichnen eine solche Situation als das Problem »unvollständiger« Verträge: Ein Vertrag kann unvollständig sein, weil er schlecht geschrieben wurde, er kann aber auch aufgrund von Ungewissheit unvollständig sein – weil es unmöglich ist, alle Dinge zu wissen, die ich von meiner Gegenpartei (der Person, mit der ich den Vertrag abschließe) im Laufe unserer Beziehung benötigen könnte.

Für Coase lösten Unternehmen dieses Problem der unvollständigen Verträge, indem sie Menschen über lange Zeiträume hinweg in hierarchischen Beziehungen zusammenbanden, die es einigen Personen (Chefs) erlaubten, das Verhalten anderer (Arbeiter) zu kontrollieren.[61] Innerhalb des Unternehmens ersetzt die Autorität des Chefs die vertraglichen Beziehungen, die auf dem Markt bestehen. Mit anderen Worten, die Ressourcen innerhalb des Unternehmens werden auf der Grundlage einer Art wirtschaftlicher Planung zugewiesen: Die Chefs entscheiden, wo und wie die begrenzten Ressourcen des Unternehmens eingesetzt werden. Sie tun dies auf der Grundlage von Hinweisen, die sie vom Markt erhalten, aber nichtsdestotrotz ist die Grundlage dieser Ressourcenzuweisung innerhalb des Unternehmens Autorität und nicht die Preise.[62]

Der Aufstieg des Managerialismus und der »Managementwissenschaft« waren radikale neue Instrumente, die es den Chefs ermöglichten, diese Autorität auf immer effektivere Weise auszuüben.[63] Manager haben nach immer neuen und totaleren Wegen gesucht, um Arbeitsprozesse zu kontrollieren (und, wie wir in Kapitel 6 sehen werden, hat der neoliberale Staat dieses Managerethos auch in der Politik übernommen).[64] Heutige Firmenchefs haben dabei »despotische Macht« über ihre Arbeiter.[65] Die moderne Aktiengesellschaft ist eine Rechtsform, die darauf ausgelegt ist, die Macht des Chefs über den Arbeiter zu formalisieren, während sie Ersteren vor Risiken schützt.[66]

Das moderne Unternehmen ist, in anderen Worten, eine *politische* Einheit. Tatsächlich handelt es sich um eine Form von »privater Regierung«[67], aber um eine Regierung, die auf dem Prinzip der zentralisierten Kontrolle und Hierarchie und nicht auf Demokratie beruht.[68] Dies ist nicht nur eine marxistische Interpretation. Coases eigene Theorie des Unternehmens scheint darauf hinzudeuten, dass der Kapitalismus nicht auf der Herrschaft des Marktes, sondern auf der Herrschaft der Bosse beruht.[69]

Marx wies auf die ungleichen Beziehungen innerhalb eines Unternehmens hin, um den Kapitalismus zu kritisieren, während Coase versuchte, ihn zu verteidigen und zu erklären. Die Wirtschaftswissenschaftler akzeptierten Coases Theorie, aber um nicht wie Marxisten zu klingen, mussten sie zeigen, dass, auch wenn Chefs scheinbar viel Macht über ihre Arbeiter haben, diese Macht durch den Markt begrenzt ist. Sie mussten zeigen, dass die Bosse ihre Macht über die Arbeitnehmer nicht missbrauchen konnten, weil sie durch den Marktmechanismus eingeschränkt waren.

An dieser Stelle kam Joseph Schumpeter ins Spiel. Der 1883 geborene österreichische Wirtschaftswissenschaftler gilt heute als einer der Giganten der klassischen politischen Ökonomie. Er war ein glühender Antikommunist und Anti-Keynesianer, der glaubte, dass die Sozialdemokratie einen faulen Korporatismus gefördert hatte, der letztlich den Unternehmergeist untergraben würde. Doch im Gegensatz zu den meisten Marxismus-Kritikern hatte Schumpeter Marx sorgfältig gelesen. Als solcher hatte er ein weitaus besseres Verständnis für die »Bewegungsgesetze« des kapitalistischen Systems als viele seiner Zeitgenossen.

Wie Marx und Coase glaubte auch Schumpeter, dass Vorgesetzte Autorität über ihre Arbeiter ausübten und von ihrer Arbeit profitierten – aber er sah das nicht als ungerecht an. Schumpeter war der Meinung, dass Chefs – oder in seiner romantischeren Sprache »Unternehmer« – es verdienten, das Sagen zu haben, weil sie klüger und dynamischer waren als ihre Arbeiter.[70] Der Lohn für diese Überlegenheit ist der Gewinn, und zwar nicht nur der normale Gewinn, wie er in der Mainstream-Ökonomie üblich ist.

Schumpeter vertrat die Ansicht, dass der Anreiz für Unternehmertum im Kapitalismus in der Marktmacht oder der vorübergehenden Monopolmacht liegt. Ein Unternehmen, das leistungsfähige Produktionstechnik entwickelt hat, sollte eine Zeit lang höhere Preise als seine Konkurrenten verlangen können, um sicherzustellen, dass der Unternehmer für die in die Entwicklung der Innovation getätigten Investitionen einen Ausgleich erhält. Wenn das bedeutete, dass die innovativsten Unternehmen manchmal zu Monopolen werden, dann war das eben so. Die Unternehmer mussten für ihre Genialität belohnt werden, sonst würden sie nichts Neues entwickeln und der Kapitalismus würde stagnieren. An die Stelle der unsichtbaren Hand von Adam Smith, die Angebot und Nachfrage über den Preismechanismus reguliert, ist die zupackende Hand des Unternehmers getreten, der alle anderen voranbringt.

Schumpeter war jedoch der Ansicht, dass die Vorteile einer Monopolstellung immer nur vorübergehend sein würden – oder besser gesagt, sein sollten: Wenn ein Unternehmen nicht weiter innovativ ist, sobald es eine marktbeherrschende Stellung erreicht hat, wird es von anderen verdrängt. Krisen waren in Schumpeters Modell besonders wichtig, denn Wirtschaftskrisen waren Zeiten, in denen die älteren, ineffizienten Unternehmen zusammenbrachen, um den Weg für neuere, wettbewerbsfähigere Unternehmen frei zu machen.

»Schöpferische Zerstörung«, argumentierte Schumpeter, schränke die Macht des Chefs über den Arbeitnehmer ein – und damit auch die Macht des Unternehmens über die Gesellschaft. In seinem Modell würde ein Unternehmen, das das Spiel des freien Marktes nicht richtig spielt, auf lange Sicht sterben. Wenn es zu hohe Preise für seine Produkte verlangte, verlöre es Marktanteile an seine Konkurrenten. Wenn es seine Arbeitnehmer nicht ausreichend bezahlte oder sie schlecht behandelte, käme es zu Kündigungen. Außerdem würde es von Wettbewerbern überholt, wenn es nicht innovativ genug wäre, um seine Konkurrenten zu schlagen. Kurzum: Chefs können zwar Macht über ihre Arbeitskräfte ausüben, aber der freie Markt übte wiederum Macht über sie aus. Diese Art Planung – eine vollständig vom Markt diktierte Planung – sei also eigentlich gar keine Planung.

Mit dem Schumpetarischen Rahmen gibt es allerdings ein Problem: Schöpferische Zerstörung findet nicht mehr wirklich oft statt – zumindest nicht in den größten und mächtigsten Unternehmen der Welt. In real existierenden kapitalistischen Gesellschaften sterben mächtige Unternehmen nicht annähernd so oft aus, wie man erwarten würde – selbst wenn sie, wie Boeing oder Ford, sehr große Fehler machen. Denken Sie nur an all die Marken, die unsere Regale beherrschen. Viele von ihnen existieren in der einen oder anderen Form seit Jahrzehnten. Einige sogar seit einem Jahrhundert oder länger. Und diese Beobachtung wird durch die Fakten bestätigt: Das Durchschnittsalter eines börsennotierten Unternehmens in den USA lag 2019 bei 18 Jahren, gegenüber zwölf Jahren im Jahr 1996.[71]

Das Problem mit der Idee eines Monopols ist, dass selbst vermeintlich zeitweilige Monopolisten die Macht haben, ihre früheren Erfolge zu bewahren: Wenn ein Unternehmen überschüssige Gewinne erwirtschaftet, kann es diese Gewinne nutzen, um für andere Unternehmen Marktzutrittsschranken zu errichten oder seine Konkurrenten aufzukaufen, sodass es die Märkte, auf denen es tätig ist, beherrschen kann.[72] Große etablierte Unternehmen müssten nicht, wie Schumpeter argumentierte, weiterhin innovativ sein, um an der Spitze zu bleiben. Tatsächlich zeigt sich, dass der Wettbewerb die Innovation viel eher antreibt als die Monopolmacht.[73] Monopolistische Unternehmen kaufen oder eliminieren ihre Konkurrenten viel eher, »[verankern] ihre eigene Technologie in der Branche« und »[kontrollieren] die Verbreitung von Ideen«, als dass sie innovativ werden.[74]

In Schumpeters Modell sollen Krisen wettbewerbsunfähige Monopolisten aus dem Weg räumen. Tatsächlich sind aber Monopolisten besser in der Lage, Krisen zu überstehen als kleinere Unternehmen. In der Regel haben sie höhere Gewinnspannen, sodass sie lange Perioden mit niedrigen Gewinnen verkraften können, und sie haben engere Beziehungen zu den Finanzinstituten, weswegen sie sich in schwierigen Zeiten oft billiger und leichter Geld leihen können. Außerdem können sie ihre Marktmacht nutzen, um Lieferanten und Arbeitnehmer auszubeuten und so ihre Kosten zu senken, während mächtige Unternehmen wie Boeing, Ford und Amazon ihre engen Beziehungen zu Staaten nutzen, um in einer Krise Rettungshilfen zu bekommen.

Aus diesen Gründen ist die Marktmacht nicht geeignet, sich mit der Entwicklung des Kapitalismus aufzulösen, sondern sie wird im Gegenteil tendenziell noch stärker. Tatsächlich gibt es inzwischen deutliche Hinweise darauf, dass die Marktmacht in der reichen Welt auf breiter Front zunimmt. In *The Great Reversal* zeigt der Wirtschaftswissenschaftler Thomas Philippon, wie die US-Wirtschaft in den letzten Jahren immer monopolistischer geworden ist, mit negativen Auswirkungen für die Verbraucher.[75]

Große Unternehmen sichern ihren Erfolg durch Größenvorteile, den Kauf oder die Zerschlagung von Konkurrenten und Lobbyarbeit, um den Wettbewerb zu begrenzen. Dadurch müssen Verbraucher höhere Preise zahlen, was die Unternehmensgewinne steigert. Diese Gewinne fließen jedoch nicht in neue produktive Investitionen, sondern werden, im Gegenteil, an Aktionäre und Führungskräfte ausgeschüttet, wodurch die Produktivität sinkt und die Ungleichheit steigt.

Philippon argumentiert, dass die Preise in den USA höher seien als in Europa, weil dort ein strengeres Wettbewerbsrecht gelte. Es stimmt, dass die EU bei der Durchsetzung des Wettbewerbsrechts oft aktiver vorgeht als die USA, aber das sagt nicht viel aus. Zwischen 1990 und 2019 hat die Europäische Kommission über 7000 Fusionsentscheidungen genehmigt und nur 30 blockiert.[76] So weisen viele europäische Märkte ein hohes Maß an Monopolmacht und -konzentration auf.[77]

Jan Eeckhout zeigt, dass die Gewinnspannen in den USA und Europa gestiegen sind und dass diese höheren Preise ein Hauptgrund für die höheren Gewinne sind.[78] Da die Gesamtnachfrage sinkt, wirkt sich dies auf die Löhne aus: Monopolistische Unternehmen verlangen höhere Preise, was bedeutet, dass sie weniger verkaufen, weniger Arbeitnehmer beschäftigen und weniger in neue Technologien investieren. Diese Praktiken haben langfristig das Wachstum und die Produktivität in Europa und den USA beeinträchtigt. Tatsächlich könnte der Konzentrationsgrad sogar noch höher sein als von Philippon und Eeckhout angenommen. Beide messen Monopolmacht, indem sie prüfen, ob Unternehmen höhere Preise verlangen, als man es in einem Wettbewerbsmarkt erwarten würde. Doch wie Michelle Meagher in ihrem ausgezeichneten Buch *Competition is Killing Us* argumentiert: Diese Definition ist zu technokratisch, um als echte Bremse für die Macht von Unternehmen zu wirken. Sie lässt Fragen der Macht, der Demokratie und der sozialen Gerechtigkeit außer Acht und konzentriert sich stattdessen auf »enge [Bewertungen] des wirtschaftlichen Wohlergehens«.[79] Wie wir am Beispiel von Amazon gesehen haben, nutzen große Unternehmen ihre Marktmacht oft nicht, um die Preise zu erhöhen, sondern konzentrieren sich stattdessen darauf, wie sie ihre Macht vertiefen und ausweiten können.

Es ist davon auszugehen, dass Schumpeters temporäre Monopole dauerhaft werden. Die Beziehungen im Unternehmen beruhen nicht nur auf Autorität und Marktaustausch. Die Autorität des Chefs ist auch ziemlich unabhängig vom Markt. Denn Chefs können immer mehr als mächtige Planer in ihrem

Bereich agieren. Dadurch haben sie die Möglichkeit, erheblichen Einfluss auf die Gesellschaft auszuüben.

In ihrem Buch *The People's Republic of Walmart (Die Volksrepublik Walmart)* zeigen Leigh Phillips und Michal Rozworski, auf welch komplexe Weise der US-amerikanische Einzelhandelsriese Walmart seine Geschäfte plant.[80] Innerhalb des Unternehmens »gibt es keinen internen Markt«, denn »alles wird geplant«[81]. Die beiden Autoren argumentieren, dass Walmart ein faszinierendes Beispiel dafür ist, wie neue Technologien zentralisierte Planung in großem Maßstab innerhalb von marktwirtschaftlichen Gesellschaften ermöglichen. Doch diese Macht wird von Kapitalisten monopolisiert und nur zur Maximierung ihres eigenen Reichtums und Einflusses genutzt. Kapitalistische Volkswirtschaften sollen effizient sein; jedes andere System, so wird argumentiert, würde wertvolle Ressourcen verschwenden. Selbst wenn sie einige »negative externe Effekte« wie Ungleichheit, Klimawandel und Korruption hervorbringen, gelten sie als so viel effizienter, dass es rationaler erscheint, diese Probleme im Nachhinein zu lösen, anstatt sie von Anfang an zu verhindern.

Aber wenn ein Wirtschaftssystem von großen Unternehmen beherrscht wird, die kaum vom Markt beeinflusst werden, ist Effizienz nicht mehr gewährleistet. Wenn ein Unternehmen ohne oder nur mit sehr begrenztem Wettbewerb operiert, kann es viele der grundlegenden Regeln der freien Marktwirtschaft brechen. Es kann höhere Preise verlangen oder seinen Arbeitnehmern weniger zahlen. Es kann die Kosten in der gesamten Lieferkette drücken. Sobald es eine bestimmte Größe erreicht hat, wird es für andere Unternehmen schwieriger, in diesen Markt einzutreten, sodass es für dieses Unternehmen einfacher wird, mit der Zeit noch größer zu werden.

Wenn wenige kolossale Unternehmen die gesamte Wirtschaft dominieren, zahlt der Durchschnittsverbraucher plötzlich mehr für seine Lebensmittel, als er sollte, während der durchschnittliche Arbeitnehmer weniger für seine Arbeit bekommt, als er sollte. Ohne echten Wettbewerb können aber die Verbraucher ihre Einkaufsgewohnheiten nicht ändern und die Arbeitnehmer keinen anderen Arbeitsplatz finden, geschweige denn höhere Löhne aushandeln. Ressourcen werden also verschwendet: Zu viel Geld fließt an die Spitze der Wirtschaft, während diejenigen, die die Arbeit leisten, am Ende der Nahrungskette stehen. Und diese Beobachtungen werden durch zahlreiche wirtschaftliche Beweise gestützt. Wie Jonathan Tepper und Denise Hearn systematisch dokumentieren, haben mehrere Studien gezeigt, dass die Monopolmacht zu einem »giftigen Cocktail aus höheren Preisen, weniger wirtschaftlicher Dynamik, weniger Start-ups, geringerer Produktivität, niedrigeren Löhnen, größerer wirtschaftlicher Ungleichheit und Schaden für kleinere Gemeinden« führt. David Dayen zitiert einen Gesprächspartner, der sich über die stark konzentrierte Agrarindustrie in den USA äußerte, mit den Worten: »Das heutige System ist nicht besser als die kommunistischen Kolchosen der UdSSR.«

Selbst wenn man die großen Ineffizienzen, die durch riesige kapitalistische Unternehmen entstehen, ignoriert, untergräbt ihre Dominanz die Freiheit, die Neoliberale angeblich schützen wollen. Arbeitnehmer stehen unter der »despotischen« Kontrolle ihrer Chefs.[82]

Verbraucher haben die Illusion der Wahl, wenn sie zwischen verschiedenen Marken derselben Produkte entscheiden, die alle nur ein oder zwei Konzernen gehören.[83] Gleichzeitig müssen die Bürger zusehen, wie diese Konzerne Regierungen vereinnahmen, die eigentlich dem Volk dienen sollten.[84] Hayek selbst schrieb, dass er »lieber eine solche Unzulänglichkeit in Kauf nehmen« würde, als sich sein »Leben lang mit organisierter Monopolkontrolle ab[zu]finden.«[85]

Wie wir jetzt gesehen haben, ist die Realität kapitalistischer Unternehmen weitaus komplexer, als es das einfache Bild in Wirtschaftslehrbüchern vermuten lässt. Unternehmen haben Macht – über ihre Arbeitnehmer, über die Märkte und über die Gesellschaft im Allgemeinen. Und diejenigen, die diese Organisationen leiten, nutzen ihre Macht für das unerbittliche Streben nach persönlichem Gewinn.

Diese Erkenntnisse werden marxistische Theoretiker nicht überraschen, die schon vor Jahrzehnten erkannt haben, dass der Kapitalismus zu einer Konzentration von Reichtum und Macht in wenigen Händen führen wird. Im nächsten Abschnitt werde ich also versuchen, einige Theorien darzulegen, die erklären, warum die Macht der Unternehmen im Laufe der Geschichte des Kapitalismus so stark zugenommen hat und welchen Preis alle anderen dafür zahlen müssen.

Chemisches Ungleichgewicht

2016 vereinbarte das Pharmaunternehmen Bayer den Kauf des Saatgutherstellers Monsanto. Die Megafusion wurde von den europäischen und amerikanischen Wettbewerbsbehörden abgesegnet. Ein Jahr später erwarb DuPont, ein weiterer großer Akteur in der Agrochemie, seinen Rivalen Dow Chemical. Kurz darauf kaufte das chinesische Staatsunternehmen ChemChina den Agrochemiekonzern Syngenta.

Innerhalb weniger Jahre nach der Bayer-Fusion kontrollierten drei Unternehmen nahezu 70 Prozent der weltweiten Agrochemiebranche und 60 Prozent des kommerziellen Saatguts, das durch strenge geistige Eigentumsrechte geschützt ist.[86]

Agrochemikalien und Saatgutproduktion mögen für den Durchschnittsverbraucher wie obskure Industrien erscheinen, aber diese drei Konzernriesen produzieren Stoffe und kontrollieren Prozesse, die die Grundlage der globalen Ernährung bilden. Anders gesagt: Sie steuern Systeme, die für die Erhaltung des menschlichen Lebens auf der Erde entscheidend sind. Mit ziemlicher Sicherheit haben Sie in den letzten 24 Stunden ein Produkt konsumiert, das von einem dieser Konzerne zumindest beeinflusst wurde.

Doch die Dreifaltigkeit der Agrochemie trägt nichts Heiliges in sich, wie die folgenden Episoden zeigen. 2001 übernahm Dow Chemical das Unternehmen Union Carbide India Limited, das für die verheerende Bhopal-Gaskatastrophe in Indien verantwortlich war, eines der schlimmsten Industrieunglücke der Welt.[87] Monsanto ist bekannt für den Unkrautvernichter Roundup, der Glyphosat enthält. Die Weltgesundheitsorganisation warnt vor der Chemikalie, weil sie womöglich Krebs verursacht.[88] Nach der Übernahme zahlte Bayer mindestens zehn Milliarden Dollar, um die Klagen Zehntausender Menschen zu begleichen, die behaupteten, durch Monsantos Produkt krank geworden zu sein.[89]

2007 schoss eine Gruppe Bewaffneter auf Demonstranten, die ein Gelände in Brasilien besetzten, auf dem Syngenta illegal genetisch veränderte Pflanzen produzierte, und tötete dabei mindestens zwei Menschen.[90] Syngenta wurde später wegen Mordes verurteilt und zur Zahlung von Schadenersatz verurteilt.[91] DuPont war das Thema von *Dark Waters*, einem von Mark Ruffalo produzierten Film, der die Geschichte der giftigen Chemikalien erzählt, die bei der Herstellung von Teflon verwendet wurden. Schon in den Sechzigerjahren wussten die Wissenschaftler von DuPont von den schädlichen Auswirkungen. Trotzdem leitete das Unternehmen die giftigen Abfälle weiterhin aus der Produktion in die örtlichen Gewässer.[92] Heute wissen wir, dass die zur Herstellung von Teflon verwendete Chemikalie – C8 – mit sechs menschlichen Krankheiten in

Verbindung gebracht wird. Verschiedenen Medien zufolge haben mehr als 90 Prozent der Amerikaner C8 bereits in ihrem Blut.

Bayer, DuPont und ChemChina beherrschen heute den globalen Markt für Agrochemikalien und Saatgut. Sie wurden wegen Praktiken beschuldigt, die Verbrauchern, der Umwelt und Kleinbauern schaden. Die Konzentration dieser Unternehmen hat aber noch eine weitere Folge: Sie hat zu einer Verlangsamung der Innovation geführt. Diese Innovationen sind jedoch entscheidend, um sicherzustellen, dass die wachsende Weltbevölkerung angesichts des Klimawandels ernährt werden kann.[93]

Noch besorgniserregender ist, dass sie weiterhin Milliarden mit dem Verkauf von Produkten verdienen, die sowohl den Menschen als auch der Umwelt aktiv schaden. Die von diesen Unternehmen und ihren Konkurrenten verkauften Pestizide werden mit zahlreichen Gesundheitsproblemen und dem Rückgang von Bestäubern in Verbindung gebracht.[94]

Die Fusionen schränken auch die Möglichkeiten von Subsistenzlandwirten ein, Zugang zu generischem Saatgut zu erhalten. Denn Unternehmen wie Monsanto drohen Landwirten oft mit Klagen, wenn sie Saatgut verwenden, das diese als ihr geistiges Eigentum beanspruchen.[95]

Und es geht nicht nur um Agrochemikalien. Die Marktkonzentration in Branchen wie Pharmazeutika, Lebensmittel und Technologie hat seit den Achtzigerjahren zugenommen, mit weitreichenden Folgen für die Verbraucher, Arbeitnehmer und den gesamten Planeten. Die zunehmende Monopolmacht wird oft in Verbindung gebracht mit wachsender Ungleichheit, einem globalen Wettlauf um möglichst niedrige Steuern, nachlassender Innovationskraft, sinkenden Löhnen, Einflussnahme auf Regulierungsbehörden und sogar der Erosion der Demokratie.[96] Und die Sorge über diese Probleme beschränkt sich nicht auf Progressive. Oft findet man glühende Verfechter des

Kapitalismus, die die Probleme durch Unternehmenskonzentration beklagen.[97]

Aber die Lösungen, die sie vorschlagen – seien es strengeres Kartellrecht oder bessere Unternehmensführung – lassen das Hauptproblem außer Acht: Monopolisierung ist für den Kapitalismus ebenso unverzichtbar wie die Gewinnmaximierung. Beides geht Hand in Hand, wie schon Marx zeigte.[98]

Je fortschrittlicher die Produktionstechnologie wird, desto mehr muss ein Unternehmen investieren, um überhaupt in den Betrieb einzusteigen.[99] Der Bau einer Fabrik von Grund auf kostet heute erheblich mehr als vor 100 Jahren, da es wesentlich mehr Technologie braucht, um mit etablierten Unternehmen mitzuhalten. Kleinere Unternehmen können sich derartige Investitionen nicht leisten und drängen daher eher in Branchen mit weniger großen Konkurrenten. So haben große Firmen in den etablierten Sektoren weniger Mitbewerber. Wie wir gesehen haben, gehen Ökonomen oft davon aus, dass Monopolmacht sich in höheren Preisen niederschlägt. Unternehmen, die einen ganzen Wirtschaftszweig beherrschen, nutzen ihre Macht, um ihre Gewinne durch Preiserhöhungen zu maximieren. Doch obwohl wir heute in vielen Branchen hohe Preisaufschläge sehen, gibt es keine Beweise dafür, dass die Preise im Laufe der Kapitalismusgeschichte kontinuierlich gestiegen sind. Im Gegenteil: Oft ist das Gegenteil der Fall.

Monopolmacht bedeutet jedoch nicht das vollständige Aus für den Wettbewerb. Wie Marx in seinen Analysen zur Konzentration und Zentralisierung erklärte, verschwindet der Wettbewerb in kapitalistischen Gesellschaften nie ganz.[100] Stattdessen konzentrieren einige wenige Großunternehmen immer mehr Macht auf sich, wobei sie häufig Absprachen treffen, um die Marktpreise aufrechtzuerhalten, während sie gleichzeitig darum konkurrieren, ihre Kosten zu senken, einschließlich Löhne und Steuern. Diese Unternehmen üben

Wettbewerbsdruck auf »die Menschen unter [ihrer] Macht« aus.[101] Sie zwingen Arbeitnehmer, Zulieferer und sogar kleine Staaten zum Wettbewerb.[102]

Aus diesem Grund führt die Marktmacht nicht immer zu höheren Preisen. Die Unternehmen ziehen es vor, sich nicht in einen »gegenseitig zerstörerischen Preiskrieg« zu verwickeln.[103] Statt ihre Macht über die Verbraucher durch Preisabsprachen auszunutzen, setzen sie ihre Macht über die Arbeitnehmer ein, um die Löhne zu drücken. Arbeitnehmer können sich in der Regel schwer dagegen wehren.[104] Unternehmen können ihre Lohnkosten senken, indem sie das Nettoeinkommen kürzen, oder sie können versuchen, andere Leistungen und Ansprüche wie Rentenbeiträge, Krankengeld und Elternurlaub zu beschneiden.

Das ist besonders verbreitet in der sogenannten Gig-Economy, der Auslagerung begrenzter Aufgaben an Selbstständige. Viele große Technologieunternehmen haben ein Modell der Scheinselbstständigkeit entwickelt, bei dem den Arbeitnehmern nicht nur Leistungen verweigert werden, sondern in dem sie oft auch noch für die Werkzeuge bezahlen müssen, die sie für ihre Arbeit benötigen.[105] Diese Art von Macht, die Ökonomen als »Monopolmacht« bezeichnen, hat nach einer Schätzung den Anteil der Arbeit am Volkseinkommen in den USA um 22 Prozent verringert.[106]

Eine weitere Möglichkeit zur Kostensenkung mithilfe der Marktmacht besteht in der Ausbeutung von Zulieferern. Große Einzelhändler im Globalen Norden drücken so zum Beispiel die Preise von Textilherstellern im Globalen Süden. Das wiederum führt zu niedrigen Löhnen für die Arbeiterinnen, weil die Hersteller versuchen, ihre knappen Gewinne zu retten.[107]

Diese Prozesse zwingen die Bekleidungshersteller dazu, sich zu konsolidieren und die Monopolmacht in der Weltwirtschaft auf Kosten der Arbeitnehmer zu verbreiten. Das schafft jedoch auch Chancen für die Organisierung der Arbeiter, wie wir in Kapitel 9 sehen werden.[108]

Große Unternehmen können ihre engen Beziehungen zu Staaten nutzen, um ihre Steuerlast zu senken. Sie betreiben Lobbyarbeit, um Steuersätze zu ändern und Schlupflöcher zu schaffen. Außerdem profitieren sie von Steuerarbitrage, indem sie Gewinne in Niedrigsteuerländern ausweisen, eine Praxis, die von vielen Staaten sogar gefördert wird,[109] wie wir in Kapitel 5 sehen werden. Und sie können Staaten, die ihre Gesetze nicht nach ihrem Geschmack ändern, mit Kapitalflucht drohen, wie Kapitel 7 zeigt.

Die bahnbrechenden politischen Ökonomen Paul Baran und Paul Sweezy gehören vielleicht zu den bekanntesten marxistischen Theoretikern der Unternehmensmacht. Baran wurde 1910 in Russland als Sohn jüdisch-menschewistischer Eltern geboren. Die Familie verließ Russland 1917 und zog nach Deutschland.[110] Nach der Machtübernahme durch die Nazis musste Baran 1939 in die USA fliehen, wo er sein Studium an der Harvard University fortsetzte und gleichzeitig mehrere hochrangige Regierungspositionen bekleidete. In Harvard lernte er Paul Sweezy kennen, der sein lebenslanger Freund und Mitarbeiter wurde.

Sweezy stammte aus einer wohlhabenden Familie in New York und setzte sich im Gegensatz zu Baran erst in seinen frühen Zwanzigern mit marxistischen Ideen auseinander.[111, 112] Der unbekümmerte Sweezy aus der Oberschicht eroberte die Hallen von Harvard viel schneller als der mürrische, intellektuelle Baran. Er schrieb Dutzende Artikel, in denen er versuchte, marxistische Ideen auf klassische ökonomische Probleme anzuwenden, eine Arbeit, die noch heute in der Mainstream-Wirtschaftstheorie genutzt wird. Sweezy übernahm sogar einen Lehrstuhl in Harvard, der früher von Joseph Schumpeter besetzt war.

Trotz oder vielleicht gerade wegen ihrer unterschiedlichen Erziehung und Temperamente pflegten die beiden zu Lebzeiten eine fruchtbare intellektuelle Zusammenarbeit. Sie arbeiteten daran, die Marxsche Kapitaltheorie, die im »Zeitalter der Eisenbahn und des Dampfschiffs« verfasst worden war, an das Zeitalter der Computer und Flugzeuge anzupassen.[113] Der moderne Kapitalismus, so schrieben sie, sei ein hochkonzentriertes Wirtschaftssystem, das von mächtigen Monopolen und Oligopolen beherrscht werde.

Mainstream-Ökonomen erkennen vielleicht nicht immer Monopole, weil viele marktbeherrschende Unternehmen nicht versuchen, die Produktion zu drosseln und die Preise zu erhöhen. Baran und Sweezy, die auf Marx zurückgriffen, stellten fest, dass moderne Monopole (oder eher Oligopole) oft heimlich Absprachen treffen, um die Preise stabil zu halten. Diese stille Übereinkunft wurde mit der Aufteilung von Territorien durch rivalisierende Mafiosi verglichen und ist in modernen kapitalistischen Gesellschaften weit verbreitet.[114] Obwohl das US-Justizministerium zwischen 1996 und 2010 128 Unternehmen wegen krimineller Preisabsprachen verurteilt hat, machen diese Fälle laut Schätzungen nur etwa 20 Prozent der tatsächlichen Absprachen aus. Wie Marx sagte, sind Kapitalisten wie »feindliche Brüder« – sie konkurrieren miteinander, kooperieren aber gleichzeitig bei den grundlegenden Dingen, die notwendig sind, um das System am Laufen zu halten.[115]

Wie wir gesehen haben, konkurrieren Oligopole nicht über den Preis, sondern indem sie die Kosten niedrig halten, was zu niedrigen Löhnen, Steuervermeidung und Umweltzerstörung führt, wie sie in den Beispielen dieses Kapitels beschrieben wurden.[116] Sie verlagern den Wettbewerb auch auf Bereiche wie Werbung, Beziehungsaufbau und Markenbildung, die Baran und Sweezy als »Verkaufsanstrengungen« bezeichnen.[117] Einige argumentieren sogar, dass der harte Wettbewerb im Verkauf und die technologische Innovation uns in eine neue Ära des Kapitalismus geführt haben, den Überwachungskapitalismus oder Technofeudalismus. In dieser Ära hängt der Wettbewerbsvorteil eines Unternehmens davon ab, wie gut es die Bedürfnisse seiner Kunden vorhersagen kann, indem es die Daten nutzt, die diese bei der Interaktion mit Big-Tech-Firmen wie Google und Facebook hinterlassen.[118]

Heute ist der Wettbewerb in vielen Bereichen der Wirtschaft Monopolen und Oligopolen gewichen. In den USA sank die Zahl konkurrierender Unternehmen in 75 Prozent der Branchen in den 1990er- und 2000er-Jahren, die Marktkonzentration stieg entsprechend.[119] In Europa haben 80 Prozent der Branchen im selben Zeitraum einen ähnlichen Anstieg erlebt.[120] Diese Unternehmen sind reicher als je zuvor.[121] 1995 machten die 100 größten Unternehmen 53 Prozent aller Einnahmen der öffentlichen Unternehmen aus. Bis 2014 stieg dieser Anteil auf 84 Prozent.[122] Tatsächlich stammt »der größte Teil des Wertes der börsennotierten Unternehmen aus ihrer Marktmacht«.[123] Wie der bekannte Investor Warren Buffett schon häufig geäußert hat, wissen kluge Investoren, dass ein Unternehmen mit Marktmacht langfristig die höchsten Renditen erzielen wird.[124]

Was, so könnte man fragen, ist aus Schumpeters mächtigen Kräften der kreativen Zerstörung geworden? Marktzutrittsschranken wie etwa regulatorische Anforderungen, hohe Investitionskosten oder wettbewerbsfeindliche Praktiken der bestehenden Unternehmen ermöglichen es monopolistischen Firmen, ihre Marktmacht zu sichern. Auf diese Weise verhindern sie, dass neue Unternehmen in die Branche eintreten können. In der Big-Tech-Branche kontrollieren große etablierte Unternehmen die »Kill Zone« in ihren Märkten, indem sie »potenzielle Konkurrenten aufsaugen oder zerquetschen«.[125] Google, Amazon und Microsoft haben »in den letzten zehn

Jahren zusammen über 436 Unternehmen und Start-ups aufgekauft, ohne dass die Aufsichtsbehörden etwas dagegen unternommen hätten«.

Selbst in Branchen mit intensivem Wettbewerb können große Unternehmen ihre Beziehungen zu anderen wirtschaftlichen und politischen Akteuren nutzen, um ihre Marktmacht auszubauen.

Erstens können diese Unternehmen Druck auf andere Firmen und Zulieferer ausüben, um ihre eigenen Gewinne zu maximieren, oft auf Kosten kleinerer Unternehmen. Dies kann auf legitime Weise geschehen, etwa durch Großeinkäufe, aber auch auf weniger ehrenhafte Weise. Häufig klagen kleine Unternehmen darüber, dass sie als Zulieferer großer Firmen länger auf die Begleichung ihrer Rechnungen warten müssen. Große Unternehmen nutzen ihre Marktmacht aus, um ihre Zulieferer zu benachteiligen, weil sie es sich leisten können, ihre Branchen zu dominieren.

Zweitens, wie wir in Kapitel 6 sehen werden, können große Unternehmen Druck auf Politiker ausüben, um sich vor Konkurrenz zu schützen. Wie bereits in der Einleitung angesprochen, war die Beziehung zwischen Unternehmen und dem kapitalistischen Staat historisch viel enger, als es die liberale Theorie vermuten lässt. Der Staat und der »freie Markt« sind nicht getrennte, selbstregulierende Bereiche, und die Macht des Marktes ist nicht von der politischen Macht getrennt. Der Staat und Unternehmen sind eng verflochten, und mächtige Firmen haben in einzigartiger Weise die Möglichkeit, politische Entscheidungen zu beeinflussen. Beispiele wie Amazon, Ford und Boeing zeigen, dass Staaten oft eingreifen, um ihre mächtigsten Unternehmen vor heimischer oder internationaler Konkurrenz zu schützen. Zudem können mächtige Unternehmen, wie wir in Kapitel 7 sehen werden, den Staaten, die sich ihrem Willen widersetzen, mit Kapitalflucht drohen.

Drittens haben große Unternehmen, wie ich im nächsten Kapitel erläutern werde, oft enge Verbindungen zu Investoren und Finanzinstituten. Diese Beziehungen erleichtern ihnen den Zugang zu den benötigten Finanzmitteln für Wachstum und Erfolg. Wenn ein Finanzinstitut darüber entscheidet, ob es einem kleinen Unternehmen mit geringen Gewinnspannen oder einem großen, mächtigen multinationalen Konzern einen Kredit gewährt, wird es in der Regel Letzteres als sicherere Investition betrachten. Das bedeutet entweder, dass das kleine Unternehmen höhere Zinssätze für die Finanzierung zahlen muss oder möglicherweise überhaupt keinen Kredit erhält. Dieses günstige Kapital verschafft großen Unternehmen einen Vorteil, da es ihnen erleichtert, die Konkurrenz zu übertreffen.

Baran und Sweezy zufolge zeigt all das, »dass Schumpeters immerwährender Sturm der schöpferischen Zerstörung zu einer gelegentlichen leichten Brise abgeklungen ist«.[126] Ohne den ständigen Wettbewerbsdruck, der ihre kleineren Konkurrenten einschränkt, haben große Unternehmen erheblich mehr Spielraum, um strategische Entscheidungen zu treffen. Sie verfügen auch über die politischen und finanziellen Verbindungen, die sie dafür benötigen. So können die größten Firmen in gewissem Maße mit anderen Akteuren zusammenarbeiten und beeinflussen, wie sich die Wirtschaft insgesamt entwickelt. Diese Dynamik hat dem modernen Kapitalismus eine Reihe von Problemen bereitet.

Beispielsweise neigen monopolistische Unternehmen dazu, ihre Investitionen zu begrenzen.[127] Dies führt zu einem geringeren Wachstum und, was entscheidend ist, zu einem niedrigeren Innovationsniveau auf lange Sicht. Anders als in Schumpeters Vision eines zeitlich begrenzten Monopols müssen längerfristige Monopole nicht innovieren, um ihre Marktmacht zu erhalten; sie können vielmehr kleinere Firmen aufkaufen oder ihre Aktienkurse durch Buchhaltungstricks in die Höhe treiben.

Die heutigen Tech-Giganten sitzen auf riesigen Bargeldbeträgen, die in die Entwicklung neuer Technologien investiert werden könnten, die aber stattdessen entweder brachliegen oder in die Finanzmärkte investiert werden.[128] Niedrige Investitionen bedeuten langfristig eine geringere Produktivität, und einige argumentieren, dass die niedrigen Produktivitätsraten, die heute in vielen fortgeschrittenen Volkswirtschaften zu beobachten sind, auf die Auswirkungen von Sektoren wie der Tech-Branche zurückzuführen sind, in denen mächtige Monopole oft mehr damit beschäftigt sind, ihren Marktanteil zu vergrößern, als Innovationen voranzutreiben.[129]

Monopolmacht wird auch mit einem höheren Maß an Ungleichheit in Verbindung gebracht. Dies ist auf eine Reihe von Faktoren zurückzuführen. So sinkt beispielsweise der Gesamtbetrag des Einkommens der Arbeitnehmer in Sektoren mit hoher Marktkonzentration tendenziell, weil große, mächtige Unternehmen in der Lage sind, mit weniger Arbeitnehmern zu produzieren.[130] Monopolisten (die dominanten Verkäufer) sind häufig auch Monopsonisten (die dominanten Käufer) auf den Arbeitsmärkten und haben daher die Macht, die Löhne für den durchschnittlichen Arbeitnehmer zu senken und die Erträge an die leitenden Angestellten und Aktionäre umzuverteilen.[131]

Wie Baran und Sweezy zeigen, ist der »Kapitalismus der freien Marktwirtschaft« eine falsche Bezeichnung. In dem Maße, wie sich kapitalistische Gesellschaften entwickeln, verliert der freie Markt bei der Bestimmung der Art und Weise, wie Ressourcen produziert und zugewiesen werden, an Bedeutung, während die konzentrierte Macht der Unternehmen weitaus bedeutender wird. Der marxistische Wirtschaftswissenschaftler Michał Kalecki schrieb einmal, dass »das Monopol tief in der Natur des kapitalistischen Systems verwurzelt zu sein scheint: Der freie Wettbewerb mag in der ersten Phase bestimmter Untersuchungen nützlich sein, aber als Beschreibung des normalen Stadiums der kapitalistischen Wirtschaft ist er lediglich ein Mythos«.[132]

Statt in einer Welt des perfekten Wettbewerbs, wie sie in Wirtschaftslehrbüchern beschrieben wird, leben wir tatsächlich unter der gewaltigen Macht dessen, was der linksliberale Ökonom J. K. Galbraith als »das industrielle System« bezeichnete.[133] Riesige Firmen sind in diesem System nicht allein mit der Maximierung ihrer Gewinne beschäftigt. Sie werden zugleich durch eine »Technostruktur« gesteuert, bei der die Aufrechterhaltung der Macht der Organisation ebenso wichtig ist wie die Steigerung der Gewinne.

Galbraith sah diese Trends als Wegbereiter für eine neue Form des sozialisierten Kapitalismus, in dem die Produktion bewusst organisiert und nicht durch die Launen des Marktmechanismus bestimmt wird. Galbraith meinte, dass die Gesellschaft demokratischer und weniger chaotisch wäre, wenn Kapitalisten enger zusammenarbeiten und auch die Zusammenarbeit zwischen Kapital und Staat verstärkt wird.

Aber wie wir gesehen haben, war der freie Markt-Kapitalismus nie so ungeplant, wie seine Befürworter behaupten. Unternehmen haben schon immer zusammengearbeitet, und der Staat hat stets eingegriffen, um die Interessen des Kapitals zu schützen.[134]

Die Tendenz zur Zentralisierung hebt die Rolle des Wettbewerbs nie vollständig auf. In einer kapitalistischen Wirtschaft wird es niemals einen totalen Industriestaat oder gar eine Weltregierung geben. Stattdessen stehen Wettbewerb und Kooperation in ständiger Spannung zueinander. Die einzige Konstante ist, dass das Kapital immer an der Spitze steht. Und im Gegensatz zu Galbraiths etwas wohlwollender Vision der kapitalistischen Planung sah Marx, dass dies zu einer Zunahme der »Masse des Elends, des Drucks, der Knechtschaft, der Entartung, der Ausbeutung«[135] führen würde, wenn sich kapitalistische Gesellschaften entwickeln.

Einige mögen dieses düstere Bild mit dem Hinweis abtun, dass große Unternehmen auch viele gute, stabile Arbeitsplätze schaffen, die das Entstehen einer breiten und tiefen Mittelschicht unterstützt haben. Der Übergang von manueller Arbeit zur Dienstleistungsgesellschaft in der reichen Welt hat zu einem höheren Lebensstandard geführt. Diese Arbeitsplätze sind in der Regel nicht nur besser bezahlt, sie sind auch sicherer und bieten weit mehr Autonomie und Freiheit als die Arbeiterjobs der Vergangenheit.

Es gibt allerdings ein paar Probleme mit diesem Argument: Erstens, wie wir in Kapitel 7 sehen werden, gibt es in reichen Ländern mehr Dienstleistungsarbeit nur, weil in ärmeren Ländern mehr Menschen schlecht bezahlte und gefährliche Jobs erledigen. Zweitens gibt es selbst in reichen Ländern große Unterschiede bei Löhnen und Arbeitsbedingungen zwischen denen, die Aufgaben verteilen, und denen, die sie ausführen.

Während der Pandemie stieg die Nachfrage nach Callcenter-Mitarbeitern. Einige mussten von zu Hause aus arbeiten, was es den Chefs schwerer machte, sie zu überwachen. Teleperformance, einer der größten Callcenter-Betreiber weltweit, reagierte darauf mit strengen Überwachungstechnologien für zu Hause. Damit können Chefs sehen, »ob die Mitarbeiter essen, auf ihr Telefon schauen oder ihren Schreibtisch verlassen, während sie von zu Hause aus arbeiten«.[136]

In Kolumbien machten sich Teleperformance-Mitarbeiter während der Pandemie Sorgen über die Bedingungen in den Callcentern. Sie hatten keine ausreichende Schutzausrüstung, und viele mussten sich Headsets teilen.[137] Das Unternehmen erlaubte den Mitarbeitern, von zu Hause aus zu arbeiten, allerdings nur unter der Bedingung, dass sie der Installation von Teleperformance-Kameras auf ihren Laptops zustimmten.

Dem US-Nachrichtensender NBC zufolge erhielten 95 Prozent der 39 000 Teleperformance-Mitarbeiter in Kolumbien eine Vertragsänderung, die sie verpflichtete, der Überwachung zuzustimmen. Dazu gehörten KI-gestützte Kameras in den Wohnungen, Sprachanalysen und die Speicherung von Daten, die auch von Familienmitgliedern der Mitarbeiter, einschließlich Minderjährigen gesammelt wurden.[138] Der Zusatz verlangte von den Beschäftigten sogar, dass sie auf Verlangen einem Lügendetektortest zustimmen müssten. Berichten zufolge wurde den Arbeitnehmerinnen und Arbeitnehmern gesagt, dass sie ihren Arbeitsplatz verlieren würden, sollten sie die neuen Verträge nicht unterzeichnen.

Büroarbeitsplätze, wie sie von Teleperformance angeboten werden, gelten als Beispiele für die leichte, wenig belastende Arbeit, die für die moderne Dienstleistungswirtschaft charakteristisch ist. Harry Braverman, ein von Baran und Sweezy inspirierter marxistischer Denker, sah das anders. Er war Sohn jüdischer Arbeiter wie Baran und wuchs wie Sweezy in New York auf. Braverman studierte ein Jahr lang am Brooklyn College, bevor er es aus finanziellen Gründen abbrechen musste, und in dieser Zeit lernte er den Marxismus kennen.[139]

Im Gegensatz zu Baran oder Sweezy hatte Braverman direkte Erfahrungen mit der Arbeit im Monopolkapitalismus. Er lernte vier Jahre lang den Beruf des Kupferschmieds in der Marinewerft von Brooklyn und ging dann zur Armee, bevor er als Stahlarbeiter in Ohio anfing. Braverman war aktives Mitglied sozialistischer Gruppen und wurde schließlich »auf Betreiben des FBI« aus einem seiner Jobs entlassen.[140]

In den Fünfzigerjahren begann Braverman mit der Arbeit an seinem wegweisenden Buch *Labor and Monopoly Capital*, einer Studie über Arbeit im Monopolkapitalismus. Darin argumentierte er, dass der Taylorismus – eine Theorie des wissenschaftlichen Managements, die den Arbeiter zu einem »Anhängsel der Maschine« machen soll – im modernen US-Kapitalismus weiterhin präsent sei. Er stellte fest, dass die Arbeiter dadurch entfremdeter denn je seien. Megakonzerne hätten sie zu kleinen Rädchen in einer riesigen Maschine gemacht.[141] Der Arbeitsprozess sei so stark spezialisiert, dass der Arbeitnehmer keine Kontrolle mehr über seine eigene Arbeit habe.

Der Kapitalist überwache den Arbeitsprozess nicht selbst, sondern engagiere dazu einen Manager. Manager seien zwar Angestellte, aber besser bezahlt. Das liege daran, dass sie die Führungsmacht des Kapitalisten ausübten.[142] Größere Firmen bräuchten mehr Manager, weil man nicht von den Eigentümern erwarten könne, dass sie ihre Arbeiter selbst überwachen. Das sei einer der Gründe für die Entstehung der »professionellen Managerklasse«.

Die Kluft zwischen Eigentümern und Managern einerseits und ausgebeuteten Arbeitern andererseits habe sogar dazu geführt, dass sich Technologien verändert hätten.[143] Wir sehen das heute an den immer strikteren Kontrollmethoden, die als »Neuer Taylorismus« bekannt sind. Beispiele sind Amazons Nutzung von Armbändern zur Überwachung seiner Lagerarbeiter oder die Überwachung der Computernutzung in Büros. In die Entwicklung und den Einsatz dieser Technologien fließen enorme Ressourcen. Das hat die Richtung der technologischen Entwicklung maßgeblich beeinflusst.

Hätten wir diese Ressourcen im Interesse aller statt im Dienst des Kapitals genutzt, wäre unser heutiges technologisches Wissen anders. Stellen Sie sich vor, wie die Welt aussehen könnte, wenn all die Ressourcen, die zur Überwachung von Arbeitnehmern genutzt werden, stattdessen in die Suche nach Lösungen für den Klimawandel fließen würden.

Wir leben in einer Welt, in der das Individuum unter der erdrückenden Macht und Kontrolle der Unternehmen leidet. Neoliberale Denker wie Hayek behaupteten, die menschliche

Freiheit vor der überbordenden Staatsmacht schützen zu wollen. Doch heute wird die individuelle Freiheit durch eine gefährliche Verschmelzung von Staats- und Unternehmensmacht massiv eingeschränkt. Diejenigen, die im Kapitalismus gezwungen sind, ihre Arbeitskraft zu verkaufen, sind zutiefst unfrei, während die Unternehmen, für die sie arbeiten, mehr Freiheiten haben als je zuvor. Wie wir im Folgenden sehen werden, profitieren viele Unternehmen sogar von Privilegien, die eigentlich nur Staaten zustehen.

Demokratie zu verkaufen

G4S ist das größte Sicherheitsunternehmen der Welt mit über 800 000 Beschäftigten in 85 Ländern.[144] Es übernimmt viele Aufgaben, die wir normalerweise Staaten zuschreiben. Dazu gehören Dienstleistungen wie Gefängnisverwaltung, Abschiebungen sowie Gesundheits- und Bildungsangebote. Doch G4S ist keine Demokratie. Das Unternehmen wird von nicht gewählten Chefs und Aktionären geführt, die über die Geschicke entscheiden. Diese Macht ohne Rechenschaftspflicht mag umstritten sein, aber sie hat sich als äußerst profitabel erwiesen.

Dabei war G4S immer wieder in Skandale verwickelt. Ein besonders auffälliger ereignete sich bei den Olympischen Spielen 2012 in London. G4S erhielt 355 Millionen Dollar, um Tausende private Sicherheitskräfte bereitzustellen. Doch nur einen Monat vor der Eröffnungsfeier musste das Unternehmen der britischen Regierung mitteilen, dass ihm mehr als 3500 Sicherheitskräfte fehlten.[145] Zudem erschienen viele der eingeplanten Sicherheitskräfte nicht, weil das Unternehmen schwerwiegende Kommunikationsprobleme hatte. Die Regierung kündigte daraufhin an, G4S wegen Vertragsbruchs zu bestrafen. Letztlich musste die Armee einspringen.

Das Missmanagement war ein PR-Desaster für die Firma. Doch es war weder der erste noch der letzte oder gar schlimmste Skandal rund um G4S. 2010 geriet das Unternehmen in den Fokus, als Jimmy Mubenga, ein angolanischer Geflüchteter und Vater von fünf Kindern, durch Sicherheitskräfte ums Leben kam. Mubenga sollte 2006 im Rahmen einer von G4S organisierten Abschiebung nach Angola gebracht werden. Während des Fluges hielten ihn drei Sicherheitsbeamte fest, drückten seinen Kopf nach unten und fesselten ihm die Hände auf dem Rücken.

Diese Technik, die in der Sicherheitsbranche als »Teppich-Karaoke« bekannt ist, führte schließlich zu seinem Tod.[146] Es war ein erschreckender Vorläufer des späteren Mordes an George Floyd. Mitreisende hörten, wie Mubenga schrie: »Ich kann nicht atmen!« und »Sie bringen mich um!«.[147] Mubenga verlor das Bewusstsein und wurde von den Sanitätern noch an Ort und Stelle für tot erklärt.[148]

Die Wachleute wurden verhaftet, aber gegen Kaution wieder freigelassen. G4S befürchtete, dass gegen das Unternehmen Anklage wegen Totschlags erhoben werden könnte. Der Crown Prosecution Service (CPS) lehnte es jedoch ab, Anklage zu erheben, da die Beweise nicht ausgereicht hätten.[149] Später revidierte der CPS seine Entscheidung, nachdem eine öffentliche Untersuchung ergeben hatte, dass die Wachleute sich bewusst waren, dass ihre Handlungen schwere Schäden verursachen konnten und sie rechtswidrig handelten. Die Wachleute wurden dennoch nicht schuldig gesprochen.[150]

Nach dem Urteilsspruch wurde bekannt, dass einer der Wachmänner eine Textnachricht geschrieben hatte, in der er die Migranten, die das Unternehmen abschieben wollte, mit hasserfüllten Worten beschimpfte: »Verpisst euch und geht nach Hause, ihr faulen, profitgierigen, kinderproduzierenden, gewalttätigen, nicht Englisch sprechenden Schwanzlutscher, und nehmt diese haarigen, Sandalen tragenden, Bomben bauenden, Ziegen fickenden, stinkenden Lumpensammler mit.«[151]

Dieser und andere rassistische Texte wurden den Geschworenen während des Prozesses nicht gezeigt, da der Richter entschied, dass die Nachrichten für den Fall »nicht relevant« seien.[152] Die Geschworenen wurden auch nicht über die Ergebnisse der öffentlichen Untersuchung informiert, einschließlich der vom Gerichtsmediziner geäußerten Bedenken, dass das G4S-Personal die in seiner Obhut befindlichen Personen rassistisch misshandelt haben könnte. Spätere Untersuchungen zeigten, dass die Wachleute nach einem Anreizsystem bezahlt wurden, bei dem sie 170 Pfund verloren, wenn ein Flugzeug nicht pünktlich abhob.[153]

Wenn es um die Misshandlung von Migranten geht, hat G4S einen Ruf. Im Laufe der letzten Jahre wurden Hunderte von Beschwerden von Menschen eingereicht, die in G4S-Gefangenenlagern in Großbritannien festgehalten wurden. 2017 enthüllte die BBC-Sendung *Panorama* Aufnahmen von Wärtern, die Inhaftierte schikanierten und rassistisch misshandelten, darunter auch Aufnahmen, auf denen zu sehen war, wie eine Person von einem Mitarbeiter gewürgt wurde.[154] Viele der Beschwerden stammten aus einem Zentrum namens Brook House, mit dem das Unternehmen in fünf Jahren fast 15 Millionen Pfund Gewinn erzielte.[155]

Fünf Jahre zuvor hatte der Chief Inspector of Prisons einen Bericht über die von G4S für die UK Border Agency erbrachten Dienstleistungen veröffentlicht. Darin wurde festgestellt, dass viele Mitarbeiter ein inakzeptables Maß an Gewalt gegen Menschen in Abschiebezentren anwenden. Ein besonders erschreckender Vorfall betraf eine schwangere Frau, die aus ihrem Rollstuhl gekippt wurde, während ein Wärter ihre Füße festhielt.[156] Ein Jahr später wurde G4S beschuldigt, in seinem Netzwerk von Gefängnissen in Südafrika Foltertechniken einschließlich Elektroschocktherapie und Zwangsinjektionen anzuwenden.[157] 2014 wurde das Unternehmen beschuldigt, Migranten in seiner Obhut wie Gefängnisarbeiter einzusetzen und sie weit unter dem Mindestlohn zu bezahlen.[158] 2016 tötete ein G4S-Mitarbeiter, Omar Mateen, bei einem homophoben Angriff im Pulse-Nachtclub in Florida 49 Menschen.[159]

Unternehmen wie G4S sind aufgrund ihrer engen Beziehungen zu Staaten, die sie mit der Ausübung öffentlicher Gewalt in ihrem Namen beauftragen, in der Lage, außergewöhnliche Macht auszuüben. Traditionell wird ein Staat als Einheit definiert, die das Monopol auf die legitime Ausübung von Gewalt besitzt. Doch Unternehmen wie G4S verwischen die Grenzen. Die Privatisierung von Autorität zeigt sich besonders deutlich beim Outsourcing, betrifft aber alle Unternehmen, denen gesetzliche Privilegien eingeräumt werden, die es ihnen ermöglichen, in unserer Gesellschaft beträchtliche Macht auszuüben.[160] Doch diese Macht wird mit wenig oder gar keiner demokratischen Rechenschaftspflicht ausgeübt. G4S hat sich wiederholt der strafrechtlichen Verfolgung von grobem Fehlverhalten entzogen.

Der Grund, warum Unternehmen in der Lage sind, diese Art von Macht auszuüben, ist, dass sie in vielerlei Hinsicht souveräne Einheiten sind.[161] Diese Unternehmen haben oft eine Art von zügelloser Macht über Menschen, Territorium und Sicherheit, die normalerweise Staaten vorbehalten ist. Und dieses Phänomen ist nicht neu: Die Verschmelzung von staatlicher und unternehmerischer Macht gehört zu den Ursprüngen des Kapitalismus selbst.

Um die Wende zum 17. Jahrhundert erteilte Elisabeth I. einer Gruppe von Kaufleuten eine königliche Charta zur Erkundung des damals als Ostindien bezeichneten Gebiets. In den folgenden Jahrhunderten entwickelte sich die East India Company

(EIC) zum mächtigsten Unternehmen der Welt. Der konservative Staatsmann Edmund Burke bezeichnete die EIC als »Staat in der Verkleidung eines Kaufmanns«.[162] Ein indischer Jurist stellte später fest, dass die englische Monarchin der EIC viele Merkmale der Souveränität zugestanden hatte, die normalerweise einem Staat vorbehalten sind.[163] Die Gesellschaft konnte »über Land verfügen und es veräußern, Pachten einziehen und Steuern festsetzen, Gouverneure ernennen und entlassen und Gesetze erlassen«.[164]

Adam Smith sah darin eine »seltsame Absurdität«,[165] denn Staaten und Märkte sollten getrennte Gebilde sein. Letztere würden von den sauberen, natürlichen Gesetzen der Ökonomie bestimmt, für die Smith die berühmte Metapher von der »unsichtbaren Hand« prägte. Erstere seien die Sphäre der schmutzigen, konfliktreichen Politik. Die East India Company wird seither oft als eine Abweichung von der kapitalistischen Produktionsweise angesehen. 2017 forderte Erik Prince, Gründer des privaten Militärunternehmens Blackwater und enger Verbündeter von US-Präsident Donald Trump, die US-Regierung auf, sie solle eine »American South Asia Company« nach dem Vorbild der East India Company gründen, um Afghanistan zu regieren.[166]

Es widerspricht der gängigen politischen und wirtschaftlichen Theorie, Unternehmen wie die East India Company und G4S als souverän zu betrachten. Diese Theorien trennen Staaten und Märkte, Politik und Wirtschaft, grundsätzlich als unterschiedliche Bereiche. Der Staat wird als politische Institution mit einem Gewaltmonopol angesehen, dessen Legitimität sich aus der Zustimmung der Regierten ableitet. Im Gegensatz dazu gilt ein Unternehmen als rein wirtschaftliche Institution, die darauf ausgelegt ist, Produktion und Austausch zu erleichtern.

Tatsächlich aber sind Unternehmen politische Gebilde.[167] Sie sind »von Staaten geschaffene Fiktionen«, um bestimmte Arten von Aktivitäten zu erleichtern.[168] Das kapitalistische Unternehmen wurde als rechtliches Konzept entwickelt, um bestimmte Produktionsbeziehungen zu formalisieren, das Risiko für die Bosse zu minimieren und gleichzeitig ihre Fähigkeit zur Ausbeutung und Kontrolle ihrer Arbeiter zu maximieren.[169] Wie ein marxistischer Theoretiker des Gesellschaftsrechts es ausdrückt, wurde die Gesellschaft als eine »Struktur der Verantwortungslosigkeit« konstruiert, die »unternehmerische Straffreiheit« gewährleisten soll.[170] Die Gesellschaft ist zum »personifizierten Kapital« geworden, dessen Antrieb darin besteht, Reichtum und Macht auf Kosten der Menschen und des Planeten anzuhäufen.[171]

Die politische Macht von Unternehmen lässt sich nicht sauber von ihrer wirtschaftlichen Macht trennen. Unternehmen existieren nicht einfach, um die Produktion zu erleichtern, sie existieren, um eine bestimmte Art von Produktion zu ermöglichen, die auf der Vorherrschaft einer Klasse über eine andere beruht. Ist diese Macht in wenigen Händen zentralisiert, können Unternehmen ihre Souveränität in ähnlicher Weise wie Staaten ausüben. Nehmen wir das Beispiel der East India Company. Allein ihre Existenz zeigt, dass Unternehmen aus staatlicher Macht hervorgegangen sind, dass sie schon immer Merkmale politischer Souveränität aufwiesen und dass der kapitalistische Staat im Laufe seiner Geschichte Unternehmen genutzt hat, um seine Macht über Menschen und Räume auszuüben. Der offensichtlichste Einwand gegen die Vorstellung, dass Unternehmen wie Staaten Souveränität innehaben können, ist, dass sie keine Armeen, Polizei oder Rechtssysteme haben. Staaten sind die einzigen Gebilde in einem bestimmten Gebiet, die andere Akteure zwingen können, sich auf bestimmte Weise zu verhalten. Eben das macht sie zu Staaten. Nur in Gebieten, in denen es keinen funktionierenden Staat gibt – in Kriegsgebieten, Flüchtlingslagern oder ähnlichen Grenzgebieten – kann ein Unternehmen hoffen, auf dieselbe Weise zu »regieren«.

Der erste Einwand gegen diese Sichtweise ist, dass es in vielen Teilen der Welt, etwa im Irak, den wir uns in Kapitel 5 genauer anschauen, private Firmen gibt, die Gewalt ausüben. Manchmal tun sie das legitim und mit einem Monopol, oft im Auftrag eines Staates. Selbst in gut funktionierenden Ländern gibt es Privatarmeen, die meist eng mit dem Staat zusammenarbeiten. Wie schon erwähnt, beauftragen Länder wie Großbritannien große Unternehmen, Strafen zu verhängen oder sogar Menschen zu töten.

Aber staatliche Macht lässt sich nicht auf Gewalt reduzieren. Der Philosoph Michel Foucault, auf den wir später noch zu sprechen kommen werden, argumentierte 1977, dass die Erhaltung des Lebens für die Legitimität eines Staates wichtiger geworden sei als die Fähigkeit, mit Tod und Strafe zu drohen.[172] Diese Logik haben wir während der Pandemie hautnah erlebt: Die Tabelle der Corona-Opfer diente als Maßstab, wie kompetent und legitim Staaten wahrgenommen wurden.[173]

Diese Macht über das Leben, die Foucault als Biopolitik bezeichnete, wird durch das Recht oder die »Spielregeln« untermauert, an die sich jeder zu halten hat.[174] Ein Merkmal souveräner Staaten ist ihre Fähigkeit zu entscheiden, wo die Spielregeln gelten und wo nicht. Staaten können bestimmte Orte und Gruppen festlegen, wie zum Beispiel Gefängnisse oder Geflüchtetenlager, an denen die Rechtsstaatlichkeit außer Kraft gesetzt wird.[175]

Unternehmen sind Organisationen, denen der Staat begrenzte Befugnisse gibt, ihre eigenen Regeln festzulegen.[176] In den meisten Fällen werden Sie als Arbeitnehmer nicht das tun, was Ihr Chef sagt, nur weil es in Ihrem Arbeitsvertrag steht, sondern weil Sie die Autorität Ihres Chefs als legitim ansehen.

Ebenso hat Ihr Unternehmen die Verantwortung, sich um Ihr Wohlergehen am Arbeitsplatz zu kümmern. Tut es das nicht, wie zum Beispiel bei Amazon, kann seine Legitimität infrage gestellt werden.

Da Unternehmen auf Gesetzen basieren, haben sie ein starkes Interesse daran, diese zu beeinflussen. Ihre Möglichkeiten dafür sind viel größer als die von Einzelpersonen, NGOs oder Gewerkschaften. Sie lobbyieren direkt bei Regierungen und versuchen, die öffentliche Meinung zu formen, etwa durch die Finanzierung von Denkfabriken oder Medienbeiträgen. 2022 gaben sie allein in den USA unglaubliche 4,1 Milliarden Dollar für Lobbyarbeit aus.[177]

Amazon allein steckte mehr als 20 Millionen Dollar in Lobbyarbeit bei der US-Regierung, dicht gefolgt von Meta. Der größte Lobbyist in den USA ist jedoch der Handelsverband National Association of Realtors, der 2022 satte 84 Millionen Dollar ausgab. Es ist wichtig zu erwähnen, dass die Ausweitung des Hypothekenzugangs durch die Regierung stark zur Finanzkrise 2008 beigetragen hat. Große, mächtige Unternehmen investieren viel in Lobbyarbeit und werden dadurch noch stärker. Bayer und Monsanto gehören zu den größten Lobbyausgebern in den USA.[178] Eine Studie zeigt, dass jeder Dollar, der für Lobbyarbeit ausgegeben wird, Steuersenkungen im Wert von 220 Dollar bringt.[179] Ein Beratungsunternehmen hat diese Theorie getestet, indem es ein Investmentportfolio mit den größten Lobbyisten zusammengestellt hat. Sie setzten darauf, dass die Fähigkeit dieser Firmen, die Spielregeln zu beeinflussen, ihre Renditen erhöhen würde.[180] Über ein Jahrzehnt hinweg hat dieses Portfolio den Durchschnitt des S&P 500 jedes Jahr um mehr als fünf Prozentpunkte übertroffen.

Das US-Steuersystem ist ein interessantes Beispiel dafür, wie Unternehmenslobbyismus potenziell effizientere Prozesse blockiert. In vielen wohlhabenden Ländern berechnet der Staat die Einkommenssteuer und zieht sie direkt vom Gehalt ab. In den USA haben jedoch mächtige Unternehmen dafür gesorgt, an einem System festzuhalten, in dem die Menschen ihre Steuern selbst berechnen und einreichen müssen, oft mit Software wie TurboTax. Die größten Anbieter dieser Software, Intuit und H&R Block, haben mehr als fünf Millionen Dollar ausgegeben, um Gesetze zu verhindern, die ein einfacheres System schaffen oder kostenlose Steuersoftware vom Staat anbieten würden.[181] Sie haben gewonnen, obwohl dieses System zutiefst ineffizient ist.

Unternehmen arbeiten nicht nur innerhalb des Staates daran, das Gesetz zu ändern, der Staat erlaubt ihnen oft auch, ungestraft gegen das Gesetz zu verstoßen. Wie Gregg Barak in seinem Buch *Unkontrollierte Macht der Konzerne* feststellt, sind kapitalistische Gesellschaften durch ein immenses Maß an »staatlich gelenkter Kriminalität« gekennzeichnet.[182] Um es mit den Worten der Anti-Monopolistin Michelle Meagher zu sagen: »Es gibt nur sehr wenig, wozu große Unternehmen nicht in der Lage sind, und wir haben die Instrumente aufgegeben, die sie eindämmen sollten.«[183]

Barak argumentiert, dass die Struktur von Unternehmen in kapitalistischen Gesellschaften so gestaltet sei, dass die Besitzer persönlich von legalen und produktiven Aktivitäten profitieren könnten, ohne vollständig für illegale und schädliche Aktivitäten haftbar zu sein.[184] In den USA ermöglicht die rechtliche Entscheidung, Unternehmen als »Menschen« zu betrachten, ihnen alle Rechte eines Menschen zu gewähren, ohne dass sie die gleiche Verantwortung tragen müssen. So gibt es im US-Recht beispielsweise keinen Straftatbestand wie »Unternehmensmord«.[185] Und selbst wenn sie gegen das Gesetz verstoßen würden, könnten große Unternehmen Heerscharen von teuren Anwälten einsetzen, um das Rechtssystem nach ihrem Willen zu biegen.

Der Grund für das Ungleichgewicht in der rechtlichen Behandlung von individueller und unternehmerischer Kriminalität ist, dass unternehmerische und staatliche Macht oft enger miteinander verbunden sind, als uns vorgegaukelt wird. Wie wir in Kapitel 6 sehen werden, spiegeln die Ergebnisse im Rechtssystem oft die Auseinandersetzungen zwischen sozialen Klassen wider, die durch das Machtgleichgewicht zwischen diesen Klassen beeinflusst werden.[186] In einer kapitalistischen Gesellschaft, in der das Kapital die Arbeit dominiert, wird der Staat in den meisten Fällen versuchen, Straßenkriminalität zu unterbinden und Verbrechen multinationaler Unternehmen zu normalisieren.[187] Im Neoliberalismus, der das Machtgleichgewicht weiter zugunsten des Kapitals verschoben hat, »ist die als Unternehmenskriminalität bekannte Form der staatlichen Regulierung im Grunde verschwunden«.[188]

Gerade weil das Recht eng mit dem Kapital verbunden ist und der Staat dazwischensteht, wird es schwierig, Unternehmenskriminalität erfolgreich zu verfolgen.[189] Die wenigen Ausnahmen bestätigen das Prinzip, dass gesetzliche Regeln zwar manchmal unternehmerisches Verhalten eindämmen können, aber die unverantwortliche Macht von Unternehmen nicht wirklich infrage stellen.[190] Ein Wissenschaftler nennt dieses Fehlen von Konsequenzen für Fehlverhalten »geplante Straflosigkeit«.[191]

Wichtig ist, dass Unternehmen nicht nur wirtschaftliche, sondern auch politische Rollen spielen. Innerhalb eines Unternehmens gibt es eine klare Arbeitsteilung: Einige besitzen die Mittel zur Produktion, während andere ihre Arbeitskraft verkaufen müssen, um zu überleben. Unternehmen wurden geschaffen, um diese ungleiche Beziehung zu regeln und die Eigentümer vor Risiken zu schützen. Das Unternehmen ist also eine Art personifiziertes Kapital. Letztlich sind Unternehmen zu souveränen Akteuren in unserer Gesellschaft geworden, die ähnlich wie Staaten Strafen verhängen, das Leben regeln und Gesetze erlassen oder brechen können.

Die Folgen für alle anderen sind gravierend. Wenn Hayek wirklich an der Freiheit und Autonomie des Einzelnen interessiert gewesen wäre, hätte er die übermächtigen kapitalistischen Unternehmen als ebenso großen Feind angesehen wie den Staat. Aber Unternehmen können nicht allein agieren – sie sind auf die Unterstützung anderer mächtiger Akteure wie des Staates und großer Finanzinstitute angewiesen. Diese Beziehungen werden wir in den folgenden Kapiteln näher betrachten.

5

Zeit kaufen: Wie Großbanken planen

Viele kennen die Science-Fiction-Serie »Doctor Who«, eine der am längsten laufenden TV-Serien der Welt. Sie folgt den Abenteuern eines mythologischen »Time Lords« namens Doctor Who, der in einem Raumschiff namens TARDIS durch Zeit und Raum reist. Für uns Erdbewohner sieht die TARDIS wie eine blaue Telefonzelle aus. Die Time Lords, von denen die meisten in einem langen Krieg ausgelöscht wurden, waren eine hoch entwickelte Rasse, die ihre Macht über die Raumzeit nutzte, um die Zeit selbst zu schützen und weniger fortschrittliche Wesen daran zu hindern, sie zu verändern oder das Gefüge des Universums zu beschädigen.

Im Kapitalismus gibt es auch eine Art »Herren der Zeit«: Finanzinstitutionen. Sie bestimmen, wie verschiedene Wirtschaftsakteure die Zeit erleben. Indem sie Investitionen über Zeit und Raum verteilen, entscheiden sie, welche Unternehmen überleben und welche scheitern. Viele gute Unternehmen gehen pleite, wenn ihnen das Geld ausgeht, während andere, weniger rentable Unternehmen dank ihrer engen Beziehungen zu Finanzinstitutionen länger überleben, als man erwarten würde. Wenn es darum geht, welche Unternehmen Erfolg haben, welche Innovationen gefördert werden und welche Staaten Kredite bekommen, gehören Finanzinstitute zu den mächtigsten Akteuren im kapitalistischen System. Ein Autor verglich moderne Banken sogar mit Gosplan, der zentralen Planungsbehörde der UdSSR, weil sie entscheiden, wer bestehen bleibt und wer nicht. Schumpeter dagegen sprach vom »Urteil des Marktes«.[1]

Adam Neumann, Gründer und Ex-CEO von WeWork, kennt die Macht der Finanzinstitute nur zu gut. Er galt einst als einer der erfolgreichsten »Disruptoren« des Silicon Valley. Doch seine Karriere geriet ins Stocken, als bekannt wurde, dass er die Bücher seines Unternehmens vor einem geplanten Börsengang im Jahr 2019 gefälscht hatte.

Neumann, geboren 1979 in Israel, zog 2001 nach New York, um an der Zicklin School of Business am Baruch College zu studieren. Bevor er sein Studium abbrach, lernte er seine zukünftige Frau Rebekah Paltrow kennen, eine Cousine der Schauspielerin Gwyneth Paltrow. Zu seinen ersten Geschäftsideen gehörten faltbare High Heels für Frauen und Babykleidung mit eingebauten Knieschonern.[2] Für Letztere fand er eine Finanzierung und gründete 2006 das Unternehmen Egg Baby, das immer noch existiert.[3] Bald darauf entwickelte er die Idee für WeWork: ein Unternehmen, das ungenutzte Büroräume an schnell wachsende Start-ups vermietet.

WeWork knüpfte enge Verbindungen zu schnell wachsenden Tech-Start-ups, die seine flexiblen Büroräume nutzten. Dadurch konnte der Gründer WeWork als eine Art Techunternehmen vermarkten. Nach der Finanzkrise, die viele Finanz- und Immobilienriesen zum Einsturz brachte und »Big Tech« an die Spitze katapultierte, half dieses Image WeWork, große Geldsummen zu sammeln. Das ermöglichte eine schnelle Expansion in mehrere amerikanische und schließlich auch europäische Städte. 2016 war WeWork zehn Milliarden Dollar wert und gehörte zu den »Einhörnern« – privaten Unternehmen mit einem Wert von mehr als einer Milliarde Dollar.[4]

An dieser Stelle kommt Masayoshi Son ins Spiel, der berühmt-berüchtigte Gründer des japanischen Finanzinstituts SoftBank. Er ist bekannt dafür, aus dem Bauch heraus zu investieren, was ihm sowohl große Gewinne als auch massive Verluste eingebracht hat. Son wuchs in einer armen Familie von Zainichi-Koreanern auf, frühen koreanischen Einwanderern in Japan. Seine Familie verdiente mit dem illegalen Verkauf von Sake genug Geld, um Son eine Schulausbildung zu ermöglichen.[5] Im Alter von 16 zog Son in die USA, um die High School abzuschließen. Dann studierte er im kalifornischen Berkeley.[6] Während seines Studiums entwickelte er eine Faszination für Computertechnologie und gründete mehrere erfolgreiche kleine Techfirmen.[7]

Son investierte das so verdiente Geld über sein neues Unternehmen SoftBank. Mit einer Beteiligung an Yahoo machte er sich 1995 einen Namen. Als früher Investor in Alibaba, dem chinesischen Techriesen, wuchs sein Vermögen weiter.

1999 setzte Son 20 Millionen Dollar auf Alibaba und erhielt dafür eine 30-prozentige Beteiligung. Diese Investition zahlte sich enorm aus, als Alibabas Marktwert bis 2020 auf über 800 Milliarden Dollar wuchs – es wurde Sons erfolgreichste Wette. Son ist aber auch für eine Reihe schlechter Entscheidungen bekannt geworden. Er hält sogar den zweifelhaften Rekord des Mannes, der das meiste Geld in der Geschichte verloren hat, seit er während des Dotcom-Crashs 70 Milliarden Dollar einbüßte.[8]

Zu diesem Zeitpunkt soll Neumann Berichten zufolge barfuß im Büro herumgelaufen sein und extravagante Sommercamp-Partys für seine Mitarbeiter veranstaltet haben. Er ermutigte sie, bei der Arbeit Tequila zu trinken, und kaufte sogar einen G6-Privatjet, um mit seinen Kollegen darin zu »hotboxen«, also Cannabis zu konsumieren.[9] Das *Wall Street Journal* schrieb, dass zu Neumanns bescheidenen Lebenszielen gehörte, der erste Billionär der Welt zu werden und ein WeWork auf dem Mars zu bauen.[10]

Als Neumann und Son versuchten, das Unternehmen an die Börse zu bringen, begann es zu kriseln. Im Sommer 2019, nach einer weiteren Finanzspritze von Son, wurde WeWork mit 47 Milliarden Dollar bewertet.[11] Hätte das Unternehmen damals den Börsengang durchgezogen, wäre es der zweitgrößte des Jahres 2019 nach Uber gewesen. Doch als Investoren, Journalisten und Aufsichtsbehörden Einblick in Neumanns Imperium erhielten, fanden sie viel Unangenehmes. Die Unterlagen, die WeWork vor dem Börsengang einreichte, zeigten laut *Forbes*, dass Neumann »Bargeld verbrannte« und »einige der schlechtesten Corporate-Governance-Praktiken« hatte, die der Journalist je gesehen hatte.[12]

Das Unternehmen machte massive Verluste, aber Neumann wurde durch das Chaos persönlich reich. Erstens hatte er mehrere der von WeWork gemieteten Gebäude gekauft, was bedeutete, dass das Unternehmen ihm persönlich beträchtliche Mieten bescherte.[13] Zweitens hatte Neumann mehrere persönliche Darlehen von dem Unternehmen zu sehr niedrigen Zinssätzen aufgenommen.[14] Drittens, und das war das Lächerlichste, hatte Neumann das Wort »we« als Markenzeichen schützen lassen und es an sein eigenes Unternehmen für 5,9 Milliarden Dollar in Aktienoptionen verkauft.[15] Zum Zeitpunkt des Börsengangs hatte Neumann persönliche Kreditlinien bei mehreren Banken, die den Börsengang begleiteten. Das *Wall Street Journal* berichtete, er plane, 700 Millionen Dollar seiner Firmenaktien vor dem Börsengang zu verkaufen.[16]

Die Investoren warfen einen Blick unter die Haube von WeWork und sträubten sich. Die Bewertung des Unternehmens fiel fast über Nacht von 47 Milliarden auf unter 15 Milliarden Dollar. Der Börsengang wurde abgesagt.[17] Unter dem Druck der Investoren musste Neumann als CEO zurücktreten, schaffte es aber noch, mit 1,6 Milliarden Dollar davonzukommen.[18]

SoftBank war bereit, WeWork aus der finanziellen Klemme zu helfen und Neumann mit dem Kauf eines Teils seiner Aktien einen ordentlichen Geldbetrag zu bescheren. Überraschenderweise erhielt er zusätzlich Millionen an »Beratungshonoraren«. Doch später, nachdem Son sich bei seinen eigenen Investoren für das Debakel entschuldigen musste, trat SoftBank von dem Deal zurück. Schließlich einigten sie sich 2021 auf einen Vergleich, der Neumann fast 450 Millionen Dollar einbrachte.[19]

Wie man beim Spaziergang durch die Innenstädte sehen kann, gibt es WeWork immer noch. Investoren hatten das Management gezwungen, die Kosten drastisch zu senken, mindestens 20 Prozent der Belegschaft zu entlassen, das G6-Flugzeug zu verkaufen und die Unternehmensführung umzukrempeln.[20] Die Pandemie stellte WeWorks Geschäftsmodell zwar auf die Probe, weil viele Freiberufler ins Homeoffice wechselten. Doch das Unternehmen profitierte vom postpandemischen Trend hin zu flexibleren und ansprechenderen Arbeitsbereichen. 2021 ging WeWork schließlich über eine Special Purpose Acquisition Company (SPAC) an die Börse, diesmal mit einer Bewertung von neun Milliarden Dollar.[21] Bis August 2023 verlor WeWork allerdings 98 Prozent seines Wertes.

Der wichtigste Grund, warum WeWork nicht komplett zusammengebrochen ist, war die Rettungsaktion von SoftBank. Am Ende verlor SoftBank jedoch rund 90 Prozent der ursprünglichen Investition durch Abschreibungen.[22]

Im Kern hatte WeWork ein funktionierendes Geschäftsmodell. In den meisten Fällen hätte Neumanns Missmanagement das Unternehmen dennoch in die Insolvenz getrieben. Masayoshi Son gab WeWork jedoch die nötige Zeit, um sich zu restrukturieren und als kleineres Unternehmen weiterzumachen. Ob das langfristig zum Überleben reicht, ist offen.

Wie der Wirtschaftswissenschaftler Hyman Minsky feststellte, hängt das Überleben eines Unternehmens stark vom Zugang zu Bargeld ab.[23] Finanzinstitute beeinflussen nicht nur die wirtschaftlichen Bedingungen, sondern gestalten sie aktiv mit. Sie kaufen denjenigen, die sie unterstützen, Zeit, aber das geschieht völlig ohne demokratische Kontrolle. Die Macht des Finanzsektors konzentriert sich darauf, Reichtum und Einfluss für die oberste Schicht zu sichern, selbst wenn das bedeutet, groß angelegten Betrug zu ignorieren oder zu fördern.

Aber wie läuft diese Planung eigentlich ab? Dafür muss man einen Blick ins Innenleben des Finanzwesens werfen. Finanzinstitute entscheiden darüber, wohin investiert wird, und damit auch, welche Unternehmen, Staaten und Einzelpersonen Erfolg haben können. Banken haben dabei das besondere Privileg, Geld quasi aus dem Nichts zu erschaffen.[24] Diese Kontrolle über Investitionen gibt Finanzinstituten die Macht, die Zukunft zu planen.

Aber sie arbeiten nicht allein. Finanzinstitute könnten in ihrer heutigen Form nicht existieren, wenn sie nicht von kapitalistischen Staaten unterstützt würden. Interessanterweise geschieht diese Unterstützung hauptsächlich durch Regulierung. Die Regeln und Beschränkungen helfen den Banken, das Vertrauen von Investoren und Einlegern zu erhalten. Natürlich springen die Staaten auch oft ein, um Finanzinstitute zu retten, wenn sie die Regeln nicht einhalten.

Die Beziehung zwischen Banken und Unternehmen ist entscheidend für den Kapitalismus. Banken vergeben Kredite und investieren in Firmen, was deren Wachstum und Überleben beeinflusst. Große Unternehmen und Banken haben oft enge Verbindungen. Manchmal, wie bei Masayoshi Son und Adam Neumann, sorgen diese Beziehungen dafür, dass schlecht geführte Unternehmen länger bestehen bleiben, als sie es sonst könnten.

Die Macht, die moderne Finanzinstitute über die Wirtschaft

haben, nutzen sie nicht für das Gemeinwohl. Es geht ihnen vor allem darum, Profit für sich selbst und ihre Aktionäre zu erwirtschaften. Oft geschieht das durch kurzfristige Entscheidungen, Betrug oder Korruption. Der Finanzsektor ist dabei immer mächtiger geworden und eng mit dem Staat verbunden. Ein Autor sagt es so: »Unsere Wirtschaft wird nicht mehr von demokratischen Institutionen, sondern von Bankern und Managern gesteuert, die wissen, dass sie persönlich von dieser Macht profitieren.«[25]

Dr. Doom

Nach der Finanzkrise von 2008 fragte Königin Elisabeth II. bei einem Treffen mit Wirtschaftswissenschaftlern an der London School of Economics, warum niemand die Krise vorhergesehen hatte.[26] Die Frage ließ die Experten nachdenken. Einige meinten, es habe an fehlender Kommunikation innerhalb des Finanzsystems gelegen, andere sahen das Problem in mangelnder Regulierung. Manche argumentierten sogar, es sei einfach ein Schwarzer Schwan gewesen, also ein unvorhersehbares Ereignis.

Tatsächlich hatten einige Ökonomen die Krise vorhergesehen: 2006 erklärte Nouriel Roubini in einem Raum voller Ökonomen des Internationalen Währungsfonds, dass die Weltwirtschaft praktisch in einen Gewehrlauf starre.[27]

Im globalen Finanzsystem wuchs ein riesiges Risiko, das vor allem durch Subprime-Hypotheken in den USA verursacht wurde. Sobald einige Hausbesitzer ihre Kredite nicht mehr bedienen konnten, drohte dies, große Banken weltweit in den Abgrund zu reißen. Roubini, der frühzeitig vor diesem Risiko warnte, wurde von seinen Kollegen spöttisch als »Dr. Doom« bezeichnet.

Der Wirtschaftswissenschaftler Steve Keen sagte 2005 voraus, dass die steigenden privaten Schulden im globalen Finanzsystem zu einem »Minsky-Moment« führen würden, benannt nach dem US-Ökonomen Hyman P. Minsky. Dabei würden die Kreditmärkte versiegen und Notverkäufe von Vermögenswerten eine Insolvenzkrise auslösen.[28] Im selben Jahr warnte der Inder Raghuram Rajan bei einem Treffen der Zentralbanker in Jackson Hole, dass Finanz-»Innovationen« wie Collateralized Debt Obligations und Credit Default Swaps das Risiko einer »katastrophalen Kernschmelze« in sich trügen.[29] Was sahen diese Ökonomen, was ihre Kollegen nicht erkannten?

Keen spricht von einem Versagen der Mainstream-Ökonomen, die die Dynamik der Verschuldung nicht richtig verstanden hätten.[30] In diesem Abschnitt schauen wir uns an, warum Verschuldung so wichtig für den Kapitalismus ist und warum traditionelle Wirtschaftsmodelle oft nicht verstehen, wie Kreditvergabe funktioniert. Ein großer Fehler in diesen Modellen ist, dass sie nicht sehen, dass Banken durch das Verleihen von Geld quasi neues Geld erschaffen. Das gibt den Banken eine Menge Macht, wie unsere Wirtschaft läuft.

Wenn man ein wirtschaftswissenschaftliches Lehrbuch aufschlägt, wird man schnell mit dem Konzept der »kreditfähigen Mittel« vertraut – also dem Gesamtbetrag an Ersparnissen, der in einer Volkswirtschaft vorhanden ist.[31]

In diesem Modell sollen private Ersparnisse als fester Geldbestand betrachtet werden, der für Investitionen genutzt werden kann. Aufgabe der Finanzwirtschaft ist es herauszufinden, wie dieses Geld am besten angelegt werden kann. Der Zinssatz, also der »Preis« des Geldes, wird durch Angebot und Nachfrage bestimmt.

In diesem Bankenmodell legen Sparer ihr Geld bei den Banken an. Die Banken verleihen es gegen Zinsen an Investoren, und ein Teil der Zinsen wird an die Sparer zurückgegeben.

Allerdings kann die Bank nicht ihr gesamtes Geld verleihen; sie muss immer einen Teil als Reserve vorhalten.[32] Dieses System nennt man fraktioniertes Reserve-Banking. Es erlaubt Banken, Geld zu schaffen. Wenn ich 100 Dollar bei der Bank einlege und die Bank daraufhin 90 Dollar an jemand anderen verleiht, erhöht sich die Gesamtmenge des Geldes in der Wirtschaft von 100 auf 190 Dollar.

Das »Loanable Funds«-Modell basiert auf der Idee, dass Banken den Menschen einen sicheren Ort bieten, um ihre Ersparnisse zu lagern, und diese Ersparnisse dann sicher verleihen. Anstatt Ihr gesamtes Geld direkt einem Freund zu geben, der ein Unternehmen gründen will, legen Sie es bei einer Bank an. Die Bank prüft dann die Kreditanträge und entscheidet, wem das Geld verliehen wird. Banken agieren also als Vermittler zwischen Sparern und Kreditnehmern.[33] Das Modell hat nur einen Haken: Die Annahmen, auf denen es basiert, sind falsch.

Wie das Arbeitspapier 761 der Bank of England klarstellt, sind »Banken keine Vermittler von kreditfähigen Geldern«.[34] In den meisten modernen Volkswirtschaften können Banken Geld aus dem Nichts schaffen, noch bevor sie Einlagen haben. Eine Bank kann 100 Pfund verleihen, ohne selbst 100 oder auch nur zehn Pfund zu haben. Wenn eine große Bank einem Kunden 100 000 Dollar leiht, erhöht sie damit einfach die Geldmenge in der Wirtschaft, ohne auf bestehende Ersparnisse angewiesen zu sein.

Diese Fähigkeit, Geld aus dem Nichts zu schaffen, verleiht den Banken unglaubliche Macht. Kredite entscheiden darüber, welche Unternehmen überleben, welche Menschen erfolgreich sind und welche Staaten wachsen. Darüber hinaus hat die Gesamtmenge des Geldes in der Wirtschaft makroökonomische Auswirkungen auf Variablen wie Wachstum und Inflation, die die Regierung zu beeinflussen versucht. Dennoch lässt der Staat zu, dass Banken die Rolle des Geldmachers spielen.

Welche Einschränkungen gibt es für die Fähigkeit der Banken, Geld zu schaffen? Banken müssen sich an Regeln halten, die von Staaten und Zentralbanken aufgestellt werden. Zum Beispiel müssen sie ein bestimmtes Verhältnis zwischen ihren Krediten (Aktiva) und Einlagen (Passiva) einhalten. Doch sie können diese Anforderungen oft erfüllen, nachdem sie bereits Kredite vergeben haben.[35]

Der Hauptfaktor, der bestimmt, wie viel Geld von den Banken geschaffen wird, ist die Nachfrage nach Krediten.[36] Banken müssen sich keine Gedanken darüber machen, erst Einlagen zu sammeln, bevor sie Kredite vergeben. Stattdessen konzentrieren sie sich darauf, möglichst viele profitable Kredite zu vergeben. Die einzige Grenze für die Kreditvergabe ist, wie viel die Menschen sich Geld leihen möchten, was wiederum von der Wirtschaftslage abhängt. Und diese Wirtschaftslage wird zum Teil durch die Kreditentscheidungen der Banken beeinflusst.

Es ist leicht zu sehen, wie die moderne Wirtschaft durch diesen Kreislauf aus Auf und Ab geprägt wird. Banken vergeben Kredite, was das Wachstum ankurbelt und Unternehmen dazu bringt, noch mehr Kredite aufzunehmen. Dadurch können Banken wiederum noch mehr Kredite vergeben. Was also stoppt diesen Boom?

Es kommt nicht allein darauf an, was in der Wirtschaft objektiv passiert, wie sich Zinssätze oder das Wachstum entwickeln, sondern auch auf ein Gefühl: Vertrauen.

Wenn Unternehmer oder Manager Investitionsentscheidungen treffen, treffen sie im Grunde genommen Vorhersagen darüber über die Zukunft.[37] Sie wissen mit Sicherheit, welche Kosten heute auf sie zukommen, aber sie haben keine Ahnung, wie ihre Rendite morgen aussehen wird. Diese Ungewissheit ist genau der Grund, warum Schumpeter erfolgreiche Unternehmer für so brillant und den Kapitalismus für so wichtig hielt.

Ökonomen versuchen oft, Ungewissheit zu vermeiden, weil

sie so kompliziert ist. Wenn das Ergebnis unklar ist, kann man nicht einfach alle Optionen durchrechnen und die perfekte Lösung finden. Investitionsentscheidungen sind nicht wie Würfeln, sondern eher wie die Entscheidung, ob man heiraten will.[38]

Finanzinstitute sollen diese Unsicherheit für uns managen. Da niemand perfekte Informationen über die Zukunft hat, investieren sie in manche unsichere Projekte und in andere nicht. Die gängige Theorie besagt, dass das kein Problem ist, solange Banken und Investoren richtig auf die Informationen von Unternehmen und Märkten reagieren. Wenn Banken ihre Investitionen auf die profitabelsten Unternehmen lenken, machen sie alles richtig.

Die Theorie übersieht jedoch einige wichtige Fragen zur Unsicherheit. Was passiert, wenn mehrere mögliche »effiziente« Ergebnisse in der Zukunft denkbar sind? Und was, wenn unsere Erwartungen die Zukunft tatsächlich beeinflussen? Anders gesagt: Was, wenn die Entscheidungen der Banken, welche Unternehmen Kredite bekommen, tatsächlich darüber bestimmen, welche Unternehmen am profitabelsten werden?

WeWork zeigt gut, wie stark die Erwartungen der Menschen sein können. Hätten Finanzinstitute wie SoftBank das Unternehmen nicht unterstützt, weil sie an sein Wachstum glaubten, wäre WeWork wohl gescheitert. Doch genau diese Erwartungen hielten das Unternehmen am Leben. In so einem Fall besteht die Schwierigkeit nicht nur darin, dass niemand das effizienteste Ergebnis kennt, sondern auch darin, dass es keine eindeutige »richtige« Lösung gibt, wohin Kredite und Investitionen fließen sollten.[39] Wer über Kredite entscheidet, gestaltet die Zukunft.[40]

Die Neoliberalen wussten genau, wie mächtig diese Kontrolle ist, und nutzten sie gezielt, um die Bürger zu steuern und zu disziplinieren. Im Rahmen des »privatisierten Keynesianismus« wurden individuelle Schulden zur Ersatzlösung für staatliche Ausgaben und Investitionen.[41] Die private Verschuldung trug nicht nur dazu bei, die zugrunde liegende Stagnation vieler Volkswirtschaften in der reichen Welt zu verbergen, was letztlich zur Finanzkrise führte. Sie war auch ein starkes Disziplinierungsinstrument, das gegen Arbeitnehmer eingesetzt werden konnte.[42]

Wie wir in Kapitel 6 sehen werden, war der privatisierte Keynesianismus Teil einer größeren neoliberalen Strategie. Das Ziel war, Menschen zu schaffen, die sich als individuelle Unternehmer sehen und die um ihren Anteil am Wohlstand kämpfen – und nicht als Teil einer Arbeiterklasse, die sich gemeinsam gegen Ausbeutung wehrt. Um dies zu erreichen, zerschlugen neoliberale Regierungen die Arbeiterbewegung und schufen eine Klasse von »Mini-Kapitalisten«, die ihr Leben als eine Mischung aus Schulden und Investitionen betrachteten.[43]

Einerseits würde die Rentenprivatisierung eine Klasse von »Investorenkapitalisten« schaffen, die ihre Interessen als identisch mit dem Finanzsektor insgesamt ansahen.[44] Andererseits würde das Fehlen von Kontrollen bei der Kreditvergabe eine Gruppe von verschuldeten Menschen schaffen, die in ständiger Angst vor Zahlungsausfällen lebten und sich deshalb weit weniger gegen ihre Ausbeutung wehren würden.[45] Gleichzeitig schützte der Staat, der die Interessen der Mächtigen verteidigte, große Unternehmen und Finanzinstitutionen vor den Folgen ihrer eigenen Rücksichtslosigkeit.

Die Macht, Schulden zu machen und zu verwalten, ist ein sehr starkes politisches Werkzeug. Kapitalisten und Politiker haben diese Macht so gestaltet, dass sie ihre Kontrolle über andere verstärken können. Läge diese Macht stattdessen in den Händen der Menschen und nicht nur bei großen Finanzinstituten, könnten wir in Infrastrukturen und Technologien investieren, die die Welt verbessern. Stattdessen fließt das Geld oft in

Projekte, die vor allem den Reichen und Mächtigen zugutekommen.

Wir haben gesehen, dass Banken Geld aus dem Nichts schaffen können. Dieses Privileg verleiht ihnen große Macht über unsere Wirtschaft. Banken entscheiden mit, welche Unternehmen, Personen und sogar Staaten Erfolg haben, ohne wirklich demokratisch kontrolliert zu werden. Sie haben also die Macht zu planen. Doch Banken planen nicht allein. Ihre Macht basiert auch auf ihren Beziehungen zu Unternehmen und Staaten.

Bernie und Bernard

Banken und Unternehmen erscheinen oft als zwei verschiedene Welten: Banken stehen für den modernen, eleganten Finanzkapitalismus, Unternehmen für den rauen Industriekapitalismus der Vergangenheit. Doch in Wirklichkeit haben die größten Banken und Unternehmen viel gemeinsam und arbeiten oft eng zusammen, ob im Guten oder im Schlechten. Viele große Unternehmensskandale sind eng mit den mächtigsten Finanzinstituten der Welt verknüpft. Auch wenn einige Unternehmen verschwinden, bleiben ihre Banken oft bestehen.

Als Enron 2001 in Konkurs ging, war das der größte Bankrott dieser Zeit. Es stellte sich heraus, dass das Unternehmen auf massivem Betrug fußte. Die Führungskräfte hatten komplexe Buchhaltungsstrukturen entwickelt, um ihre riesigen Schulden zu verstecken. Enron gibt es nicht mehr, aber JPMorgan Chase, einer der größten Kreditgeber, ist heute die größte Investmentbank in den USA. JPMorgan war tief in die Finanzen von Enron verstrickt. Die Bank investierte in das Unternehmen, kaufte Aktien für ihre Fonds und empfahl sie anderen Anlegern.[46]

Als Großaktionärin von Enron hatte die Bank ein starkes

Eigeninteresse, Unregelmäßigkeiten in der Buchhaltung zu übersehen. Später fanden Analysten heraus, dass die Bank den Anlegern den Kauf von Enron-Aktien empfahl, obwohl sie von den versteckten Schulden des Unternehmens wusste.[47] JPMorgan half Enron zudem dabei, Milliarden von Anlegern zu beschaffen, indem die Bank eine komplizierte Finanzstruktur entwickelte, die das Unternehmen kreditwürdiger erscheinen ließ, als es war.[48] Als die Rolle von JPMorgan im Enron-Skandal bekannt wurde, verklagten die Anleger das Unternehmen zusammen mit neun anderen Banken und erreichten eine Einigung über eine Milliarde Dollar.[49]

Ein Jahr nach dem Zusammenbruch von Enron kam heraus, dass WorldCom unter der Leitung von Bernard Ebbers illegal Buchführungstricks verwendet hatte, um den Aktienkurs um 11 Milliarden Dollar zu manipulieren. Der WorldCom-Skandal übertraf sogar den von Enron.

Bernard Ebbers, geboren 1941 als Sohn eines Handlungsreisenden, hatte sein Geld aus dem Betrieb einer Motelkette in den Telekommunikationssektor investiert und WorldCom gegründet.[50] Der ehemalige College-Basketballstar war wegen seiner Vorliebe für Jeans und Cowboystiefel als »Telecom Cowboy« bekannt. Schon in der Schule war er nicht besonders gut, und bei seiner Befragung vor Gericht gestand er, dass er »bis heute keine Ahnung von Technologie und keine Ahnung von Finanzen oder Buchhaltung« habe.[51] Ebbers' Strategie für WorldCom war, das Unternehmen durch aggressive Übernahmen zu vergrößern. Als die Dotcom-Blase platzte, hatte WorldCom jedoch 30 Milliarden Dollar Schulden.[52] Investoren und Aufsichtsbehörden waren erstaunt, wie WorldCom so viel Geld leihen konnte. Es stellte sich heraus, dass Ebbers eine enge Beziehung zu den Führungskräften von Salomon Smith Barney hatte, einer Investmentbank, die später Teil der Citigroup wurde.[53]

Als ein ehemaliger Generalstaatsanwalt herausfand, dass die

Bank Ebbers »außerordentliche finanzielle Vorteile und Unterstützung« bot, um ihn dazu zu bringen, ihr Geschäfte zu übertragen, einigte sich die Citigroup mit den WorldCom-Aktionären auf eine Summe von 2,65 Milliarden Dollar.[54] JPMorgan, das bei der Übernahme von 15,4 Milliarden Dollar der WorldCom-Anleihen bei der Citigroup geholfen hatte, zahlte zwei Milliarden.[55] Ebbers selbst wurde wegen Betrugs und Verschwörung verurteilt. Er gilt als der fünftschlechteste CEO in der Geschichte der USA.[56]

Wenn diese beiden Beispiele noch nicht ausreichen, werfen wir einen Blick auf Bernie Madoff. 2009 gestand Madoff, der einst die NASDAQ leitete, dass seine Investmentfirma in Wirklichkeit ein riesiges Schneeballsystem war. Dabei wurden neue Investitionen nicht genutzt, um das Unternehmen wachsen zu lassen, sondern um die früheren Investoren auszuzahlen. Madoff hatte die Firma 1960 mit 5000 Dollar gegründet, die er als Bademeister und Sprinklerinstallateur gespart hatte,[57] sowie mit einem 50 000-Dollar-Darlehen seines Schwiegervaters.[58] 2009 wurde Bernie Madoff für das größte Schneeballsystem in der US-Geschichte zu 150 Jahren Gefängnis verurteilt. Er hatte Anleger um rund 64,8 Milliarden Dollar betrogen.[59]

Madoffs Bank war JPMorgan. Obwohl die Bank von einigen Ungereimtheiten bei Madoffs Finanzen wusste, informierte sie die Behörden erst sehr spät über den möglichen Betrug. Die Staatsanwaltschaft stellte fest, dass JPMorgan »wusste oder hätte wissen müssen«, dass Madoff betrog. Die Bank behauptete das Gegenteil.[60] Madoff selbst erklärte in einem Interview aus dem Gefängnis heraus, dass »JPMorgan von dem Betrug wusste«.[61] Die Bank zahlte anschließend 2,6 Milliarden Dollar an Bußgeldern und Strafen.[62]

Warum sind große Banken immer wieder auf die Betrügereien Einzelner hereingefallen? Das liegt daran, dass das Bank- und

Finanzwesen stark von Beziehungen abhängt. Banker müssen den Führungskräften der Institutionen vertrauen, in die sie investieren. Gleichzeitig müssen diese Führungskräfte glauben, dass die Investoren ihre Zusagen einhalten.

Diese Beziehungen sind entscheidend für das Verständnis des modernen Kapitalismus und der darin stattfindenden Planung. Im nächsten Abschnitt werden wir sehen, dass das moderne Finanzwesen eng mit dem Nationalstaat verbunden ist. Im Laufe der Zeit haben Banken ihre Rolle erweitert und sind zu wichtigen Vermittlern im Produktionsprozess geworden. Sie bieten verschiedene Finanzierungsformen an, rechnen Salden zwischen Unternehmen ab und nehmen Einlagen entgegen, während sie zugleich die Finanzierung von Regierungen sicherstellen.

Banken spielen zudem eine zentrale Rolle bei der Entwicklung der Kapitalmärkte. Sie unterstützen Unternehmen beim Börsengang und helfen bei der Entstehung neuer Unternehmen. Dieser sich wandelnde Prozess der Beziehung zwischen Banken und Unternehmen wird als Finanzialisierung bezeichnet.[63]

Einer der bekanntesten marxistischen Theoretiker der Finanzialisierung war Rudolf Hilferding. Er erkannte, dass dieser Prozess die Finanziers in mächtige kapitalistische Planer verwandelte.[64] Hilferding, der in eine Wiener jüdische Familie hineingeboren wurde, war früh in den Kreisen der sozialistischen Denker und Agitatoren der Stadt engagiert.[65] Er studierte an der Seite führender marxistischer Intellektueller, darunter Karl Kautsky, ein Freund von Friedrich Engels.[66] Heute ist Hilferding vor allem für seine Rolle als Finanzminister in der kurzlebigen Weimarer Republik bekannt, als die deutsche Regierung begann, Papiergeld zu drucken, um ihre Auslandsschulden zu finanzieren, was in eine Hyperinflation mündete.

Hilferding folgte Kautsky nach Deutschland, wo er Redakteur der sozialdemokratischen Zeitung *Vorwärts* wurde.[67] Während dieser frühen Jahre arbeitete er an seinem 1910 veröffentlichten Hauptwerk *Finanzkapital*, bevor er 1924 in den Reichstag gewählt wurde. Als prominenter jüdischer Intellektueller und sozialdemokratischer Politiker war Hilferding gezwungen, aus Deutschland zu fliehen, als die nationalsozialistische Bedrohung offensichtlich wurde. Er ging nach Frankreich, konnte aber dem Vichy-Regime nicht entkommen und wurde 1941 an die Gestapo ausgeliefert.[68] Historiker glauben, dass er gefoltert wurde, bevor er in einem Pariser Gefängnis starb.

Hilferding war ein Sozialdemokrat und ein persönlicher Gegner von Lenin, doch er blieb ein überzeugter Marxist. Tatsächlich lässt sich ein großer Teil von Lenins Arbeit auf die Theorien von Hilferding zurückführen.[69] Er baute auf Marx' Theorien der Zentralisierung und Finanzialisierung auf, um zu zeigen, dass Finanzinstitutionen wichtige Planer in der Weltwirtschaft sind und dass der Aufbau und die Pflege von Beziehungen zu Akteuren in anderen Sektoren für den Erhalt ihrer Macht von zentraler Bedeutung sind.

Diese Beziehungen sind so wichtig, weil die kapitalistische Entwicklung die Dinge komplexer macht. Mit dem Fortschritt der Wirtschaft werden Maschinen, Technologie und Infrastruktur immer zentraler, was die Gründung neuer Unternehmen verteuert. Um in diese teuren Ressourcen zu investieren und mit etablierten Firmen mithalten zu können, müssen neue Unternehmen Kredite aufnehmen. Dadurch werden die Verbindungen zwischen Banken und Unternehmen immer enger, da die Banken ein wachsendes Interesse an den Unternehmen haben, denen sie Geld leihen.[70]

Mit der Zeit, so Hilferding, würde die Kluft zwischen Geschäftsleuten und Bankern also immer kleiner. Die Finanzinstitute übernehmen häufig die Verwaltung der Beziehungen eines Unternehmens zu seinen Investoren. Das gibt den Führungskräften die Möglichkeit, sich voll auf das tägliche Geschäft zu konzentrieren.[71] Gleichzeitig wandeln sich die Vorstandsvorsitzenden von Managern zu Eigentümern: Sie bekommen nicht nur ein Gehalt, sondern auch Aktienoptionen, die sie zu »Mini-Kapitalisten« machen. Je enger Banken und Unternehmen verflochten sind, desto weniger spielt der Markt eine Rolle bei der Steuerung der Wirtschaft. Stattdessen entstehen durch die Beziehungen zwischen diesen Institutionen und dem Staat zentrale Strukturen, die eine Art Planung innerhalb der größten Unternehmen und Finanzinstitute ermöglichen. Wie einer von Hilferdings Zeitgenossen in einer Wall-Street-Publikation schrieb: »Die Abschaffung der Wettbewerbsmethoden, [die] enge Verschweißung des privaten Bankwesens mit dem staatlichen Finanzapparat, die Zunahme von Kontrolle und Koordination – all das sind Elemente der Stärke des zukünftigen Finanzkapitalismus.«[72]

Unter Kautskys Einfluss kam Hilferding zu der Überzeugung, dass die Verschmelzung kapitalistischer Interessen irgendwann ein »allgemeines Kartell« hervorbringen würde – im Grunde wie ein riesiger Megakonzern, der alles in der Weltwirtschaft planen und steuern könnte. Diese Vorhersage hat sich nicht bewahrheitet. Auch wenn kapitalistische Volkswirtschaften mal mehr, mal weniger wettbewerbsfähig sind, wird der Wettbewerb nie komplett verschwinden. Wichtig ist, sich klarzumachen, dass der Kapitalismus ein Mischsystem ist, in dem Planung und Märkte parallel existieren. Deshalb ist Hilferdings »Generalkartell« eher unwahrscheinlich.

Marx hat das natürlich erkannt. Seine Theorie der Zentralisierung deutet zwar darauf hin, dass die Macht der Unternehmen im Laufe der Zeit wachsen würde, aber er ging nie davon aus, dass der Wettbewerb völlig verschwinden würde. Marx war sich der Spannungen im Kapitalismus immer bewusst – Spannungen, die das System antreiben, sich weiterzuentwickeln, zu verändern und anzupassen. Dieses Spannungsfeld zwischen Koordination und Wettbewerb, zwischen der Planungsmacht großer Institutionen und der Anarchie des Marktes, ist für das Funktionieren des modernen Kapitalismus von zentraler Bedeutung. Eine kleine Anzahl von Institutionen hat viel Macht, um die Funktionsweise des Systems zu gestalten, aber sie kontrollieren es eben nicht vollständig.

Wir können diese Spannungen, die Marx als »Dialektik« bezeichnet hätte, sehr deutlich im Finanzsektor sehen. Finanzinstitute stehen zwar im Wettbewerb miteinander und stellen Unternehmen Gelder zur Verfügung, die ihrerseits um Marktanteile kämpfen. Aber die engen Beziehungen, die Finanziers zu Unternehmen und Politikern aufbauen, sowie die Netzwerke, die sie zwischen diesen Akteuren schaffen, schwächen am Ende den Wettbewerb. Das führt zu einer stärkeren Zentralisierung der Wirtschaft.[73]

Nehmen wir die im letzten Kapitel beschriebene Reihe von Fusionen in der Agrochemie – keine davon hätte ohne die Unterstützung großer Investmentbanken stattgefunden. Als Bayer 2016 Monsanto kaufte, geschah dies mit der Unterstützung von Credit Suisse, Bank of America und Rothschild, die dafür bis zu 80 Millionen Dollar an Gebühren kassierten.[74] Morgan Stanley und Ducera, die Monsanto berieten, teilten sich bis zu 110 Millionen Dollar.[75] Da das Geschäft teilweise mit Schulden finanziert wurde, erhielten mehrere Banken zwischen 150 und 200 Millionen Dollar an Gebühren, darunter Credit Suisse, Goldman Sachs und JPMorgan.[76]

Die Übernahme von Monsanto durch Bayer gilt heute als eine der schlechtesten Geschäftsentscheidungen überhaupt. Bayer sah sich nach der Fusion mit unzähligen Klagen konfrontiert, da Monsantos Herbizid Roundup aufgrund der enthaltenen Chemikalie Glyphosat als krebserregend eingestuft wurde.[77]

Als Dow Chemical mit DuPont fusionierte, gingen große Teile der Beratungsgebühren an Michael Klein, einen ehemaligen CEO der Citigroup. Klein hatte eine enge Verbindung zum damaligen Dow-CEO Andrew Liveris, mit dem er zusammenarbeitete, als Liveris im Vorstand der Citigroup saß. Die beiden teilten sich die Beratungsgebühren in Höhe von 80 bis 100 Millionen Dollar mit Morgan Stanley.[78] ChemChina holte sich Beratung von der HSBC und der China CITIC Bank International, die sich die Gebühren von 65 bis 95 Millionen Dollar teilten. Syngenta ließ sich von der Boutique-Investmentbank Dyalco beraten, die der frühere Goldman-Chef Gordon Dyal gegründet hatte, sowie von JPMorgan, UBS und Goldman. Diese Banken teilten sich Gebühren zwischen 59 und 71 Millionen Dollar.[79] Große Fusionen bedeuten nicht nur mehr Marktmacht für die beteiligten Unternehmen, sondern auch einen ordentlichen Geldsegen für die Großbanken.

Die Banken spielen eine zentrale Rolle dabei, das chaotische Kapitalismus-System zu organisieren, indem sie die Macht in den Händen einiger großer Unternehmen und Finanzinstitute bündeln. Anstatt gegeneinander zu arbeiten, ziehen es Großbanken und Unternehmen oft vor, gemeinsam an ihren Zielen zu arbeiten. Und sie sind dabei ziemlich erfolgreich.

Aber wie Marx schon erkannte, ist die Macht des Finanzsektors nicht grenzenlos. Selbst die mächtigste Bank kann nicht den gesamten Finanzzyklus kontrollieren. Das ständige Streben nach Profit hat die Weltwirtschaft immer wieder an den Rand des Zusammenbruchs gebracht. Glücklicherweise waren die großen Staaten immer zur Stelle, um den Banken wieder auf die Beine zu helfen.

Könige, Kriege und Kredite

Im späten 17. Jahrhundert kämpften die europäischen Herrscher fast ununterbrochen um die Kontrolle über Gebiete und Menschen. Der Neunjährige Krieg von 1688 bis 1697, der manchmal als erster globaler Krieg bezeichnet wird, war Teil einer langen Reihe von Kriegen, die zwischen den großen imperialen Mächten Europas geführt wurden. In diesem Fall kämpften die Franzosen gegen eine Koalition aus dem Heiligen Römischen Reich,[80] den Niederlanden, Spanien und England. Englands neuer Monarch William III. fehlte das nötige Geld, um seine Beteiligung am Krieg fortzusetzen, und es gab nicht allzu viele Bankiers, die ihm bereitwillig Kredite gewährten.

Letztlich führte sein Dilemma zur Schaffung des modernen Zentralbankwesens. William, der König, stellte eine Gruppe von Bankiers ein, um ihm den benötigten Kredit zu gewähren. Im Gegenzug erhielten sie die Erlaubnis, eine Gesellschaft mit beschränkter Haftung zu gründen – die Bank von England. Diese Bank wurde damit beauftragt, die Guthaben der Regierung zu verwalten, und bekam das exklusive Recht, im Namen des Königs Banknoten auszugeben. Die Bankiers lieferten das Gold für den Ausbau der Flotte und konnten im Gegenzug Papiernoten ausgeben, die durch die Macht des Königs gedeckt waren.

Wie David Graeber in seinem Buch *Schulden: Die ersten 5000 Jahre* erklärt: »Für die Bankiers war das ein großartiges Geschäft: Sie berechneten dem König acht Prozent Zinsen jährlich für den ursprünglichen Kredit und erhoben gleichzeitig auch Zinsen von den Kunden, die sich bei ihnen Geld liehen. Aber dies funktionierte nur so lange, wie der ursprüngliche Kredit nicht abgelöst wurde. Bis heute wurde dieser Kredit nicht zurückgezahlt. Er kann nicht zurückgezahlt werden.

Wenn er jemals zurückgezahlt würde, wäre dies das Ende des britischen Währungssystems.«[81]

Oder, wie Karl Marx es ausdrückte: »Die Bank von England begann damit, der Regierung ihr Geld [...] zu verleihen; gleichzeitig war sie vom Parlament ermächtigt, aus demselben Kapital Geld zu münzen, indem sie es dem Publikum nochmals in Form von Banknoten lieh. [...] Es dauerte nicht lange, so wurde dies von ihr selbst fabrizierte Kreditgeld die Münze, worin die Bank von England dem Staat Anleihen machte.«[82]

Überall auf der Welt wurden ähnliche Zentralbanken gegründet. Macht und Reichtum der Bank of England wuchsen im Laufe des 18. und 19. Jahrhunderts, und sie wurde schließlich zur »Bank der Bankiers«, die den Zahlungsverkehr zwischen anderen Finanzinstituten abwickelte und ihnen Kredite gewährte. Heute fungieren die mächtigsten Zentralbanken der Welt als Wächter des gesamten Finanzsystems. Diese Rolle ist in dem Maße wichtiger geworden, wie die zerstörerische Kraft des Finanzwesens zugenommen hat. Seit es Finanzmärkte gibt, lassen sich »Manien, Paniken und Crashs« beobachten, die fast das gesamte System zum Einsturz bringen.[83] Von der Tulpenmanie in den 1630er-Jahren über die Subprime-Blase vor der Finanzkrise 2008 bis hin zur jüngsten Kryptowährungsblase folgen diese tendenziell vorhersehbaren Mustern.[84] Ein neuer Trend bricht an, und die Investoren stürzen sich darauf. Der Preis schießt in die Höhe, erreicht einen spektakulären Gipfel und implodiert schließlich. Diese Blasen folgen oft einem ähnlichen grafischen Muster, das wie ein klarer Trend aussieht. Und doch erkennen die meisten Anleger nicht, was vor sich geht, wenn es so weit ist.

Die Menschen lassen sich von der Aufregung über das Neue mitreißen und nehmen Kredite auf, um in ihre Vorahnungen zu investieren. Dieser Ansturm neuen Geldes fließt in Dinge wie Tulpen oder Immobilien und lässt die Produzenten auf riesige Gewinne hoffen. Die Märkte werden mit diesen neuen Vermögenswerten überschwemmt, bis alle merken, dass die großartige Zukunftserwartung nicht ganz zutrifft. Dann beginnt der große Ausverkauf. Doch nicht alle können gleichzeitig verkaufen, ohne den Wert der Dinge zu drücken. Wie Keynes treffend sagte: »Es gibt keine Liquidität von Investitionen für die Gemeinschaft als Ganzes.«[85]

Auf den ersten Blick scheinen die wilden Schwankungen auf den Finanzmärkten die Vorstellung zu widerlegen, dass kapitalistische Volkswirtschaften durch bewusste Planung gesteuert werden. Manien, Paniken und Crashs entstehen, wenn Menschen ohne zentralen Plan auf den Finanzmärkten agieren. Die Anleger folgen dem Herdentrieb und investieren, weil es alle anderen auch tun, aber niemand kann vorhersagen, was als Nächstes passiert.

Wie wir in Kapitel 3 gesehen haben, ist hier die Spannung – oder Dialektik – zwischen Planung und Anarchie entscheidend. Krisen können außerhalb der Kontrolle einzelner Akteure oder Gruppen liegen. Doch einige sind besser darin, den Verlauf dieser Krisen zu beeinflussen als andere. Die engen Verbindungen zwischen Finanzinstituten und dem Staat sorgen oft dafür, dass die Verursacher von Finanzkrisen – die Finanziers – nicht die vollen Konsequenzen ihrer Gier tragen müssen.

Nach dem Börsenkrach von 1987 senkte die US-Notenbank die Zinssätze und schloss Rückkaufvereinbarungen im Wert von Milliarden Dollar mit US-Investmentbanken.[86] Diese »Repos« waren im Grunde kurzfristige Kredite, die den Banken ermöglichten, nach dem Crash billig Vermögenswerte aufzukaufen. Das ist so ähnlich, wie wenn ein Vermieter nach einer Finanzkrise Schnäppchenimmobilien aufkauft. Die großen, geschickten Anleger strichen während des Booms enorme Gewinne ein und wurden dann vom Aufprall des Zusammenbruchs weitgehend abgeschirmt. Am Ende trugen vor allem Kleinanleger und überschuldete Hausbesitzer die Last der Krise.

Die Reaktion der Fed auf den Crash wurde als »Greenspan-Put« bekannt, benannt nach ihrem damaligen Vorsitzenden Alan Greenspan.[87] Eine Put-Option ist wie eine Versicherungspolice. Sie überträgt dem Käufer das Recht, aber nicht die Pflicht, ein Wertpapier zu einem festgelegten Preis zurückzuverkaufen. Alan Greenspan, der damals als »Rockstar« der Fed galt und von neoliberalen Ökonomen geschätzt wurde, bot den großen Banken quasi eine staatlich abgesicherte Versicherung. Er signalisierte ihnen, dass der Staat immer bereit sein würde, ihnen aus der Patsche zu helfen, egal wie riskant ihre Wetten während des Finanzbooms auch sein mochten.[88] Dies war der Anfang einer Kette von »Krisenreaktionen«, die den Grundstein für zukünftige Krisen legte.[89,90]

Die Anleger merkten schnell, wie sie das Spiel, das Greenspan für sie aufgebaut hatte, perfekt spielen konnten. Sie wussten, dass die Zentralbanken die Zinssätze senken würden, wenn eine Blase platzt, was ihnen die Sicherheit gab, dass sie sich während des Finanzbooms riskant verhalten konnten. Als die Finanzkrise 2008 ausbrach, zeigte sich ein vertrautes Muster: Die Zentralbanker schauten zu, während eine Blase wuchs, Preise durch die Decke gingen und die Reichen noch reicher wurden. Als diese Blase dann platzte und vor allem die Arbeitnehmer und Kleinanleger die Zeche zahlten, griffen die Zentralbanken wieder ein, um den Finanzboom neu zu starten.

Als Japans Immobilienboom in den Neunzigerjahren platzte, standen die politischen Entscheidungsträger vor einem Problem. Der Absturz war so heftig, dass die üblichen Maßnahmen nicht mehr ausreichten. Selbst wenn die Zentralbank die Kreditzinsen auf ein Minimum senkte, waren die Menschen nicht bereit, Kredite aufzunehmen.[91] Also entschied sich die Bank of Japan, eine neue Methode auszuprobieren, um Geld in den Finanzsektor zu pumpen: die quantitative Lockerung (QE). Nach der Krise von 2008 begannen Banken weltweit, diesem Beispiel zu folgen.

Die quantitative Lockerung unterschied sich zwar von Land zu Land, aber die zugrunde liegende Logik war immer dieselbe: Zentralbanken druckten neues Geld und kauften damit Vermögenswerte aus dem Privatsektor auf. Anfangs waren es hauptsächlich langfristige Staatsanleihen, doch nach und nach landete alles Mögliche in ihrem Einkaufswagen, von Unternehmensanleihen bis hin zu jenen hypothekarisch gesicherten Wertpapieren, die die Finanzkrise überhaupt erst ausgelöst hatten.

Die Idee dahinter war, dass QE das Wirtschaftswachstum ankurbeln würde, indem den Banken mehr Geld zur Verfügung gestellt wird, das sie dann an Verbraucher und Unternehmen verleihen. Doch das Problem war nie der Mangel an Geld, sondern die fehlende Bereitschaft, neue Schulden aufzunehmen. In einer kriselnden Wirtschaft, in der alle versuchen, ihre bestehenden Schulden abzubauen, hatte niemand Lust auf noch mehr Kredite.

Einige Ökonomen argumentierten, dass QE dennoch helfen könnte, die schwache Kreditnachfrage indirekt zu bekämpfen. Der Gedanke dahinter war, dass QE zwar nicht direkt die Kreditvergabe ankurbeln würde, aber durch den Kauf von Vermögenswerten die Preise dieser Vermögenswerte steigen würden. Das würde die Vermögenswerte derjenigen, die bereits reich sind, weiter aufwerten, also die Reichen noch reicher machen. Die Hoffnung war, dass diese Wohlstandssteigerung dazu führen würde, dass die Reichen mehr ausgeben und investieren, was letztlich das Wirtschaftswachstum ankurbeln könnte.

Dieser Ansatz, so umstritten er auch sein mag, basiert auf der Idee, dass ein »Vermögenseffekt« entsteht: Wenn die Reichen reicher werden, könnten sie einen Teil ihres neu gewonnenen Reichtums ausgeben, was die Wirtschaft insgesamt stimulieren könnte. Die Idee hinter der quantitativen Lockerung war, dass Zentralbanken Vermögenswerte aufkaufen und so deren Preise stützen, gerade in Zeiten nach einem Crash, wenn viele Menschen verkaufen wollen, aber kaum Käufer zu finden sind. Durch das Stabilisieren dieser Preise sollte den Besitzern dieser Vermögenswerte wieder Vertrauen in die Zukunft gegeben werden. Das Ziel war, sie zu ermutigen, neue Kredite aufzunehmen und in die Wirtschaft zu investieren. Diese Investitionen sollten wiederum Arbeitsplätze schaffen und das Wirtschaftswachstum ankurbeln, wodurch der Finanzzyklus wieder in Schwung käme.

Doch in der Praxis funktionierte nur ein Teil dieser Theorie: der Teil, in dem die Reichen noch reicher wurden. Die Zentralbanken kauften vor allem sichere Vermögenswerte wie Staatsanleihen, wodurch sie neues Geld ins Finanzsystem pumpten. Das drängte Investoren dazu, risikoreichere Vermögenswerte zu kaufen, was letztlich zu steigenden Preisen für diese Vermögenswerte führte. So profitierte vor allem die wohlhabende Oberschicht, während der versprochene wirtschaftliche Aufschwung eher bescheiden ausfiel.[92] Die Preise für Vermögenswerte sind schneller gestiegen als die Preise für alles andere, einschließlich der Löhne. Das hat dazu geführt, dass der Unterschied zwischen denjenigen, die viel Besitz haben, und denen, die weniger haben, seit 2008 noch größer geworden ist.[93] All das neue Geld sollte durch Investitionen der Reichen in die übrige Wirtschaft »durchsickern«. Wie zu erwarten, verlief das sehr zäh.

Mit dem Greenspan-Put 1987 fiel die Maske der Fed endgültig ab: Greenspan zeigte, dass der Staat bereit war, alle Register zu ziehen, um die Wall Street zu schützen, während er nur sehr wenig zur Unterstützung von Arbeitnehmern und kleinen Unternehmen tat. Während der Finanzkrise 2008 wurde das

Bild noch deutlicher: Die Zentralbanken kümmerten sich vor allem um die großen Finanzinstitute und Unternehmen, während Millionen von Menschen ihre Jobs verloren und aus ihren Häusern vertrieben wurden. Um es mit den Worten von Frederic Durand zu sagen: »Die große Aufgabe der Regierungen und Währungsbehörden, die mit jeder finanziellen Umwälzung seit den Achtzigern konfrontiert waren, war es, die Kontinuität der Finanzgewinne zu gewährleisten.«[94] Die Finanzkrise hat die ungesunden Verbindungen zwischen den mächtigsten Zentralbanken und ihren Finanzfreunden offengelegt. Es ist klar geworden, dass unsere öffentlichen Institutionen nicht wirklich für uns arbeiten, sondern für das Kapital.

Die Entwicklung stellte jedoch die Legitimität der Zentralbanken infrage. Der politische Ökonom Benjamin Braun argumentiert, das Problem mit QE bestünde darin, dass es zeige, wie wenig »unabhängig« unsere Zentralbanken tatsächlich seien, obwohl sie dies stets behaupteten.[95] Die Idee hinter der Unabhängigkeit der Zentralbanken ist, dass es einen natürlichen langfristigen Zinssatz gibt. Er stellt sicher, dass Angebot und Nachfrage nach Geld im Gleichgewicht sind, die Preise stabil bleiben und Vollbeschäftigung herrscht.

Doch die Zentralbanker sollen nicht den langfristigen Zustand der Wirtschaft beeinflussen; ihre Aufgabe ist es, den aktuellen Zustand der Wirtschaft mit ihrem langfristigen Potenzial in Einklang zu bringen.

Mit dem Aufkommen von QE geriet die Vorstellung vom natürlichen langfristigen Zinssatz plötzlich in den Hintergrund. Statt nur die kurzfristigen Zinssätze anzupassen, um sie näher an diesen »natürlichen« Zinssatz heranzuführen, haben die Zentralbanken gezeigt, dass sie aktiv versuchen, die makroökonomischen Bedingungen zu steuern.[96] Die Zentralbanker haben den Anspruch aufgegeben, dem Markt zu folgen, und sind stattdessen dazu übergegangen, ihn zu führen.

Der politische Charakter der Zentralbanken ist während der jüngsten Inflationskrise noch deutlicher geworden. Nach der Finanzkrise wurden die Zinssätze niedrig gehalten, um die Vermögenspreise zu stützen. Jetzt steigen sie schnell, um die Verbraucherpreise zu dämpfen. Der Grund? Steigende Verbraucherpreise machen Vermögenswerte relativ weniger wertvoll. Wenn die Lebensmittelpreise stark steigen, aber der Wert Ihres Hauses gleich bleibt, können Sie mit dem Eigenkapital Ihres Hauses weniger Lebensmittel kaufen.

Nach der Finanzkrise war Verbraucherpreisinflation kein Problem, da das Wirtschaftswachstum niedrig war und die Zentralbanken daher viel Geld in die Finanzmärkte pumpen konnten, was die Vermögenspreise in die Höhe trieb. Als die Verbraucherpreise jedoch zu steigen begannen, gerieten die Zentralbanken in Panik und hoben die Zinssätze an. Das machte Kredite für Menschen mit vielen Schulden teurer.[97]

Wie Braun argumentiert, hätten die Handlungen der Zentralbanker in den letzten Jahren deutlich gemacht, dass sie keine neutralen, technischen Experten mit überlegenem Wissen über die Funktionsweise der Wirtschaft sind.[98] Die Idee eines langfristigen natürlichen Zinssatzes wurde praktisch auf dem Altar der Wahrung der Stabilität des Finanzsystems geopfert.[99] Stattdessen hätten die Zentralbanker gezeigt, dass sie aktiv planen, was in der Wirtschaft passiert, und zwar ohne jegliche demokratische Rechenschaftspflicht.

Und es sind nicht nur die Zentralbanken. Der gesamte Regulierungsapparat, der das moderne Finanzsystem steuert, wurde von und für die mächtigen Finanzinstitute selbst geschaffen. Das moderne Finanzwesen könnte ohne die rechtlichen Rahmenbedingungen, die es regulieren, nicht bestehen – von Einlagensicherung bis hin zu Kapitalanforderungen und Insolvenzrecht. Weil das Recht so zentral für das Funktionieren des

Finanzsystems ist, investieren Finanzinstitute viel Zeit und Geld in Lobbyarbeit bei Gesetzgebern und Aufsichtsbehörden, um dieses System zu ihren Gunsten zu beeinflussen.

Während die Gesellschaft also eindeutig von einer besseren und restriktiveren Finanzregulierung profitieren würde, ist der Kampf um ihre Gestaltung sehr ungleich. Finanzmarktregulierung ist ein extrem komplexes Gebiet, und nur wenige Außenstehende haben das Wissen oder den Anreiz, die geballte Lobbymacht großer Finanzorganisationen herauszufordern. Öffentliche Kampagnen, wie die für eine Finanztransaktionssteuer in Europa, scheitern oft schon früh – meist wegen der starken und koordinierten Lobbyarbeit des Finanzsektors.[100] Tatsächlich ist die Finanzregulierung so komplex, dass es den Finanzinstituten oft erlaubt ist, sie selbst zu bestimmen. Finanzinstitute sind Teil eines tiefgreifenden und umfassenden internationalen Privatrechtssystems.[101] Oberflächlich betrachtet, klingt die Idee des »Privatrechts« wie ein Widerspruch in sich: Gesetze werden von Staaten gemacht. Aber genauso wie Unternehmen Souveränität haben können, ist die Macht, Gesetze zu erlassen, nicht auf den Staat beschränkt.

Das Gesetz funktioniert nicht nur durch Zwang, sondern auch durch gesellschaftliche Normen und Überzeugungen. Die meisten Menschen halten sich an das Gesetz nicht nur aus Angst vor Strafe, sondern weil sie es als das Richtige ansehen – es ist schließlich »das Gesetz«. Die »Macht, die Gewalt und die Legitimität des Gesetzes« rühren alle von seiner Bezeichnung als Gesetz her.[102] Tatsächlich erfordert Gehorsam gegenüber dem Gesetz nicht einmal den Zwang einer zentralen Autorität – obwohl das Vorhandensein einer solchen Instanz zweifellos hilfreich ist. Vielmehr ist er implizit in der Idee des Gesetzes selbst enthalten.[103]

Die von privaten Institutionen aufgestellten Normen und Regeln können, wenn sie genügend Legitimität erlangen, ähnlich wirken wie staatliche Gesetze. Die Rechtswissenschaftlerin Katharina Pistor betont, dass »das Kapital oft nicht durch Gewalt, sondern durch Recht regiert«.[104]

Eine der zentralen Methoden, wie private Einrichtungen ihre eigene Rechtsarchitektur schaffen, ist die geschickte Nutzung von Lücken im formalen Rechtssystem.[105] Wie Verträge sind auch Rechtssysteme immer unvollständig – sie können nicht jede denkbare Situation abdecken. Deshalb gibt es die Justiz, die entscheidet, wie abstrakte Gesetze in konkreten Fällen angewendet werden. Anwälte nutzen diese Unbestimmtheit des Rechts nicht nur, um ihre Mandanten zu verteidigen, sondern auch, um die Auslegung und Anwendung des Rechts insgesamt zu beeinflussen.[106]

Pistor führt als Beispiel den Trust an, der im Mittelalter entwickelt wurde, um das Eigentum von Rittern zu schützen, die in die Kreuzzüge zogen. Ursprünglich ein Schutzmechanismus, wurde der Trust später zur Steuervermeidung genutzt. In jüngerer Zeit haben Finanziers in der Londoner City ähnliche Lücken in der internationalen Regulierung ausgenutzt. So wurde die Stadt zu einem Zentrum für den Offshore-Handel mit sogenannten Eurodollars, die außerhalb der Regulierungsreichweite der US-Behörden lagen.[107] Als die Bank of England begann, sich mit den in der Stadt gehandelten unregulierten Dollars zu befassen, war der Markt bereits so groß, dass die Regulierungsbehörden beschlossen, ihn im Wesentlichen zu ignorieren. Die Banken machen das Gesetz genauso, wie das Gesetz die Banken macht.

Genau wie Unternehmen können auch Finanzinstitute oft das Gesetz beugen oder brechen, ohne dafür bestraft zu werden. Staaten neigen dazu, bei großen Finanzinstituten ein Auge zuzudrücken oder sie sogar aktiv zu unterstützen. Nach der Finanzkrise zögerten die meisten Staaten beispielsweise, die Hauptverantwortlichen strafrechtlich zu verfolgen.

Wie Nicholas Shaxson in seinem Buch *Treasure Islands* zeigt, wird staatliche Unterstützung für Verbrechen besonders deutlich bei internationaler Steuervermeidung und -hinterziehung, die durch den Finanzsektor erleichtert wird.[108] Es ist nicht nur so, dass Steueroasen wie die Kaimaninseln und Panama Gesetze schaffen, um die Finanztransparenz zu untergraben; diese Länder werden auch vor der Kontrolle durch mächtigere Staaten geschützt. Diese mächtigeren Staaten profitieren oft selbst von den Steueroasen, sei es, um Steuerhinterziehung zu ermöglichen oder schmutziges Geld zu verstecken. Schätzungen zufolge sind weltweit rund 7,6 Billionen Dollar an Vermögen in Steueroasen verborgen.[109] Der internationale Finanzsektor fungiert als »Zirkulationssystem für kriminelles Geld, das durch Drogenhandel, Terrorismus, Piraterie, Menschenhandel, Proliferation und Steuerhinterziehung erworben wurde«.[110]

Wenn wir uns das internationale Finanzsystem ansehen, finden wir kein Paradies der freien Marktwirtschaft vor. Stattdessen sehen wir unglaublich mächtige Institutionen sowohl im öffentlichen als auch im privaten Sektor, die die Bedingungen für alle anderen mitgestalten. Die Finanzinstitutionen »[kleiden sich] in das liberale Gewand des Marktes, [nehmen] jedoch die alte Souveränität des Staates in Beschlag, um den Sozialkörper umso besser ausquetschen zu können, um [ihre] eigenen Profite zu ernähren«.[111]

Diese Macht wird jedoch ohne jede demokratische Kontrolle ausgeübt. Politiker, Technokraten und Finanziers entscheiden zusammen über alles – von den Zinssätzen, die wir für Kredite zahlen, bis hin zu den Regelungen bei Staatsbankrotten. Wenn jeder Einfluss darauf nehmen könnte, wie diese Regeln gestaltet und durchgesetzt werden, und nicht nur eine kleine, privilegierte Gruppe, hätten wir eine völlig andere Welt.

Der unbekannte Riese der Weltwirtschaft

Die meisten Menschen kennen Amazon. Seine Monopolmacht ist unübersehbar und Gegenstand ständiger Debatten. Jeff Bezos, zwischenzeitlich reichster Mann der Welt, besitzt ein Nettovermögen von 150 Milliarden Dollar.

Den Vermögensverwalter BlackRock kennen eher wenige Menschen; sein CEO Larry Fink ist auch »nur« eine Milliarde Dollar schwer. Und dennoch ist Fink in vielerlei Hinsicht mächtiger als Bezos.

Fink wurde mal als »König der Wall Street« bezeichnet. Er ist ein Mann, der ein »riesiges Finanzimperium aufgebaut hat, wie es noch nie zuvor gesehen wurde«.[112] Nachdem er am College mit verschiedenen Studiengängen geliebäugelt hatte, entschied sich Fink für eine Karriere an der Wall Street. Er erhielt mehrere Jobangebote, erzählt aber, dass er am Boden zerstört gewesen sei, als er für eine Stelle bei Goldman Sachs abgelehnt wurde. Stattdessen stieg er bei First Boston schnell auf und wurde der jüngste Managing Director in der Geschichte des Unternehmens.[113] Fink verließ das Unternehmen, nachdem er 1986 durch eine missglückte Wette auf Zinssätze 100 Millionen Dollar verloren hatte.[114]

Zu diesem Zeitpunkt gründete er BlackRock, zunächst unter dem Namen Blackstone Financial Management, bis es sich in den frühen Neunzigern von der Muttergesellschaft trennte. Obwohl Blackstone ursprünglich darauf bestand, dass der neue Name weder »Schwarz« noch »Stein« enthalten dürfe, gelang es Fink, die Führung zu überzeugen, dass der Name BlackRock als Hommage an die Ursprünge des Unternehmens für beide Seiten vorteilhaft wäre. In einer Entscheidung, die Außenstehende bis heute verwundert, stimmte Blackstone zu.

Der schlecht getimte Börsengang von BlackRock 1999 ging in die Hose, doch nach der Dotcom-Blase wuchs die Firma schnell, sowohl organisch als auch durch Fusionen und Übernahmen. 2006, nach einer Fusion mit Merrill Lynch Investment Managers, verwaltete BlackRock bereits ein Vermögen von einer Billion Dollar.[115] Inzwischen sind es mehr als zehn Billionen. Bei neun von zehn S&P-500-Unternehmen ist einer der drei großen Vermögensverwalter – BlackRock, Vanguard und State Street – der größte Anteilseigner.[116] BlackRock hält unter anderem einen Anteil von 5,7 Prozent an Amazon. Zusammen verwalten die Großen Drei ein Vermögen von 22 Billionen Dollar und halten etwa ein Fünftel aller Aktien des S&P 500.[117]

Vermögensverwalter sind Finanzinstitute, die sich um das Geld anderer Leute kümmern.[118] Pensionsfonds etwa geben ihr Geld nicht selten an einen der Großen Drei weiter, der dann entscheidet, wie es investiert wird. In diesem Sinne gehört das Geld von BlackRock nicht wirklich BlackRock, sondern in diesem Fall den Pensionären. Und doch wird dieses Geld verwendet, um Macht und Reichtum derjenigen an der Spitze auf Kosten aller anderen zu mehren.

Die Vermögensverwaltung soll ein sehr langweiliges Geschäft sein. Die meisten Kunden von BlackRock sind nicht darauf aus, den Markt kurzfristig mit cleveren Strategien zu schlagen; sie suchen nach langfristigen Renditen und einem sicheren Ort, an dem sie ihr Geld parken können. In der Vergangenheit war die Vermögensverwaltung ein relativ kleiner Sektor, dominiert von vielen mittelgroßen Anbietern. Doch eine Reihe von Trends hat dazu geführt, das gründlich zu ändern: Die Weltbevölkerung altert, Renten wurden privatisiert, der Wohlfahrtsstaat ausgehöhlt, die Vermögensungleichheit wächst, und das globale Wachstum verlangsamt sich, um nur einige Beispiele zu nennen. Der Bestand an Ersparnissen ist entsprechend in die Höhe geschossen.

BlackRock profitierte davon in besonderer Weise, indem es Pionierarbeit bei der Nutzung kostengünstiger passiver Anlagestrategien leistete.[119] Statt die Kunden speziell zu beraten, bilden viele der von BlackRock angebotenen Produkte über sogenannte ETFs einfach Indizes wie den S&P 500 oder den FTSE 100 ab. Dieser automatisierte Prozess ermöglicht es BlackRock, seine Beratungsarbeit an einen Algorithmus auszulagern, was weitaus billiger ist als die Beschäftigung von Mitarbeitern, die die Kunden direkt beraten und für sie investieren.

Während viele Anleger anfangs skeptisch gegenüber dem Wert passiver Anlagestrategien waren, haben sich diese Algorithmen als äußerst erfolgreich erwiesen, wenn es darum geht, selbst die talentiertesten Fondsmanager zu schlagen.[120] Aber es gibt ein Problem mit passiven Investmentfonds. Indem sie Investitionen in eine vorselektierte Gruppe von Unternehmen lenken, ohne viel Rücksicht darauf zu nehmen, was diese Firmen tun, untergraben sie die Funktionsweise des Marktes.

Anleger sollten auf die Entscheidungen von Führungskräften achten und ihre Investitionen entsprechend ausrichten. Gute Manager werden belohnt, schlechte bestraft, das ist das Grundprinzip der modernen Unternehmensführung. BlackRock allerdings kann schlechte Manager nicht sanktionieren, indem es deren Aktien verkauft. Die Beteiligungen des Unternehmens an Konzernen wie Walmart und Amazon sind einfach zu groß, um sie zu veräußern. Zudem werden BlackRocks marktnahe Fonds immer stark in die größten Unternehmen investieren. Fast unabhängig davon, wie sich diese Firmen entwickeln, können sie sich darauf verlassen, dass BlackRock, Vanguard und State Street ihre Aktien nicht verkaufen werden.[121] Wie der *Economist* feststellte, besteht eines der Hauptmerkmale gesunder Finanzmärkte darin, dass »eine Kakophonie verschiedener Akteure auf der Grundlage ihrer eigenen idiosynkratischen Analysen zu unterschiedlichen Schlussfolgerungen über den Preis der Dinge kommt«.[122] Doch statt einer Kakophonie verschiedener Stimmen ähneln die Finanzmärkte zunehmend einem überfüllten Raum, in dem ein oder zwei Personen ein Megafon haben. Tatsächlich tragen Vermögensverwalter wie BlackRock womöglich dazu bei, die Konzentration in der gesamten Wirtschaft voranzutreiben.

Wirtschaftswissenschaftler haben übereinstimmend Beweise dafür gefunden, dass gemeinsamer Besitz – wenn ein einzelner Aktionär mehrere Unternehmen innerhalb eines Sektors besitzt – wettbewerbsfeindliche Auswirkungen haben kann.[123] Wenn einige wenige mächtige Vermögensverwalter Anteile an den meisten großen Unternehmen besitzen, warum sollten sie dann wollen, dass diese Firmen miteinander konkurrieren? Für BlackRock könnte es sinnvoller sein, wenn die Unternehmen, an denen sie beteiligt sind, nicht konkurrieren, sondern vielleicht eher fusionieren. Ein hoher Anteil an gemeinsamem Besitz kann am Ende zu einem wirtschaftsweiten Monopol führen.

Doch was, wenn das auch Vorteile hat? Als »universelle Eigentümer« der größten Unternehmen weltweit sollten die Großen Drei vielleicht weniger darauf achten, wie gut jedes einzelne Unternehmen abschneidet, und mehr darauf, wie die Wirtschaft insgesamt funktioniert.[124]

Das Argument, dass Personen wie Fink die Hüter eines neuen, verantwortungsbewussten »Stakeholder-Kapitalismus« werden könnten, ist nicht neu. Es wird von Organisationen wie dem Weltwirtschaftsforum unterstützt.[125] Befürworter dieser Perspektive erkennen stillschweigend an, dass Unternehmen und Finanzinstitutionen die Macht haben, unser Leben zu planen, während sie gleichzeitig dafür plädieren, dies im allgemeinen Interesse zu tun.[126]

2020 schrieb Larry Fink einen eindringlichen Brief an die Vorstandsvorsitzenden der größten Unternehmen der Welt, in dem er erklärte, dass BlackRock seine Macht als Großaktionär nutzen würde, um Druck auf diese Firmen auszuüben, damit sie bis 2050 treibhausgasneutral werden.[127] Doch trotz Finks angeblichem Klimaengagement schmetterte BlackRock gemeinsam mit dem jeweiligen Management die meisten Aktionärsanträge ab, die mehr Klimaschutz forderten. Akademische Untersuchungen haben gezeigt, dass die Großen Drei »in der Regel mit dem Management stimmen«.[128] BlackRock begründete das Abstimmungsverhalten damit, dass die meisten von aktivistischen Aktionären eingebrachten Klimaanträge zu »präskriptiv« seien.[129]

Der Stakeholder-Kapitalismus ist eine Art »Autokritik« des Kapitalismus durch die Kapitalisten selbst. Sie entsteht in der Regel dann, wenn sich der Kapitalismus in einer Krise befindet, ohne dass es eine starke Gegenbewegung gibt.[130] Die »verantwortungsbewussten Kapitalisten« der Welt glauben alle, dass sie die Bedrohung durch Regulierung, Umverteilung und gewerkschaftliche Organisierung vermeiden können, wenn sie Selbstregulierung, Stakeholder-Engagement und Philanthropie zeigen.

Regierungen weltweit nahmen diese Idee begeistert auf. Die Vorstellung, dass Unternehmen wie BlackRock die Interessen »verantwortungsbewusster« Kapitalisten vertreten, ermöglichte es ihnen, enge Beziehungen zu politischen Parteien und Zentralbanken aufzubauen. BlackRock verfügt überall über starke Verbindungen zu Regierungen und Zentralbanken und wird oft als globaler »vierter Zweig der Regierung« bezeichnet.[131]

In den USA holte Präsident Biden mehrere ehemalige BlackRock-Führungskräfte in sein Kabinett.[132] Die Federal Reserve übertrug dem Unternehmen die Verantwortung für die Verwaltung der Unternehmensschulden, die es durch QE gekauft hat.[133] Die Eingriffe der Fed in den letzten Jahren haben BlackRock begünstigt, etwa durch Rettungspakete für Unternehmen, an denen BlackRock erhebliche Anteile hält. Es war nicht das erste Mal, dass BlackRock von Rettungsaktionen profitierte. Schon in der Finanzkrise wurde es hinzugezogen, um die Vermögenswerte von Bear Stearns und AIG zu verwalten, als diese praktisch verstaatlicht wurden.[134]

Die Bank of Canada holte sich während der Pandemie Rat von BlackRock zur Geldpolitik, und Fink selbst beriet Premierminister Justin Trudeau bei der Gründung der Canada Infrastructure Bank, die von Kritikern als »Privatisierungsbank« bezeichnet wird.[135]

Auch die EU beauftragte BlackRock, sie bei der Regulierung von Nachhaltigkeitsaspekten in den Bereichen Umwelt, Soziales und Unternehmensführung (ESG) für europäische Banken zu beraten. Später wurde der EU vorgeworfen, die damit verbundenen Interessenkonflikte nicht ausreichend berücksichtigt zu haben.[136] So viel zur Trennung von Staat und Wirtschaft.

Vermögensverwalter besitzen, wie Brett Christophers in seinem Buch *Our Lives in Their Portfolios* zeigt, einen großen Teil der grundlegenden Infrastruktur, die wir alle täglich nutzen.[137] Sie haben nicht nur eine außergewöhnliche Kontrolle über unser Finanzsystem, sondern besitzen auch Dinge, die für unser tägliches Leben essenziell sind – Schulen, Brücken, Windparks und Häuser. Ihre Kontrolle über diese Vermögenswerte dient dazu, ihre Rendite zu maximieren. Was bedeutet, dass sie unerbittlich versuchen, Gewinne aus ihren Besitztümern zu pressen, sei es durch Mieterhöhungen für gefährdete Haushalte oder durch Gebühren für die Nutzung von öffentlicher Infrastruktur.

Anstelle effizienter Finanzmärkte, die Investitionen basierend auf den besten verfügbaren Informationen verteilen, haben wir ein paar riesige, schwerfällige Organisationen. Sie fungieren als »neue ständige Eigentümer« der größten Unternehmen der Welt und der Infrastruktur, auf die wir alle angewiesen sind.[138]

Tatsächlich lässt sich die Zentralisierung des globalen Kapitalismus empirisch nachweisen. Die Autoren einer Studie zeigen, dass »drei Viertel der 205 umsatzstärksten Unternehmen der Welt mit einem einzigen globalen Unternehmensnetzwerk aus konzentrierten Eigentumsverhältnissen verbunden sind«.[139] Dieses Netzwerk ist hierarchisch aufgebaut, wobei die Kontrolle in den Händen einiger weniger US-Fondsmanager liegt, und einer davon ist BlackRock.

Neben den drei großen institutionellen Anlegern gehören Länder wie China, Singapur und Norwegen zu den bedeutendsten Aktienbesitzern. Die Autoren betrachten die wachsende Rolle des Staatseigentums als Reaktion auf die Volatilität des Weltkapitalismus, die Regierungen dazu veranlasst, ihre Volkswirtschaften gegen Marktbewegungen abzuschirmen, die sich ihrer Kontrolle entziehen. Der Kapitalismus der freien Marktwirtschaft, so argumentieren sie, wird paradoxerweise zunehmend etatistischer, wenn die Nachteile der Marktwirtschaft deutlich werden – ein Trend, den wir im nächsten Kapitel analysieren.

In einer wirklich marktwirtschaftlichen Gesellschaft sollte es keine allgegenwärtige private Macht geben, wie sie in den letzten Kapiteln beschrieben wurde. Alle kapitalistischen Institutionen sollten der überwältigenden Kraft des Marktmechanismus unterworfen sein, wenn auch in unterschiedlichem Maß. Stattdessen leben wir in einer Welt, in der Privatinstitutionen die Märkte beherrschen, ebenso wie die Arbeitnehmer und ganze Staaten. Kapitalismus bedeutet hier die Herrschaft des Kapitals – nicht die Freiheit der Märkte.

6

Korruption und Kapital: Wie Staaten planen

2015 ergab eine Untersuchung, dass ExxonMobil mindestens seit den Siebzigern über die Ursachen des Klimawandels und die damit verbundenen Gefahren Bescheid wusste. Ein internes Exxon-Dokument aus dem Jahr 1968 stellte fest, dass der CO_2-Gehalt in der Atmosphäre eindeutig ansteigt, was verheerende Auswirkungen haben könnte. Der Bericht nannte fossile Brennstoffe als den wahrscheinlichsten Verursacher dieses Anstiegs.[1] 1982 schickte der Leiter der Umweltprogramme von Exxon ein Papier an die Geschäftsführung, in dem er die »potenziell katastrophalen Ereignisse« beschrieb, die bei einer fortgesetzten Verbrennung fossiler Brennstoffe in der aktuellen Geschwindigkeit drohen.[2]

Ein Jahr später, als die Gewinne von Exxon fünf Milliarden Dollar erreichten, kürzte das Unternehmen die Mittel für sein Klimaforschungsteam von fast einer Million Dollar auf 150 000 Dollar pro Jahr.[3] 1989 finanzierte Exxon gemeinsam mit anderen Herstellern fossiler Brennstoffe die Global Climate Coalition. Sie erstellte ein Briefing für Gesetzgeber, in dem es hieß, dass »die Rolle der Treibhausgase beim Klimawandel nicht gut verstanden wird«.[4] Exxon-CEO Lee Raymond erklärte 1996, die wissenschaftlichen Beweise für die Auswirkungen menschlicher Aktivitäten auf das Klima seien »nicht schlüssig«.

Das *Wall Street Journal* nannte Raymond »auffallend politisch unkorrekt«.[5] So könnte man es auch ausdrücken. Er hielt eine Rede, in der er sich gegen das Kyoto-Protokoll zur Bekämpfung der globalen Erwärmung aussprach, weigerte sich in seiner gesamten Zeit bei Exxon, die Antidiskriminierungspolitik zum Schutz homosexueller Mitarbeiter zu verbessern, und bekam nach seinem Ausscheiden 2006 das damals zweitgrößte Ruhestandspaket (fast 400 Millionen Dollar) in der Unternehmenswelt überhaupt.[6] Zur Jahrtausendwende veröffentlichte Exxon eine Anzeige, in der die Auswirkungen menschlicher Aktivitäten auf das Klima angezweifelt wurden. Zu dieser Zeit erreichten die Unternehmensgewinne 17,7 Milliarden Dollar.

Seit 1998 hat das Unternehmen fast 290 Millionen Dollar für Lobbyarbeit bei der US-Regierung ausgegeben, durchschnittlich 13 Millionen Dollar pro Jahr, davon fast 30 Millionen Dollar allein 2008.[7]

Diese Zahlen beziehen sich nur auf das direkte Lobbying, das in Exxons Jahresberichten aufgeführt wird. 2015, als das Unternehmen den Berichten zufolge fast 12 Millionen Dollar dafür investierte, stellte ein Bericht von InfluenceMap fest, dass es 27 Millionen Dollar seien, wenn man Personal- und Werbekosten, direkte politische Beiträge und die Unterstützung von Branchenverbänden berücksichtigte.[8] Zwischen 1998 und 2014 gab das Unternehmen rund 30 Millionen Dollar für die Finanzierung von »Schattengruppen« aus, die Fehlinformationen über den Klimawandel verbreiten.

Die Verbindungen zwischen ExxonMobil und der Republikanischen Partei sind tief und dauerhaft. Exxon spendete 100 000 Dollar für den Antrittsfonds von George W. Bush und übte in den folgenden Jahren Druck auf die Regierung aus, sich gegen die Forschungsergebnisse des Weltklimarats zu stellen.[9] 2006 wurde Lee Raymond von Rex Tillerson als CEO von ExxonMobil abgelöst. Tillerson ist bekannt dafür, enge Beziehungen zu autoritären Regimen wie Saudi-Arabien und Russland aufgebaut zu haben, einschließlich persönlicher Verbindungen zu Wladimir Putin. Diese Beziehungen nahm er mit, als Donald Trump ihn 2017 zum Außenminister machte.[10]

Während seiner Zeit bei Exxon setzte sich Tillerson auf zynische Weise für die Einführung einer CO_2-Steuer zur Bekämpfung des Klimawandels ein. Nach Ansicht von Aktivisten war das ein Trick, um eine strengere Regulierung der Industrie zu vermeiden.[11] Noch 2016 erklärte Tillerson, dass die Welt weiterhin fossile Brennstoffe nutzen werde, »ob es ihnen gefällt oder nicht«.

Als ein Lobbyist von einem verdeckten Reporter gefragt wurde, wie viel Einfluss das Unternehmen auf die Trump-Regierung gehabt habe, lachte er und meinte: »Es wäre schwierig, all die Erfolge, die sie bei Trump erzielt haben, zu kategorisieren – sie sind wahrscheinlich Milliarden wert.«[12] Die Trump-Regierung hat zwischen 10,4 und 15,2 Milliarden Dollar an direkten wirtschaftlichen Erleichterungen an Big Oil ausgezahlt.[13]

Aber es sind nicht nur die Republikaner, die von Exxons Großzügigkeit profitieren. 2021 erzählte ein hochrangiger Lobbyist von ExxonMobil einem verdeckten Greenpeace-Reporter, dass das Unternehmen Lobbyarbeit bei demokratischen Senatoren geleistet habe, die als dem Unternehmen wohlgesonnen galten, um sich Joe Bidens Klimaplänen zu widersetzen.[14] Der Lobbyist bezeichnete Bidens Pläne zur Senkung der Treibhausgasemissionen als »verrückt« und erklärte offen, dass Exxon »einige der wissenschaftlichen Erkenntnisse« durch »Schattengruppen« aggressiv bekämpft habe, um seine Gewinne zu schützen. Er gab auch zu, dass das Unternehmen tatsächlich Forderungen nach einer CO_2-Steuer unterstützt hatte, die von den Verbrauchern und nicht von den Erzeugern erhoben werden sollte, weil klar gewesen sei, dass eine solche Steuer »für alle Amerikaner« »nicht zustande kommen würde«.

Der Lobbyist erzählte dem Reporter, dass Exxon wöchentliche Treffen mit dem demokratischen Senator Joe Manchin hatte, einem der konservativsten Demokraten im Senat, der bei vielen Themen mit den Republikanern zusammenarbeite,[15] wenn es darum ging, die gesetzliche Regulierung der fossilen Energieriesen abzuschwächen. Manchin machte sich im Senat einen Namen, indem er fast alle fortschrittlichen Gesetze blockierte, die auf seinem Schreibtisch landeten, insbesondere im Bereich Klima. Manchins persönliche Investitionen in Unternehmen aus der fossilen Industrie bringen ihm fast eine halbe Million Dollar im Jahr ein, das Dreifache seines Senatorengehalts.[16]

Der Lobbyist sagte auch, dass Exxon fünf andere demokratische Senatoren ins Visier genommen habe: Kyrsten Sinema und Mark Kelly aus Arizona, Maggie Hassan aus New Hampshire, Jon Tester aus Montana und Chris Coons aus Delaware. Spätere Analysen der *Huffington Post* belegten, dass sie zusammen mit Manchin in den letzten zehn Jahren insgesamt 333 000 Dollar an Spenden von »Lobbyisten, politischen Aktionskomitees und Lobbying-Firmen, die mit Exxon verbunden sind«, erhalten hatten.[17] Es überrascht also nicht, dass das Engagement der Biden-Regierung im Kampf gegen den Klimawandel, ein zentrales Thema seines Wahlkampfs, seit seinem Amtsantritt deutlich nachgelassen hat. Im September 2021 kündigte Biden an, dass seine Regierung den Ölgesellschaften nicht nur die Fortsetzung der Offshore-Bohrungen erlauben, sondern diese sogar ausweiten würde.[18]

Weltweit erhält der Sektor der fossilen Brennstoffe 5,9 Billionen Dollar an Subventionen, wobei der größte Teil von nur fünf Nationen stammt: den USA, China, Russland, Indien und Japan.[19] Viele der großen Ölgesellschaften bekamen auch enorme Summen vom Finanzministerium und der Federal Reserve im Rahmen der Corona-Rettungspakete. Laut der NGO

Bailout Watch gingen an diese Unternehmen 8,2 Milliarden Dollar, während sie gleichzeitig Zehntausende Jobs abbauten und die Gehälter der Manager erhöhten.[20] Offenbar waren sechs dieser Unternehmen mit diesem Ergebnis nicht zufrieden und investierten 2021 weitere fast 15 Millionen Dollar für Lobbyarbeit bei der US-Regierung, um auch ihre Steuervergünstigungen beizubehalten.[21]

Was die Situation so bizarr macht, ist die Tatsache, dass Biden seine Kampagne auf eine Politik zur Bekämpfung des Klimawandels aufgebaut hat, gerade weil viele Geschäftsleute, die der Demokratischen Partei nahestehen (darunter Larry Fink), wissen, dass ihre Renditen durch eine sich erwärmende Welt gefährdet werden könnten. Das Ergebnis der Lobbyarbeit im Weißen Haus ist eine Reihe widersprüchlicher Klimamaßnahmen, die einerseits viel Geld für Unternehmen bereitstellt, die sich gegen den Klimawandel engagieren, und andererseits weiterhin diejenigen subventioniert, die ihn verursachen.

Eine solche Situation mag, oberflächlich betrachtet, widersprüchlich erscheinen, ist aber tatsächlich eine logische Folge der Funktionsweise politischer Macht. Staatliche Institutionen sind keine unabhängigen Stellen, die objektiv entscheiden, welche Maßnahmen, basierend auf Beweisen, erforderlich sind. Stattdessen entstehen ihre Maßnahmen aus politischen Kämpfen innerhalb der Institutionen. Wer diese Kämpfe gewinnt, hängt von den Machtverhältnissen in der Gesellschaft und davon ab, welche Gruppen innerhalb der politischen Parteien und des Staates am besten organisiert sind. Es ist kein Zufall, dass eine Wirtschaft, die von fossilen Unternehmen dominiert wird, auch eine ist, in der die Maßnahmen gegen den Klimawandel langsam und lückenhaft sind.

Viele Linke wie Rechte argumentieren, die Verquickung von unternehmerischer und politischer Macht zeige, dass unsere

Wirtschaft korrumpiert sei. Aber der Kapitalismus war schon immer ein System, in dem öffentliche und private Macht im Dienst des Kapitals verschmolzen. Das bedeutet oft, dass die Menschen einem rücksichtslosen Wettbewerb auf dem freien Markt ausgesetzt sind, während große Unternehmen durch massive staatliche Rettungsmaßnahmen unterstützt werden. Unternehmen, die Gewinne über Sicherheit stellen, und Regierungen, die Bossen aus der Patsche helfen, während sie die anderen im Stich lassen, sind keine Perversion des Kapitalismus. Sie sind Teil des Kapitalismus.

Warum wird also die Staatsmacht so konsequent im Interesse des Kapitals ausgeübt? Und warum hat sich diese Koordinierung in der neoliberalen Ära des »freien Marktes« noch verstärkt? Wie jeder Politikstudent bestätigen kann, haben Staaten die Macht zu planen. Die Kontrolle über Geld, Steuern, das Militär und andere öffentliche Einrichtungen ermöglicht es Politikern, andere Akteure ihrem Willen zu unterwerfen. Staaten werden oft als völlig andere Akteure betrachtet als Unternehmen und Banken, die in der Welt agierten, die der Staat für sie geschaffen hat. Doch wie wir gesehen haben, sind Staaten, Unternehmen und Finanzinstitutionen nicht so weit voneinander entfernt, wie es scheint. In der Praxis arbeiten diese Institutionen häufig nicht gegeneinander, sondern miteinander und ergänzen sich. Wie wir von Wendy Brown in Kapitel 4 gehört haben, sehen moderne Staaten ihre Prioritäten zunehmend als denen von Unternehmen ähnlich an; und wie Joshua Barkan argumentiert, sind moderne Unternehmen mit der gleichen Art von Souveränität ausgestattet, von der man normalerweise annimmt, dass sie auf Staaten beschränkt ist.[22]

Die Zusammenarbeit zwischen Staaten und Kapitalisten funktioniert auf viele verschiedene, komplizierte und widersprüchliche Arten. Der Staat ist nicht nur eine feste Ansammlung von Institutionen, sondern eine »soziale Beziehung«[23].

Was innerhalb des Staates geschieht, spiegelt in der Regel die Machtverhältnisse in einer Gesellschaft wider. Wenn also die Arbeitnehmer stark sind und sich innerhalb der staatlichen Institutionen gut organisieren können, kippt das Pendel staatlicher Politik in ihre Richtung. Doch in den meisten Fällen sind die Bosse stärker. Der Übergang zum Neoliberalismus hat die Macht des Kapitals gegenüber der Arbeit erneut gestärkt, und die staatliche Politik spiegelt diesen Wandel wider.

Alle kapitalistischen Volkswirtschaften, ob neoliberal, etatistisch, laissez-faire oder anders geartet, basieren auf irgendeiner Form von zentraler Planung. Wenn neoliberale Denker behaupten, zentrale Planung zugunsten des freien Wettbewerbs abzulehnen, lehnen sie in Wirklichkeit nur bestimmte Arten der Planung ab – meist jene, die den Arbeitnehmern zugutekommen. Ob es nun darum geht, große Unternehmen zu subventionieren, Gewerkschaften zu zerschlagen oder die Bevölkerung zu »richtigem« Verhalten zu erziehen, Neoliberale befürworten staatliche Planung, solange sie dem Kapital dient. Um den politischen Ökonomen Karl Polanyi zu paraphrasieren: Der Neoliberalismus wurde geplant.[24]

Die Straßenverkehrsordnung

Eine der ersten Ideen, mit denen Sie als Politikstudent in Berührung kommen, ist die Sozialvertragstheorie. Sie erklärt, wie Staaten ihre Legitimität gegenüber den Bürgern aufrechterhalten. Warum tun wir, was Staaten und staatliche Institutionen uns vorschreiben? Und warum rebellieren wir nicht? Den meisten Theorien über Gesellschaftsverträge liegt die Idee zugrunde, dass die staatliche Macht auf einem imaginären »Vertrag« beruht, der zwischen Gruppen von Individuen in einem theoretischen »Naturzustand« geschlossen wurde, einer Welt ohne Staaten oder anderen Institutionen, die in der Lage sind, politische und soziale Macht zu zentralisieren. Für Thomas Hobbes, einen der Begründer der modernen politischen Philosophie, wäre das Leben im Naturzustand so hässlich, brutal und kurz, dass den Menschen nichts anderes übrig bliebe, als sich zusammenzuschließen und ihre gesamte individuelle Freiheit an einen allmächtigen Souverän zu übertragen.[25] Mitte des 17. Jahrhunderts stellte Hobbes das Gebilde, das aus dem Gesellschaftsvertrag hervorging, als ein gewaltiges Ungeheuer dar, den Leviathan, bestehend aus den Körpern der Vertragsparteien.

Es überrascht nicht, dass Hobbes das Leben als so gewalttätig ansah, denn er erlebte selbst viel Gewalt. Als seine Mutter erfuhr, dass die Spanische Armada nach England segelte, soll sie sich so erschrocken haben, dass sie vorzeitig in die Wehen kam. Hobbes witzelte später, dass »die Angst und ich als Zwillinge geboren wurden«.[26]

Hobbes erlebte die Vorläufer des Bürgerkriegs in England und war als Royalist gezwungen, das Land zu verlassen. Er fand sich in Paris wieder, wo er die Unruhen, die sein Land überrollten, aus der Ferne beobachtete.[27] Hobbes erkannte, dass die Gewalt, die England in den 1640er-Jahren erfasste, das unvermeidliche Ergebnis der Versuche war, die Macht des Königs einzuschränken. Er kam zu der Überzeugung, dass jeder derartige Versuch in einer Katastrophe enden würde. Souveräne sollten ihre Legitimität stattdessen dadurch sichern, dass sie »ihr« Volk sowohl vor sich selbst als auch vor äußeren Bedrohungen beschützten. Um ihr Recht auf Herrschaft zu bewahren, müssten moderne Herrscher lediglich sicherstellen, dass die Gesellschaft nicht in das Chaos zurückfiele, das bei ihrer Gründung geherrscht hatte.

Den Liberalen, die auf Hobbes folgten, reichte diese Rechtfertigung staatlicher Macht nicht aus. Sie befürchteten, dass

Hobbes' Sichtweise jeglichen Machtmissbrauch legitimieren könnte. Ein Staat konnte die Menschen schützen und dennoch alle möglichen unerwünschten Maßnahmen ergreifen, von überhöhten Steuern bis hin zur Enteignung von Privateigentum. Aus diesem intellektuellen Ringen um die Begrenzung staatlicher Macht entstand der Liberalismus (im klassischen europäischen Sinn, nicht im modernen amerikanischen Sinn). John Locke, oft als Vater des Liberalismus bezeichnet, argumentierte, dass die Macht des Staates durch die Rechte der Bürger eingeschränkt sein müsse, einschließlich des Rechts auf Eigentum.[28] Locke zufolge werden die Menschen mit einer Reihe von natürlichen Rechten geboren, die jedem von Natur aus zustehen und die von allen anderen unter Androhung von Verdammnis respektiert werden müssen. Ein Souverän konnte seine Legitimität nur dann bewahren, wenn er diese Rechte schützte und aufrechterhielt.[29] Konkret ging es ihm um das Recht auf »Leben, Freiheit und Eigentum« – Worte, die sich schließlich in der Unabhängigkeitserklärung wiederfanden.[30]

Für Locke war das Eigentum ein zentrales Recht. Er sah es als eine Beziehung, die entstand, wenn ein Mensch seine Arbeit mit der Natur »vermischte«, etwa indem er das Land bestellte oder Werkzeuge herstellte.[31] Wenn jemand Apfelkerne einpflanzt und den heranwachsenden Baum pflegt, dann gehören die Früchte Kraft seiner Arbeit und seiner natürlichen Rechte ihm. Sobald es Privateigentum gab, war es nur natürlich, dass die Menschen begannen, die Dinge zu tauschen, um ihre Bedürfnisse zu befriedigen. Und so, so argumentierte Locke, entstanden die Märkte.

Lockes Theorie ermöglichte ihm, sich von Hobbes' eher extremen Ansichten über einen allmächtigen Souverän zu distanzieren. Für Locke bestand die Rolle des Staates nicht mehr nur darin, die Menschen zu schützen, sondern auch das Privateigentum zu wahren und den Handel zu erleichtern. Staaten sollten nicht bloß verhindern, dass die Menschen sich gegenseitig umbringen, sondern vielmehr ihr Leben verbessern, indem sie die Produktion und den Austausch von Gütern förderten. Dies konnte durch die Durchsetzung von Verträgen, die Einführung einer stabilen Währung und die Bereitstellung grundlegender Infrastruktur geschehen.

Adam Smith, einer der Gründerväter der politischen Ökonomie, griff in seinem einflussreichen Werk *The Wealth of Nations* auf viele Elemente von Locke zurück. Es gilt bis heute als Grundlagentext der klassischen Wirtschaftswissenschaften.[32] Wenn Locke der Vater des Liberalismus war, dann war Smith der »Vater des Kapitalismus«[33].

Nach Smiths Ansicht sollte der Staat die freien Märkte und das Privateigentum schützen, sowohl im eigenen Land als auch international. Am besten gelinge das, wenn der Staat sich aus den Märkten heraushalte und die Merkantilisten bekämpfe (die wir im nächsten Kapitel kennenlernen werden). Monopole, Zölle, Quoten und Subventionen sah Smith als Feinde der »unsichtbaren Hand« des Marktes an. Er kritisierte die »Sonderinteressen« von Bankiers, Grundbesitzern und Gewerkschaften, die versuchten, die Politik zu ihren Gunsten zu beeinflussen.

Lockes politische Philosophie und Smiths politische Ökonomie beruhen auf zwei gemeinsamen Annahmen: der Vorstellung, dass Staaten und Märkte getrennte Einheiten sind und dass es Aufgabe des Staates ist, dafür zu sorgen, dass der Markt möglichst effektiv funktionieren kann.

Nach dieser Auffassung sind Märkte »natürlich« – sie entstehen überall dort, wo Menschen miteinander interagieren. Staaten hingegen müssen durch einen Gründungsakt geschaffen werden, etwa durch den Gesellschaftsvertrag. Staaten können die Bedingungen anpassen, unter denen der Marktaustausch stattfindet, aber sie schaffen keine Märkte als solche.

Für frühe liberale Theoretiker wie Locke und Smith bestand die politische Ökonomie in der Ausarbeitung von Regeln und Standards, nach denen diese Staatskunst beurteilt werden sollte. Die zentrale Überlegung war, wie der Staat den allgemeinen Wohlstand maximierte, indem er die natürlichen »Regeln« des Marktaustauschs aufrechterhielt, ohne die natürlichen Rechte der Bürger zu verletzen.[34]

Viele Ökonomen argumentieren traditionell, dass die klare Trennung zwischen Staat und Markt für den frühen Erfolg von Volkswirtschaften wie in den USA und im Vereinigten Königreich entscheidend war. Indem sie eine »Laissez-faire«-Politik verfolgten, die den Frühkapitalisten viel Freiraum ließ, erzielten diese Länder außergewöhnlich hohe Wachstumsraten. Wie jedoch Ha-Joon Chang in seinem Buch *Kicking Away the Ladder* erklärt, unterstützten der britische und der amerikanische Staat die Industrie in ihren frühen Entwicklungsphasen erheblich.[35] Erst als diese Staaten so mächtig waren, dass sie die internationalen Märkte dominierten, predigte sie die Vorteile des Freihandels, wie sie von Adam Smith und David Ricardo dargelegt wurden.

Obwohl sie nie ganz umgesetzt wurde, blieb die Freihandelsideologie eine starke Rechtfertigung für die frühkapitalistischen Nationen. Neoliberale wie Ludwig von Mises und sein Schüler Hayek übernahmen die Ideen aber in einer ganz anderen Zeit. Hayek konnte nicht mehr behaupten, dass die Macht des Staates durch göttlich gegebene natürliche Rechte begrenzt werden sollte, noch konnte er glauben, dass die Märkte sich von allein regulieren würden. Die Große Depression hatte die Vorstellung widerlegt, dass der Staat die Märkte unbeaufsichtigt lassen könne.

Statt zu behaupten, dass ein Gesetz ein metaphysisches oder göttliches Prinzip widerspiegeln sollte, sahen die Neoliberalen darin eine von Menschen geschaffene Konstruktion, mit dem

Ziel eines möglichst effizienten Marktaustauschs. Im Gegensatz zu den frühen Liberalen akzeptierten sie, dass es keinen natürlichen »freien Markt« gibt. Stattdessen mussten Märkte erst geschaffen und die Marktkräfte »freigesetzt« werden.[36] Das sollte durch die Wirtschaftswissenschaften geleitet werden.[37]

Es ist also nicht übertrieben, dass die »Wirtschaft« für die Neoliberalen die Rolle übernahm, die Gott in Lockes Gesellschaftsvertrag spielte.[38] Für Locke musste das Privateigentum respektiert werden, weil es als gottgegeben galt und zur natürlichen Ordnung gehöre. Für die Neoliberalen musste das Privateigentum respektiert werden, weil es die einzige Möglichkeit sei, das ordnungsgemäße Funktionieren der Wirtschaft zu gewährleisten.

Es gab nur ein Problem: die Demokratie. Frühe Liberale hielten Demokratie und Kapitalismus oft für unvereinbar, weil die Massen die Institution des Privateigentums einfach nicht respektieren würden.[39] Wie könnten die Neoliberalen den Anschein erwecken, dass sie sich an den demokratischen Prozess hielten und gleichzeitig die Wissenschaft der Wirtschaft respektierten? Wie könnten sie »einen Staat unter der Aufsicht des Marktes und nicht einen Markt unter der Aufsicht des Staates« schaffen?[40]

Neoliberale gelten allgemein als antistaatlich. Sie fordern oft, dass der Staat weniger ausgibt, weniger besteuert, weniger reguliert und insgesamt weniger eingreift. Den Neoliberalismus als staatsfeindlich zu betrachten, ist jedoch ein sehr einseitiges Verständnis der Ideologie – und eines, für das ihre Befürworter hart gearbeitet haben.[41]

Wenn die Neoliberalen sagen, dass sie »den Staat« schrumpfen wollen, meinen sie in Wirklichkeit, dass sie die Politik abschaffen wollen. Damit meinen sie die Bereiche, in denen Diskussionen über Gerechtigkeit, gemeinsame Werte, Ziele und Macht geführt werden. Sie möchten die politische Arena zurückdrängen, die für solche Debatten und Auseinandersetzungen wichtig ist.[42] Anstelle verschiedener Gruppen, die um ihre eigene Vorstellung vom Guten kämpfen, haben wir eine Politik, die praktisch nur noch auf »Problemlösung und Programmumsetzung« reduziert wird und dabei buchstäblich wirtschaftlichen Interessen dient.[43]

In der Zwischenzeit wird das Leben des Einzelnen auf ein Spiel reduziert, in dem jeder versucht, sein eigenes »Humankapital« auf einem grundsätzlich ungleichen Spielfeld zu maximieren.[44] »Humankapital« bildet keine Gruppen, um gemeinsame Interessen zu vertreten, sondern konkurriert individuell darum, seine eigenen Interessen zu maximieren. Die Zerschlagung der Arbeiterbewegung, zusammen mit Reformen wie der Einführung von Studiengebühren, der Privatisierung von Renten und der Lockerung der Vorschriften für Verbraucherkredite, sollte eine Klasse von »Investor-Kapitalisten« schaffen. Diese betrachten ihr Leben als Bilanz von Aktiva und Passiva und sehen ihre Interessen als eng verbunden mit denen der Kapitalistenklasse insgesamt.[45]

Das neoliberale Subjekt soll auch dem Staat gegenüber als individualisierter »Konsument« auftreten. Die politische Diskussion reduziert sich auf sterile Debatten darüber, »was funktioniert«, wobei alle Überlegungen zu Verteilung und Macht geopfert werden. Echte politische Beteiligung wird durch »Stakeholder-Engagement« und »Bürgerkonsultation« ersetzt.[46] Bürger werden durch Subjekte ersetzt.

Das Ergebnis ist, dass alle Formen der Freiheit außer der »wirtschaftlichen Freiheit« drastisch eingeschränkt werden (und wie wir in den letzten beiden Kapiteln gesehen haben, ist selbst die wirtschaftliche Freiheit im Neoliberalismus nicht immer gewährleistet). Anders ausgedrückt: Die neoliberale Ökonomisierung der Politik führt zur Aushöhlung der Demokratie, indem »Management, Recht und Technokratie« anstelle von »Deliberation, Wettbewerb und Machtteilung« treten.[47] Die Gefahr der Enteignung durch die Massen ist damit gebannt. Das Kapital ist sicher.

Die Auslöschung der Politik als Kampf zwischen verschiedenen Interessengruppen bedeutet jedoch nicht, dass der Staat kleiner wird. Neoliberale verstehen, dass der Staat eine zentrale Rolle beim Aufbau und der Aufrechterhaltung des Marktwettbewerbs spielt. Sie unterscheiden dabei klar zwischen staatlichen Eingriffen in die Märkte und dem Aufbau der Marktarchitektur.[48, 49] Um den Unterschied zwischen dem Staat als Regelsetzer und dem Staat als Planer zu verdeutlichen, verwendet Hayek die Metapher der »Straßenverkehrsordnung«: Der neoliberale Staat kann die Regeln für den Straßenverkehr festlegen, aber er kann den Menschen nicht vorschreiben, wohin sie fahren sollen.[50]

Das Wesentliche an der Straßenverkehrsordnung ist, dass die Ergebnisse für alle von Anfang an ungewiss sind: Niemand kann vorher wissen, wer gewinnen oder verlieren wird. In diesem Sinne sind die Ergebnisse nicht planbar. Stattdessen offenbart erst der Markt die Gewinner und Verlierer und führt so zu maximaler Effizienz, ohne dass eine zentrale Behörde die Richtung vorgeben muss.

Wie Hayek betont, ist die Vorstellung einer »blinden« Gerechtigkeit eine zentrale Grundlage des Liberalismus. Das Gesetz sollte für alle gleich gelten, so wie es sich in seiner Metapher der Straßenverkehrsordnung ausdrückt. Doch diese Auffassung deckt nicht sämtliche Aspekte von Fairness ab. Man könnte einwenden, dass nicht alle Menschen die gleichen Fahrzeuge haben und daher einige Anpassungen notwendig sind. Zudem müssen überhaupt erst die Straßen gebaut werden, um ein »Rennen« zu veranstalten. Und manche Menschen haben womöglich gar kein Auto, sodass sie nicht daran teilnehmen können.

Die Analogie zur Straßenverkehrsordnung stößt also an ihre Grenzen. Der Staat muss eine Reihe proaktiver Maßnahmen ergreifen, um das Rennen zu starten. Zwischen proaktiver Planung und der Festlegung der Spielregeln muss eine klare Grenze gezogen werden. Hayek hat seine eigenen Vorstellungen darüber, wo diese Grenze liegen sollte. Selbst Keynes, der oft als Hayeks größter Gegner gilt, äußerte in einem Brief an Hayek, dass er von dessen Argumenten »zutiefst bewegt« sei, und betonte lediglich, die wichtigste Frage sei, wo man »die Grenze« zwischen Staat und Markt ziehen sollte.[51]

Aber es gibt ein grundlegendes Problem mit der Straßenverkehrsordnung, das die Neoliberalen nicht behandelt haben. Im neoliberalen Modell ist nicht klar definiert, was genau »der Staat« ist oder wie »er« Entscheidungen trifft.

Das mag wie eine einfache Frage erscheinen. Wir wissen alle, was der Staat ist, schließlich erleben wir seine Macht regelmäßig. Doch Liberale hatten bereits eine allgemein akzeptierte Definition eines Nationalstaates entwickelt: eine territorial begrenzte politische Organisation, die ein Monopol auf die legitime Anwendung von Gewalt beansprucht.[52]

Wenn man diese »politische Organisation« als völlig getrennt vom Rest der Gesellschaft betrachtet, wird der neoliberale Ansatz verständlich. Neoliberale wie Hayek wollten den politischen Entscheidungsträgern eine Reihe von Regeln und Grundsätzen an die Hand geben, um ihre Politik zu bewerten. Entspricht eine bestimmte Politik der Logik des freien Marktes, dann ist sie zulässig und sollte umgesetzt werden – wenn nicht, dann eben nicht. Sie versuchen, den Personen, die das staatliche »Werkzeug« in ihren Händen halten, genau vorzuschreiben, wie es zu verwenden ist.

Doch was, wenn der Staat nicht autonom ist? Was, wenn der Staat in ein komplexes Netz sozialer Beziehungen eingebettet ist? Was, wenn man ihn nicht einfach so lenken kann, wie man möchte? Die Neoliberalen bieten uns einen faszinierenden Rahmen, um zu verstehen, wie der Staat als regelnde Instanz funktionieren könnte. Aber sie geben uns keine Antwort darauf, was der Staat ist, wie er funktioniert oder wer die Regeln aufstellt. Und das ist für die Art der Regeln, die wir bekommen, ziemlich wichtig.

Nehmen wir das Wettbewerbsrecht als Beispiel. Wettbewerb ist, wie wir gesehen haben, eine zentrale Regulierungsgröße im freien Markt und somit für die neoliberale Theorie entscheidend. Deutsche Neoliberale wie Wilhelm Röpke waren der Ansicht, dass der Staat einen strengen Ansatz verfolgen müsse, um wettbewerbsfähige Märkte zu gewährleisten und wettbewerbswidriges Verhalten zu unterbinden.[53] Es war Aufgabe der Wettbewerbsbehörden, die Märkte proaktiv zu überwachen, um sicherzustellen, dass kein Unternehmen zu viel Marktmacht erlangt. Dieser strengere Ansatz wurde zunächst zu einem zentralen Bestandteil des deutschen Nachkriegsstaates.

In den USA hingegen waren die politischen Entscheidungsträger, beeinflusst von der »Chicagoer Schule« des Neoliberalismus, viel stärker auf »Staatsversagen« als auf »Marktversagen« fokussiert.[54] Sie argumentierten, dass staatliche Maßnahmen zur Förderung des Wettbewerbs nur dann gerechtfertigt seien, wenn sie klare und dauerhafte Auswirkungen auf die Preise hätten. Tatsächlich haben die Wettbewerbsbehörden immer wieder versäumt, Fusionen zu verhindern, selbst wenn es klare Beweise dafür gab, dass diese Fusionen zu höheren Preisen führen würden.[55] Milton Friedman behauptete sogar, dass die Kartellgesetze den Wettbewerb untergraben und dass »wir besser dran wären, wenn wir sie nicht hätten«.[56] Letztlich wurde die Chicagoer Schule zu einem »Sprachrohr für Monopolinteressen«.[57]

Wenn es um den Arbeitsmarkt geht, gelten jedoch flexiblere Annahmen. Die Zerschlagung von Gewerkschaften, oft mit dem Argument, dass sie den Wettbewerb auf dem Arbeitsmarkt behinderten, ist ein zentraler Punkt der neoliberalen Agenda 2.0. Selbst Adam Smith, der für freie Märkte eintrat, hätte sich wahrscheinlich gegen die »Right to Work«-Gesetze in den USA gestellt, die es den Arbeitnehmern erschweren, sich gewerkschaftlich zu organisieren.[58] Und Millionen von Arbeitnehmern in den USA müssen erstaunlich restriktive »Wettbewerbsverbotsklauseln« unterschreiben, die ihre Freiheit drastisch einschränken.[59] Die Wettbewerbspolitik ist für einige stark und für andere sehr schwach. Und warum?

Diese unterschiedlichen Einstellungen zum Wettbewerb spiegeln das unterschiedliche Gewicht der Klassenmacht in jeder Gesellschaft wider. In den USA haben mächtige Lobbyisten die Gesetzgeber dazu gebracht, großen multinationalen Unternehmen viele Freiheiten zu gewähren. Dadurch wurden Fusionen und Übernahmen oft genehmigt, selbst wenn sie den Wettbewerb beeinträchtigten. Nur in Ausnahmefällen wurde eingegriffen. In Deutschland hingegen, wo es weniger internationale Monopole gibt und die Gewerkschaften politisch stärker sind, war der Kampf um die Wettbewerbspolitik in der Vergangenheit ausgewogener.

Aber, wie wir gesehen haben, macht der Wettbewerb Unternehmen mächtiger, und Deutschland war da keine Ausnahme. Im Laufe der Zeit wuchs die Macht der deutschen multinationalen Unternehmen, und die Machtverhältnisse in Deutschland und in Europa insgesamt ähnelten immer mehr denen der USA,[60] die ihre imperiale Macht nutzten, um restriktive Ansätze in der Wettbewerbspolitik zu verhindern.[61] Überall setzte sich die Auffassung der Chicagoer Schule durch.

Das Recht ist kein neutraler Apparat, der von technokratischen Überlegungen geprägt ist. Die Art von Gesetzen, die eine Gesellschaft erlässt, spiegelt das Machtgleichgewicht innerhalb dieser Gesellschaft wider, das wiederum der Dynamik des globalen Kapitalismus entspricht.[62] Dies stellt ein echtes Problem für die neoliberale Theorie dar, die vorgibt, den Einfluss von »Besitzstandsinteressen« auf die öffentliche Politik anzuprangern (vor allem, wenn es die Interessen der organisierten Arbeiterschaft sind). Wenn der Staat nicht unabhängig von der Zivilgesellschaft ist, kann er unmöglich als neutraler Vollstrecker der »Spielregeln« auftreten. Stattdessen ist jeder Staat dazu verdammt, vorwiegend im Interesse der am besten organisierten und mächtigsten Gruppen zu planen und zu handeln.

Neoliberale Ökonomen erkennen dieses Problem gelegentlich an, schließlich wissen sie, dass Politik und Wirtschaft enger miteinander verflochten sind, als ihre liberalen Vorgänger glaubten. Doch sie scheinen es meist nur dann zu thematisieren, wenn es darum geht, den vermeintlich übermäßigen Einfluss von Arbeitnehmern oder »Populisten« auf politische Entscheidungen zu kritisieren. Den erheblichen Einfluss großer multinationaler Konzerne und Finanzinstitutionen sehen sie dagegen offenbar als weniger dringlich an, obwohl dieser objektiv weitaus größer ist. Der Neoliberalismus wird »[deformiert] durch das, was er ignoriert«.[63] Wie wir in Kapitel 2 gesehen haben, beruht die Legitimität des Neoliberalismus auf »doppelten Wahrheiten« wie dieser. Viele Neoliberale vertreten in der Öffentlichkeit eine bestimmte Position, während sie im Privaten etwas ganz anderes sagen. Diese »doppelte Wahrheit« hat zu einer »monströsen Form des politischen Lebens« geführt, der die von den Neoliberalen propagierten Beschränkungen staatlicher Macht fehlen.[64] Wie wir im nächsten Abschnitt sehen werden, ist der neoliberale Staat von den Interessen des Kapitals geprägt und verwandelt das Recht in ein Werkzeug der Mächtigen. Statt als neutrale Verkehrsordnung zu dienen, führt das neoliberale Recht zu einem »Angriff« auf »jede Ebene der organisierten Volksmacht« in der Gesellschaft, von den Arbeitnehmern über die Verbraucher bis hin zu Aktivisten.[65]

Gleichzeitig hindert die Behauptung, der Staat sei nur ein neutraler Vollstrecker der Regeln, diese Gruppen daran, sich zu wehren. Wenn Staaten behaupten, im Interesse der »Wirtschaft« zu handeln, wird Widerstand gegen staatliche Macht oft als Widerstand gegen Fortschritt und Wohlstand selbst interpretiert.

Die Erkenntnis, dass der kapitalistische Staat kein neutrales Instrument ist, hätte Marx im *Kommunistischen Manifest* nicht überrascht; er beschrieb den Staat als ein Komitee, das die Interessen der Bourgeoisie verwaltet.[66] Die Vorstellung, dass kapitalistische Staaten nichts anderes als Werkzeuge mächtiger Interessengruppen sind, ist natürlich eine direkte Herausforderung für die liberale Theorie.

Doch diese Sichtweise bringt auch Fragen mit sich: Wenn der Staat tatsächlich ein Instrument des Kapitals ist, wie konnten dann die Arbeiter überhaupt Erfolge im staatlichen System erzielen? Warum haben die Arbeiter Wahlmöglichkeiten? Und warum existiert der Staat dann überhaupt?[67]

Achtung, Schleichwerbung!

Lex Greensill kam 1976 in einer australischen Farmerfamilie zur Welt. Er sagt, seine Eltern konnten ihn nicht zur Uni schicken, da sie nach einer schlechten Ernte in finanziellen Schwierigkeiten steckten. Ihm sei nur ein Fernstudium in Jura geblieben,[68] und er habe während des Studiums Produkte seiner Familie am Straßenrand verkaufen müssen. Greensill erzählte später, sein Interesse für das Finanzwesen sei geweckt worden, als er mit ansehen musste, wie seine Eltern auf ausstehende Zahlungen warteten.[69]

Greensill reiste nach London und heuerte bei Morgan Stanley an, wo er das langweilige Geschäft der »Lieferkettenfinanzierung« zu »beschleunigen« versucht habe.[70] Einige Jahre später gründete er Greensill Capital, das sich auf eine scheinbar einfache, aber entscheidende Dienstleistung spezialisierte: die Finanzierung von Lieferketten. Was bedeutet das genau? In einer Welt, in der sich die Produktion einer Ware oft auf mehrere Unternehmen in verschiedenen Ländern verteilt, gibt es zahlreiche Rechnungen, die gesammelt und bezahlt werden müssen. Früher stellten Banken den Unternehmen Finanzmittel zur Verfügung, um Rechnungen zu bezahlen, während sie ihrerseits auf die Begleichung von Rechnungen warteten. Doch in Zeiten niedriger Zinsen und strenger Regulierung nach der Finanzkrise wurde das Geschäft für traditionelle Banken unattraktiv. Hier kam Greensill Capital ins Spiel: Es übernahm die Bezahlung der offenen Rechnungen, die später mit Zinsen zurückgezahlt werden mussten.

Aber Greensill war keine Bank. Woher kam also das ganze Geld?

Es stellte sich heraus, dass das Unternehmen auf gewaltigen Schulden saß, abgesichert durch die Verbindlichkeiten seiner Kunden. Diese Schulden wurden von großen Investmentfonds aufgekauft. Besonders eifrig tat das die Credit Suisse. Sie gründete mehrere Investmentfonds, um Schulden von Greensill im Milliardenwert zu übernehmen, offenbar jedoch ohne sich die Bilanz des Unternehmens genau angesehen zu haben.[71]

Es dauerte nicht lange, bis sich die Folgen zeigten. Als die Weltwirtschaft im März 2020 ins Wanken geriet, bekamen viele Greensill-Kunden Probleme, ihre Kredite zurückzuzahlen. Der GFG Alliance hatte Greensill Milliarden geliehen, doch das vom Stahlmagnaten Sanjeev Gupta geleitete Unternehmen befand sich schon vor der Pandemie nicht in bester Verfassung.[72] Als die weltweite Produktion im Lockdown zusammenbrach, kämpfte GFG Alliance ums Überleben. Zugleich führte die Pandemie zu einem Ansturm auf Bargeld, und die

Anleger zogen ihr Geld aus den Fonds der Credit Suisse ab. Die Bank sah sich gezwungen, die vier Fonds zu schließen, die Greensill-Schulden über insgesamt etwa zehn Milliarden Dollar enthielten. Die Anleger hatten keinen Zugriff mehr auf ihr Geld.

Masayoshi Son, der Eigentümer des Investmentunternehmens SoftBank, den wir in Kapitel 5 kennengelernt haben, eilte der Credit Suisse zu Hilfe und investierte 1,5 Milliarden Dollar in einen der Fonds.[73] Dafür verlangte er, dass der Fonds nur Kredite an Greensill Capital vergeben würde. SoftBank pumpte Hunderte von Millionen Dollar in den auf die Finanzierung von Lieferketten spezialisierten Fonds der Credit Suisse, die direkt in die Kassen von Greensill flossen. Im Gegenzug für die Großzügigkeit von Son vergab Greensill großzügige Kredite an viele der Unternehmen, an denen SoftBank beteiligt war. Auf diese Weise konnte SoftBank Kredite an die Credit Suisse vergeben, die wiederum Kredite an Greensill vergab, das wiederum Kredite an SoftBank-Unternehmen vergab. Im Grunde handelte es sich um ein riesiges Kartenhaus.

Investoren und Aufsichtsbehörden erkannten bald, was da ablief. Es kam zu mehreren Untersuchungen und Gerichtsverfahren, die zum Zeitpunkt der Erstellung dieses Buches noch nicht abgeschlossen waren. Die Skandale rückten mehrere enge Mitarbeiter von Lex Greensill in den Fokus, darunter auch David Cameron. Der britische Ex-Premier ist dafür bekannt, einen harten Sparkurs verfolgt und das Land ins Chaos gestürzt zu haben, indem er den Forderungen extremistischer Kräfte in seiner Partei nach einem Referendum über die EU-Mitgliedschaft nachgab.

2016 hatte Lex Greensill Visitenkarten verteilt, auf denen er sich als »Senior Adviser« von Cameron ausgab. Berichten zufolge war er in vielen Regierungsabteilungen ein bekanntes Gesicht.[74] Greensill wurde bei den Geburtstagsehrungen der

Königin 2017 für »Verdienste um die Wirtschaft« zum Commander of the Order of the British Empire ernannt. Es dauerte nicht lange, bis Greensill sich revanchierte und Cameron nach seinem Rücktritt als Premierminister einen lukrativen Beraterjob bei Greensill verschaffte. Eine Recherche der BBC-Sendung *Panorama* ergab, dass Cameron zehn Millionen Dollar dabei verdiente.[75]

Natürlich zahlte Greensill Cameron nicht wirklich all dieses Geld für seine »Beratung«. Cameron wurde dafür bezahlt, Greensill in einen Raum mit Ministern zu bringen, die ihm Regierungsaufträge verschaffen konnten. Die Strategie ging auf. Cameron arrangierte ein privates Treffen zwischen Lex Greensill und Matt Hancock, dem unbeholfenen damaligen Gesundheitsminister. Die beiden sprachen über eine App namens Earnd, die Greensill erworben hatte.[76] Earnd sollte NHS-Mitarbeitern ermöglichen, vor dem eigentlichen Zahltag auf ihr Gehalt zuzugreifen, indem sie Kredite gegen ihr zukünftiges Einkommen aufnehmen – ähnlich wie Greensill Unternehmen Kredite gegen zukünftige Rechnungen anbot.

Hancock reagierte Berichten zufolge positiv auf Greensills Annäherungsversuche. Es handelt sich um denselben Matt Hancock, der später vom High Court of Justice wegen der Vergabe bestimmter Verträge ohne ordnungsgemäßes Verfahren gerügt wurde, von denen 30 Millionen Pfund an ein Unternehmen gingen, das seinem Ex-Nachbarn gehörte.[77] Cameron arbeitete auch mit Lord David Prior zusammen, einem ehemaligen Minister seiner Regierung, um Treffen zu arrangieren. So kam Greensill in Kontakt mit dem früheren Leiter des NHS-Trusts Sir David Dalton und Dido Harding, ehemalige McKinsey-Führungskraft und Leiterin des katastrophalen Test-and-Trace-Programms.[78] Harding wurde bekannt, weil sie Millionen Pfund an Steuergeldern für Berater ausgab, darunter auch McKinsey. Später entschied der Oberste Gerichtshof, dass die Regierung bei Hardings Ernennung für diese Aufgabe unrechtmäßig gehandelt hatte.[79]

Nicht lange nach den Treffen schickte Cameron eine E-Mail an Matthew Gould, den nationalen Direktor der für digitale Innovation zuständigen NHS-Agentur. Er ermutigte ihn, die App als Teil der Reaktion des NHS auf die Pandemie zu nutzen.[80] Gould lehnte die Anfrage nicht ab, und bald schloss Earnd einen Vertrag mit dem NHS ab. Er erlaubte es dem Unternehmen, die Daten der NHS-Mitarbeiter zu nutzen.

Indem Greensill die App jedem NHS-Trust anbot, konnte das Unternehmen ein enormes Portfolio an Darlehen aufbauen. Diese Darlehen konnte es dann auf den Finanzmärkten verkaufen, um Bargeld zu beschaffen. Die NHS-Mitarbeiter hätten natürlich Zinsen für die Darlehen zahlen müssen. Die Zinssätze wären zu Anfang wahrscheinlich niedrig gewesen. Doch sobald die Mitarbeiter in Darlehensverträgen gefangen wären, die gegen künftige Gehälter gesichert waren, hätte Greensill leicht die Konditionen verschärfen können. Dies hätte die finanziell ohnehin schon gebeutelten NHS-Mitarbeiter weiter belastet. Berichten zufolge hoffte das Unternehmen zudem, die aufgebauten Beziehungen innerhalb des NHS zu nutzen. Ziel war es, der Institution lukrativere Produkte zur Finanzierung der Lieferkette zu verkaufen.[81]

Es war nicht nur Cameron, der im Namen von Greensill Lobbyarbeit betrieb. Auch der ehemalige hochrangige Beamte Bill Crothers war involviert. Crothers war Leiter des Crown Commercial Service (CCS), der dafür verantwortlich ist, wie die Regierung Dienstleistungen vom privaten Sektor beschafft. Das Ziel war angeblich, das »Preis-Leistungs-Verhältnis« zu verbessern. Crothers verdiente mehr als 150 000 Pfund im Jahr. Er entschied zudem darüber, wie die 15 Milliarden Pfund des CCS ausgegeben werden sollten.[82]

Dies schien ihm jedoch nicht genug zu sein, denn er übernahm eine beratende Funktion bei Greensill, während er noch im öffentlichen Dienst tätig war. Nach seinem Ausscheiden aus dem CCS hatte Crothers mindestens fünf Treffen mit hochrangigen Mitgliedern des Cabinet Office, einer der mächtigsten Abteilungen in Whitehall, die direkt mit dem Premierminister zusammenarbeitet. Er war sogar bei dem »Privatdrink« anwesend, den Cameron zwischen Greensill und Hancock arrangiert hatte. Später stellte sich heraus, dass Crothers eine eigene Unterorganisation aufgebaut hatte mit Beteiligung an Greensill im Wert von fast acht Millionen Dollar im Jahr 2019.[83]

All diese Einflussnahme hinter den Kulissen kam während der Pandemie ans Licht, als Camerons Lobbyarbeit einen fieberhaften Höhepunkt erreichte. Er versuchte verzweifelt, das Unternehmen und seine eigene Beteiligung daran vor dem Zusammenbruch zu retten. Greensill wandte sich an den COVID Corporate Financing Facility (CCFF) der Bank of England, ein Notfallkreditprogramm für die Pandemie. Mit diesem Programm kaufte die Bank die Schulden mehrerer großer Unternehmen auf, um deren Finanzierungsprobleme zu lindern. Der Antrag von Greensill auf Notfinanzierung wurde jedoch abgelehnt, da Unternehmen, die anderen Unternehmen Geld leihen, nicht förderfähig seien.[84]

Jetzt war Camerons Zeit gekommen, um zu glänzen: Er schickte eine Reihe von Textnachrichten an den damaligen Premier Rishi Sunak und mehrere seiner hochrangigen Berater. Darin forderte er sie auf, Druck auf die Bank auszuüben, um die Regeln des Programms zu ändern.[85] Cameron schickte eine Nachricht an den Staatssekretär im Finanzministerium, Sir Tom Scholar, in der er sich »verwundert« über den Ausschluss von Greensill äußerte und um ein Telefongespräch bat. In einer Nachricht an Sunak erklärte Cameron, es sei »verrückt«, Greensill aus der CCCF auszuschließen.[86] Der Premierminister war nicht überzeugt und beantwortete die meisten Nachrichten seines Amtsvorgängers nicht. Er schickte jedoch eine positive Antwort, in der er darauf hinwies, dass er »das Team« im Finanzministerium dazu gedrängt habe, die Regeln zu ändern.[87]

Greensill erhielt zwar kein Darlehen über die CCCF, doch sein Unternehmen profitierte trotzdem von der Großzügigkeit des Staates: Die British Business Bank (BBB) gewährte Greensill im Rahmen des Coronavirus Large Business Interruption Loan Scheme (CLBILS) einen Kredit über 350 Millionen Pfund, ohne die geringsten Prüfungen.[88] Dieses Geld überstieg bei Weitem die Obergrenze von 200 Millionen Pfund, die für ein einzelnes Unternehmen gelten sollte, und ging direkt an GFG Alliance.

GFG wird derzeit vom britischen Serious Fraud Office untersucht und sieht sich mit Betrugs- und Geldwäscheuntersuchungen in mehreren anderen Ländern konfrontiert.[89] Ein konservativer Abgeordneter beschuldigte Konzernchef Sanjeev Gupta, ein »potenzielles Schneeballsystem« zu betreiben.[90] Das National Audit Office untersuchte die Darlehen der BBB an GFG über Greensill und äußerte sich besorgt über das »ungewöhnliche« Interesse von Ministern an der Firma.[91] Die Untersuchung kam zu dem Schluss, dass 335 Millionen der 350 Millionen Pfund, die die britische Regierung an Greensill verliehen hatte, dauerhaft verloren seien.

Die Ereignisse rund um den Aufstieg und Fall von Greensill Capital zeigen ganz deutlich, dass die Vorstellung einer festen Grenze zwischen öffentlich und privat, Staat und Markt, schon immer ein Hirngespinst war. Die Wohlhabenden können ihr Geld recht einfach in politischen Einfluss umwandeln, und auf der anderen Seite sind Politiker und Bürokraten durchaus in der Lage, ihren politischen Einfluss in Geld umzuwandeln. Im Vereinigten Königreich sind wie auch in den meisten anderen kapitalistischen Ländern die Verbindungen zwischen dem öffentlichen und dem privaten Sektor so eng geworden, dass es schwer zu erkennen ist, wo der eine aufhört und der andere beginnt.

Doch diese Privilegien stehen nicht jedem zu. Für Leute wie Lex Greensill scheint der Staat äußerst durchlässig zu sein. Er kann sich direkt an Politiker wenden und sie um Hilfe und Unterstützung bitten, und er kann ehemalige Beamte und sogar frühere Premierminister anheuern, damit sie die Drecksarbeit für ihn erledigen. Aber für Organisationen wie Gewerkschaften, die im Namen von Arbeitnehmern Lobbyarbeit betreiben, scheint der Staat nahezu undurchdringlich zu sein – ganz zu schweigen von Menschen, die selbst eine Petition an die Regierung richten.

Diese unterschiedlichen Versionen staatlicher Macht, die von mehr und weniger mächtigen Akteuren erlebt werden, sagen uns etwas darüber, was ein Staat eigentlich ist.[92] Der Staat ist kein festes Gefüge stabiler Institutionen, sondern ein soziales Verhältnis, wie das Kapital selbst.[93]

Die Ausübung staatlicher Macht spiegelt das Ergebnis von Machtkämpfen wider, die innerhalb einer Reihe öffentlicher und privater Institutionen stattfinden, was wiederum die Machtverhältnisse in der Gesellschaft insgesamt widerspiegelt. Mit anderen Worten, verschiedene Gruppen, die von unterschiedlichen Konstellationen von Klasseninteressen getragen werden, kämpfen um Politik und Gesetzgebung auf einem grundlegend ungleichen Terrain. Gewerkschafter, die für Mindestlohngesetze kämpfen, haben es viel schwerer als Firmenchefs, die um Subventionen kämpfen. Um zu verstehen, was dies wirklich bedeutet, müssen wir uns von der Vorstellung lösen, dass der Staat eine kohärente Einheit ist, die aus sich heraus agiert. Wir müssen uns vielmehr auf die Kräfte konzentrieren, die auf der Ausübung politischer Macht in kapitalistischen Gesellschaften lasten.[94]

Die Idee des Staates als soziale Beziehung geht auf den marxistischen Theoretiker Antonio Gramsci zurück, den wir in Kapitel 2 kennengelernt haben. Für ihn spiegeln die Kämpfe in den staatlichen Institutionen wie Parlamentskammern oder dem Präsidialamt die umfassenderen Kämpfe wider, die in der Gesellschaft stattfinden. Nicht jeder ist gleichermaßen in der Lage, diese Kämpfe zu beeinflussen: Je reicher und mächtiger man ist, desto leichter kann man sich in den staatlichen Institutionen durchsetzen.

Gramscis Idee des Staates als soziale Beziehung wurde von Ralph Miliband weiterentwickelt, Vater des früheren Labour-Chefs Ed Miliband und einer der bedeutenden marxistischen Denker seiner Generation. Miliband wurde 1924 in Brüssel als Sohn polnisch-jüdischer Einwanderer geboren und floh im Zweiten Weltkrieg nach London.[95] Er studierte marxistische Theorie an der London School of Economics, trat in den Fünfzigern der Labour Party bei und engagierte sich in den Sechzigern in der Neuen Linken. 1969 veröffentlichte er *The State in Capitalist Society*. Darin argumentierte er, dass der Staat keine »Sache« sei, sondern eine Gruppe von Institutionen, die zusammenwirken, um das zu schaffen, was er »Staatssystem« nannte.[96] Er wollte die Verhaltensweisen und Motivationen der Eliten verstehen, die Institutionen wie das Militär, die Zentralbank und den öffentlichen Dienst kontrollieren. Wie organisieren sich diese Eliten? Warum scheinen sie stets im Dienst des Kapitals zu handeln?

Miliband argumentierte, dass staatliche Eliten eine gemeinsame soziale Herkunft haben, die eine »allgemeine Weltanschauung, ideologische Dispositionen und politische Voreingenommenheit« prägt. Auch wenn sie bei bestimmten Themen unterschiedlicher Meinung sein mögen, neigen sie dazu, ähnliche Ansichten über die Grundsätze zu teilen, nach denen die Gesellschaft organisiert werden sollte. Hinter den Debatten über mehr oder weniger staatliche Intervention verbergen sich tiefere Gemeinsamkeiten verschiedener Teile der staatlichen Elite. Allen gemein ist die Überzeugung, dass Staat und Markt, Politik und Wirtschaft getrennt sind und nur von ihnen gesteuert werden können. Für Miliband besteht die Funktion des kapitalistischen Staates darin, die kollektiven Interessen der herrschenden Klasse zu verteidigen.[97] Nicos Poulantzas, ein griechisch-französischer marxistischer Soziologe, vertrat eine etwas subtilere Auffassung über die Mechanismen, durch die die Klasseninteressen bei der Ausübung der Staatsmacht zum Tragen kommen.[98] Poulantzas zufolge besteht der kapitalistische Staat aus einer Reihe von Institutionen, die zur Aufrechterhaltung der Stabilität des Kapitalismus beitragen. Er handelt nicht einfach nach den Anweisungen einzelner Kapitalisten, sondern verfolgt das übergeordnete Ziel, das kapitalistische System als Ganzes zu stabilisieren.[99] Tatsächlich formt sich die herrschende Klasse innerhalb des Staates zu einer kohärenten Gruppe, die sich ihrer Interessen bewusst und in der Lage ist, sie durchzusetzen. Um es in Poulantzas' etwas obskuren Begriffen auszudrücken, ist der Staat weder ein »Ding« noch ein autonomes Subjekt: Er ist eine soziale Beziehung, die sich in einem bestimmten Satz von Institutionen »kristallisiert«.[100] Das muss man sicher genauer erklären.

Durch die Arbeit innerhalb staatlicher Institutionen können sich verschiedene Einzelpersonen aus derselben Klasse zu Blöcken zusammenschließen, die in der Lage sind, allgemeine Forderungen im Namen ihrer Klasse zu stellen. Indem sie andere finden, die ihre Interessen teilen, Allianzen bilden und auf die Umsetzung politischer Maßnahmen drängen, können einzelne Kapitalisten in und um staatliche Institutionen herum arbeiten, um deren Desorganisation zu überwinden. Unternehmen und Einzelpersonen sponsern zum Beispiel oft Denkfabriken, die Wirtschaftsführer, Politiker und Regulierungsbehörden zu

»runden Tischen« zusammenbringen, an denen die Anwesenden darüber diskutieren, wie ein bestimmtes Problem zu lösen sei. Mit anderen Worten: »Organisationen der Zivilgesellschaft bringen nicht nur die bereits bestehenden Interessen ihrer Wählerschaft zum Ausdruck, sondern sind auch Mechanismen, durch die der Staat die politische Macht der Kapitalistenklasse organisiert.«[101]

Durch das Schmieden von Allianzen und geschicktes Verhandeln sorgen staatliche Institutionen dafür, dass die »Grundlagen der Gesellschaft« im Kapitalismus, wie Miliband es nannte, geschützt bleiben. Zwar konkurrieren einzelne Kapitalisten kurzfristig miteinander, aber auf lange Sicht müssen sie Wege finden zusammenzuarbeiten. Nur so können sie die sozialen Strukturen erhalten, die ihnen allen das Überleben sichern. Am effektivsten erreichen sie das, indem sie innerhalb staatlicher Institutionen agieren, sei es, um niedrigere Unternehmenssteuern, lockerere Regulierungen oder Änderungen in der Handelspolitik durchzusetzen. Solche Netzwerke »erleichtern die systematische Zusammenarbeit zwischen staatlichen und unternehmerischen Institutionen, die für die Entwicklung und Umsetzung politischer Maßnahmen unerlässlich ist«.[102]

Mit anderen Worten: Der Staat spielt eine zentrale Rolle dabei, den Kapitalisten zu helfen, ihr gemeinsames Interesse als Klasse zu identifizieren und durchzusetzen, statt sich nur auf individuelle Interessen zu konzentrieren. Oft kann dieses allgemeine Interesse nur durch den Staat geschützt werden. Warum? Weil, wie wir in Kapitel 3 gesehen haben, staatliche Institutionen den Kapitalisten ermöglichen, ihre persönlichen Interessen beiseitezulegen und gemeinsame Lösungen für kollektive Probleme zu finden.

Während es für die Bosse und Finanziers ein Kinderspiel ist, sich innerhalb und außerhalb staatlicher Institutionen zu organisieren, steht die Arbeiterklasse vor viel größeren Herausforderungen. Sie ist größer, vielfältiger und weniger mächtig, was es deutlich schwieriger macht, die arbeitenden Menschen zu einem starken Block zu vereinen, der geschlossen auftreten und Einfluss ausüben kann. Oft versuchen die herrschenden Klassen, die Arbeiter durch ihre Kontrolle über den Staat zu zerschlagen oder zu zersplittern. Das passiert manchmal durch direkte Gewalt wie bei Thatchers Krieg gegen die Bergarbeiter, manchmal aber auch dadurch, dass Teile der Arbeiterklasse in die herrschende Klasse integriert werden.

Die zweite Taktik erfordert oft Zugeständnisse der herrschenden Klasse. Je stärker die organisierte Arbeiterklasse ist, desto größer werden diese Zugeständnisse. Sie werden dann oft in Institutionen verankert – und das kann Kapitalisten durchaus richtig Geld kosten.[103] Der Wohlfahrtsstaat zum Beispiel ist nichts, dem Unternehmen und Politiker zugestimmt hätten, wenn sie nicht geglaubt hätten, dass die Kosten für seine Nicht-Einführung noch höher gewesen wären – Kosten wie Streiks und Revolten.

Der Unterschied zwischen den Siegen, die die herrschende Klasse innerhalb des Staates errungen hat, und den Siegen der Arbeiterklasse besteht jedoch darin, dass Erstere für sich selbst Siege erringt, während Letztere Zugeständnisse erhält, die ihr von anderen gewährt werden. Die Arbeiterklasse kann die staatlichen Institutionen nicht nutzen, um ein Gefühl der Einheit zu erzeugen und mit einer Stimme zu sprechen. Sie stehen der scheinbaren Einheit des Staates als unorganisierte und zersplitterte Gruppe von einzelnen Arbeitern und Gewerkschaften gegenüber. Sie müssen das Spiel zu den Bedingungen der herrschenden Klasse spielen.[104]

Während die Neoliberalen ihre Debatte als Kampf zwischen dem Staat und dem Markt darstellten, wäre es weitaus aufschlussreicher, das neoliberale Projekt als Kampf zwischen verschiedenen sozialen Klassen zu verstehen. Sowohl die Arbeitnehmer als auch die Unternehmer waren in der Nachkriegszeit in unterschiedlichem Ausmaß in der Lage, in die staatlichen Institutionen einzudringen und sich dort zu organisieren. Wie wir in Kapitel 2 am Beispiel von Ford und dem Dreierkomitee gesehen haben, waren die Kämpfe zwischen Arbeit und Kapital innerhalb der formalen staatlichen Institutionen oft ebenso sichtbar wie die außerhalb dieser Institutionen.

Im Gegensatz dazu ist der neoliberale Staat sehr durchlässig für das Kapital, aber extrem undurchlässig für die Arbeit: Innerhalb der formalen staatlichen Institutionen findet heute genauso wenig Klassenkampf statt wie außerhalb. Der neoliberale Staat ist nicht kleiner als der keynesianische, er wird lediglich von den Interessen einer Klasse dominiert.

Da der Staat nicht direkt von Kapitalisten geführt wird und die meisten fortgeschrittenen kapitalistischen Gesellschaften auf der Grundlage formaler demokratischer Prozesse regiert werden, ist die Macht des Kapitals innerhalb staatlicher Institutionen oft unsichtbar.[105] Neoliberale Regierungen können behaupten, ihre Eingriffe zielten darauf ab, freie Märkte, Effizienz und individuelle Wahlmöglichkeiten zu fördern. In Wirklichkeit begünstigen die von ihnen umgesetzten Gesetze jedoch klar bestimmte Klasseninteressen. Die dauerhafte Macht des Staates liegt in der Vorstellung, dass er zur Förderung des »allgemeinen Interesses« existiere.[106] Man sagt uns, dass wir nach einer Straßenverkehrsordnung regiert werden, während wir in Wirklichkeit von einem korrupten und nicht rechenschaftspflichtigen Verkehrspolizisten regiert werden.

Die Vorstellung vom Staat als autonomes Gebilde, das über der Gesellschaft schwebt – eine Sichtweise, die oft die Grundlage neoliberaler Theorie bildet[107] – ist viel zu vereinfacht. Staaten setzen nicht einfach die »Spielregeln« für Wirtschaftsakteure, basierend auf neutralen und objektiven Ratschlägen von

Ökonomen. Vielmehr wird staatliche Macht durch den Einfluss der verschiedenen Akteure in diesem Spiel geformt. Das bedeutet nicht nur, dass die Regeln so geschrieben sind, dass sie einige bevorzugen, sondern auch, dass Staaten sehr häufig im Dienst des Kapitals ins Spiel eingreifen. Erst wenn die Arbeitnehmer innerhalb der staatlichen Institutionen Unterstützung suchen, betonen Politiker und Bürokraten plötzlich, wie wichtig es ist, den Markt vor staatlichem Eingreifen zu schützen.

Staatliche Planung geht über Gesetze, Regulierungen und Ausgaben hinaus. Sie beeinflusst auch die Ideologien, die uns helfen, die Welt zu verstehen. Genau wie Bosse ihre Mitarbeiter nicht einfach mit Zwang zur Arbeit bringen, regiert der Staat seine Bürger nicht nur durch Gewalt. Die Art und Weise, wie wir über unser System denken, hilft dabei, dieses System am Laufen zu halten.[108]

Tatsächlich haben uns einige neoliberale Denker wie Thatcher und Mises verraten, dass es ihr Ziel ist, bestimmte Arten von Menschen zu formen. »Die Ökonomie ist die Methode. Das Ziel ist es, die Seele zu verändern«, sagte Thatcher. Mises erklärte, dass Märkte »das Individuum einem harten sozialen Druck unterwerfen« sollten. Im nächsten Abschnitt werden wir uns ansehen, wie neoliberale Regierungen auf subtile Weise planen, ohne dass es wie Planung aussieht – von der sanften Beeinflussung ihrer Bürger zu den »richtigen« Verhaltensweisen bis hin zur Manipulation unserer Vorstellungen darüber, wie staatliche Macht funktioniert.

Und bist du nicht willig, so brauch ich subtile Gewalt

2008 veröffentlichten Richard Thaler und Cass Sunstein *Nudge: Improving Decisions About Health, Wealth, and Happiness.* Es avancierte zum heute wohl bekanntesten Werk über Verhaltensökonomie.[109] Die Autoren wollten darin herausfinden, warum Menschen oft irrationale Dinge tun. Alle wünschen sich ein langes, gesundes Leben. Jeder weiß, das Rauchen, Alkohol und ungesundes Essen der Gesundheit schaden. Trotzdem halten viele daran fest. Thaler und Sunstein hofften, mit ihrem Buch zu einer Gesellschaft beizutragen, in der es leichter wäre, Dinge zu tun und Entscheidungen zu treffen, die wirklich glücklich machen.

Gestützt auf Erkenntnisse aus Neurowissenschaften, Psychologie und Soziologie, sahen die beiden den besten Weg dazu in »Nudges«: subtilen Hinweisen, wie sie Psychologen nutzen, um Entscheidungen zu beeinflussen. Thaler und Sunstein glaubten, dass Regierungen mit dem Wissen der Verhaltensökonomie für eine bessere »Entscheidungsarchitektur« in der Gesellschaft sorgen könnten. Schließlich können schon kleine Schritte großen Einfluss haben. Ändert man beispielsweise die Standardoption auf einem Formular, entscheiden sich Menschen oft anders, ohne ihre grundlegenden Präferenzen geändert zu haben oder durch Gesetze dazu gezwungen zu sein. Wenn Menschen sich aktiv gegen eine Organspende entscheiden müssen, statt aktiv dafür zu votieren, steigt die Wahrscheinlichkeit, dass sie zustimmen.

Das Buch verkaufte sich millionenfach. Ein Exemplar landete bei Ex-Premierminister David Cameron, der 2010 die Gründung einer »Nudge Unit« in die Wege leitete. Sie sollte die Entscheidungsarchitektur der Briten verändern und »das wirtschaftliche Verhalten verbessern«.[110] Die Nudge Unit hat die Einführung der automatischen Rentenanmeldung überwacht, ein »Opt-out«-System für Organspenden eingeführt und die Botschaften der Regierung während der Pandemie unterstützt. Sie war so erfolgreich, dass die Regierung ankündigte, sie in eine private Einrichtung umzuwandeln.[111] In der Folge griffen Regierungen auf der ganzen Welt auf die Nudge Unit zurück, um jeweils eigene Programme einzurichten.

Die dunkle Seite der Nudge Unit zeigte sich auf dem Feld der Migration. Die Einheit machte sich daran, das Leben von Migranten im Vereinigten Königreich so schwierig wie möglich zu gestalten, etwa durch einen erschwerten Zugang zu Gesundheitsdiensten, Wohnraum und Jobs.[112] Diese politische Agenda, bekannt als »feindliches Umfeld«, setzte gezielt Maßnahmen durch, die das Leben von Migranten, die seit Jahrzehnten im Vereinigten Königreich lebten, unerträglich machten und sie letztlich zum Verlassen des Landes drängen sollten.

Michael Braithwaite zog im Alter von neun Jahren mit seiner Familie nach Großbritannien. Sein Vater fing bei der Royal Mail an, seine Mutter als Näherin für den NHS.[113] Er folgte seinen Eltern in den öffentlichen Sektor und arbeitete als Lehrassistent für Kinder mit besonderen Bedürfnissen. Die Aufgabe gefiel ihm gut; viele Eltern baten ihn, ihren Kinder auch nach der Schule zu helfen.[114]

2016 erhielt er fälschlicherweise von der Personalabteilung der Schule die Mitteilung, dass er einen biometrischen Ausweis vorlegen müsse, um nachzuweisen, dass er im Vereinigten Königreich arbeiten dürfe.[115] Braithwaite wandte sich an das Innenministerium, das sich weigerte, seinen Status zu bestätigen. Nach fast 60 Jahren Aufenthalt wurde ihm mitgeteilt, dass er ein illegaler Einwanderer sei. Kurz darauf wurde er zu einem Treffen mit der Schule gerufen, bei dem man ihm mitteilte, dass er seine Stelle ohne biometrischen Ausweis nicht behalten könne. Braithwaite erinnert sich, wie er sich an diesem Tag fühlte: »An diesem Tag, einem Freitag, dem 3. Februar, hätte ich mir das Herz aus dem Leib reißen und es auf den Boden werfen können. Sie haben mir alles genommen: mein Selbstvertrauen, mein Selbstwertgefühl, das, was ich bin. Es hat mich zerrissen.«[116]

Was Michael Braithwaite widerfuhr, erlebten auch Tausende andere Menschen, die seit Jahrzehnten in Großbritannien lebten. Durch behördliche Schuld verloren sie ihre Arbeitsberechtigungen. Das Ganze wurde als »Windrush-Skandal« bekannt. Erst als dieser 2018 durch eine Journalistin des *Guardian* aufflog, erhielt auch Braithwaite endlich seinen biometrischen Pass. Doch auch der ist nur fünf Jahre gültig. Und das, obwohl qualifizierte Lehrer und Lehrassistenten auf der Insel an allen Ecken und Enden fehlen.

Desmond und Trevor Johnson kamen als Kleinkinder nach Großbritannien, wuchsen dort auf und gründeten Familien.[117] Nachdem Desmond 2001 zur Beerdigung seines Vaters nach Jamaika gereist war, wurde ihm die Rückkehr nach Großbritannien verweigert. Er saß auf Jamaika fest und konnte seine Tochter 16 Jahre lang nicht sehen.[118] 2014 erhielt sein Bruder Trevor, ein verwitweter Vater, der allein für seine zwei Teenagertöchter sorgt, die Nachricht, dass er sich illegal im Land aufhalte – was schlicht falsch war. Trevor beschreibt die Erfahrung als erschreckend und »sehr, sehr erniedrigend«.[119]

Man teilte ihm mit, dass Beamte zu seinem Haus kommen würden, um ihn nach Jamaika abzuschieben, seine beiden Töchter müssten jedoch zurückgelassen werden.[120] Sein Status führte dazu, dass er nicht arbeiten konnte, und seine Sozialleistungen wurden gestrichen. Die Familie geriet in Armut und war auf Lebensmittelspenden und Betteln angewiesen, um zu überleben.[121]

Diese alarmierenden Fälle, in denen Menschen durch gezielte Maßnahmen aus dem Land gedrängt werden sollten oder sogar abgeschoben wurden, verdeutlichen, dass die Grenze zwischen der direkten Macht des Staates und seiner ideologischen sowie administrativen Einflussnahme nicht so klar ist, wie oft angenommen wird. Der Staat ist nicht nur ein Konstrukt von Institutionen, die uns zu bestimmten Handlungen zwingen können. Er ist ein umfassendes Netzwerk von Einrichtungen und Systemen, das tiefgreifende Kontrolle über nahezu jeden Aspekt unseres Lebens ausübt, von unserer Entscheidung zur Organspende über unseren Arbeitsort bis zur Reisefreiheit.

Diese Tatsache ist den marxistischen Staatstheoretikern nicht entgangen. Louis Althusser stellte 1970 die These auf, dass Staaten zwei unterschiedliche Funktionen haben: Repression und Ideologie.[122] Der Teil, den Althusser den »repressiven Staatsapparat« nennt, gewährleistet die Reproduktion der kapitalistischen Gesellschaftsverhältnisse mit allen Instrumenten und Strategien, die wir gewöhnlich dem Staat zuschreiben würden – Gesetzgebung, Regulierung, Gewalt. Der ideologische Staatsapparat hingegen umfasst alles von Schulen über Kirchen bis hin zu Medieninstitutionen, die wir als Teil der Zivilgesellschaft betrachten.[123] Dieser Teil des Staates unterstützt die Reproduktion der kapitalistischen gesellschaftlichen Verhältnisse durch seine Macht über Ideen. Staatliche Bildungseinrichtungen zum Beispiel formen die Art von Menschen, die für die kapitalistische Produktion nötig sind.

Fast ein Jahrzehnt später präsentierte Michel Foucault, ein ehemaliger Schüler von Louis Althusser, in einer Reihe von Vorlesungen am Collège de France seine eigene Theorie von Staatsmacht.[124] Foucault argumentierte, dass die Kunst der effektiven Regierung weit über bloße Gewaltanwendung oder die Bereitstellung von Dienstleistungen hinausgeht. Es geht um ein komplexes Geflecht von Ideologien und Praktiken, die die

Beziehung zwischen Regierenden und Regierten formen. Diese Ideologien und Praktiken lassen die Art, wie wir regiert werden, normal und gerecht erscheinen.[125] Die Kunst, diese Beziehung aufrechtzuerhalten, ist eine Art »Regierungsrationalität«, die Foucault »Gouvernementalität« nennt.

Foucault zufolge hat sich die gängige Meinung darüber, wie man regiert, im Laufe der Geschichte des Kapitalismus verändert. Im 17. Jahrhundert drehte sich die Kunst des Regierens um die Stärkung des Staates – was Foucault »Staatsraison« nennt. Staatsmänner waren auf starke öffentliche Institutionen und volle Staatskassen bedacht. Der Staat sollte seine Feinde, ob intern oder extern, jederzeit beherrschen können.[126]

Im 18. Jahrhundert änderte sich die Sichtweise. Staatsmänner fragten sich nun, wie man die Macht des Staates im Vergleich zu anderen Akteuren begrenzen könnte. Die Regierungsführung galt zunehmend dann als gut, wenn nicht zu viel regiert wurde. Die Disziplin der »politischen Ökonomie« ersetzte die Staatsraison als Maßstab für Regierungsvernunft. Anstatt einem starken Staat das Wort zu reden, begaben sich die politischen Ökonomen daran, die richtigen Grenzen zwischen Staat und Zivilgesellschaft zu bestimmen.[127] Wir können das gut in den Arbeiten von Locke und Smith erkennen.

Die Hinwendung zum Neoliberalismus brachte, so Foucault, eine weitere Veränderung der Regierungsrationalität mit sich. Die Neoliberalen wollten herausfinden, wie man politische Macht durch die Prinzipien des Marktes modellieren könnte. Sie suchten ökonomische Maßstäbe, um die Leistung von Regierungen zu bewerten.[128] Hier wird der Markt zu dem, was Foucault den »Ort der Wahrheit« nennt. Das bedeutet, dass wir politische Ergebnisse nach ökonomischen Prinzipien beurteilen. Wenn beispielsweise das BIP-Wachstum hoch ist, nehmen wir an, dass die Regierung gute Arbeit leistet – obwohl viele Menschen nicht wissen, was das BIP genau ist oder ob es überhaupt ein gutes Maß für sozialen Fortschritt ist (was es in Wirklichkeit nicht ist).[129]

Die Neoliberalen waren Pioniere darin, die Herausforderung des kapitalistischen Staates neu zu definieren. Es geht nicht mehr um die Frage, wann der Staat eingreifen oder sich zurückhalten soll. Vielmehr dreht sich alles darum, wie der Staat genau richtig regieren kann. Neoliberale Staaten investieren genauso viel Energie in die Vermessung, Beeinflussung und Kategorisierung von Menschen, wie sie in die Durchsetzung von Vorschriften und Gesetzen investieren. Im Neoliberalismus sind Regulierung und Gesetze nicht nur Mittel zum Zweck, sondern grundlegende Voraussetzungen für eine effektive Regierungsführung.[130] Aber die Art der staatlichen Intervention hat sich verändert. Neoliberale Regierungen greifen nicht nur in den Markt ein, sondern sorgen auch dafür, dass jede Entscheidung den Prinzipien des Marktes folgt. Sie versuchen, alle Aspekte des Lebens durch die Logik der Wirtschaft zu steuern, sodass selbst alltägliche Entscheidungen und soziale Prozesse nach wirtschaftlichen Kriterien beurteilt werden.

Die Disziplin der politischen Ökonomie zielt darauf ab, den Homo oeconomicus hervorzubringen – das rationale, nutzenmaximierende, eigennützige Subjekt, das wir in der Mainstream-Ökonomie finden.[131] Verhalten sich Menschen anders, muss der Staat die »Entscheidungsarchitektur« der Gesellschaft verändern. Allerdings stellt niemand wirklich die Frage, ob die Menschen tatsächlich rationale, nutzenmaximierende Akteure sind.

Die atomisierten Akteure, die sich neoliberale Entscheidungsträger vorstellen, haben auch eine besondere Art der Orientierung gegenüber staatlichen Institutionen. Wir haben bereits gesehen, dass der neoliberale Wandel mit immer häufigeren Vergleichen zwischen dem Staat und einem Unternehmen einherging.[132] In gleicher Weise wurden Bürger zu »Verbrauchern«, die mit dem Staat wie mit einem Unternehmen oder einem Dienstleister interagieren.[133] Der Bürger-Verbraucher kümmert sich nur um die Effektivität der Dienstleistungen, die er erhält, und um die Effizienz, mit der sie erbracht werden. Er verbringt wenig Zeit damit, umfassendere Überlegungen zur sozialen Gerechtigkeit anzustellen, geschweige denn über die Klasseninteressen nachzudenken, die die Ausübung staatlicher Macht bestimmen.

Die Verwandlung des Bürgers in einen Homo oeconomicus hat zur Folge, dass das politische Leben schrumpft und eine echte Demokratie nicht mehr möglich ist.[134] Wenn der Einzelne nur noch an die Maximierung seines Eigeninteresses denkt – verstanden in rein ökonomischen Begriffen –, wird die Möglichkeit kollektiven Handelns drastisch beschnitten. Und letztlich beinhaltet dieser Prozess der »Demassifizierung« die Zerstörung der Gesellschaft selbst. Die individuelle Leistung wird durch einen strukturierten Wettbewerb zwischen den verschiedenen »Humankapitalien« ersetzt. Und das auf einem Spielfeld, das von vornherein ungleich ist.[135]

Anstelle von Gruppen, die sich in einem kollektiven Kampf engagieren, finden wir atomisierte Individuen, die subtil in Gewinner und Verlierer eingeteilt werden, je nachdem, wie viel sie verdienen, was sie besitzen und was sie tun. Um sein Schicksal zu ändern, muss man die vorhandenen Ressourcen nutzen und das Spiel so gut wie möglich spielen – durch harte Arbeit und Unternehmertum – anstatt sich mit anderen zusammenzutun, um die Regeln zu verändern. Der Haken an der Sache: Es muss immer jemanden geben, der verliert. Und auch wenn die Architekten des Spiels das vehement bestreiten, ist es doch so angelegt, dass die gleichen Menschen immer wieder verlieren.

In diesem Sinne umfasst die Regierungsführung im Neoliberalismus mindestens drei Hauptaspekte: den Aufbau freier Märkte, das Eingreifen in diese Märkte und die Formung bestimmter Menschenbilder. Wie Wendy Brown es beschreibt, vereint der neoliberale Wandel eine »antidemokratische Kultur von unten« mit »antidemokratischen Formen staatlicher Macht von oben«.[136]

Für Neoliberale sind die ersten beiden Punkte keine echte Planung. Denkern wie Hayek zufolge besteht die Rolle der Regierung darin, Regeln für ein Spiel aufzustellen, das die Menschen dann nach ihren eigenen Vorstellungen spielen können. Solange der Staat sich nicht zu sehr einmischt, gilt das nicht als Planung. Doch wie in diesem Kapitel gezeigt, kann der Staat auf viele verschiedene Arten Macht ausüben – oft so subtil, dass wir es kaum bemerken. Diese weniger offensichtlichen Eingriffe sind für die Mächtigen oft effektiver, um andere zu ihrem Willen zu zwingen. Es ist viel wirksamer, Menschen zu freiwilligem Gehorsam zu bewegen, als sie mit Gewalt zu zwingen. Wenn man es schafft, die Art zu ändern, wie Menschen über sich selbst und den Staat denken, ist das ein noch wirksameres Mittel zur Kontrolle.

Im neoliberalen Zeitalter ist Macht überall, aber der Staat scheint nirgends zu sein. Diese Unsichtbarkeit macht es sehr viel schwieriger, sich gegen die Ausübung von Macht zu wehren.

Von Anfang an geplant

Mitten in der Pandemie erschütterte der Zusammenbruch des Immobilienriesen Evergrande Chinas Wirtschaft. Xu Jiayin, der Gründer des Unternehmens, stammte aus einer armen Familie im ländlichen China. Seine Mutter starb, als er ein Baby war; seine Großmutter zog ihn auf.[137] Jiayin begann seine berufliche Laufbahn in einer Zementfabrik, studierte Metallurgie am Wuhan Iron and Steel Institute und arbeitete anschließend ein Jahrzehnt bei Wuyang Iron and Steel. 1996 gründete er die

Evergrande Group, pünktlich mit Beginn des Baubooms in China.[138]

In den zehn Jahren nach der Finanzkrise 2008 wuchs Evergrande zum wertvollsten Immobilienunternehmen der Welt. Die Aktien schossen in die Höhe.[139] Zeitweise war Jiayin, der 70 Prozent der Anteile hält, der reichste Mann Chinas und damit ein Symbol für die Exzesse der Immobilienblase.[140] Bis 2021 war Evergrande nach eigenen Angaben an 1300 Projekten in 290 chinesischen Städten beteiligt und gab 200 000 Menschen Arbeit. Bezieht man die indirekten Beschäftigten ein, waren es sogar 3,8 Millionen.[141]

Evergrande wuchs und expandierte in immer neue Bereiche auf dem chinesischen Festland. Das Unternehmen baute alles, von Themenparks bis zu Schweinefarmen. 2010 kaufte Evergrande den Fußballverein FC Guangzhou, dem es zehn Jahre lang das größte Fußballstadion der Welt für 1,7 Milliarden Dollar hinstellte.[142] Die Agrarsparte investierte in mehr als 100 Schweinefarmen im ländlichen China.[143] Für das Marketing des hauseigenen Flaschenwassers Evergrande Spring engagierte das Unternehmen den Filmstar Jackie Chan.[144] Kürzlich baute Evergrande sogar eine komplette Inselkette im Südchinesischen Meer, die Themenparks, Museen und eine Vielzahl anderer Unterhaltungskomplexe beherbergt. Kostenpunkt: 12,7 Milliarden Dollar.[145]

Viele dieser Investitionen und Übernahmen wurden durch Schulden finanziert. In einem überfüllten Markt entwickelte Evergrande sich so schnell zum höchstverschuldeten Immobilienkonzern Chinas.[146] Um die Löcher zu stopfen, verkaufte Evergrande über seinen Finanzzweig Vermögensverwaltungsprodukte, die Renditen von mehr als elf Prozent versprachen.[147] Viele Chinesen, die nicht im Ausland investieren konnten, erlagen den hohen Renditeversprechen. Später gaben Führungskräfte zu, dass »die Produkte für gewöhnliche Kleinanleger zu riskant waren und ihnen nicht hätten angeboten werden dürfen«, wie die *Financial Times* berichtete.[148]

Tatsächlich hatte Evergrande Anlegern Anteile an Mantelgesellschaften verkauft und das Geld zur Finanzierung des Tagesgeschäfts verwendet, bevor es das Geld neuer Anleger zur Auszahlung bestehender Anleger nutzte. Ende 2021, als die Pandemie Chinas Wirtschaft traf, warteten 80 000 Anleger auf 6,2 Milliarden Dollar an ausstehenden Vermögensverwaltungsprodukten,[149] und Evergrande hatte mehr als 330 Milliarden Dollar an Verbindlichkeiten angehäuft.[150]

In dieser Zeit kündigte die chinesische Regierung neue Vorschriften an, um den Immobilienriesen zu zügeln. Als die Kreditvergabe zurückgefahren wurde, sanken die Immobilienpreise. Das drückte den Wert der vorhandenen Vermögenswerte des Unternehmens und brachte seine Zahlungsfähigkeit zusätzlich in Gefahr.

Die Liquiditätskrise von Evergrande sorgte weltweit für Schlagzeilen, als ein vertraulicher Brief des Unternehmens an die Regierung von Guangdong im Netz auftauchte. Darin ging es um die ernsten finanziellen Probleme, in denen Evergrande steckte. Die Rating-Agenturen stuften das Unternehmen prompt herab. Innerhalb eines Jahres stürzte der Wert von 41 Milliarden auf 3,7 Milliarden Dollar.[151] 2021 wurde der Konzern für zahlungsunfähig erklärt, aber schon 2022 hatte er den Bau von 95 Prozent seiner Projekte wieder aufgenommen.[152]

Wie konnte Evergrande eine Krise überstehen, die so gewaltig schien, dass sie Chinas gesamte Wirtschaft in den Abgrund zu reißen drohte? Auch wenn die Details über den Aufstieg und Fall von Evergrande im Dunkeln bleiben, eines ist ziemlich klar: Das Unternehmen bekam wohl kräftige Unterstützung vom Staat, der das heimische Finanzsystem fest im Griff hat.

Staatseigene Banken »sind das Finanzsystem« in China; »fast

das gesamte finanzielle Risiko konzentriert sich auf ihre Bilanzen«.[153] Die Banken in China, die sich fast vollständig auf die gigantischen Ersparnisse der Haushalte stützen, werden praktisch wie Versorgungsunternehmen behandelt. Sie stellen staatseigenen Unternehmen und lokalen Regierungen unbegrenzt Kapital zur Verfügung. Die offizielle Staatsverschuldung ist dadurch auf etwa 76 Prozent des BIP angestiegen, im Vergleich zu 40 Prozent im Jahr 2014.[154] Darin enthalten ist nicht die Kreditaufnahme staatlicher Unternehmen.

Die Kontrolle über das Bankensystem ermöglicht es dem Staat zu steuern, welche Unternehmen in Konkurs gehen und welche erfolgreich sind. Er muss die großen Banken nur anweisen, unbezahlbare Schulden im Zweifel bis ins Unendliche zu verlängern. Mehrere Ministerien haben undurchsichtige Finanzierungsvereinbarungen entwickelt, um die tatsächliche Situation der Banken zu verschleiern.[155] Es ist somit wahrscheinlich, dass der Kollaps von Evergrande auf ähnliche Weise abgewendet wurde. Der chinesische Staat ist also genauso bereit, private Unternehmen zu retten, wie es seine westlichen Pendants tun.

Doch die Art der Planung, die der chinesische Staat verfolgt, unterscheidet sich deutlich von der im Westen. Die chinesische Staatsplanung kann als »Developmentalismus« verstanden werden: eine Art, die eigene Herrschaft zu legitimieren, indem man Wohlstand und Stabilität fördert oder zu fördern vorgibt.[156] Developmentalismus ist eine Art der Rechtfertigung staatlicher Macht, die dem nahekommt, was Foucault Staatsräson nennt. »Unterstützen Sie uns, denn wir werden Sie reicher machen«, lautet die Parole.

Genau wie sein neoliberales Pendant geht dieser entwicklungspolitische Ansatz davon aus, dass der Staat als autonome Kraft innerhalb der Gesellschaft agieren kann.[157] Bei der staatlichen Planung geht es darum, »die Wirtschaft« als Objekt zu analysieren (und somit zu konstruieren), bevor die »richtigen«

politischen Maßnahmen zur Förderung des Wirtschaftswachstums getroffen werden. Für Neoliberale bedeutet das oft Steuersenkungen und Privatisierungen, während Entwicklungspolitiker eher Kapitalkontrollen und Verstaatlichungen im Blick haben.

Der Entwicklungsstaat basiert zwar auf einer anderen Art von Gouvernementalität als der Neoliberalismus, aber weder Entwicklungs- noch neoliberale Staaten sind autonom von den Gesellschaften, die sie regieren. Der Entwicklungsstaat ist immer noch eine Art soziales Verhältnis. Was innerhalb des Staates geschieht, spiegelt das Machtgleichgewicht innerhalb der Gesellschaft wider.[158]

Chinas Planer müssen eine ganze Reihe unterschiedlicher Ziele unter einen Hut bringen, die Finanzstabilität, das Wirtschaftswachstum, die Interessen von Arbeitnehmern, Unternehmern und Bürokraten. Die Spannungen zwischen diesen Gruppen spiegeln weitgehend die Kluft zwischen den sozialen Klassen wider. Bei der Balance zwischen den Zielen der verschiedenen sozialen Gruppen – ganz zu schweigen von ihren eigenen Interessen – versuchen die politischen Entscheidungsträger, sowohl soziale Stabilität zu sichern als auch die Mächtigen zufriedenzustellen. Das Ergebnis ist ein beeindruckend erfolgreiches Entwicklungsmodell, das jedoch, ähnlich wie in der reichen Welt, zu »Kommerzialisierung, Deregulierung und Ausbeutung der Arbeit« geführt hat.[159] Tatsächlich war es gerade die Fähigkeit der chinesischen Planer, das Wirtschaftswachstum zu fördern und gleichzeitig die Forderungen der Arbeitnehmer zu unterdrücken, die das chinesische »Wunder« begründete.[160]

Nehmen wir die Evergrande-Krise: Sie zeigt deutlich ein größeres Problem, mit dem die zentralen Planer Chinas zu kämpfen haben. Es steckt einfach zu viel Geld an der Spitze der Wirtschaft fest, gleichzeitig fehlen rentable inländische Märkte für diese Investitionen. Inzwischen zählt China fast 500 Milliardäre, deren riesiger Reichtum die Kommunistische Partei so sehr in Verlegenheit gebracht hat, dass sie mittlerweile mehrfach gegen die großen Tycoons des Landes vorgegangen ist.[161] Der Staat kann es sich jedoch nicht leisten, die Löhne zu schnell steigen zu lassen, um den Binnenkonsum anzukurbeln. Sonst würde das die Macht der Arbeitnehmer stärken und die Art von Management- und Governance-Problemen schaffen, die wir in Kapitel 2 besprochen haben.[162]

Stattdessen versuchten die Planer nach der Finanzkrise, das zusätzliche Geld in der chinesischen Wirtschaft produktiv zu nutzen, indem sie die öffentlichen Investitionen ausweiteten.[163] Der Staat wies die staatlichen Banken an, Kredite an lokale Regierungen und staatliche Unternehmen zu vergeben.[164] Da auch die privaten Haushalte ihre Kreditaufnahme erhöhten, zum Teil zur Finanzierung von Hypotheken, stieg die chinesische Verschuldung auf breiter Front.[165] Wie in der reichen Welt vor 2008 war das natürliche Ergebnis das Entstehen von Blasen und anderen Formen finanzieller Instabilität – sowie zunehmender Ungleichheit.

Einige wenige Führungskräfte, wie Jack Ma, der Gründer von Alibaba und einer der Hauptprofiteure des Vermögens von Masayoshi Son, wurden zum Symbol für die Exzesse des chinesischen Booms. Das stellte ein erhebliches Problem für die Legitimität der Regierung eines angeblich kommunistischen Landes dar.[166] Um dieses Problem in den Griff zu bekommen, kündigte die Partei ein hartes Durchgreifen gegen Chinas große Technologieunternehmen an. Was dazu führte, dass praktisch über Nacht fast eine Billion Dollar an Aktienkapital vernichtet wurde.[167]

Chinesische Planer haben zudem versucht, internationale Investitionen zu fördern, um das ganze Geld, das an der Spitze der Wirtschaft feststeckt, durch die »Neue Seidenstraße« loszuwerden – ein massives Programm von Infrastrukturprojekten in Asien, dem Nahen Osten sowie Teilen Europas und Afrikas. Im Rahmen dieser Projekte lieh China einkommensschwachen Ländern zinsgünstige Darlehen in Milliardenhöhe, damit diese in die Infrastruktur investieren können, die sie wiederum an China bindet. Die Seidenstraße galt als Chance, interne Probleme durch Investitionen im Ausland zu bewältigen.[168]

Diese Art entwicklungsorientierte Planung ist nicht nur in nominell kommunistischen Ländern anzutreffen. Es gibt sie beispielsweise auch in Japan, wo das staatliche Vorgehen in der Stahlindustrie oft als erfolgreiches Beispiel für eine von einem Entwicklungsstaat eingeführte Industriepolitik gesehen wird. Wie der Wissenschaftler Hajime Sato in seiner Analyse darlegt, spiegelt und verstärkt die Art, wie die staatliche Politik umgesetzt wurde, die bestehenden Klassenbeziehungen.[169]

Da Japans Stahlindustrie der Nachkriegszeit aus einer kleinen Zahl großer Unternehmen bestand, war sie in der Lage, erheblichen Einfluss auf die Politik auszuüben.[170] Die Bürokraten drängten auf eine stärkere Zentralisierung der Branche, um die Unternehmen noch mächtiger zu machen. Zufälligerweise schufen sie dabei hocheffiziente und produktive Stahlunternehmen, die groß genug waren, um im internationalen Wettbewerb zu bestehen. Die Industrie konnte sich zudem auf die Unterstützung der USA verlassen.[171] Die Stahlindustrie war also nicht erfolgreich, weil die Staatsbeamten von der Gesellschaft unabhängig waren. Sie war erfolgreich, weil die auf sie einwirkenden gesellschaftlichen Kräfte sie zufällig in die richtige Richtung gedrängt hatten.[172]

Genau wie das Kapital selbst muss auch der kapitalistische Staat – ob neoliberal oder entwicklungspolitisch – als eine Art soziales Verhältnis verstanden werden. Er ist weder ein Werkzeug, das nach der nächsten Wahl von einem neuen Sieger genutzt werden kann, noch einfach eine Erweiterung der Macht des Kapitals. Stattdessen spiegeln die Kämpfe innerhalb des Staates die Auseinandersetzungen außerhalb wider – und die Reichen, Mächtigen und Organisierten dominieren tendenziell beide Seiten.

Einige Staaten sind natürlich mächtiger als andere. Ihre internen Kämpfe um die politische Macht hat Auswirkungen, die weit über ihre Grenzen hinausreichen. Die mächtigsten Planer können durch ein Netz internationaler Institutionen eine imperialistische Macht ausüben, um die sie die Kaiser der Vergangenheit beneidet hätten.

7

Wie Imperien planen

Die Vereinigten Staaten behaupten, sie hätten nie ein Imperium besessen. Aber das stimmt nicht – der US-Kolonialismus wurde schlicht aus der Geschichte herausgeschrieben. Die USA haben die Philippinen kolonisiert, Puerto Rico, Hawaii, die US-Jungferninseln und Guam, um nur einige zu nennen. Bei den meisten dieser Gebiete handelte es sich zwar um kleine Territorien, die schließlich mit einem unterschiedlichen Maß an Autonomie in die USA eingegliedert wurden. Aber die Besetzung der Philippinen, eines Landes mit über 100 Millionen Einwohnern, war trotzdem ein typisches koloniales Unterfangen. Zwischen 1899 und dem Zweiten Weltkrieg herrschten die USA mehr als 40 Jahre lang über das Land. Ende 1945 lebten 135 Millionen Menschen unter amerikanischer Gerichtsbarkeit »außerhalb des Festlandes«.[1]

Als das spanische Reich in den letzten Jahrzehnten des 19. Jahrhunderts auseinanderbrach, waren die USA zur Stelle, um die Scherben aufzusammeln. In den Philippinen hoffte man zunächst, die USA seien als Befreier gekommen. Das Land hatte sogar schon eine Unabhängigkeitserklärung abgegeben, als die US-Truppen eintrafen.[2] Tatsächlich aber hatten die USA und Spanien am Ende ihres Krieges eine geheime Abmachung getroffen, um eine friedliche Machtübergabe zu gewährleisten, wobei die USA nach der Unterzeichnung eines Friedensvertrags in Paris 20 Millionen Dollar für das Gebiet bezahlt hatten. Der spanische Generalgouverneur erklärte Berichten zufolge, er sei »bereit, sich den Weißen zu ergeben«, aber niemals der einheimischen Bevölkerung.[3] Als die Unabhängigkeitstruppen in Manila auf die US-Truppen trafen, kam es zu schweren Kämpfen, bei denen Tausende von Filipinos starben. Den USA war es gelungen, den philippinischen Unabhängigkeitskrieg in den philippinisch-amerikanischen Krieg zu verwandeln.

Die Herrschaft der USA über die Philippinen war lang und brutal. Nachdem sie Spanien besiegt hatten, machten sich die USA sofort daran, die Reste der philippinischen Unabhängigkeitsbewegung auszuschalten. Ganze Städte wurden dem Erdboden gleichgemacht, um die neueste Kolonie der USA zu »befrieden«. Die in der Kunst des Rassismus geübten US-Truppen misshandelten die örtliche Bevölkerung.[4] Aufmüpfige Städter wurden in »Aussiedlungslager« getrieben, wo sie leichter überwacht werden konnten.[5] Das Militär nahm diejenigen gefangen und folterte sie, die im Verdacht standen, nationalistische Sympathien zu hegen. Im Laufe der Kampagne zur »Befriedung« starben bis zu 750 000 Filipinos – viele von ihnen an Krankheiten, die US-Soldaten eingeschleppt hatten und die sich unter den unterernährten Filipinos auf engem Raum in den US-Lagern schnell ausbreiteten.[6]

Eines der auffälligsten Merkmale der US-Besetzung war, »wie selten [darüber] überhaupt gesprochen wurde«.[7] Zunächst wurden die Philippinen als Kolonie bezeichnet. Doch als klar wurde, dass dieser Begriff nicht zum Selbstbild einer demokratischen, postkolonialen Nation passte, änderte man die Bezeichnung in »Territorium«. Die größte Herausforderung für die US-Regierung bestand darin, Millionen Menschen in eine angeblich demokratische Bürgerschaft zu integrieren, ohne das Machtgleichgewicht innerhalb der USA zu stören. Auf den Philippinen erschien die Antwort darauf einfach. Die USA hatten das Land erobert und würden über die Bevölkerung herrschen, so wie sie es mit den Menschen in Puerto Rico, Guam, Amerikanisch-Samoa und auf den US-Jungferninseln taten, die bis heute praktisch entrechtet sind.[8]

Nur gab es bei dieser Taktik ein Problem: Die USA nahmen für sich in Anspruch, eine demokratische und antiimperialistische Nation zu sein. Jahrhunderte hatten sie damit verbracht, andere Reiche zu ermutigen, ihre Kolonien abzugeben und ihnen die Unabhängigkeit zu gewähren. Der Antiimperialismus der USA war natürlich völlig eigennützig und richtete sich hauptsächlich gegen andere Staaten. Denn wie sollten US-Konzerne den Rest der Welt beherrschen, wenn ganze Landstriche von imperialen Mächten bewacht wurden? Dennoch stellten die Philippinen das amerikanische Selbstverständnis vor Probleme. Sie mussten kontrolliert werden, ohne den Anschein zu erwecken, kontrolliert zu werden; die Herrschaft musste geplant sein, ohne den Anschein von Planung zu erwecken.

1916 verabschiedete der Kongress den Jones Act, der den Philippinen die Unabhängigkeit versprach, sobald das Land eine »stabile Regierung« hätte. Was diese Formulierung genau bedeutete, formulierte General Leonard Wood, Ex-Generalgouverneur der Philippinen und Militärgouverneur von Kuba, wie folgt: »Wenn mich die Leute fragen, was ich mit einer stabilen Regierung meine, sage ich ihnen: ›Geld zu sechs Prozent‹.«[9]

Die Anekdote vermittelt eine Vorstellung von den wahren Zielen der USA auf den Philippinen. Anstelle einer unabhängigen Regierung, die womöglich widerspenstig und sozialistisch wäre und sowohl wirtschaftliche als auch politische Souveränität anstreben könnte, wollten die USA einen gehorsamen Partner schaffen, der bereitwillig US-Investitionen empfängt und Renditen liefert.

Nach dem Zweiten Weltkrieg, in dem die Philippinen von den Japanern brutal behandelt wurden, stimmten die USA schließlich zu, die Macht an eine »stabile Regierung« zu übergeben. Bei dieser Regierung handelte es sich zufällig um eine, die es den USA gestattete, Militärstützpunkte zu errichten, und US-Unternehmen unbegrenzten Zugang auf die natürlichen Ressourcen gewährte. Ziel war es, »ein Maß an Kontrolle über das philippinische Wirtschaftsleben zu erlangen, wie es selbst in der Kolonialzeit noch nie dagewesen war«.[10]

Die CIA leitete das Land nach der Unabhängigkeit und sorgte für Wahlsiege der Washington-freundlichen Kandidaten. Die berüchtigte Niederschlagung der linken Hukbalahap-Rebellion 1954, bei der Napalm und psychologische Kriegsführung zum Einsatz kamen, gilt als großer Sieg des Geheimdienstes.[11] Ein US-Historiker fand später heraus, dass die CIA auch die Reden des Präsidenten schrieb und seine Gegner unter Drogen setzte. Der Geheimagent Edward Lansdale soll einen Kandidaten körperlich angegriffen haben.[12]

Sehr zur Freude der USA wurde Ferdinand Marcos 1965 zum Präsidenten gewählt. Zu diesem Zeitpunkt war er bereits eine umstrittene Figur. Sein Vater Mariano war von Guerillas wegen angeblicher Kollaboration mit den Japanern während der Besatzungszeit brutal getötet worden.[13] Jahre zuvor hatte Mariano eine Wahl für einen Sitz im philippinischen Repräsentantenhaus verloren; sein Gegenkandidat, Julio Nalundasan, wurde am nächsten Tag tot in seinem Haus aufgefunden.[14] Der junge Marcos, sein Vater und seine beiden Onkel wurden des Mordkomplotts angeklagt, die Urteile wurden jedoch wieder aufgehoben.

Marcos kämpfte im Zweiten Weltkrieg, wurde von den Japanern gefangen genommen und dann unter mysteriösen Umständen freigelassen. Später wies die *Washington Post* nach, dass seine Freilassung wahrscheinlich auf die Zusammenarbeit seines Vaters mit den Japanern zurückzuführen war.[15] Nach seiner Freilassung behauptete Marcos, für seine Tapferkeit hoch dekoriert worden zu sein, was sich als weitgehend falsch herausstellte.

Doch die größten Kontroversen, die den Namen Marcos belasteten, kamen mit seinem Amtsantritt: Die Marcos-Regierung wurde mit Korruptionsvorwürfen überzogen, und Marcos' Frau Imelda wurde zum Synonym für Käuflichkeit und Extravaganz.[16] Beide waren enge Freunde von Präsident Ronald Reagan, was den USA außergewöhnlichen Einfluss auf die Marcos-Regierung verlieh.[17] Unter dem Druck von Präsident Johnson und unter Revidierung seiner früheren Position stimmte Marcos der Entsendung philippinischer Truppen zur Unterstützung der USA im Vietnamkrieg zu.

Als die Unzufriedenheit mit dem Regime zunahm, täuschte Marcos' Verteidigungsminister eine Bedrohung seines eigenen Lebens vor, um einen Übergang zu einer autoritären Herrschaft zu erreichen.[18] Er behauptete, Kommunisten hätten versucht, ihn zu töten, und ließ Marcos keine andere Wahl, als den demokratischen Prozess auszusetzen, wiederum zur Freude Washingtons. Tausende von Menschen – hauptsächlich Kommunisten – wurden während des Übergangs getötet und ihre Leichen auf öffentlichen Plätzen entsorgt, »um [Marcos'] Feinde zu terrorisieren«.[19]

Die USA nutzten Marcos nicht nur als Marionette, sondern übten auch über internationale Finanzinstitutionen wie die Weltbank und den Internationalen Währungsfonds Einfluss auf die Philippinen aus. Robert McNamara, der »Senkrechtstarter« von Ford und ehemalige Verteidigungsminister, den wir in Kapitel 2 kennengelernt haben, wurde 1968 Chef der Weltbank. In dieser Rolle sorgte er maßgeblich dafür, dass das brutale autoritäre Regime von Marcos weiterhin Unterstützung erhielt, um dem internationalen Kapital Investitionsmöglichkeiten zu sichern.[20] Ein Großteil dieser »Hilfe« landete in den Taschen von Ferdinand und Imelda Marcos.

Walden Bello, philippinischer Aktivist und Akademiker, der zum Widerstand gegen das Marcos-Regime gehörte, war maßgeblich daran beteiligt, die Zusammenarbeit zwischen der US-Regierung und der Weltbank auf den Philippinen nachzuweisen. Bello, ein Mitglied der Kommunistischen Partei der Philippinen, wurde in den Siebzigerjahren aus Protest gegen das Marcos-Regime verhaftet und erst nach einem Hungerstreik freigelassen. Später brachen er und seine Kollegen in den Hauptsitz der Weltbank ein und stahlen Tausende Seiten Dokumente, die die Zusammenarbeit zwischen der Weltbank und den USA zweifelsfrei nachwiesen.[21] Als Bello 2022 unter Leody de Guzman für das Amt des Vizepräsidenten kandidierte, verlor das Duo ausgerechnet gegen Marcos' Sohn.

Die Kolonialisierung der Philippinen durch die USA war brutal, und sie endete nicht mit der offiziellen Unabhängigkeit. Die Philippinen befanden sich in einem Zustand, den Kwame Nkrumah, Ghanas Unabhängigkeitsführer, als »Neokolonialismus« bezeichnete: ein Zustand, in dem ein Staat »theoretisch unabhängig ist und alle äußeren Merkmale internationaler Souveränität besitzt«, aber »in Wirklichkeit wird sein Wirtschaftssystem und damit auch seine Politik von außen gelenkt«.[22] Diese Situation war vielen jungen Nationen vertraut. Der gabunische Präsident stellte dazu fest: »Gabun ist unabhängig, aber zwischen Gabun und Frankreich hat sich nichts geändert; alles geht weiter wie bisher.«[23] Seine Feststellung bestätigte sich, als bekannt wurde, dass der französische Politiker Jacques Foccart in seiner Schreibtischschublade Briefe aufbewahrte, in denen verschiedene afrikanische Präsidenten um eine Militärintervention baten.[24]

Nkrumah war ein intellektueller und politischer Gigant, der Ghana 1957 in die Unabhängigkeit führte und es damit zum ersten Land in Subsahara-Afrika machte, das von Großbritannien unabhängig wurde. Als Sozialist und Nationalist verbrachte er einen Großteil seines Lebens damit, die Einheit der Länder der Dritten Welt zu fördern, da er glaubte, dass die jungen Nationen nur durch Zusammenarbeit dem Einfluss ihrer ehemaligen Kolonialherren widerstehen könnten.

Leider erwies sich der Traum von Einheit als kurzlebig. Wie wir in diesem Kapitel sehen werden, brachte die Unabhängigkeit den meisten armen Staaten keinen Wohlstand, da der anhaltende neokoloniale Einfluss der reichen Welt die Zusammenarbeit zwischen den Ländern der Dritten Welt immer wieder untergrub. Die Entwicklung der Philippinen wurde jahrzehntelang durch Absprachen zwischen den USA, internationalen Institutionen, einheimischen Kapitalisten und einer korrupten politischen Klasse behindert. Gemeinsam verweigerten sie den Filipinos grundlegende Menschenrechte, um sicherzustellen, dass das Land ein Zufluchtsort für internationales Kapital blieb.[25]

Gewöhnlich denken wir bei Imperien an gewalttätige Unternehmungen. Wie Frantz Fanon in den Sechzigerjahren feststellte, ist der Prozess der Eroberung und Beherrschung einer Kolonie per definitionem gewaltsam.[26] Doch im Kontext des globalen Kapitalismus hat das Imperium eine umfassendere Bedeutung. Kapitalistische Imperien sind nicht nur die Staaten, die in der Lage sind, die meisten Kriege zu gewinnen; sie sind die Kommandozentralen des kapitalistischen Weltsystems.[27] Ihre Unternehmen sind die größten und mächtigsten multinationalen Konzerne, die aus allen Ecken der Welt Profite in den imperialen Kern saugen. Ihre Finanzinstitute gehören zu den wichtigsten Knotenpunkten in den globalen Finanznetzwerken. Die Prioritäten ihrer Regierungen werden den weniger mächtigen Staaten mit Nachdruck mitgeteilt, manchmal auch aufgezwungen.

Tatsächlich ist es auf globaler Ebene viel einfacher, die Gleichwertigkeit von wirtschaftlicher und politischer Macht zu erkennen, als dies im Inland der Fall ist. Die Macht der US-Unternehmen im Ausland wird durch eine internationale Ordnung aufrechterhalten, die den Interessen des US-Kapitals Vorrang einräumt und ihren Verbündeten von der US-Regierung verkündet wird.[28] Die Macht des US-Finanzwesens beruht auf der zentralen Rolle, die der Dollar als globale Reservewährung spielt, die ihrerseits wiederum eine amerikanische militärische, politische und wirtschaftliche Macht ist. Die militärische Macht der USA basiert auf einem Netzwerk von Rüstungsfirmen, Waffenherstellern und Forschungszentren. In einigen Teilen der Welt, wie nach der Invasion im Irak, regierte die US-Regierung sogar über private Firmen wie Halliburton.[29]

Imperium bedeutet also mehr als formale Kolonisierung – Imperium bezieht sich auf alle Prozesse, durch die die mächtigsten kapitalistischen Institutionen der Welt planen, wer was auf der Ebene der Weltwirtschaft bekommt.

Diese imperiale Macht wurde im Laufe der Geschichte oft durch brutale Gewalt ausgeübt, was die Entwicklung ganzer Gesellschaften für Jahrzehnte verzerrte. Heute geschieht das meist subtiler, zum Beispiel durch geheime internationale Gerichte oder Finanzinstitutionen, die Ländern strenge Bedingungen auferlegen, wenn sie Zugang zu Notkrediten benötigen.

Die Entwicklung bis zu diesem Punkt verlief nicht ohne Widerstand. Interne Debatten und Kämpfe führten dazu, dass die USA die Rolle des Hüters des globalen Kapitals übernahmen. Dabei sahen die wichtigsten Akteure im US-Staat die amerikanischen Interessen darin, den globalen Kapitalismus auszubauen und zu verteidigen.[30] Letztlich sorgte der US-Staat dafür, dass kein Teil der Welt seine Türen für internationale Investitionen schließen konnte. Dieser Drang, die Welt für Kapital »offen« zu halten, statt Probleme wie Überakkumulation oder den Kampf um Ressourcen zu lösen, erklärt viele der imperialen Abenteuer der USA in den letzten Jahrzehnten.[31]

In diesem Kapitel schauen wir uns an, wie das Imperium im Laufe der Geschichte des Kapitalismus gesehen wurde und wie sich seine Macht heute zeigt. Wir beleuchten auch, wie Liberale das Imperium und die Entwicklung oft widersprüchlich dargestellt haben. Dann werfen wir einen Blick darauf, wie die globale Wirtschaft so gestaltet ist, dass die reichen Länder ihre Macht auf Kosten der ärmeren erhalten. Außerdem sehen wir uns an, wie dieses internationale System bewusst eingerichtet wurde, um demokratischen Einfluss auf die Wirtschaftspolitik zu beschränken und die Macht des Kapitals zu sichern.

Befriedung der Eingeborenen

Walter Bagehot, ein liberaler Theoretiker des 19. Jahrhunderts und ehemaliger Herausgeber des *Economist*, schrieb einmal, dass »[die Briten] in erster Linie ein kolonisierendes Volk sind. Wir sind ohne jeden Vergleich die unternehmungslustigsten, erfolgreichsten und in den meisten Belangen besten Kolonisten auf der Welt«.[32] Gelegentlich erfordere die Konsolidierung der großen imperialen Macht des Vereinigten Königreichs, dass die angeblich wohlwollenden Briten Gewalt gegen »die Eingeborenen« einsetzen. Und obwohl Bagehot ein überzeugter Liberaler war, fand er es gerechtfertigt, dass der britische Staat Gewalt gegen »rückständige« Völker anwendete, wenn sie dem »zivilisatorischen« Einfluss des Empires im Weg standen – sei es in Afrika, Australien oder Irland.

Liberale haben immer behauptet, sie seien gegen den Imperialismus und für die Freiheit, insbesondere für den Freihandel. Doch es gab eine enge Verbindung zwischen Imperialismus und Liberalismus, die aus der intellektuellen Geschichte des Liberalismus herausgeschrieben wurde.[33] Liberale wie Bagehot hatten keine Schwierigkeiten, sowohl den Freihandel als auch den oft sehr brutalen Imperialismus zu unterstützen.

Im 18. Jahrhundert standen die liberalen Befürworter des Freihandels den Merkantilisten gegenüber, die glaubten, dass der Wohlstand eines Landes am besten durch maximale Exporte und minimale Importe gesichert werden könne. Für Merkantilisten war Handel ein Nullsummenspiel, bei dem die Zahlungsbilanz der entscheidende Maßstab war: Länder mit großen Überschüssen gewannen, während Länder mit Defiziten verloren.

Der Aufbau von Imperien, in denen der Handel streng kontrolliert wurde, galt als bester Weg, um andere Nationen wirtschaftlich zu übertreffen und gleichzeitig die nationale Sicherheit zu stärken.

Liberale hingegen glaubten, dass freier Handel der ganzen Welt zugutekomme. Einer ihrer bedeutendsten Vordenker war David Ricardo, der 1817 sein Hauptwerk *Über die Grundsätze der politischen Ökonomie und der Besteuerung* verfasste.[34] Ricardo war sowohl Theoretiker als auch Praktiker des Kapitalismus – er machte sein Vermögen in der Londoner City, indem er mit Ereignissen wie der Schlacht von Waterloo spekulierte.[35] Seinen Reichtum nutzte er, um seine Karriere als Politiker und führender liberaler Intellektueller voranzutreiben. Er stimmte für Maßnahmen zur Förderung des Freihandels, wann immer er Gelegenheit dazu hatte.

Mit seiner Theorie des komparativen Vorteils wollte Ricardo zeigen, dass freier Handel beiden Handelspartnern zugutekomme, nicht nur dem Verkäufer. Er argumentierte, dass es für Länder effizienter sei, sich auf die Produktion derjenigen Güter zu spezialisieren, die sie am besten beherrschen, statt zu versuchen, alles selbst herzustellen. Eine derartige Spezialisierung steigere die Produktivität insgesamt. Höhere Produktivität wiederum bedeutete, dass alle Länder, die miteinander Handel treiben, mehr konsumieren könnten.[36]

Auf die Weltwirtschaft angewandt, impliziert Ricardos Argument, dass die gesamte Weltwirtschaft profitieren würde, wenn jedes Land nur die Waren produzierte, bei denen es einen komparativen Vorteil besitzt, und alle anderen Waren aus jenen Ländern bezöge, die darin überlegen sind. Selbst wenn ein Land in allem produktiver wäre als alle anderen, würde es dennoch – wie jedes andere Land auch – von einer höheren Spezialisierung profitieren, als es in einer autarken Wirtschaft möglich wäre, in der jedes Land alles, was es braucht, selbst produziert und verbraucht.

Natürlich sind solche Vorteile nur bei freiem Handel möglich. Wenn Staaten Zölle, Quoten oder andere Handelshemmnisse erheben, können die Kosten des Handels so stark steigen, dass sie die Vorteile der Spezialisierung übertreffen.

Ricardos Theorie des komparativen Vorteils war ein entscheidendes Argument im langen Streit zwischen liberalen Freihändlern und Merkantilisten – einem Streit, den die Freihändler letztlich gewannen. Dieser Sieg beruhte jedoch nicht nur auf der Überlegenheit der liberalen Ideen. Wie Ha-Joon Chang betont, unterstützten die frühen kapitalistischen Staaten ihre junge Industrie stark, unter anderem durch Zölle und Quoten.[37] Als sich diese Industrien unter der sorgfältigen Aufsicht des Staates entwickelten, wurden die Handelsschranken nach und nach abgebaut, sodass mächtige neue Unternehmen auf die Weltmärkte vordringen und global konkurrieren konnten. Doch auch nachdem die Handelsschranken gefallen waren, unterstützte der Staat die heimische Industrie weiterhin auf verschiedensten Wegen.

Den neuen unabhängigen Staaten wurde gesagt, sie müssten Freihandel betreiben, um mit dem Rest der Welt Schritt zu halten. Ihnen wurde fälschlicherweise eingeredet, dass Großbritannien und Amerika durch Freihandel reich geworden seien und dass sie es auch schaffen könnten, wenn sie ihre Märkte öffneten.[38] In der Realität mussten diese Staaten jedoch feststellen, dass ihre Volkswirtschaften von Konzernen beherrscht wurden, die von imperialistischen Nationen geschützt worden waren und nun die Vorteile des freien Marktes predigten. Dies war der »Imperialismus des Freihandels«.[39]

Einer der leidenschaftlichsten Verfechter dieser Auffassung von internationaler Entwicklung war Walt Rostow, der 1960 sein Buch *Stages of Economic Growth* (Stufen des Wirtschaftswachstums) veröffentlichte. Rostow wurde in eine Familie russisch-jüdischer Sozialisten hineingeboren, entwickelte sich allerdings zu einem der überzeugtesten Antikommunisten der US-Regierung.[40] Während des Zweiten Weltkriegs übernahm er eine strategische Rolle im Militär: Er wählte Ziele für Bombardierungen aus, um den Deutschen maximalen Schmerz zuzufügen. Später trat er einer Regierungsabteilung bei, die sich mit politischer und psychologischer Kriegsführung gegen die UdSSR beschäftigte. Rostow wurde schließlich in die Regierung von John F. Kennedy berufen, wo er sich für verschiedene rücksichtslose US-Invasionen einsetzte. Er glaubte, dass die USA Vietnam durch Bombardierung unterwerfen könnten – eine Strategie, die zum Tod von Tausenden von Zivilisten führte. In *Stages of Economic Growth* schlug Rostow ein lineares Modell der kapitalistischen Entwicklung vor. Demnach durchläuft eine Gesellschaft mehrere Phasen: von der »traditionellen« Phase mit Subsistenzlandwirtschaft und wenig Technologie, über die »Aufbruch«-Phase mit zunehmender Industrialisierung, Urbanisierung und Kapitalakkumulation, bis hin zum Zeitalter des »Massenkonsums« mit hohen Einkommen, starkem Konsum und einem wachsenden Dienstleistungssektor.[41] Die Idee war, dass die Entwicklung überall der im industrialisierten Großbritannien gleichen würde.

Diese Theorie wurde durch spätere ökonometrische Forschungen formalisiert. Nach der berüchtigten Sachs-Warner-Hypothese erzielen Länder, die sich dem internationalen Handel öffnen, langfristig höhere Wachstumsraten als Länder, die sich dem Handel verschließen. Sachs und Warner behaupteten, dass »offene« Volkswirtschaften langfristig um 2,45 Prozentpunkte schneller wachsen als geschlossene. Ihre Analysekategorien waren jedoch problematisch.[42] Historisch fundiertere Ansätze wiesen die zentrale Rolle des Staates in der Geschichte der kapitalistischen Entwicklung eindeutig nach.[43]

Entgegen den Erwartungen, dass Freihandel armen Ländern helfen würde, zu den reichen Ländern aufzuschließen, blieb die Struktur der Weltwirtschaft über Jahrhunderte relativ stabil. Es gibt wenige reiche und mächtige Volkswirtschaften, viele sehr arme Länder mit wenig Einfluss und dazwischen eine Reihe anderer. Einige Länder konnten zwar durch Industrialisierung aufsteigen, aber wie Großbritannien und Amerika haben sie dies erreicht, indem sie ihre Wirtschaft zunächst schützten, bevor sie den Freihandel suchten.[44]

Warum brachte der Freihandel den armen Ländern nicht so viel, wie es seine Befürworter erhofften? Eine der ersten Antworten stammt von Karl Marx. Er erkannte, dass die Ungleichheiten zwischen Ländern und Regionen im Kapitalismus auf den Zeitpunkt zurückzuführen sind, wann sie jeweils industrialisiert wurden. Einige Länder konnten sich früh industrialisieren und dominierten die umliegenden Gebiete, deren Entwicklung sie behinderten.[45] Wie wir gesehen haben, spielte der Staat in diesen Regionen eine zentrale Rolle.[46] Er setzte nicht nur Maßnahmen zur Unterstützung junger Industrien um, sondern schloss auch Gemeindeland ein, um dafür zu sorgen, dass die arbeitnehmende Bevölkerung arm und verzweifelt blieb, wie Marx feststellte. Diese Arbeitskräfte wurden dann in Minen und »dunkle satanische Mühlen« gezwungen.[47, 48]

Diese Ungleichheiten, die innerhalb einzelner Nationen entstanden sind, wurden schließlich auf der globalen Ebene sichtbar. Wie der marxistische Theoretiker Nikolai Bucharin schrieb, »erscheinen heute ganze Länder als ›Städte‹, nämlich die Industrieländer, während ganze Agrargebiete als ›Land‹ erscheinen«.[49]

Die Wirtschaftstheorie besagt, dass sich diese Unterschiede irgendwann ausgleichen werden, weil Kapitalisten aus reichen Ländern in arme Ländern investieren, wenn die Chancen auf ihren Heimatmärkten schwinden (ähnlich wie bei der chinesischen Seidenstraßen-Initiative, die wir im vorherigen Kapitel besprochen haben). Diese Investitionen sollen in Unternehmen im Globalen Süden fließen, damit sie wachsen und schließlich die etablierten Unternehmen im Globalen Norden herausfordern können.

Doch die Mainstream-Theorie ignorierte das Wachstum mächtiger Monopole, die ihre Heimatmärkte und schließlich große Teile des Weltmarkts beherrschen können. Diese multinationalen Konzerne haben die Möglichkeit, kleinere Unternehmen im Globalen Süden zu verdrängen, indem sie ihre Marktmacht ausnutzen. Sie setzen ihre Zulieferer unter Druck, zwingen kleinere Firmen zu Kostensenkungen, indem sie die Löhne drücken und die Arbeitsbedingungen verschlechtern.[50] Außerdem verbünden sie sich oft mit mächtigen Finanzinstituten, um aufkommende Konkurrenten aufzukaufen und so ihre Macht auf dem Weltmarkt zu festigen.[51] Zudem können Unternehmen aus der reichen Welt ihre Produktion in arme Länder verlagern, um von niedrigen Lohnkosten zu profitieren und Gewinne abzuziehen.[52]

Die kapitalistischen Staaten tragen zur Aufrechterhaltung dieser Ungleichheiten bei, indem sie den Menschen den Umzug zu besser bezahlten Arbeitsplätzen erschweren und den Staaten des Globalen Südens den Zugang zu Ressourcen und Technologien verwehren. Diese Maßnahmen ermöglichen es

Kapitalisten in der reichen Welt, »Superprofite« oder »imperiale Renten« zu erzielen, während sie die Industrialisierung im Globalen Süden bremsen und diese Staaten in einem Zustand der Abhängigkeit halten.[53]

Die Verschmelzung von Wirtschaft und Politik ist ein entscheidender Teil dieses Modells. Die frühen liberalen Theoretiker haben diese Tatsache übersehen. Staaten bemühen sich kontinuierlich, »ihre« Kapitalisten weltweit zu schützen, sei es durch Besteuerung, Handelspolitik oder Außenpolitik. Kapitalisten verlassen sich darauf, dass Politiker ihnen Chancen zur Gewinnerzielung im Ausland verschaffen.[54] Lenin schrieb 1917, dass der Imperialismus die »höchste Stufe« des Kapitalismus sei und dass die enge Verbindung von staatlicher und unternehmerischer Macht es armen Staaten noch schwerer mache, zu reichen Ländern aufzuschließen.[55]

Während die Verschmelzung von unternehmerischer und politischer Macht in der modernen kapitalistischen Wirtschaft oft verborgen bleibt, war sie in der Vergangenheit ein wesentlicher Bestandteil imperialer Macht. Frühkapitalistische Staaten versuchten, die Weltwirtschaft durch Unternehmensimperien wie die East India Company zu kontrollieren. Auch die NSDAP förderte die Bildung von »Trusts, Kombinaten und Kartellen« mit dem Ziel, die imperiale Macht des deutschen Staates sowohl im In- als auch im Ausland zu stärken.[56] Gewerkschaften und jede andere Bedrohung unternehmerischer Macht wurden zerschlagen, und es wurde ein Gesetz verabschiedet, das die Bildung von Kartellen in Industrien vorschrieb, wo noch keine existierten.[57] Die unkontrollierte Macht der Unternehmen, verschmolzen mit der des Staates, war ein zentrales Element des Nationalsozialismus.

In den Sechzigerjahren wandten sich Wirtschaftswissenschaftler aus Lateinamerika marxistischen Imperialismustheorien zu, um zu erklären, warum die armen Länder auch nach dem Ende des Kolonialismus arm blieben. Diese Reaktion war eine Antwort auf die Mängel der Modernisierungstheorie. Dependenztheoretiker wie Raúl Prebisch argumentierten, dass die Welt in einen fortgeschrittenen, industrialisierten »Kern« und eine weniger entwickelte, vorwiegend agrarische »Peripherie« geteilt sei.[58] Der Argentinier Raúl Prebisch war ursprünglich ein überzeugter Befürworter des Freihandels. Doch als US-amerikanische Multinationale ab den Dreißigerjahren begannen, die argentinischen Unternehmen zu dominieren, wandte er sich dem Protektionismus zu.[59] Prebisch war später der erste Generalsekretär der UN-Konferenz für Handel und Entwicklung (UNCTAD), in der er sich für die Solidarität mit dem Globalen Süden und die Reform ungerechter Regeln der Weltwirtschaft einsetzte.

Die Dependenztheorie basierte auf der Beobachtung, dass arme Länder weiterhin von der Produktion und dem Export von Primärgütern in reiche Länder und dem Import von Fertigwaren aus diesen Ländern abhängig waren.[60] Im Zuge ihrer Entwicklung konnten wohlhabende Staaten, die über große, mächtige Unternehmen und hoch entwickelte Technologien verfügten, die gestiegene Produktivität in höhere Löhne und eine höhere Binnennachfrage umsetzen. Die armen Staaten mit weniger mächtigen Unternehmen und schlechterem Zugang zu Technologie waren jedoch gezwungen, die Löhne niedrig zu halten, um wettbewerbsfähig zu bleiben, was wiederum die inländische Entwicklung behinderte.

Mit der Zeit verschlechterten sich die Handelsbedingungen zwischen reichen und armen Ländern. Die armen Staaten mussten immer mehr Rohstoffe exportieren, um sich die Industriegüter aus der reichen Welt leisten zu können. Diese Staaten waren dem Rohstoffzyklus ausgeliefert und erlebten bei fallenden Preisen schwere wirtschaftliche Einbrüche, oft verbunden mit Staatsschuldenkrisen.[61] Die Nachfrage nach

Rohstoffen wie Lebensmitteln ist relativ stabil – die Menschen können nur so viel essen. Daher führen fallende Lebensmittelpreise nicht zu einer höheren Nachfrage, sondern zu geringeren Einnahmen für die Erzeuger.

Gleichzeitig sind die Arbeitnehmer in reichen Ländern produktiver, da sie mit fortschrittlicheren Technologien arbeiten und eine bessere Ausbildung haben. Das verleiht ihnen eine größere Verhandlungsmacht, was zu höheren Löhnen führt. Höhere Löhne wiederum fördern die Entwicklung der Verbrauchermärkte in der reichen Welt, was den Kapitalisten des Globalen Nordens noch mehr Möglichkeiten für Investitionen bietet.

Dependenztheoretiker wie Prebisch erkannten, dass Gesellschaften in der Peripherie aufgrund des Rohstoffkreislaufs und der Regeln, die von mächtigen Staaten und internationalen Institutionen aufgestellt werden, nicht in der Lage sind, sich so zu industrialisieren wie die Kernländer. Sie sind in einer Position der »Abhängigkeit« gefangen: Sie müssen Primärrohstoffe exportieren, können jedoch die Einnahmen daraus nicht in die für die Industrialisierung erforderlichen Ressourcen umwandeln.

Wie wir gesehen haben, ist die Kluft zwischen dem Kern und der Peripherie nicht nur eine Frage unterschiedlicher historischer Entwicklungsniveaus, sondern auch ein notwendiger Bestandteil des modernen Kapitalismus.[62] Die Kapitalisten im imperialen Kern sind nur durch die Überausbeutung billiger Arbeitskräfte in der Peripherie in der Lage, Superprofite zu erzielen.[63] Die Hyperentwicklung des kapitalistischen Kerns geht direkt auf Kosten der Peripherie. Imperialismus ist also ein »historischer und andauernder Transfer von Reichtum von den ärmsten zu den reichsten Ländern der Weltwirtschaft«.[64]

Die reichen Länder gaben vor, an einer großen zivilisatorische Mission zur Beendigung der Armut und zur Förderung der Entwicklung teilzunehmen. In Wirklichkeit haben sie den Rest der Welt unterentwickelt, um sich selbst zu bereichern. In seinem Buch *How Europe Underdeveloped Africa* (Wie Europa Afrika unterentwickelte) argumentiert Walter Rodney eindringlich, dass der Reichtum der führenden Volkswirtschaften auf der Ausbeutung der armen beruht, und zwar durch »Handel, koloniale Herrschaft und kapitalistische Investitionen«.[65] Die Ausbeutung des Globalen Südens ist ein Eckpfeiler der Produktion im Globalen Norden, eine Beziehung, die den Unternehmen mit Hauptsitz in Ländern, die früher einen Großteil des Planeten kolonialisiert haben, große Gewinne beschert.[66]

Die Abhängigkeitstheoretiker waren der Ansicht, dass Staaten in Randlage auf Industrialisierung setzen müssen, um der Falle niedriger Einkommen zu entkommen. Einige Führungspersönlichkeiten in den neuen unabhängigen Staaten erkannten früh, dass sie den Staat nutzen mussten, um ihre heimischen Industrien zu schützen und zu fördern. Das Klassenmachtverhältnis begünstigte oft eine solche staatlich unterstützte Entwicklungspolitik, da das heimische Kapital kleiner und schwächer war und daher mehr Unterstützung benötigte. Die UdSSR unterstützte häufig unabhängige Staaten, um ihnen zu einem stärker staatsorientierten Entwicklungsweg zu verhelfen.

Viele neue unabhängige Staaten wollten diesen Weg beschreiten. Doch mit einigen Ausnahmen ließen die USA dies nicht zu. Hätte man armen Staaten erlaubt, sich zu industrialisieren, wären sie schwerer auszubeuten gewesen. Im Laufe des 20. Jahrhunderts arbeiteten mächtige Staaten, Konzerne und internationale Institutionen zusammen, um die Industrialisierungsversuche der armen Länder zu untergraben. Als Sitz der mächtigsten Kapitalisten fiel es vor allem den USA zu, das bestehende System zu schützen, um die Hierarchie des globalen Kapitalismus und ihre eigene Position an der Spitze zu bewahren.

Bananenrepubliken

Ein frühes Beispiel für die Versuche der USA, Länder zu unterdrücken, die sich modernisieren wollten, war Guatemala, oft abwertend als »Bananenrepublik« bezeichnet. Ende des 19. Jahrhunderts begann die United Fruit Company (heute Chiquita) dort mit dem Bananenanbau. Die Firma entstand, als ein US-Geschäftsmann für die costa-ricanische Regierung eine Eisenbahnlinie von der Hauptstadt zur Küste bauen wollte.[67] Die Linie wurde nie fertiggestellt, aber die Bananen, die man zur Ernährung der Arbeiter anbaute, erwiesen sich als außerordentlich profitables Exportgut. Schon ein Jahr nach ihrer Gründung 1899 war die United Fruit Company (UFC) der weltgrößte Bananenexporteur.[68]

Die UFC kontrollierte riesige Landstriche in Mittelamerika und betrieb eine Art parallele staatliche Infrastruktur, ähnlich wie Ford im Amazonasgebiet. United Fruit leitete die guatemaltekische Post und sicherte sich eine 99-jährige Konzession für den Bau und Betrieb der Eisenbahnlinie von Puerto Barrios am Atlantik nach Guatemala-Stadt.[69] Später gewährte die guatemaltekische Regierung der Firma das Recht zur Nutzung von 100 Kilometern unbewirtschaftetem Land. Die einfache Bevölkerung hingegen kämpfte verzweifelt um Landbesitz.[70]

In den Dreißigerjahren war United Fruit der größte Landbesitzer und Arbeitgeber Guatemalas. Ein erheblicher Teil des Landes war der indigenen Maya-Bevölkerung entrissen worden, oft mit staatlicher Unterstützung. Die Arbeitsbedingungen waren miserabel, und in den Zwanziger- und Dreißigerjahren kam es zu zahlreichen Streiks. Die meisten wurden brutal niedergeschlagen, wobei der Staat ebenfalls oft tatkräftig mitmischte.[71]

Großgrundbesitzer wie die United Fruit Company unterstützten die Kandidatur von Jorge Ubico, der versprach, gegen die Revolte der Arbeiter und Indigenen vorzugehen. Ubico besaß große Ländereien und bewunderte den europäischen Faschismus. Er soll sich mit Mussolini und Napoleon verglichen haben.[72] Nach einem Studium in den USA hatte er sich in der guatemaltekischen Armee hochgearbeitet und war an mehreren Putschen beteiligt, bevor er 1931 selbst die Macht übernahm.[73]

Ubico enttäuschte seine Unterstützer nicht. Er baute ein repressives, autoritäres Regime auf, das sich gegen Kommunisten und die indigene Bevölkerung richtete und die Macht der Landbesitzer festigte.[74] United Fruit erhielt Steuerbefreiungen und die Erlaubnis, die Bauern und Indigene zu vertreiben.[75] Landbesitz war ein so wichtiges politisches Thema, dass Ubico sogar Hinrichtungen durch Landbesitzer zum Schutze ihres Eigentums legalisierte.[76] Im Interesse der Industriellen legte er zudem mehrere große Infrastrukturprojekte auf, für die häufig Bauern und Indigene zur Zwangsarbeit herangezogen wurden.

Ubicos Maßnahmen zu Sicherung der Macht der UFC machten ihn zum natürlichen Verbündeten der USA.[77] In den Vierzigerjahren allerdings, als der Zweite Weltkrieg und seine Folgen die USA voll in Anspruch nahmen, kam es in Guatemala zu einer Welle von Unruhen. 1950 zog schließlich ein radikaler junger General namens Jacobo Árbenz ins Präsidentenamt ein. Sein Ziel: die Enteignung der landbesitzenden Elite Guatemalas.

Árbenz kam 1913 als Sohn einer guatemaltekischen Mutter und eines deutsch-schweizerischen Einwanderers zur Welt. Sein Vater verfiel dem Morphium und beging später Selbstmord.[78] Seine Sucht hatte die Familie in den Bankrott geführt. Sie konnte es sich nicht leisten, Árbenz zur Uni zu schicken.[79] Doch er war ein ausgezeichneter Schüler und ergatterte ein Militärstipendium. Prägend für ihn waren einerseits seine Erlebnisse bei der Überwachung von zur Zwangsarbeit verpflichteten politischen Gefangenen und andererseits seine Frau. Denn sie brachte ihn mit dem Marxismus in Berührung.[80]

Árbenz war zwar kein Kommunist, suchte aber dennoch häufig den Kontakt zur Kommunistischen Partei Guatemalas. Bei seinem Amtsantritt stellte er klar, dass sein Ziel nicht eine sozialistische Revolution sei, sondern die Umwandlung Guatemalas in einen modernen kapitalistischen Staat.[81] Dazu plante er eine umfassende Landreform.

Per Dekret wurden riesige Flächen unbewirtschafteten Landes der guatemaltekischen Oligarchie enteignet und an landlose Arbeiter und Indigene übertragen.[82] Faktisch betraf das aber nur eine relativ kleine Zahl von Grundstücken, zudem wurden die Eigentümer mit Staatsanleihen entschädigt. Die Ergebnisse waren bemerkenswert: Ein Sechstel der Bevölkerung erhielt durch die Umverteilung Land, und eine staatliche Bank versorgte die neuen Landbesitzer mit Krediten, damit sie in moderne Maschinen investieren konnten.[83] Die landwirtschaftliche Produktivität verbesserte sich augenblicklich dramatisch, und mit ihr das Leben Zehntausender Menschen.

Doch die Reformen schadeten der United Fruit Company erheblich. Sie hatte Tausende Hektar unbewirtschaftet gelassen, während landlose Bauern hungerten. Mit dem neuen Gesetz verlor sie einen großen Teil dieses Landes. Obendrein erhielt die UFC nicht einmal eine angemessene Entschädigung, woran sie allerdings selbst schuld war. Denn die Entschädigung war an den Wert des Landes gebunden, und den hatte sie in krimineller Weise unterbewertet, um Steuern zu sparen.[84]

Die UFC reagierte mit einer Kampagne gegen Árbenz, in der Hoffnung, die US-Regierung werde ihn aus dem Amt drängen.[85] Sie bezahlte Journalisten, die sich daran machten, Árbenz' Ruf zu untergraben.[86] Viele US-Kongressabgeordnete waren jedoch ohnehin schon auf ihrer Seite, da sie Árbenz für einen Kommunisten und damit für eine Bedrohung der Interessen der USA in ihrem »Hinterhof« hielten. Sie behaupteten, Árbenz sei heimlich in Moskau ausgebildet worden, und bedienten sich einer »McCarthy-Logik, um Árbenz und seine Anhänger zu verunglimpfen«.[87] Schon bald nahm Präsident Eisenhower einen Plan mit dem Codenamen PBSuccess in Angriff.

Die Taktik dabei war die gleiche, die die CIA bei der Absetzung progressiver Führer in der ganzen Welt einsetzte. Sie präsentierte »Kisten mit Gewehren, die mit kommunistischen Hämmern und Sicheln markiert waren«, als angeblichen Beweis für Árbenz' Beziehungen zur UdSSR.[88] Zudem erstellte sie Listen von Ministern und Bürokraten, die nach einem Staatsstreich ermordet werden sollten, um die Opposition in Angst zu versetzen. Dann begann sie mit der Planung des Putsches, den sie wenig überzeugend als spontane Reaktion auf die Reformen von Árbenz darstellte.

Die USA wählten den »unscheinbaren« Armeeoffizier Generalleutnant Carlos Castillo Armas aus, um die Operation anzuführen, und versorgten ihn mit Waffen und von der CIA ausgebildeten Truppen.[89] Im Juni 1954 erreichten Armas und seine Männer die Grenze zu Guatemala. Zu diesem Zeitpunkt entdeckte Árbenz den Putschversuch und informierte die guatemaltekische Presse. Doch die Amerikaner ließen sich nicht abschrecken und verbreiteten über von den USA kontrollierte Radiosender Falschmeldungen über einen angeblichen Sieg von Armas.[90] Die USA setzten Fake News als Waffe ein, lange bevor sie in der Heimat Schlagzeilen machten.

Armas' Söldnertruppe besiegte die guatemaltekische Armee zwar nicht, doch der Druck der USA wirkte trotzdem. Mehrere Mitglieder der Árbenz-Regierung liefen zum Gegner über. Am 27. Juni 1954 trat Árbenz in Panik zurück und übergab die Macht an den Militärchef.[91] Wenige Tage später wurde der neue Präsident allerdings von einem örtlichen CIA-Vertreter informiert, dass er »den Erfordernissen der amerikanischen Außenpolitik nicht entsprach«.[92] Später erschien der US-Botschafter im Haus des Präsidenten mit einer Liste von Guatemalteken, die die USA als Kommunisten verdächtigten. Er teilte mit, dass diese Personen »sofort erschossen werden müssten«.[93]

Es dauerte nicht lange, bis Armas zum Präsidenten von Guatemala erklärt wurde. Die Gewalt, die sein Regime mit voller und aktiver Unterstützung der USA entfesselte, war unvorstellbar. Zwischen 3000 und 5000 Anhänger von Árbenz wurden zusammengetrieben und hingerichtet.[94] In Teilen des Landes wurde die Zwangsarbeit – also die Sklaverei – wieder eingeführt.[95]

Doch Bauern und indigene Völker organisierten sich gegen das Regime, und einige Jahre später explodierten die Spannungen in einem Bürgerkrieg, in dem 200 000 Menschen getötet oder vertrieben wurden.[96] Während des Krieges verübte die von den USA unterstützte Regierung einen Völkermord an der Maya-Bevölkerung, dem fast 30 000 Manschen zum Opfer fielen oder einfach »verschwanden«.[97]

Die US-Regierung übermittelte armen und unterdrückten Menschen in der ganzen Welt mit ihrem Vorgehen in Guatemala die Botschaft, dass Widerstand gegen die Macht des US-Kapitalismus sinnlos sei. Dies erschien ihr offenbar notwendig, da viele Länder in diesen Jahren versuchten, sich zu wehren. 1955 versammelten sich auf der Konferenz von Bandung Vertreter aus 29 Staaten, die 55 Prozent der Weltbevölkerung repräsentierten, darunter Indonesien, Indien und China. Sie bildeten die Bewegung der Blockfreien.[98] Die Konferenz verabschiedete eine Erklärung über das Selbstbestimmungsrecht aller Staaten und die Ablehnung des militärischen, politischen und wirtschaftlichen Imperialismus, wie er in Ländern wie Guatemala praktiziert wurde.

Der indonesische Präsident Sukarno war einer der Hauptorganisatoren der Konferenz von Bandung. Geboren in eine wohlhabende Familie – sein Vater war Aristokrat, seine Mutter eine balinesische Brahmanen-Hinduistin –, engagierte er sich schon während seines Studiums in der aufkommenden nationalistischen Bewegung Indonesiens.[99] Er war ein wichtiger Teil des Widerstands sowohl gegen den niederländischen Kolonialismus als auch gegen die japanische Besatzung Indonesiens im Zweiten Weltkrieg. Nach dem Krieg wurde er der erste Präsident Indonesiens. Seine Politik, die »Nationalismus, Islam und Marxismus« zu verbinden suchte, machte ihn populär.[100]

Sukarno wusste, dass kein Land den Widerstand gegen die USA allein stemmen konnte. Daher baute er Verbindungen zu anderen Unabhängigkeitsführern auf. Hier stimmte er mit Kwame Nkrumah überein, dem charismatischen Unabhängigkeitsführer aus Ghana. Nkrumah glaubte, dass Ghana zunächst die politische Unabhängigkeit erreichen müsse, bevor alles andere folgen könne. Doch er erkannte schnell, dass politische Souveränität allein nicht genügte. Ohne wirtschaftliche Unabhängigkeit war Ghana ein Spielball fremder Interessen.[101]

Die einzige Chance, den Neokolonialisten die Stirn zu bieten, sah Nkrumah in der Kooperation der Entwicklungsländer.[102]

Die USA wussten, dass sie den wachsenden Einfluss der Blockfreien Bewegung und die Solidarität des Globalen Südens nicht einfach ignorieren konnten. Wie Vincent Bevins in *The Jakarta Method* beschreibt, versuchten die USA, viele der Führer und Regime dieser Bewegung zu untergraben oder zu stürzen, darunter auch Sukarno.

Sukarno war im Gegensatz zu Kwame Nkrumah kein ideologisch überzeugter Kommunist. Dennoch vertrat er häufig Positionen, die denen der Kommunistischen Partei Indonesiens entsprachen – damals eine der größten kommunistischen

Parteien weltweit. Sukarno arbeitete pragmatisch mit sozialistischen Staaten zusammen, um die Souveränität Indonesiens zu wahren und sich gegen die Einflüsse westlicher Mächte zu schützen.[103] Das machte ihn aus Sicht der USA zur Bedrohung.

Mithilfe der USA stürzte der junge indonesische General Suharto 1967 Sukarno von der Macht. Suharto hatte während des Zweiten Weltkriegs in einer japanischen Miliz gedient, wo er die rigide nationalistische und militaristische Ideologie der japanischen Truppen kennenlernte.[104] Sobald er an die Macht kam, machte er sich daran, Indonesiens Kommunisten auszurotten.

Die Tatsache, dass die Morde auf Grundlage einer Ideologie und nicht aus rassistischen Motiven erfolgten, führte zu Kontroversen darüber, ob von Völkermord gesprochen werden muss. Unbestritten ist jedoch das Ausmaß des Blutvergießens: »Zwischen 500 000 und einer Million Menschen wurden abgeschlachtet, und eine weitere Million wurde in Konzentrationslager getrieben.«[105] Das ganze Ausmaß kam erst nach Suhartos Tod ans Licht.

Die in Indonesien angewandten Strategien wurden in sozialistischen Staaten auf der ganzen Welt mit aktiver oder passiver Unterstützung der USA nachgeahmt. Von Brasilien bis Chile begannen Antikommunisten offen über ihre eigenen »Jakarta-Pläne« zu sprechen. Bevins ist sich im Klaren darüber, was damit gemeint war: »die staatlich organisierte Ausrottung von Zivilisten, die sich gegen den Aufbau kapitalistischautoritärer und US-getreuer Regime stellten«.[106] Das nächste Testgebiet für die Jakarta-Methode sollte Lateinamerika werden, wo in den folgenden Jahrzehnten Hunderttausende Menschen im Namen des Antikommunismus getötet wurden oder »verschwanden«.[107] Zu Hause rechtfertigte die US-Regierung ihre Handlungen, soweit sie überhaupt an die Öffentlichkeit drangen, mit dem

Schutz der »Freiheit« und der Bekämpfung der kommunistischen Bedrohung. Ein Historiker bemerkte, dass die Zahl der Opfer der von den USA unterstützten Gewalt in Lateinamerika die Zahl der in der Sowjetunion und im Ostblock im selben Zeitraum Getöteten »bei Weitem überstieg«.[108]

Warum hielt es die führende imperiale Macht der Welt für notwendig, eine solch extreme Gewalt gegen einige der ärmsten Menschen auf dem Planeten zu entfesseln? Um die Struktur des kapitalistischen Weltsystems zu schützen. Hätte man dem Globalen Süden erlaubt, sich zusammenzuschließen und eigene Entwicklungswege zu beschreiten, wäre er viel schwieriger auszubeuten gewesen. Die reiche Welt war darauf angewiesen, dass die armen Länder zersplittert und unterentwickelt blieben. Der globale Kapitalismus würde schlicht nicht funktionieren, wenn sie sich zusammenschlössen.

Die USA haben nie gezögert, große Summen auszugeben, um einen geeinten Globalen Süden zu verhindern. 2022 betrug ihr Militärhaushalt stolze 877 Milliarden Dollar, fast vier Prozent des US-BIP.[109] China, das Land mit den zweitgrößten Militärausgaben, steckte im selben Jahr 292 Milliarden Dollar in seine Armee, was etwa 1,6 Prozent seines BIP entspricht.

Die Verschmelzung öffentlicher und privater Interessen, die Amerikas Militärausgaben und seine Außenpolitik prägt, wird oft als »militärisch-industrieller Komplex« bezeichnet.[110] Ausufernde Rüstungsunternehmen und Privatarmeen profitieren vom US-Imperialismus und arbeiten eng mit dem Staatsapparat zusammen, um Konflikte anzuzetteln und in die Länge zu ziehen, die ihnen lukrative Regierungsaufträge bescheren.

Je mehr private Firmen in die US-Machtprojektionen im Ausland eingebunden sind, desto wichtiger wird es für den Staat, sie zu schützen. Schließlich stellen sie die Arbeitskräfte, Technologie und Finanzen bereit, die für das gigantische US-

Militär nötig sind. Auf diese Weise arbeiten öffentliche und private Sektoren Hand in Hand bei der Planung von US-Interventionen und rechtfertigen Eingriffe oft mit dem Argument, sie müssten Demokratie und Freiheit verteidigen.

Ein besonders krasses Beispiel für den Einfluss des militärisch-industriellen Komplexes zeigt sich im Irak, wo die US-Regierung massenhaft Staatsvermögen verkaufte.[111] Damit wollten die Planer der Invasion ihre Beute mit US-Unternehmen teilen und die irakische Gesellschaft der disziplinierenden Hand des US-Kapitals unterwerfen.

Der nächste Schritt war die Einführung von Gesetzen, die der *Economist* als eine »Wunschliste, von der ausländische Investoren träumen« bezeichnete, einschließlich der Begrenzung des Steuersatzes auf 15 Prozent und der Erlaubnis für Investoren, unbegrenzte Geldsummen aus dem Land zu bringen.[112] Naomi Klein sieht in der Invasion und der Besetzung ein perfektes Beispiel für die »Schock-Doktrin«, nach der Krisen und Katastrophen als Mittel zur Gewinnmaximierung und zur Verankerung kapitalistischer sozialer Beziehungen genutzt werden.[113]

Klein macht deutlich, dass die Besetzung des Irak geplant war. Er wurde als Versuchsfeld für einen Prozess des imperialen Staatsaufbaus ausgewählt, der darauf abzielte, eine angeblich dysfunktionale Gesellschaft zu entwurzeln und an ihrer Stelle eine kapitalistische Utopie aufzubauen. US-Konzerne wurden hinzugezogen, um den irakischen Staat zu leiten. Darunter waren Halliburton, das 50 000 Arbeiter in der Region beschäftigte, und KPMG, das 240 Millionen Dollar erhielt, um ein am »Markt orientiertes Programm« aufzubauen.[114] Die sogenannte Grüne Zone im Irak wurde von Halliburton effektiv als »privater Stadtstaat« geführt, der alles vom Straßenbau über die Straßenreinigung bis hin zur Organisation von Discoabenden verwalten sollte.[115] Milliarden wurden den Irakern und den

Amerikanern aus der Tasche gezogen, um diesen Spielplatz für US-Konzerne zu finanzieren.

Wie die Beispiele in diesem Kapitel zeigen, ist das US-Militär das Herzstück der amerikanischen Macht als imperialer Planer. Der US-Imperialismus schützt vor allem die ungleiche Struktur des kapitalistischen Weltsystems und sorgt dafür, dass keine potenziellen Konkurrenten auftauchen.[116] Auch private Akteure profitieren in hohem Maße von Amerikas Rolle als Hüter des globalen Kapitalismus, und diese Verschmelzung öffentlicher und privater Interessen macht den militärisch-industriellen Komplex der USA so langlebig.

Aber bei der Ausübung imperialer Macht geht es um mehr als um rohe Gewalt. Wie wir gesehen haben, privilegiert die Struktur der Weltwirtschaft die Interessen des im Kern konzentrierten Kapitals gegenüber den in der Peripherie konzentrierten Arbeitnehmer. Dieses System reproduziert sich nicht von selbst; es muss sowohl durch die Macht des US-Staates als auch durch die von ihm verkündeten rechtlichen und politischen Institutionen geschützt und aufrechterhalten werden. Dort, wo die armen Länder nicht mit Gewalt der Macht des Kapitals unterworfen wurden, hatten sie kaum eine andere Wahl, als sich freiwillig zu unterwerfen.

Das Volk gegen Chevron

Texaco, 1902 als Texas Fuel Company gegründet, leitete in den Siebziger- und Achtzigerjahren Milliarden Liter giftiger Abfälle und Rohöl in den ecuadorianischen Regenwald und verursachte damit eine der größten Umweltkatastrophen der modernen Geschichte. Das ausgelaufene Öl verseuchte weite Teile des Regenwaldes. Flüsse wurden schwarz, und in vielen Gemeinden wurde eine Zunahme verschiedener Krebsarten festgestellt.[117] Die Katastrophe gilt als »Tschernobyl des Amazonas«.[118] 1993 beschlossen 30 000 von der Katastrophe betroffene Ecuadorianer, gegen Texaco vorzugehen. Zum Zeitpunkt der Urteilsverkündung befand sich Texaco nach einer Fusion im Besitz von Chevron, wodurch der zweitgrößte Ölkonzern der USA und der viertgrößte börsennotierte Ölkonzern der Welt entstanden war. Die Ecuadorianer reichten eine Sammelklage ein, und nach einem Rechtsstreit, der sich über fast zwei Jahrzehnte hinzog, wurde Chevron zur Zahlung von 9,5 Milliarden Dollar Entschädigung für die Katastrophe im Namen von Texaco verurteilt.[119] Unmittelbar nach dem Urteil verließ das Unternehmen Ecuador, verkaufte sein gesamtes Vermögen und drohte mit einem »lebenslangen Rechtsstreit«, falls die Regierung je versuchen sollte, das Geld einzutreiben.[120]

2008 gewann Chevron einen Prozess gegen eine Gruppe von Klägern, »die es für die tödlichen Schüsse auf Demonstranten auf einer Offshore-Ölplattform in Nigeria verantwortlich machen wollten«.[121] Nach dem Sieg vor Gericht forderte Chevron die Anwaltskosten von den Witwen und Kindern der Getöteten zurück.

2009 reichte Chevron eine Investor-Staat-Streitbeilegungsklage (ISDS) gegen die ecuadorianische Regierung ein, in der Hoffnung, den Ausgang des dortigen Verfahrens umkehren zu können. ISDS sind in vielen internationalen Handels- und Investitionsverträgen verankert und bieten Investoren Schutz, die besorgt sind, dass Regierungen ihre demokratischen Vorrechte nutzen, um Unternehmen zu besteuern, zu regulieren und strafrechtlich zu verfolgen.[122] Im Rahmen von ISDS-Bestimmungen können Investoren Regierungen wegen unvorhersehbarer politischer Veränderungen verklagen, die ihren Interessen zuwiderlaufen. Der Tabakkonzern Philip Morris etwa verklagte auf Grundlage der ISDS-Bestimmungen Australiens Regierung, nachdem diese Einheitsverpackungen für Zigaretten eingeführt hatte. Dieser Versuch scheiterte zwar, doch die meisten Fälle werden zugunsten großer multinationaler Konzerne und mächtiger Staaten entschieden, während arme Länder den Kürzeren ziehen.[123]

In Ecuador beließ es Chevron aber nicht bei Klagen. Das Unternehmen startete auch eine gezielte Einschüchterungskampagne gegen den Anwalt der ecuadorianischen Kläger, Steven Donziger. Es heuerte Privatdetektive an, um ihn zu beschatten, verleumdete ihn in der Presse und gab Millionen aus, um ihn durch das Rechtssystem zu Fall zu bringen.[124] Chevron argumentierte, das ursprüngliche Urteil beruhe auf Betrug, und beschuldigte Donziger der Organisierten Kriminalität im Rahmen von Gesetzen, die ursprünglich eingeführt worden waren, um gegen Mafiosi vorzugehen.[125] Kurz vor der Verhandlung ließ Chevron die Forderung nach Schadensersatz fallen und beraubte Donziger damit der Chance auf ein Schwurgerichtsverfahren.[126]

Stattdessen beschuldigte Chevron Donziger des Betrugs und stützte sich dabei auf die Feststellungen eines Einzelrichters, der häufig zugunsten großer Unternehmen entschied und dem eine »unerbittliche Feindseligkeit« gegenüber Donziger nachgesagt wurde.[127] In einem höchst ungewöhnlichen Schritt erlaubte Richter Lewis Kaplan Chevron, anonyme Zeugen zu laden, was gegen »grundlegende Rechtsprinzipien« verstieß.[128] Er verbot der Verteidigung sogar, die Umweltverschmutzung in Ecuador zu erwähnen, mit der Begründung, dass dies für den Fall nicht relevant sei.[129] Schließlich akzeptierte Kaplan einen in Ungnade gefallenen ecuadorianischen Richter als Zeugen, der von Chevron mehr als zwei Millionen Dollar in bar und in Form von Geschenken erhalten hatte.[130] Es war dieser Richter – Antonio Guerra –, der Chevrons Vorwürfe des Betrugs und der Bestechung bestätigte.

Zwar gab Guerra später zu, dass er gelogen hatte und widerrief seine Geschichte.[131] Doch Kaplan erklärte, dass er auch ohne die Beweise des Richters zu demselben Urteil gekommen wäre.[132] Spätere Untersuchungen ergaben, dass »es [keine] Beweise gab, die die Behauptungen einer Bestechung oder eines von einem Ghostwriter geschriebenen Urteils untermauerten, und dass große Teile seiner beeidigten Aussage übertrieben und in anderen Fällen einfach nicht wahr waren«.[133] Der gesamte Fall war voller Unregelmäßigkeiten und Verstöße gegen normale Gerichtsverfahren. Ein Professor der Harvard Law School drückte es so aus: »[Donziger] wurde durch die Entscheidung eines einzigen Richters in einem Fall, in dem es nicht einmal um Bestechung ging, tatsächlich der Bestechung überführt.«

In einem weiteren merkwürdigen Gerichtsverfahren forderte Kaplan Donziger auf, sein Telefon und seinen Laptop auszuhändigen, was Donziger als Verstoß gegen das Anwaltsgeheimnis wertete.[134] Daraufhin klagte Kaplan Donziger wegen Missachtung des Gerichts an und nahm ihn in »Zwangseinweisung«, wodurch er auf unbestimmte Zeit in seinem Haus gefangen blieb. Der US-Staatsanwalt hatte sich geweigert, Kaplans Verfahren wegen Missachtung des Gerichts weiterzuverfolgen, sodass er stattdessen eine Privatfirma mit dem Fall beauftragte – eine Firma, die zuvor Chevron vertreten hatte.[135]

Der Prozess zerstörte Donzigers Leben. Er verbrachte zweieinhalb Jahre unter Hausarrest; seine Bankkonten wurden eingefroren, und es wurde ihm untersagt, Geld zu verdienen; sein Reisepass wurde beschlagnahmt und ihm drohten hohe Geldstrafen.[136] Mit dem Prozess verlor Donziger auch seine Anwaltslizenz und wurde zu sechs Monaten Gefängnis verurteilt. Das Ganze war eine eindringliche Warnung an jeden, der es wagte, sich gegen die Macht der fossilen Industrie und ihrer Beschützer im Staat zu stellen.

Das von Chevron 2009 angestrengte ISDS-Verfahren wurde

schließlich 2018 zugunsten des Unternehmens entschieden.[137] Das Gericht wies die ecuadorianische Regierung an, die Gerichte daran zu hindern, das frühere Urteil zu vollstrecken. Chevron drängte außerdem darauf, die ecuadorianische Regierung zu zwingen, 800 Millionen Dollar der Prozesskosten des Unternehmens zu zahlen.[138] Die Kampagnenorganisation War on Want bezeichnete den Fall als beispiellos, da er »ein demokratisch rechenschaftspflichtiges nationales Gerichtsurteil direkt umstößt«.[139]

ISDS sind Teil eines wachsenden Korpus an internationalem Recht, das mit aktiver Unterstützung mächtiger Staaten dazu beigetragen hat, Unternehmenskriminalität in großem Maßstab zu routinisieren.[140] Das internationale System enthält ein »massives, mächtiges und immer noch weitgehend verborgenes internationales Regelwerk, das Unternehmen nutzen, um Regierungsmaßnahmen zu unterdrücken, politische Ergebnisse zu erzwingen, sich der Durchsetzung legitimer politischer Maßnahmen zu widersetzen und schließlich Regierungen zu verklagen, wenn ihre Forderungen nicht erfüllt werden«.[141] ISDS sind in Tausenden von bilateralen Handels- und Investitionsverträgen enthalten und schaffen ein »paralleles Rechtssystem«, das »stark auf Großunternehmen ausgerichtet« ist und in dem normale Bürger die Rechnung für langwierige Rechtsstreitigkeiten bezahlen.[142]

Selbst das kapitalistische Magazin *Economist* lehnt ISDS ab: »Wenn man die Öffentlichkeit davon überzeugen wollte, dass internationale Handelsabkommen ein Weg sind, multinationale Unternehmen auf Kosten der normalen Menschen reich werden zu lassen, würde man Folgendes tun: ausländischen Firmen ein Sonderrecht einräumen, vor einem geheimen Gericht hochbezahlter Unternehmensanwälte eine Entschädigung zu beantragen, wenn eine Regierung ein Gesetz erlässt, um zum Beispiel das Rauchen einzuschränken, die Umwelt zu schützen oder eine nukleare Katastrophe zu verhindern. Doch genau das ist es, was Tausende von Handels- und Investitionsverträgen im letzten halben Jahrhundert getan haben.«[143]

ISDS-Bestimmungen wurden in einer Reihe von Fällen eingesetzt, um den demokratischen Prozess zu unterlaufen:

- Die Ethyl Corp verklagte die kanadische Regierung, als sie versuchte, ein Gesetz zum Verbot der giftigen Chemikalie Methylcyclopentadienyl einzuführen. Die Regierung zog das Verbot zurück und zahlte 13 Millionen Dollar an das Unternehmen.
- Die Metalclad Corp verklagte die mexikanische Regierung, nachdem diese dem Unternehmen aufgrund von Gesundheits- und Umweltbedenken die Genehmigung zum Bau einer Abfallentsorgungsanlage verweigert hatte. Die Regierung musste 16,79 Millionen Dollar zahlen.
- Vattenfall verklagte die deutsche Regierung wegen der Einführung von Gesetzen, die Flüsse vor den Auswirkungen der Kohlekraftwerke des Unternehmens schützen sollten. Die Regierung wurde gezwungen, die Gesetzgebung zu verwässern.[144]

Manchmal allerdings geht die Sache anders aus. In einem Fall, der in dem unglaublichen Buch *The Water Defenders* dokumentiert ist, besiegten Aktivisten, die für die Verhinderung des Goldabbaus in El Salvador kämpften, einen internationalen Bergbaugiganten in einem ISDS-Verfahren.[145] In anderen Gebieten hatten ähnliche Operationen zur Einleitung giftiger Chemikalien in die örtliche Wasserversorgung geführt, was zu schweren gesundheitlichen Problemen führte, von Nierenversagen über Krebs bis hin zu Störungen des Nervensystems. Die Kampagne hatte Erfolg, und die Regierung stellte den Goldabbau im Land ein.

Doch das Bergbauunternehmen Pacific Rim, das am meisten dabei zu verlieren hatte, verklagte die salvadorianische Regierung. Das Buch beschreibt die schreckliche und blutige Tortur, die sich im Laufe der folgenden Jahre abspielte, als Pacific Rim, Heerscharen von Anwälten und angeheuerte Schläger die Aktivisten terrorisierten. Dass die Umweltschützer dennoch gewannen, lag teils an ihrer konzertierten Kampagne, teils war es einfach Glück.

Das System der internationalen Gerichtshöfe hat es Demokratien ermöglicht, sich in ein System von Verträgen und Gesetzen »einzuschließen«, das die Befugnis nationaler Regierungen zur Durchsetzung von Gesetzen, die den Interessen des internationalen Kapitals schaden, stark einschränkt.[146] Neoliberale rechtfertigten den Aufbau dieses Systems mit dem Argument, dass es »freie Märkte« schütze. Doch diese unpolitische Sprache verbarg, dass es in Wirklichkeit ein zutiefst politisches Projekt war, um die Vorherrschaft der mächtigsten Länder der Welt und ihrer Kapitalisten über die große Mehrheit der Menschen auf dem Planeten aufrechtzuerhalten. Das internationale Recht wird letztlich vom und für das internationale Kapital gemacht.[147]

ISDS sind nur ein Teil des Systems von Regeln und Normen, die auf internationaler Ebene entwickelt wurden, um arme Länder arm und reiche Länder reich zu halten.[148, 149] Seinen Ursprung hatte dieses System in der Politik der Schockdoktrin. Im Juni 1981 erhöhte US-Notenbankchef Paul Volcker die Zinssätze auf erstaunliche 20 Prozent. Leo Panitch und Sam Gindin beschreiben den Volcker-Schock als »Gründungsmoment« des Neoliberalismus.[150] Er war zunächst bei niemandem außerhalb der Wall Street besonders beliebt. Die Arbeitslosigkeit schoss bis 1982 auf 10,8 Prozent in die Höhe, die Preise stiegen, und die darauffolgende Rezession schadete den Gewinnen.[151]

Doch Volcker hatte einen Plan. Sein Ziel war es, die Finanzmärkte davon zu überzeugen, dass die Fed die Macht und den Mut besaß, die Inflation endgültig zu zähmen, indem sie die Gewerkschaften zerstörte, die höhere Löhne forderten. Volcker gilt unter Neoliberalen als Held, weil er die Inflation durch eine Rezession eindämmte, die dazu beitrug, die Macht der US-Arbeiterbewegung dauerhaft zu beschneiden. Der Volcker-Schock ist ein hervorragendes Beispiel für neoliberale Planung: Volcker schuf eine Rezession, die die Macht des Kapitals über die Arbeit institutionalisierte, wobei er behauptete, den Gesetzen des »freien Marktes« zu folgen.[152]

Doch der Volcker-Schock veränderte nicht nur die US-Wirtschaft, sondern hatte Auswirkungen auf die ganze Welt. Da die Zinssätze in den USA so viel höher waren als anderswo, floss das Geld in die US-Finanzmärkte, sodass viele andere Länder in eine tiefe Schuldenkrise gerieten.[153] Dieser Trend war an sich schon ein Beispiel für Imperialismus – die USA nutzten ihre Macht über die Weltwirtschaft, um ihre eigenen innerstaatlichen Klassenkonflikte zu lösen, und zwangen andere Staaten in eine Schuldenkrise. Derselbe Prozess findet heute überall in der Weltwirtschaft statt. Während die US-Notenbank die Zinssätze anhebt, um eine Auseinandersetzung zu provozieren, die Arbeitnehmer daran hindert, höhere Löhne zu fordern, wird Geld aus den armen Ländern abgezogen, wodurch viele von ihnen an den Rand der Pleite geraten.

In der Zeit nach dem Volcker-Schock versuchten die USA auch auf offenere Weise, die armen Länder zu dominieren. Die nach dem Zweiten Weltkrieg gegründeten internationalen Finanzinstitutionen wie der IWF und die Weltbank wurden mobilisiert, um armen Krisenländern in den Achtzigerjahren Schuldenerleichterungen zu gewähren. Doch die USA nutzten ihren Einfluss innerhalb dieser Institutionen, um die Art der »Unterstützung« zu beeinflussen, die diesen Ländern angeboten wurde, und zwangen sie im Gegenzug für die finanzielle Nothilfe zu einer Politik, die den US-Interessen entsprach.[154] Auf diese Weise wurde »die internationale Schuldenkrise systematisch als Hebel genutzt, […] die Agenda der Chicagoer Schule voranzutreiben«.[155]

Die Weltbank und der IWF boten armen Ländern mit Unterstützung der USA Kredite unter der Bedingung an, dass sie Kapital- und Devisenkontrollen aufheben, staatliche Industrien privatisieren und Subventionen für lebensnotwendige Güter wie Treibstoff und Lebensmittel abschaffen. Neoliberale Ökonomen behaupteten, diese »Strukturanpassungsprogramme« (SAPs) förderten das Wachstum, indem sie ineffiziente, importsubstituierende Industrialisierungsprogramme durch eine Strategie des »exportgesteuerten Wachstums« ersetzten.[156] Viele glaubten, dass der Übergang vom Protektionismus zum Freihandel bei gleichzeitiger Liberalisierung der Inlandsmärkte es einkommensschwachen Ländern ermöglichen würde, den vom Wirtschaftshistoriker Walt Rostow vorhergesagten »Durchbruch« zu schaffen.

Doch wie Abhängigkeitstheoretiker wie Prebisch prophezeit hatten, scheiterten die Maßnahmen und vertieften die Ungleichheiten zwischen reichen und armen Ländern.[157] Die Handelsliberalisierung erleichterte es räuberischen multinationalen Konzernen, in die Volkswirtschaften des Globalen Südens einzudringen und einheimische Kapitalisten zu verdrängen, bevor sie ihre Gewinne in den Globalen Norden verlagern konnten. Zugleich sahen sich die einheimischen Produzenten mit großen Hindernissen für den Export ihrer Waren auf einem globalen Markt konfrontiert, der auf die Kernländer ausgerichtet war, was zum Teil auf den Protektionismus der reichen Welt zurückzuführen war.[158]

Die Liberalisierung der Finanzmärkte führte zu immenser finanzieller Instabilität, und die Sparpolitik verstärkte Armut und Ungleichheit.[159] Die Pläne erleichterten es den Eliten auch, ihr Geld aus ihren Ländern in Steueroasen zu schaffen, was die Demokratie untergrub.[160] Die Finanzialisierung der Weltwirtschaft »erleichterte den Abfluss von Kapital aus den Entwicklungsländern«.[161, 162] Ein IWF-Ökonom gab später zu: »was wir von 1983 an taten, basierte auf unserer neuen Mission, dass der Süden ›privatisiert‹ oder sterben müsse; im Hinblick darauf haben wir in den Jahren 1983 bis 1988 schändlicherweise in Lateinamerika und Afrika das totale wirtschaftliche Chaos angerichtet«.[163]

Für die meisten der ärmsten Staaten waren die Ergebnisse katastrophal, insbesondere in Nkrumahs Heimat in Afrika südlich der Sahara.[164] Die arme Welt besaß nicht die produktive Basis, um der überwältigenden Macht des ausländischen Kapitals standzuhalten. Multinationale Unternehmen drangen in diese Länder ein, kauften nationale Vermögenswerte auf und verlagerten die Gewinne in den Globalen Norden. 2004 betrug das Pro-Kopf-BIP in den afrikanischen Ländern südlich der Sahara weniger als die Hälfte des Wertes von 1974.[165] Infolgedessen stieg die Verschuldung im Verhältnis zu ihrem BIP noch weiter an. Die Programme haben die Ungleichheit drastisch erhöht und Millionen Menschen tiefer in die Armut getrieben.[166]

In Ostasien hat die Strukturanpassung nach einer Finanzkrise mit verheerenden Folgen für die wirtschaftliche und soziale Entwicklung den Schaden noch vergrößert. Die asiatische Finanzkrise von 1997 war das unmittelbare Ergebnis der finanziellen Globalisierung, die von westlichen Staaten und den von ihnen dominierten internationalen Finanzinstitutionen vorangetrieben wurde, doch die Schuld wurde den Regierungen der asiatischen Länder selbst zugeschoben.[167] Viele Staaten hatten beeindruckende Wachstumsraten erreicht und bekämpften die Armut, zum Teil durch die staatliche Unterstützung bestimmter Industriesektoren.[168] Wie Joseph Stiglitz betont, waren diese

Länder gerade deshalb erfolgreich, weil sie sich vielen vom IWF vorangetriebenen Maßnahmen des Washington Consensus widersetzten.[169]

Doch die Krise wurde von den internationalen Finanzinstitutionen als Knüppel benutzt, um diese Volkswirtschaften in die Knie zu zwingen. Es wurden Rettungspakete bereitgestellt, aber der größte Nutznießer waren ausländische Banken, die diesen Regierungen Kredite gewährten.[170] In der Zwischenzeit wurden extrem harte Sparprogramme aufgelegt, die mit einer dramatischen Zunahme von Armut und Ungleichheit einhergingen.[171] In Südkorea, einem der Vorzeigekinder der Strukturanpassung, fanden Forscher heraus, dass die Unternehmen am stärksten von der Strukturanpassung profitierten, während die Arbeitskräfte den größten Teil der Kosten zu tragen hatten.[172] Die Arbeitslosenquote stieg in Südkorea um das Vierfache, in Thailand um das Dreifache und in Indonesien gar um das Zehnfache.[173] Die städtische Armut verdreifachte sich in Südkorea, während sie sich in Indonesien verdoppelte.[174]

Der Fall der Berliner Mauer ermöglichte es den internationalen Finanzinstitutionen, in die sogenannte »Zweite Welt« vorzudringen. Die dortige neoliberale Schocktherapie wurde von angeblich fortschrittlichen Ökonomen wie Jeffrey Sachs befürwortet, der allerdings später erklärte, die Reformen seien ein Fehler gewesen. Ihre Ergebnisse sind wohlbekannt. In Russland ermöglichten rasche und nachlässige Privatisierungen den Reichen den billigen Aufkauf staatlicher Vermögenswerte und schufen eine mächtige Oligarchie, die die Wirtschaft des Landes im Würgegriff hat.[175] Langfristig hat sich die Privatisierung in Russland als katastrophal erwiesen: »Der allgemeine wirtschaftliche Zusammenbruch in Verbindung mit der Verschlechterung der Infrastruktur, dem Mangel an Krediten und der Unfähigkeit des Staates, ein kriminalitätsfreies Umfeld zu schaffen, hat ausländische Direktinvestitionen ferngehalten und die Gründung neuer legaler Unternehmen auf ein Minimum beschränkt.«[176] Selbst in Polen, das traditionell als Erfolgsgeschichte der Reformen gilt, nahmen Arbeitslosigkeit und Ungleichheit unter dem Balcerowicz-Plan drastisch zu. Die Regierung, die den Plan umgesetzt hatte, wurde nicht lange nach seiner Einführung aus dem Amt gedrängt. Die ukrainische Wirtschaft wurde im Laufe der aufeinanderfolgenden Strukturanpassungsrunden verwüstet. Schon vor der russischen Invasion lag das Pro-Kopf-BIP des Landes in Kaufkraftparität um 20 Prozent niedriger als 1990.[177] Wie Joseph Stiglitz es ausdrückte: »In den meisten Ländern verlief die Entwicklung langsam, und dort, wo es Wachstum gab, wurden die Vorteile nicht gleichmäßig verteilt; Krisen wurden schlecht bewältigt; der Übergang vom Kommunismus zur Marktwirtschaft war eine Enttäuschung.«[178]

Die negativen wirtschaftlichen Auswirkungen der Strukturanpassung sollten jedoch nicht überraschen. Statt Wachstum oder Entwicklung zu fördern, sollte die Strukturanpassung Investoren und Gläubigern die »Berechenbarkeit« der Politik armer Länder signalisieren.[179] Ähnlich wie der Schritt zur Unabhängigkeit der Zentralbank sollte sie die staatliche Politik von demokratischer Rechenschaftspflicht abschirmen und sicherstellen, dass »wirtschaftlicher Populismus« die Kapitalakkumulation nicht untergräbt. Mit anderen Worten: Die westliche Entwicklungsagenda wurde zu einer Art »Anti-Politik-Maschine«, in der die Launen von »Experten« an die Stelle demokratischer Beratungen traten.[180] Ob dieses neue Regime die Entwicklung förderte, war bestenfalls eine zweitrangige Überlegung.

Was der Strukturanpassung allerdings nicht gelang, war die vermeintlich angestrebte Verringerung staatlicher Macht.[181] Die erstaunliche Beschleunigung der Globalisierung im Laufe der zweiten Hälfte des 20. Jahrhunderts stellte vielmehr die

Ausweitung eines amerikanischen Imperialismus dar, in dem der US-Staat als Hauptverfechter und Beschützer kapitalistischer Interessen in den USA und in der ganzen Welt auftrat.[182]

Die Neoliberalen haben ihre Vorschläge immer als Versuche dargestellt, Freiheit und liberale Demokratie zu verankern. Doch wenn die Menschen sich dagegen entschieden, wurde ihnen trotzdem eine neoliberale Politik aufgezwungen. Die von Denkern wie Hayek hervorgehobene Kluft zwischen autoritärstaatlichen und demokratisch-marktwirtschaftlichen Gesellschaften stellt sich als gar keine Kluft heraus. Ob durch Aushebelung der Demokratie oder durch Unterstützung des Autoritarismus, das Kapital findet immer einen Weg, den Staat und den Markt seinem Willen zu unterwerfen.

In der Tat haben neoliberale Denker überall auf der Welt autoritäre Regime im Namen der Freiheit unterstützt. Wie wir im nächsten Abschnitt sehen werden, haben sich die Neoliberalen oft hinter rücksichtslose Autokraten gestellt, in der Hoffnung, die nationale Wirtschaftspolitik vor demokratischem Druck zu schützen. Bei dem neoliberalen Projekt auf globaler Ebene ging es darum, die Regeln, die das Kapital schützen, zu »ummanteln« – selbst wenn das bedeutet, dass das geopfert wird, was Neoliberale angeblich am meisten schätzen: Freiheit.

Ein Menschenrecht auf Kapitalflucht?

Das Südafrika der Apartheid war eine äußerst ungleiche und rassistische Gesellschaft, in der die Bevölkerung in vier Hauptgruppen unterteilt war: Weiße, Schwarze, Farbige und Inder. Sie bildeten jeweils eine eigene »Nation«. Eheschließungen zwischen verschiedenen sogenannten Rassen waren eingeschränkt, das Wahlrecht war auf Weiße beschränkt, und die Schwarze

Bevölkerung wurde in »Townships« umgesiedelt, um sie von der übrigen Gesellschaft zu trennen. Schließlich schuf die Regierung mehrere getrennte »Homelands« oder »Bantustans« für Schwarze Bürger, mit dem Ziel, eine Reihe getrennter, ethnisch homogener Nationalstaaten zu entwickeln. Die Apartheid bestand bis 1994, als die ersten echten demokratischen Wahlen in Südafrika stattfanden und der Afrikanische Nationalkongress (ANC) an die Macht kam. Die Tatsache, dass ein solch sichtbares System des institutionalisierten Rassismus so lange bis ins 20. Jahrhundert hinein Bestand hatte, verwirrt Liberale nach wie vor. Viele von ihnen betrachten das System weiterhin als ein spezifisch afrikanisches – eines, das kein »zivilisierter« Mensch je unterstützt hätte.

Doch die Umdeutung der Apartheid-Geschichte als atavistisches Überbleibsel einer vergangenen Ära ignoriert die umfassende Unterstützung, die die Apartheid-Regierung bis zu ihrem Ende in der ganzen Welt genoss. Wilhelm Röpke, einer der Begründer der neoliberalen Bewegung, den wir in Kapitel 6 kennengelernt haben, war »der wichtigste Befürworter der weißen Herrschaft in Südafrika«.[183]

Während in liberalen Kreisen viele Röpke als Verfechter dessen sehen, was heute in Deutschland als »soziale Marktwirtschaft« bekannt ist, wurden seine Ansichten zur »Rassenfrage« aus seiner offiziellen Biografie gestrichen. Er glaubte fest an die Minderwertigkeit Schwarzer und unterstützte die Apartheid. Er beschrieb die »Neger Südafrikas« als »Menschen von einer geradezu extrem anderen Rasse«, die »einer völlig anderen Art und Stufe der Zivilisation angehören«.[184] In den Sechzigerjahren distanzierte sich Röpke von anderen Liberalen, indem er die einseitige Unabhängigkeitserklärung des Apartheidstaates Rhodesien unterstützte, heute Simbabwe.

Röpkes Ansichten waren jedoch nicht allein rassistisch motiviert. Wie viele seiner neoliberalen Mitstreiter war er der

Meinung, dass die Regeln der Wirtschaft unbedingt vor einer uneingeschränkten Demokratie zu schützen seien.[185] Viele Neoliberale glaubten, dass man den Schwarzen Südafrikanern wie auch anderen ehemals kolonisierten Völkern das Wahlrecht nicht anvertrauen könne, da ihnen die nötige Achtung vor liberalen Regeln und Normen fehle. Einige Neoliberale rechtfertigten die Apartheid, indem sie argumentierten, dass, wie der Historiker Quinn Slobodian es formulierte, »man bestimmten Bevölkerungen unter Umständen nur eingeschränkte demokratische Rechte zugestehen könne, wenn man Stabilität und Wohlstand eines Landes erhalten wollte«.[186]

Wie wir noch sehen werden, war die Haltung gegenüber der Demokratie in Südafrika Teil eines umfassenderen neoliberalen Projekts, um die Demokratie auf der ganzen Welt »einzukapseln«. Das Gespenst der Entkolonialisierung machte den Neoliberalen schwer zu schaffen. Ansätze internationaler Solidarität, wie sie mit der erwähnten Bandung-Konferenz praktiziert wurden, sahen sie als Bedrohung für ihr Projekt.[187] Wie könnten Milliarden der ärmsten Menschen der Welt das Wahlrecht erhalten, ohne das empfindliche Gleichgewicht zwischen Kapital und Arbeit zu stören?

Statt die staatliche Macht zu begrenzen, strebten Neoliberale aktiv danach, ein internationales System von Regeln und Normen unter der Kontrolle der mächtigsten kapitalistischen Staaten zu schaffen. Es sollte das Aufkommen einer Wirtschaftsdemokratie verhindern und die Vorherrschaft der reichen Länder festigen.[188] Dieses System zielte darauf ab, Wirtschaft und Politik auf globaler Ebene voneinander zu trennen. Die südafrikanischen Bantustans waren ein Paradebeispiel für diese Logik. Sie erlaubten es der Apartheid-Regierung, auf den ersten Blick so zu tun, als würde sie den Forderungen nach Selbstverwaltung nachkommen, indem sie einigen Schwarzen Südafrikanern eine Art nationaler Scheinsouveränität verlieh.

Deren Grenzen setzte jedoch die südafrikanische Regierung. Die wertvollsten Grundstücke und natürlichen Ressourcen des Landes blieben in Hand der Weißen. Nur sie seien diszipliniert und »zivilisiert« genug, um die Regeln des Marktes zu respektieren. Um diese Trennung aufrechtzuerhalten, war ein starker Staat nötig, der dem Druck der Bevölkerung widerstehen konnte.

Wie wir in der Einleitung gesehen haben, glaubten die Neoliberalen, sie würden einen regelrechten Kampf gegen nationalistische Wirtschaftsplanung führen. Hayek schien geradezu besessen von der Idee, die »Leibeigenschaft« zu bekämpfen. Aber interessanterweise brauchte auch seine Vorstellung von einer idealen Welt eine Form der Planung – und die war alles andere als demokratisch.

Hayek behauptete, seine neue Weltordnung basiere nicht auf einem festen Plan oder einer durchdachten Blaupause, sondern eher auf der neutralen Logik einer Straßenverkehrsordnung. Obwohl er oft davor warnte, dass Regierungen zu sehr in die Wirtschaft eingriffen, störte es ihn wenig, wenn mächtige kapitalistische Staaten, Unternehmen oder Finanzinstitute arme Länder zu ihren Gunsten manipulierten.[189]

Einer der mächtigsten Mechanismen zur Wahrung der Ungleichheiten ist das internationale Finanzsystem. Dessen Gesetze und Normen werden, wie wir in Kapitel 5 gesehen haben, von einer Konstellation mächtiger öffentlicher und privater Akteure bestimmt und durch nationale und internationale Gerichte durchgesetzt.[190] In den Achtzigerjahren versuchten die Neoliberalen, auf internationaler Ebene eine Regulierungsarchitektur zu schaffen, die das »Menschenrecht auf Kapitalflucht« institutionalisieren sollte. Investoren sollten jederzeit in der Lage sein, arme Länder zu verlassen und ihr Geld mitzunehmen.[191]

Die Idee dahinter war, dass aufstrebende Nationen durch die

Mobilität von Kapital gegen »wirtschaftlichen Nationalismus« immunisiert werden könnten. Das bedeutet, dass die Reichen und die großen Unternehmen ihr Geld einfach aus jedem Land abziehen konnten, das ihre Eigentumsrechte beschnitt. Die Drohung mit Kapitalflucht ist ein starkes Druckmittel, das von mächtigen Staaten und multinationalen Konzernen gegen ärmere Länder eingesetzt wird. Ein Beispiel dafür ist Chevron: Nach einem frühen Gerichtsurteil gegen das Unternehmen in Ecuador verkaufte es schnell all seine Vermögenswerte und nahm sein Geld mit. Diese Taktik funktioniert besonders gut in den ärmsten Ländern der Welt, etwa in Sambia.

Als Sambia 1964 seine Unabhängigkeit erlangte, war es stark vom Kupferexport abhängig. Alle Kupferminen befanden sich aber im Besitz ausländischer Unternehmen.[192] Um sicherzustellen, dass das Land von seinem Rohstoffreichtum profitiert, verstaatlichte die sambische Regierung große Teile der Industrie und erlegte den ausländischen Minenbetreibern Steuern auf.[193] Die Steuern führten dazu, dass der Großteil der Gewinne im Land blieb. Die neuen Staatseinnahmen flossen in den Aufbau der Infrastruktur, die Ausweitung öffentlicher Dienstleistungen und die Subventionierung von Grundbedürfnissen wie Lebensmitteln und Treibstoff.[194]

Doch es war ein Kampf gegen die Zeit. Sambia schaffte es nicht, seine eigene Industrie schnell genug aufzubauen, um sich vor dem drohenden Rohstoffcrash zu schützen. Als dieser schließlich eintrat, sanken die Kupferpreise in den Siebziger- und Achtzigerjahren drastisch, teils ausgelöst durch die Wirtschaftskrise nach dem beschriebenen Volcker-Schock. Das Land stürzte in eine tiefe Krise, aus der es kaum einen Ausweg gab.[195] Beschäftigung und Produktion gingen zurück, die Steuern versiegten. Die Auslandsverschuldung stieg im Laufe der Siebzigerjahre von 814 Millionen auf 3,244 Milliarden Dollar und verdoppelte sich bis Ende der Achtziger auf 6,916 Milliarden.[196] Wie die Abhängigkeitstheoretiker gewarnt hatten, würde ein Staat wie Sambia von Krise zu Krise taumeln, ohne je das für eine nachhaltige Entwicklung erforderliche Kapital aufzubauen, wenn er sich nicht von seiner Abhängigkeit vom Export volatiler Rohstoffe lösen könnte.

Im Gegenzug zu den Notkrediten war die Regierung gezwungen, die öffentlichen Ausgaben zu kürzen, die Währung abzuwerten, die Zinssätze zu erhöhen und die Subventionen für lebensnotwendige Güter zu kürzen.[197] Die aufeinanderfolgenden Währungsabwertungen erwiesen sich als besonders regressiv, da sie ohne große internationale Nachfrage nach Kupfer kaum zur Ankurbelung der Exporteinnahmen beitrugen. Stattdessen verteuerten die Abwertungen die Importe vor allem für Lebensmittel.[198]

Erst in den späten Achtzigerjahren gab man den Developmentalismus schließlich auf, und das, was von der sambischen Industrie noch übrig war, wurde zerstört. Auf dem Tiefpunkt der weltweiten Kupferpreise verkaufte der US-freundliche Präsident Frederick Chiluba, gedrängt von internationalen Finanzinstitutionen, den größten Teil des sambischen Kupfersektors zu Spottpreisen an ausländische Investoren.[199] Die multinationalen Konzerne, die diese Vermögenswerte aufkauften, wussten, dass sie ein hervorragendes Geschäft machten. Trotzdem gewährte die Regierung ihnen großzügige Steuererleichterungen, um sicherzustellen, dass die Verhandlungen zügig und im Sinne der Weltbank und des IWF abgeschlossen wurden.[200] Bis 1996 wurden 223 staatliche Unternehmen privatisiert.[201]

Während des gesamten Privatisierungsprozesses ließen sich sowohl die sambische Regierung als auch die internationalen Investoren von großen Banken und Anwaltskanzleien aus den wohlhabenden Ländern beraten.[202] Die sambische Regierung stand unter enormem Druck von Finanzinstitutionen, bei denen sie Kredite aufgenommen hatte, und wurde von einem unerbittlichen Drang zur Privatisierung erfasst. Während die Weltbank den Privatisierungsprozess als Vorbild für andere Länder lobte, warnten schärfere Beobachter vor den Folgen: Plünderung, Deindustrialisierung, steigende Schulden und wachsende Armut.

Die frisch privatisierten Unternehmen, die nun in ausländischem Besitz waren, konnten – und können bis heute – durch Schlupflöcher und Abzüge enorme Steuerbeträge vermeiden. Infolge der niedrigen Steuersätze und der Deregulierung des Finanzsektors flossen die Gewinne aus dem Land direkt in die Taschen der Aktionäre in den wohlhabenden Ländern.[203] Wie bei IWF- und Weltbank-gesteuerten Privatisierungsprogrammen weltweit gingen auch in Sambia die einheimischen Eliten mit beträchtlichen Schmiergeldern aus dem Prozess hervor. Das führte zu sichtbaren Ungleichheiten, die bis heute für Unmut sorgen. Vom Anstieg der Kupferpreise in den Neunzigern profitierten die wenigsten Sambier.[204] Das Pro-Kopf-BIP sank von 1455 US-Dollar 1976 auf 1037 US-Dollar 1987, und das Handelsdefizit wuchs in den Neunzigerjahren weiter.[205] Gleichzeitig stieg der Anteil der unterernährten Bevölkerung zwischen 1990 und 2001 um fünf Prozentpunkte auf 50 Prozent.[206] Im gleichen Zeitraum fiel das Land in der UN-Rangliste der menschlichen Entwicklung um 33 Plätze zurück.[207] Der Druck internationaler Finanzinstitutionen, insbesondere in Bezug auf Privatisierung und Sparmaßnahmen, blieb jedoch unvermindert: Der IWF forderte von der Regierung, dass sie ihre Zusage zur Privatisierung der Elektrizitätsgesellschaft und der öffentlichen Bank einhielt, und drohte mit dem Abzug von Entwicklungshilfe in Höhe von einer Milliarde Dollar.[208]

Bei Ausbruch der Finanzkrise 2008 machte Kupfer 80 Prozent der sambischen Exporte aus.[209] Obwohl die sambische Wirtschaft nur geringfügig den Banken ausgesetzt war, die die Krise verursacht hatten, blieb sie nicht von dem anschließenden Absturz der Rohstoffpreise verschont.[210] Das Land kämpfte mit höherer Arbeitslosigkeit und Inflation, geringeren Staatseinnahmen und einem Rückgang der Devisen. Als das Geld abfloss, konnte die sambische Regierung erneut ihre Verbindlichkeiten gegenüber Gläubigern nicht bedienen.[211]

An diesem Punkt begann das internationale Kapital, den Druck auf Sambia zu erhöhen. Den Anfang machten die Bergbauunternehmen. Während die Regierung mit ihren Gläubigern verhandelte, verstärkte der in ausländischem Besitz befindliche Sektor seine intensiven Lobbying-Bemühungen, um seine Steuerverpflichtungen zu senken.[212] Die Regierung gab nach und senkte die Steuern im Bergbau. Zudem erfüllte sie zahlreiche Forderungen nach größeren Freibeträgen, was es den Bergbauunternehmen noch einfacher machte, die wenigen verbleibenden Steuern zu umgehen.[213]

Dann griffen die Geier zu. Als Sambia 2007 über eine internationale Schuldenreduzierung verhandelte, kaufte Donegal International, ein auf den Britischen Jungferninseln ansässiger Fonds, Schulden im Wert von 3,3 Millionen Dollar auf, wohlwissend, dass Sambia sie nicht zurückzahlen könnte.[214] Donegal verklagte Sambia anschließend auf 55 Millionen Dollar wegen der ausstehenden Schulden und erhielt letztlich 15,5 Millionen Dollar als Entschädigung.[215] Es ist dieses Vorgehen, das Unternehmen wie Donegal den Namen »Geierfonds« eingebracht hat. Ein sambischer Beamter erklärte, die Zahlung an Donegal habe dazu geführt, dass »die Behandlung, medizinische Versorgung und Medikamente, die mehr als 100 000 Menschen im Land hätten erhalten können«, ausgesetzt werden müssten.[216] 2019 ging es vielen Sambiern tatsächlich schlechter als in den Achtzigern.

Staaten wie Sambia wurde immer wieder versprochen, dass sie eines Tages mit dem Globalen Norden gleichzögen, wenn sie sich nur an die Vorgaben von Weltbank und IWF hielten. Wenn sie ihre Wirtschaft öffneten, würden Investitionen von den reichen in die armen Länder fließen.[217] Doch seit den Achtzigerjahren, als die Kapitalmobilität institutionalisiert wurde, fließen mehr Investitionen aus dem Globalen Süden heraus als hinein.[218] Das liegt zum Teil daran, dass westliche Finanzinstitutionen den Eliten im Globalen Süden dabei geholfen haben, Geld aus ihren Heimatländern ins Ausland zu schaffen, um Steuern und Enteignungen zu vermeiden.[219] Putins Gefolgsleute etwa haben einen Großteil ihres Geldes in Londoner Immobilien investiert, da sie sich sicher waren, dass keine britische Regierung es wagen würde, diese Mittel anzutasten. Ein weiterer Faktor ist die künstliche Inflation der Renditen in der reichen Welt.[220] Investoren haben wenig Anreiz, ihr Geld in langfristige Infrastrukturprojekte in Sambia zu stecken, wenn sie durch den Kauf von Immobilien oder Finanzanlagen in London doppelte Renditen erzielen können – Anlagen, die jederzeit verkauft werden können.

Tatsächlich haben sich neoliberale Theoretiker wie Röpke nie darum geschert, ob die armen Länder zu den reichen Ländern »aufschließen«.[221] Im Gegenteil, Röpke hielt es für notwendig, den Globalen Süden in einem Zustand der Unterentwicklung zu halten, um eine »Überindustrialisierung und Unteragrarisierung der Welt« zu verhindern. Kapitalmobilität war für dieses Projekt von zentraler Bedeutung. Wenn internationale Investoren nicht damit drohen könnten, bei der kleinsten Andeutung einer entwicklungsorientierten Wirtschaftspolitik die Koffer zu packen, wie könnten »Schurkenstaaten« dann dazu gezwungen werden, den Neoliberalismus anzunehmen?

Seine Argumente spiegelten die Kritik von Denkern wie Kwame Nkrumah am Neokolonialismus wider, der davon ausging, dass der Norden aktiv versuche, den Süden in einem Zustand permanenter Unterentwicklung zu halten. Wie wir gesehen haben, war die Institutionalisierung der Kapitalmobilität von Anfang an Teil einer Strategie, die darauf abzielte, den Staaten des Südens echte politische und wirtschaftliche Unabhängigkeit zu verwehren. Indem sie ein »Menschenrecht auf Kapitalflucht« durchsetzten, sorgten die Neoliberalen dafür, dass internationale Investoren jedes Land bestrafen würden, das sich nicht an ihre politische Agenda hielt.

Neoliberale Planung kommt oft in Form von Recht und Normen daher. Für viele Beobachter bleibt sie allerdings unsichtbar. Neoliberale Politik wird häufig als Schutz des freien Markts vor dem übermäßigen Einfluss des Staates dargestellt. Dabei ignorieren viele, dass neoliberale Denker in Wirklichkeit oft starke und manchmal autoritäre Regierungen befürwortet haben, um die Interessen des Kapitals durchzusetzen.

Die neoliberale Vision für das globale kapitalistische System sollte man nicht als eine Vision ohne Planung verstehen. Es geht vielmehr um eine andere Art von Planung: eine unsichtbare Planung, die dem Kapital dient. Dieses System wurde unter dem wachsamen Auge der USA aufgebaut.[222] Natürlich hat die führende imperiale Macht der Welt ihre zentrale Rolle im internationalen Finanzsystem nicht einfach genutzt, um ihre eigenen Interessen und die des internationalen Kapitals zu fördern. Wie wir bereits gesehen haben, hat die Reaktion auf die Finanzkrise von 2008 nicht nur die Ungerechtigkeit und Ungleichheit in der US-Wirtschaft verstärkt, sondern auch die Vorherrschaft der USA im globalen Finanzwesen gefestigt, dank der immensen Macht des Dollars.[223]

Der US-Dollar bleibt die wichtigste Reservewährung der Welt, auch wenn sein Anteil gesunken ist. Heute halten Zentralbanken rund 60 Prozent ihrer Reserven in Dollar, im Vergleich zu 71 Prozent im Jahr 2001.[224] Viele internationale Transaktionen laufen über den Dollar. Seit den Siebzigerjahren werden etwa saudi-arabische Ölexporte in Dollar gehandelt. Dies schafft den sogenannten Petrodollarkreislauf: Die USA kaufen Öl von Saudi-Arabien, und die Saudis nutzen Dollar, um Waffen aus den USA zu kaufen.[225] Und viele Nicht-US-Regierungen und -Unternehmen nehmen Kredite in Dollar auf, weil dies ihre Kreditgeber vor Währungsrisiken schützt.

Warum ist der Dollar immer noch so zentral für das weltweite Finanzsystem? Weil der Dollar und in Dollar denominierte Vermögenswerte wie US-Staatsanleihen als eine der sichersten Anlagen der Welt gelten. Bis vor Kurzem haben sich nur wenige Anleger Sorgen über die Fähigkeit der US-Regierung gemacht, ihre Schulden zurückzuzahlen, und die meisten sind nach wie vor zuversichtlich, dass die USA alles Notwendige tun werden, um das ordnungsgemäße Funktionieren des auf dem Dollar basierenden internationalen Finanzsystems zu gewährleisten. Im Grunde genommen vertrauen die Menschen dem Dollar, weil sie der Planungskraft der US-Regierung vertrauen. Solange die wirtschaftliche und militärische Macht der USA unangreifbar scheint, gilt dies auch für ihre Währung.

Obwohl die Finanzkrise von 2008 ihren Ursprung in den USA hatte, hat sie die Rolle des Dollars im internationalen Finanzwesen sogar noch gestärkt.[226] Der Dollar gewann durch die Einrichtung sogenannter Swap-Linien an zusätzlicher Macht. Diese Swap-Linien wurden von der Federal Reserve mit ausgewählten Zentralbanken weltweit eingerichtet. Als die Finanzkrise ausbrach, brauchten viele Zentralbanken dringend Dollar, um ihre eigenen Banken zu stabilisieren, da diese enorme Schulden in Dollar angesammelt hatten. Es stellte sich jedoch schnell heraus, dass viele Zentralbanken nicht über genügend Reserven verfügten.

Die USA reagierten daraufhin mit einer innovativen Art der Planung, die den globalen Kapitalismus und die Rolle des Dollars in seinem Zentrum stützen sollte. Die Federal Reserve richtete Swap-Linien mit mehreren der wichtigsten Zentralbanken der Welt ein, von der Bank of England über die Bank of Japan bis hin zur Europäischen Zentralbank (EZB). Die Swap-Linien ermöglichten es den Zentralbanken, sich günstig Dollar zu leihen, um ihr heimisches Finanzsystem zu stützen. Die US-Notenbank fungierte, wie Panitch und Gindin es ausdrückten, »als Weltzentralbank«.[227]

Eine solche offenkundig imperiale Planung stand in direktem Widerspruch zu der Rhetorik des Nicht-Interventionismus, den die USA so vielen Staaten aufgezwungen hatten. Es zeigte sich klar, dass der globale Kapitalismus ein System »nicht der begrenzten, sondern der großen Regierung, des massiven exekutiven Handelns, des Interventionismus« ist.[228]

Aber nur bestimmte Regierungen, die als wichtige Verbündete der USA galten, hatten Zugang zu dieser Finanzierung. Die Fed hatte »eine Gruppe von Kernzentralbanken handverlesen, die auf Anfrage Dollarkredite ausgeben durften«.[229] So konnte die Fed die ungleiche Struktur des globalen kapitalistischen Systems verstärken. Banken in Ländern wie Großbritannien und den Eurostaaten erhielten über die Bank of England und die EZB Milliardenhilfen, um ihre heimischen Banken zu stabilisieren. Gleichzeitig kämpften Länder wie Sambia vor internationalen Gerichten gegen Geierfonds, die versuchten, so viel Geld wie möglich aus ihnen herauszupressen. Das internationale System hält arme Staaten gezielt klein. Für die Unternehmen, die davon profitieren, ist das kein Problem, im Gegenteil, der globale Kapitalismus könnte ohne diese Ungleichheit zwischen reichen und armen Ländern gar nicht funktionieren.

Der Begriff Imperium bedeutet in diesem Sinne mehr als nur klassische Kolonialisierung. Er umfasst all die Wege, wie mächtige Länder und Institutionen die Weltwirtschaft lenken. Das internationale Finanzsystem wurde von Neoliberalen entworfen, die zwar behaupteten, Planung abzulehnen, aber dennoch bereit waren, Planungen zu unterstützen, wenn es den Reichen nützte.

Vielleicht war es aber gar nicht purer Zynismus, als sie von Freiheit und Demokratie sprachen. Vielleicht meinten sie einfach, dass diese Ideale nur für Leute wie sie gelten sollen.

Teil III

Demokratische Planung

8

Der Architekt und die Biene: Wie man demokratisch plant

Im Januar 1976 verfassten die Arbeiter der Lucas Aerospace Corporation eines der bahnbrechendsten Papiere der britischen Wirtschaftsgeschichte: den »Alternative Plan for Lucas Aerospace«, besser bekannt als »Lucas-Plan«. Die kühne Initiative zielte darauf ab, das Unternehmen von der Rüstungsproduktion wegzuführen und stattdessen Güter herzustellen, die der Gesellschaft tatsächlich nützen. Zuvor hatte das Management ein Jahrzehnt lang versucht, Lucas Aerospace durch Umstrukturierungen »effizienter« zu machen. Im Wesentlichen war das auf Massenentlassungen hinausgelaufen.[1]

Das Unternehmen hatte in den Siebzigern mit den aufstrebenden Luft- und Raumfahrtgiganten in den USA, Japan und Europa zu kämpfen. Einige hofften auf eine Verstaatlichung in letzter Minute, aber die britische Wirtschaft befand sich ebenfalls nicht in bester Verfassung, und den Beschäftigten wurde klar, dass der Staat nicht eingreifen würde.[2] Das Schicksal von Lucas sollte in diesem Fall allein »der Markt« bestimmen. Doch die Arbeiter wollten sich damit nicht abfinden. Gewerkschafter aus allen Bereichen des Unternehmens wandten sich an Tony Benn, einen der bekanntesten demokratischen Sozialisten der britischen Linken, der zu dieser Zeit Industrieminister war. Benn machte den Arbeitern einen Vorschlag: Warum nicht selbst einen Plan ausarbeiten, um das Unternehmen zu retten?[3]

Zunächst schrieben die Gewerkschafter zahlreiche Briefe an Akademiker, Politiker und lokale Behörden, in der Hoffnung auf Unterstützung und Ideen. Doch die Resonanz war ernüchternd, nur drei Personen nahmen sich überhaupt Zeit für eine Antwort.[4] Also wandten sie sich an die Belegschaft – und die Resonanz war überwältigend. Die Lucas-Arbeiter brachten Hunderte von Vorschlägen ein, wie das Unternehmen in eine sozial nützliche und zukunftsfähige Richtung gelenkt werden könnte. Sie trugen mehr als 150 Ideen in einem Papier zusammen, das nicht nur mögliche Produkte beschrieb, sondern auch die personellen und technischen Ressourcen auflistete sowie eine Marktanalyse und einen Stufenplan für die Umstellung enthielt.[5]

Die Ideen verteilten sich auf sechs Kategorien: medizinische Geräte, Transportfahrzeuge, Bremssysteme, Energieeinsparung, Meerestechnik und Roboterarme.[6]

Einige Ideen waren geradezu visionär: Die Beschäftigten schlugen beispielsweise vor, mehr Nierendialysegeräte zu produzieren, Windturbinen zu bauen, in Solarzellentechnologie zu investieren und Hybridantriebe für Autos zu entwickeln. Diese Vorschläge waren außergewöhnlich fortschrittlich, besonders in einer Zeit, in der der menschengemachte Klimawandel kaum auf der politischen Agenda stand. Das Management war verblüfft, und auch viele Regierungsminister reagierten überrascht. Die Mitarbeiter von Lucas Aerospace hatten in beeindruckender Manier zusammengearbeitet und Barrieren überwunden, um einen Plan zu entwickeln, der ihre Jobs sichern, das Unternehmen neu ausrichten und Arbeitnehmer weltweit inspirieren sollte.

Doch die Initiative stieß auf den Widerstand der Führungskräfte, die den Einfallsreichtum der Belegschaft nicht ertrugen.

Statt auf den Plan einzugehen, lehnten sie ihn ab. Lieber sahen sie das Unternehmen untergehen, als es in die Hände der Mitarbeiter zu geben. Ein Abgeordneter brachte es auf den Punkt: »Es dauerte drei Jahre, bis die Vertrauensleute überhaupt mit der Geschäftsführung sprachen, weil sie die hierarchische Struktur infrage stellten, die besagt, dass die Bosse entscheiden und die Arbeiter gehorchen sollen. Wehe den Arbeitern, die das hinterfragen und möglicherweise sogar bessere Ideen haben.«[7]

Der Lucas-Plan war ein außerordentlich ehrgeiziges Dokument, das eine Provokation darstellte. Denn es stellte die Grundlagen des Kapitalismus infrage. Der Plan hätte aus einem Unternehmen, das auf höchstmögliche Profite durch die Kontrolle der Arbeit durch das Kapital ausgerichtet war, ein völlig neues Konstrukt entwickelt, nach einem ganz anderen Modell. Es hätte auf der demokratischen Produktion von gesellschaftlich nützlichen Gütern basiert – eine radikale Abkehr vom herkömmlichen kapitalistischen Ansatz. Es war fast so, als hätten die Arbeiter das Management nie gebraucht. Sie zeigten, dass sie kreative Architekten ihres eigenen Schaffens sein konnten, statt nur geräuschlose Zahnräder im Getriebe eines profitorientierten Systems.

Mike Cooley, ein führender Gewerkschafter bei Lucas, verarbeitete seine Erfahrungen später in einem Buch mit dem Titel *Architekt oder Biene? Der menschliche Preis der Technologie*. Darin beleuchtet er, wie Technologie die Menschen entweder zu kreativen Gestaltern ihrer Arbeit machen kann oder sie auf mechanische, austauschbare Arbeitskräfte reduziert. Cooley, ein irischer Ingenieur und einer der Hauptarchitekten des Lucas-Plans, wurde 1981 entlassen – offiziell, weil er zu viel Zeit mit Gewerkschaftsarbeit verbrachte. In Wahrheit lag es wohl daran, dass er sich zu erfolgreich für die Rechte der Arbeiter einsetzte.[8] Wie später in diesem Kapitel erläutert wird, setzte

Mike Cooley seinen Einsatz für sozial nützliche Produktionsweisen fort, indem er sich beim Greater London Enterprise Board engagierte. Er wurde ein Pionier der »human-centered design«-Bewegung, die den Menschen in den Mittelpunkt der technologischen Entwicklung stellt. 2018 würdigte ihn der irische Präsident Michael D. Higgins im Vorwort zu Cooleys Buch *Delinquent Genius: The Strange Affair of Man and His Technology* als »den intelligentesten Iren, den moralisch engagiertesten Wissenschaftler und Technologen, den Irland ins Ausland geschickt hat«.[9]

Cooley hatte eine Auffassung von »gewöhnlichen Menschen«, die derjenigen von Denkern wie Hayek und Keynes diametral entgegengesetzt war. Er glaubte, in seinem Leben noch nie einen »normalen« Menschen getroffen zu haben.[10] Für Cooley war es das größte Verbrechen des Kapitalismus, dass die außergewöhnlichen Fähigkeiten, Fertigkeiten und Talente der Menschen nie wirklich genutzt oder gefördert werden. Jeder Mensch, mit dem er zusammenarbeitete, besaß nach seiner Einschätzung ein enormes Potenzial, wie der Lucas-Plan eindrucksvoll bewies. Cooley sah in diesem ungenutzten Potenzial ein zentrales Problem des Kapitalismus: Statt die Kreativität und das Können der Arbeiter zu fördern, bremste er sie zugunsten von Profitinteressen aus.[11]

Cooleys demokratischer Sozialismus entsprach dem Zeitgeist der Siebziger. Die neuen sozialen Bewegungen, die aus den Protestbewegungen von 1968 hervorgegangen waren, stellten die traditionellen Hierarchien in der Labour-Partei, der Arbeiterbewegung und der Gesellschaft infrage.[12] Zugleich waren einfache Arbeiter enttäuscht von den geringen Fortschritten, die nach einem Jahrzehnt aufeinanderfolgender Labour-Regierungen bei Löhnen, Arbeitsbedingungen und den allgemeineren Forderungen der Gewerkschaften erzielt worden waren.

Beide Gruppen lehnten den bürokratischen Top-down-Ansatz ab, der die Verstaatlichung im Nachkriegskonsens prägte. Viele in der Neuen Linken sahen in der Arbeiterdemokratie eine Chance, die Kluft zwischen den Protestbewegungen von 1968 und der etablierten Stärke der Arbeiterbewegung zu überbrücken.[13] Viele in der »Alten Linken« betrachteten den Plan als Chance, den ermüdeten Nachkriegskonsens wiederzubeleben. Die Friedensbewegung sah darin ein Modell, um den militärisch-industriellen Komplex zu zerschlagen, ohne die Arbeiter zu entfremden.[14] Weitsichtige Umweltschützer sahen in ihm ein Modell für den Übergang zu einer grünen Wirtschaft ohne Arbeitsplatzverluste.[15] Und alle, von Marxisten bis Anarchisten, betrachteten ihn als fantastisches Beispiel dafür, wie man Arbeitermacht aufbauen und die Produktion ohne die Unterstützung des kapitalistischen Staates vergesellschaften konnte. Selbst liberalere Kommentatoren gaben zu, dass die Arbeiter bei Lucas Aerospace etwas wirklich Bemerkenswertes erreicht hatten.[16]

In dieser turbulenten Zeit wurden die Aktionen der Arbeiter bei Lucas Aerospace zum Blitzableiter für Radikale überall. Während die britische politische Klasse die Bedrohung von Ordnung und Stabilität durch kiffende Hippies und streikende Arbeiter mit Sympathien für die Sowjetunion aufbauschte, sammelte sich die britische Linke um den Lucas-Plan als ein greifbares Beispiel dafür, was möglich ist, wenn arbeitende Menschen ihre kollektiven Fähigkeiten, Solidarität und Kreativität einsetzen.

Dann kam 1979, das Jahr in dem Margaret Thatcher die Unterhauswahl gewann. In ihrer ersten Amtszeit veränderte sie die britische Wirtschaft radikal. Sie führte einen Krieg gegen die Gewerkschaften, privatisierte große Teile des öffentlichen Sektors und befreite das Finanzkapital von den Fesseln des Nachkriegskonsenses.[17] Der Regierungswechsel untergrub die

Arbeiterbewegung im Allgemeinen und den Lucas-Plan im Besonderen.[18] Cooley wurde 1981 entlassen – und der Plan scheiterte.[19]

Während die Arbeiter mit dem Lucas-Plan eine Wirtschaft skizziert hatten, die ihre Würde, Kreativität und Autonomie respektierte, nutzte Thatcher ihre Kontrolle über den Staat, um die Macht des Kapitals über die Arbeit rücksichtslos wiederherzustellen. Unter dem Deckmantel von Freiheit und Autonomie zerschlug sie eines der innovativsten und genialsten Beispiele demokratischer Produktion, das die Welt je gesehen hatte. Der Erfolg der neoliberalen Bewegung sorgte dafür, dass »nicht kollektive Dienstleistungen, ein demokratisierter Staat und eine demokratisierte Wirtschaft zum wichtigsten Erbe der Arbeitskämpfe des 20. Jahrhunderts wurden, sondern individualisierter Konsum«.[20]

Nach mehreren Reorganisations- und Umstrukturierungsrunden fusionierte Lucas 1996 mit einem US-Unternehmen zur LucasVarity PLC, die sofort Kostensenkungsmaßnahmen ankündigte, die den Abbau von 3000 Arbeitsplätzen bedeutete.[21] Drei Jahre später wurde die Fusion rückgängig gemacht, als das US-Unternehmen TRW LucasVarity aufkaufte. TRW zerlegte das Unternehmen im Rahmen der Shareholder-Value-Revolution der Neunzigerjahre, schlachtete es aus, und damit war es vom Markt.[22] Um die Jahrtausendwende wurde Lucas Aerospace von TRW Aeronautical Systems übernommen und zwei Jahre später an den US-Hersteller Goodrich Corporation verkauft.[23] 2012 wurde Goodrich von United Technologies für 16,5 Milliarden Dollar übernommen, sodass Goodrich mit einer bestehenden Tochtergesellschaft zu UTC Aerospace Systems fusionierte.[24] Einige Jahre später erlebte United Technologies, die Muttergesellschaft von UTC Aerospace, einen Schock, als ein Flugzeug vom Himmel stürzte, für das sie viele Komponenten geliefert hatten. United belieferte Boeing mit Avionik,

Kabinenkomponenten und mechanischen Systemen für die 737 MAX. Eine ihrer Tochtergesellschaften, Rosemount, hatte Boeing mit den fehlerhaften Anstellwinkelsensoren versorgt, die bei den beiden in Kapitel 1 beschriebenen Abstürzen eine Rolle gespielt hatten.[25] Einen Monat nach dem Absturz der Ethiopian Airlines gab United bekannt, dass das Unternehmen aufgrund der Entscheidung von Boeing, die Produktion der 737 MAX zu drosseln, Gewinneinbußen in Höhe von 80 Millionen US-Dollar erleiden könnte.

2018 übernahm United Technologies Rockwell Collins und fusionierte UTC Aerospace Systems – der Teil des Unternehmens, der auf Lucas Aerospace zurückgeht – zu Collins Aerospace.[26] Collins unterhielt weiterhin enge Beziehungen zu Boeing und lieferte Input für den Business-Jet 737 MAX, die private Version der 737 MAX.[27] 2020 fusionierte UTC mit Raytheon Technologies, einem der größten multinationalen Luft-, Raumfahrt- und Verteidigungskonzerne der Welt.[28]

Was einst Lucas Aerospace war, wurde so im Laufe des frühen 21. Jahrhunderts zu einer Tochtergesellschaft von Raytheon, einem Mischkonzern, der tief in den militärisch-industriellen Komplex verstrickt ist und Teile für Geschäftsflugzeuge liefert. Diese Maschinen stammen von einem Unternehmen, dessen ungezügelte Gier in den Bau von Flugzeugen mündete, die vom Himmel fallen. Ein besseres Beispiel für die beiden Wege, vor denen der Planet in den Siebzigerjahren stand, gibt es nicht: die totale Herrschaft des Kapitals oder eine nachhaltige, sozialistische, demokratische Produktion. Die Wirtschaft, die Raytheon und Boeing hervorbrachte, ist nicht weniger zentral geplant als die, die Lucas Aerospace hervorbrachte. Der Hauptunterschied besteht darin, dass vor 50 Jahren die Arbeitnehmer einen Beitrag zum Planungsprozess leisteten, der heute von Unternehmensleitern, Bürokraten, Politikern und Finanziers beherrscht wird.

In den Siebzigern standen wir vor der Wahl zwischen demokratischer, gesellschaftlich nützlicher Produktion und Profitmaximierung um jeden Preis. Es war die Entscheidung zwischen einer Gesellschaft, in der sich Arbeiter selbst organisieren, um Nierendialysegeräte für ein öffentliches Gesundheitssystem zu produzieren, und einer Gesellschaft, in der die Bosse die Arbeiter anweisen, Jets für ein Unternehmen herzustellen, das in einer gerechten Gesellschaft des Unternehmensmordes für schuldig befunden worden wäre.

Der Lucas-Plan mag gescheitert sein, aber er diente den Arbeitnehmern weltweit in den folgenden Jahrzehnten als Vorbild. Nach seiner Entlassung bei Lucas heuerte Mike Cooley als Technologiedirektor beim Greater London Enterprise Board an, dem Prototyp dessen, was man heute als Beschäftigungsgesellschaft bezeichnet.[29] Er arbeitete mit dem Greater London Council (GLC) zusammen, der das Board 1982 eingerichtet hatte, um eine sozial nützliche Produktion zu fördern und Unternehmen zu unterstützen, die ihre Arbeitnehmer in die industrielle Planung einbeziehen.[30]

Die vom GLC eingerichteten Technologienetzwerke sollten Gruppen von Arbeitnehmern, Akademikern und Kommunen mobilisieren, um innovative Produkte zu entwickeln. Zugleich sollten sie Arbeitnehmer unterstützen, wenn es darum ging, mit Unternehmensleitungen über die Geschwindigkeit und den Umfang von Automatisierungen zu verhandeln.[31]

Die GLC gründete eine »Produktbank«, die die aus diesem Prozess hervorgegangenen Designideen enthielt. Den Zugang zu dieser Bank verkaufte sie an Gemeinden, lokale Behörden und private Unternehmen.[32] Sie richtete auch eine Technologiebörse ein, die Technologieentwickler mit Firmen zusammenbrachte, die Produktionsprobleme lösen wollten. Gruppen wie LEEN (London Energy and Employment Network) versuchten, diese neuen Ideen für die Umgestaltung des öffentlichen Sektors zu nutzen.[33] Die LEEN-Kampagne »Right to Warmth« (Recht auf Wärme) lenkte die Aufmerksamkeit auf die Energiebedürfnisse der verschiedenen Kommunen und entwickelte Lösungen, die von den lokalen Behörden umgesetzt werden konnten. Schließlich gründete die GLC die Popular Planning Unit, die sich an die Gemeinden wandte, um ihre Entwicklungsprioritäten zu ermitteln und die Bewohner in die Entwicklung von Lösungen einzubeziehen.[34]

Thatcher löste den GLC 1986 auf, unter anderem, weil sein radikaler Ansatz zur demokratischen Planung den Grundsätzen des Neoliberalismus widersprach. Doch der Geist von Lucas wollte nicht kampflos verschwinden. 1984 wurden die Arbeiter in Barrow darüber informiert, dass auf der Vickers-Werft U-Boote der Vanguard-Klasse mit Trident-Atomraketen gebaut werden sollten[35] – sehr zum Widerwillen vieler Arbeiter. Das Barrow Alternative Employment Committee entwickelte daraufhin eine alternative Strategie für die Werft.

Doch wie beim Lucas-Plan wurde auch hier das von den Arbeitern erstellte Konzept ignoriert.[36] 1989 hatte die Region, in der sich die Werft befand, immer noch die höchste Arbeitslosenquote Englands. Schließlich stieg der Rüstungskonzern BAE Systems ein und strich fast 2000 Jobs.[37]

Einmal mehr zeigte sich die Entscheidung zwischen demokratischer Produktion für soziale Zwecke und zentralisierter Produktion für Unternehmensgewinne deutlich. BAE Systems war mehrfach in Korruptionsskandale verwickelt, darunter in das Al-Yamamah-Waffengeschäft zwischen dem Vereinigten Königreich und Saudi-Arabien, das durch ein beeindruckendes Ausmaß an Korruption geprägt war.[38] Das Unternehmen liefert bis heute Waffen an das autoritäre islamistische Regime in Saudi-Arabien, die für Kriegsverbrechen im Jemen eingesetzt werden.[39]

Thatcher hat den Kampf gegen den Sozialismus in Großbritannien gewonnen. Indem sie Gewerkschafter und kommunale Organisatoren unterdrückte, konnte sie behaupten, das Land stünde vor der Wahl zwischen einem übermächtigen, repressiven Staat (der unter ihrer Ägide in Wirklichkeit noch repressiver wurde) und freien Märkten. Seitdem hat die politische Debatte kaum aus dieser festgefahrenen Dichotomie herausgefunden. Die Linken fordern höhere öffentliche Ausgaben, finanziert durch Steuern für Reiche, während die Rechten für Kürzungen bei öffentlichen Ausgaben und Steuern plädieren.

Wenn wir Politik nur als einen großen Kampf zwischen »dem Staat« und »dem Markt« sehen, spielen wir der Rechten in die Hände. Märkte wirken oft unfair und hart, aber sie sind ein abstraktes Konzept. Niemand hat direkt mit »dem Markt« zu tun. Fast jeder hat aber schon einmal direkt mit einem Vertreter des Staates zu tun gehabt, sei es ein Polizist, ein Steuerbeamter oder ein unfreundlicher Bürokrat. Diese Begegnungen sind meist unangenehm und befremdlich.[40] Obwohl das Vertrauen in soziale Institutionen von Ort zu Ort und von Zeit zu Zeit schwankt, neigen die Menschen dazu, Unternehmen mehr zu vertrauen als Regierungen.[41]

Kapitalismus wird oft mit freien Märkten gleichgesetzt und Sozialismus mit Planwirtschaft. Wenn man mehr Sozialismus will, denkt man an mehr Staat, und wenn man mehr Kapitalismus will, denkt man an größere Märkte. Aber das Wesentliche am Kapitalismus sind nicht »freie Märkte«, und das Wesentliche am Sozialismus ist nicht die zentrale Planung. Märkte gab es schon lange vor dem Kapitalismus, und staatliche Planung existierte lange vor dem Sozialismus.

Es gibt aber noch einen wesentlichen Grund, warum linke Politik nicht länger als eine Frage von Staat oder Markt dargestellt werden sollte. Denn diese Sichtweise hat etwas Entmündigendes. Es besteht ein großer Unterschied zwischen einer Politik, die ihre Rolle darin sieht, Menschen zu schützen, und einer, die sie ermächtigen will. Ersteres verleitet Menschen, ihre politische Handlungsfähigkeit einer Gruppe nicht rechenschaftspflichtiger Politiker und Bürokraten zu überlassen, die sich bestenfalls alle vier Jahre um ihre Bedürfnisse kümmern.

Wenn wir unser politisches Projekt als kollektives Empowerment verstehen, zeigen wir, dass Politik nicht auf Wahlen reduziert werden kann. Sie ist etwas, das wir alle jeden Tag tun. Sich mit seinen Kollegen zu organisieren, um höhere Löhne zu fordern, ist Politik. Gegen den Klimawandel zu protestieren ist Politik. Und selbst der Kampf an der Seite der Nachbarn für den Erhalt der örtlichen Bibliothek ist Politik. Der Sozialismus sollte nicht darauf basieren, dass Menschen Politikern vertrauen – er sollte darauf basieren, dass Menschen sich gegenseitig vertrauen.

Die Bedeutung des Lucas-Plans liegt darin, dass er sehr konkret aufzeigt, wie Menschen zusammenarbeiten können, um eine bessere Welt zu schaffen. Menschen müssen ihre Macht nicht an staatliche Institutionen abgeben, die sie kontrollieren und schützen können. Sie müssen auch nicht die Kontrolle an einen Markt abgeben, der von den Mächtigen beherrscht wird. Stattdessen können wir gemeinsam an der Gestaltung einer Welt arbeiten, in der wir leben wollen. Anstelle von Herrschaft können wir eine Gesellschaft aufbauen, die auf Mitgestaltung beruht. In diesem Kapitel werden wir uns zehn Beispiele aus der Praxis ansehen, in denen genau dies versucht wird.

Eine solche Sichtweise mag für diejenigen naiv klingen, die davon überzeugt sind, dass der Mensch von Natur aus ein wettbewerbsorientiertes Tier ist, das durch autoritäre soziale Institutionen gezähmt werden muss. Die liberale Philosophie, die bis zu Hobbes zurückreicht, basiert auf der Prämisse, dass sich die Menschen ohne einen allmächtigen Souverän, der ihre Wettbewerbsinstinkte kontrolliert, gegenseitig zerfleischen. Es gibt nur ein Problem mit diesem Argument: Es ist nachweislich falsch.

Der Herr der Lügen

1857 veröffentlichte der produktive schottische Autor Robert Michael Ballantyne sein Buch *The Coral Island: A Tale of the Pacific Ocean,* das sofort zum Bestseller wurde. Es erzählt die Abenteuer von Ralph Rover, der mit 15 Jahren zusammen mit zwei Freunden auf dem Korallenriff einer abgelegenen Insel Schiffbruch erleidet. Ralph beschreibt, wie die Jungen in einer verzweifelten Situation zusammenarbeiten, um auf der Insel zu überleben und ihr Leben sogar angenehm zu gestalten.

Es gelingt ihnen, die Vorteile der Zivilisation auf die Indigenen der Insel zu übertragen. Sie werden Zeugen eines Kampfes zwischen »Wilden«, bei dem die Siegreichen ihre Gegner gefangen nehmen, um sich später dem Kannibalismus hinzugeben. Die Jungen greifen ein, verhindern die Gräueltaten und gewinnen die Bewunderung der Stammesmitglieder, denen sie ihre »zivilisierte« Lebensweise nahebringen.

Fast ein Jahrhundert später las ein deprimierter Lehrer die Geschichte und beschloss, es besser machen zu können. Nachdem er viel Zeit mit jungen Briten verbracht hatte, glaubte er zu wissen, wie sie sich wirklich verhalten würden, sollten sie je auf einer einsamen Insel stranden. Sein Roman wurde ein Klassiker, verkaufte sich millionenfach und fand seinen Weg in Klassenzimmer auf der ganzen Welt.

William Goldings *Herr der Fliegen* liefert eine düstere Sicht auf die westliche Zivilisation, ganz anders als Ballantynes *Die Koralleninsel.* Während Ballantyne davon ausgeht, der Charakter englischer Jungen sei von christlichen Werten tief geprägt, ganz gleich, in welcher Lage sie sich gerade befinden, nimmt

Goldings Roman eine andere Perspektive ein. In ihr verbirgt das kultivierte Äußere lediglich das darunterliegende Dunkle der menschlichen Natur.

Golding war ein autoritärer Mensch, und seine Tagebücher offenbaren eine finstere Seite seines Wesens.[42] Er berichtet darin, wie er als junger Mann versuchte, ein Mädchen zu vergewaltigen.[43] Als Schulleiter zettelte er eine Schlägerei zwischen den Jungen in seiner Obhut an, nur um zu sehen, was passieren würde.[44] Er hatte ein schwieriges Verhältnis zum Alkohol und neigte zu heftigen Saufgelagen.[45]

Herr der Fliegen beschreibt den Abstieg einer vermeintlich anständigen Gruppe von Jungen in die Barbarei. Während Ballantyne die »wilden« Elemente der menschlichen Natur auf »unzivilisierte« Völker beschränkt sieht, scheint Golding davon auszugehen, dass wir alle zu Wilden werden, sobald wir die westliche Zivilisation verlassen.

Hier stehen sich konkurrierende Ansichten der menschlichen Natur gegenüber, vertreten von zwei sehr unterschiedlichen Autoren. Ballantyne erzählt, wie das Christentum und westliche Werte Menschen zu ethischen, mitfühlenden und gottesfürchtigen Wesen machen können. Golding hingegen glaubt, dass der zivilisierende Einfluss der Religion nur eine Fassade ist. Ohne den Druck der Gesellschaft fällt die Menschheit zurück in ihren natürlichen Zustand der Wildheit.

Es stellt sich heraus, dass keine der beiden Geschichten ein besonders genaues Bild der menschlichen Natur zeichnet. In seinem Buch *Humankind: A Hopeful History* beschreibt Rutger Bregman, was wirklich geschah, als sechs Jungen Mitte der Sechzigerjahre auf einer polynesischen Insel Schiffbruch erlitten.[46]

Die Schüler eines christlichen Internats hatten ein Boot gechartert, um der Enge ihrer Schule zu entkommen und Fidschi zu erreichen. Als sie in einen Sturm gerieten, verloren sie den

Kurs und mussten Regenwasser in Kokosnussschalen auffangen, das sie gleichmäßig unter sich aufteilten.

Nach acht Tagen entdeckten die Jungen eine Insel namens 'Ata, die als unbewohnbar galt. Der Kapitän, der sie mehr als ein Jahr später rettete, berichtete, dass die Jungen »eine kleine Kommune mit einem Gemüsegarten, ausgehöhlten Baumstämmen zur Speicherung von Regenwasser, einer Turnhalle mit seltsamen Gewichten, einem Badmintonplatz, Hühnerställen und einem ständigen Feuer« errichtet hatten.

Den Jungen gelang das, indem sie ihre eigene egalitäre Sozialordnung aufbauten. Sie arbeiteten in Teams und wechselten sich ab bei Gartenpflege, Kochen und Wachehalten. Sie regelten ihre Streitigkeiten untereinander, und einer der Jungen baute sogar eine behelfsmäßige Gitarre aus einem Stück Treibholz, einer halben Kokosnussschale und Stahldrähten, die sie aus ihrem Schiffswrack geborgen hatten.

Die Bedingungen waren extrem schwierig, vor allem wegen des ausbleibenden Regens, und zu allem Überfluss brach sich einer der Jungen ein Bein, das sie »mit Stöcken und Blättern« versorgten. Als sie nach mehr als 15 Monaten nach Tonga zurückkehrten, waren die Ärzte erstaunt über ihre gute körperliche und geistige Gesundheit.

Die Geschichte widerspricht Goldings zynischer Sicht der menschlichen Natur völlig. Auf den ersten Blick erinnert sie eher an Ballantynes imperialistische Fantasie. War es wirklich nur dem zivilisierenden Einfluss der Kirche zu verdanken, dass die Jungen während ihrer Tortur gute Freunde blieben?

Tatsächlich ist auch die Sicht Ballantynes, der nie die Orte besuchte, die er so anschaulich beschrieb, nicht haltbar. Das belegen anthropologische Beweise. Wie David Wengrow und David Graeber in *The Dawn of Everything* darlegen, erlebten viele indigene Völker bei der Begegnung mit ihren europäischen »Rettern« keine wundersame Bekehrung. Vielmehr waren sie oft von den Europäern abgestoßen, die sie als gierig, wettbewerbsorientiert und durch und durch unzivilisiert empfanden.[47]

Wengrow und Graeber zeigen in ihrem Buch, dass indigene Intellektuelle Europas Gesellschaft kritisch betrachteten. Diese »indigene Kritik« basiert auf Aufzeichnungen über die Begegnungen zwischen indigenen Denkern und europäischen Abenteurern. Unter anderem hielten die indigenen Gesellschaften die Europäer für grausam, individualistisch und irrational. Indigene Intellektuelle, die nach Europa reisten, wunderten sich oft darüber, wie in so wohlhabenden Ländern, in denen es reichlich Wohnraum gab, so viele Menschen auf der Straße frieren mussten.

Diese Beobachtungen werden durch die Tatsache gestützt, dass viele Indigene, die von Europäern gefangen genommen wurden, dankbar nach Hause zurückkehrten, wenn sie freikamen. Im Gegensatz dazu zogen es viele Europäer vor, bei ihren indigenen Entführern zu bleiben. Der Kontakt mit den christlichen Völkern des Westens machte die indigenen Gesellschaften oft noch chaotischer: Die Europäer brachten Krankheiten und Gewalt in die kolonisierten Gebiete und zerstörten diese eher egalitären Gesellschaften letztlich.

Die Beweise zeigen, dass Menschen von Natur aus genauso fähig zu Kooperation und Mitgefühl sind wie zu Wettbewerb und Gewalt. Menschen sind formbar und neigen ebenso zu Empathie wie jede andere Tierart. Was uns von anderen Tieren unterscheidet, ist unsere Fähigkeit, uns die Welt um uns herum neu vorzustellen und neu zu gestalten. Wie Marx es ausdrückte: Menschen sind Architekten, keine Bienen.

Viele Menschen in modernen kapitalistischen Gesellschaften haben ein eher düsteres Bild der menschlichen Natur. Vieles des bislang in diesem Buch Geschilderten scheint diese Sichtweise zu bestätigen. Von den Boeing-Managern, die fehlerhafte Flugzeuge bauten, bis zu den Goldman-Sachs-Analysten, die ihre Kunden belogen und dann vom Steuerzahler gerettet wurden, scheint die kapitalistische Klasse den besten Beweis zu liefern, dass die Gesellschaft aus von Natur aus egoistischen Individuen besteht, deren kooperative Impulse sich bestenfalls auf Familie und Freunde erstrecken.

Doch diese Sichtweise ist sehr einseitig. Wie wir in diesem Kapitel sehen werden, sind Menschen zu erstaunlichen Leistungen an Einfallsreichtum, Mitgefühl und Zusammenarbeit fähig – selbst in einer brutalen und wettbewerbsorientierten Gesellschaft wie der unseren. Der Kapitalismus belohnt Rücksichtslosigkeit, Konkurrenzdenken und Eigennutz. Kein Wunder, dass diese Verhaltensweisen an der Spitze unserer Gesellschaft besonders sichtbar sind.

Die Menschen, die dort stehen, profitieren von dem Glauben, dass alle so sind wie sie. Der Mensch ist von Natur aus egoistisch, das ist eine Ansicht, die laufend wiederholt wird. Die Manager von Lucas Aerospace teilten sie sicherlich. Und es ist kein Zufall, dass Golding als Schulmeister diese Perspektive einnahm. Er war wahrscheinlich daran gewöhnt, dass seine Schüler ihm nicht gehorchten, und sah dies als Zeichen für den angeborenen Egoismus des Menschen.

Ungehorsam gegenüber einer Autorität ist kein Zeichen von Egoismus, sondern ein Ausdruck der Autonomie des Einzelnen. Tatsächlich unterscheidet sich eine wahrhaft zivilisierte Gesellschaft von einer barbarischen oft genau durch die Bereitschaft zum Ungehorsam. Ein Blick auf die Zeugenaussagen bei den Nürnberger Prozessen zeigt deutlich, was passieren kann, wenn Menschen ihren Vorgesetzten ohne Fragen gehorchen.

Die Annahme einer im Kern egoistischen menschlichen Natur dient, wie Hobbes wusste, als starke Rechtfertigung für die Ausübung von Autorität durch die herrschende Klasse. Wenn Menschen sich schlecht benehmen, sobald sie sich selbst überlassen sind, müssen sie wie Kinder einer Autorität unterworfen werden; wir brauchen Führung und Kontrolle. Die Stabilität des Kapitalismus basiert auf Gehorsam gegenüber Bossen, Bürokraten und der Polizei.

Aber wo es Macht gibt, gibt es auch Widerstand. Menschen finden immer Wege, um ihre Autonomie zu wahren und sich gegen Versuche zu wehren, ihr Verhalten zu kontrollieren. Im Lauf der Geschichte haben Menschen immer wieder gezeigt, dass sie außergewöhnlich gut darin sind, zusammenzuarbeiten, um höhere Ziele zu erreichen.

Und in diesen Beispielen von Widerstand und Solidarität können wir die Anfänge einer neuen Weltordnung erkennen.

Menschliche Planung

Der beste Beweis für die menschliche Fähigkeit, sich für gemeinsame Ziele zusammenzutun, sind Geschichten aus dem wirklichen Leben, in denen Menschen genau das tun. Der folgende Abschnitt enthält mehrere Beispiele für demokratische Planung in Unternehmen und Gemeinschaften auf der ganzen Welt. Es war nicht einfach, aus Tausenden Beispielen nur eine Handvoll auszuwählen. Daher habe ich mich für diejenigen entschieden, mit denen ich am besten vertraut war und die mir für die im Rest dieses Buches dargelegten Argumente am relevantesten erscheinen.

Die Beispiele sollen vor allem zeigen, welche unglaublichen Dinge Menschen erreichen können, wenn sie außerhalb kapitalistischer Institutionen zusammenarbeiten. In einer Welt, die oft hoffnungslos erscheint, sind sie Quelle der Inspiration für uns alle, die eine wirklich demokratische Gesellschaft anstreben.

Australiens grüne Verbote

Fünf Jahre vor dem Lucas-Plan verbündeten sich Bewohner eines Vororts von Sydney gegen eine Gruppe von Bauherren, die das letzte Stück unberührten Buschlands in ihrem Viertel in Luxuswohnungen verwandeln wollten, ein Gebiet namens Kelly's Bush.[48] Die Frauen vor Ort arbeiteten zusammen, um sich bei Lokal- und Regionalpolitikern gegen das Vorhaben einzusetzen. Doch sie stießen auf Widerstand und wurden ignoriert.

1968 übernahm Jack Mundey, ein Kommunist, Umweltschützer und Friedensaktivist, die Führung der Builders Labourers Federation (BLF), die 90 Prozent der Bauarbeiter im Bundesstaat New South Wales vertrat.[49] Mundey war ein früher Verfechter einer rot-grünen Politik. Einmal wurde er bei einem Sitzstreik gegen den Krieg in Vietnam verhaftet. Für seinen Einsatz zur Verteidigung historischer Stadtteile von Sydney wurde er als »australischer Held« bezeichnet.[50]

Mit der Wahl Mundeys pochten die Gewerkschaftsmitglieder der BLF darauf, dass »ihre Arbeitskraft nicht auf schädliche Weise eingesetzt« würde. Bei einer Kundgebung 1971 brachte Mundey den Ansatz der BLF auf den Punkt: »Überall in der Stadt muss es möglich sein, dass Menschen aus der Arbeiterklasse und Menschen mit niedrigem und mittlerem Einkommen wohnen können. Es bringt nichts, eine 35-Stunden-Woche durchzusetzen, wenn wir in planlosen und verschmutzten Städten ersticken, in denen die Mieten zu hoch sind und einfache Leute nicht leben können.«[51]

Die Aktivisten von Kelly's Bush wandten sich in der Hoffnung an die BLF, die Luxuswohnungen in ihrer Nachbarschaft zu verhindern. Die Gewerkschaft kündigte daraufhin einen Streik an, um den Bau zu stoppen. Doch das Bauunternehmen AV Jennings versuchte, den Streik durch den Einsatz nicht gewerkschaftlich organisierter Arbeiter zu brechen. Als Reaktion drauf legten BLF-Mitglieder auf Baustellen von AV Jennings im ganzen Land ihre Werkzeuge nieder. Unter dem Druck begrub das Unternehmen seine Pläne zur Erschließung des Gebiets schließlich, Kelly's Bush war gerettet.

Die Strategie, mit Anwohnern zusammenzuarbeiten, um lokale Gebiete zu schützen, wurde als »Green Ban« bekannt. Zwischen 1971 und 1974 wurde sie in New South Wales 54-mal eingesetzt, unter anderem, um erschwingliche Wohnungen und Kulturdenkmäler zu bewahren.[52]

Noch im Jahr der Aktion in Kelly's Bush weigerte sich die BLF, einen von Anwohnern genutzten Park in Sydney zu überbauen. Sie schützten auch die Bewohner der Victoria Street, die sich gegen Bauträger wehrten, die dort teurere Wohnungen errichten wollten. Als ein Autobahn-Projekt durch Sydney die Mieter von 80 000 Wohnungen bedrohte, legte die BLF ihre Arbeit nieder, bis die Behörden eine nachhaltige Lösung für die Unterbringung der Mieter fanden.

Als Bauträger versuchten, einige der ältesten Gebäude Sydneys in Luxuswohnungen umzuwandeln, weigerte sich die BLF, auf den betroffenen Grundstücken zu arbeiten, bis Pläne zum Schutz der Bewohner und der Gebäude erstellt wurden. Auch als indigene Aktivisten in Redfern Häuser besetzten, um ein Bauvorhaben zu stoppen, zeigte die BLF ihre Solidarität. Der National Trust ging eine Partnerschaft mit der BLF ein, um historische Gebäude zu schützen; 1972 weigerte sich die BLF, am Abriss von 1700 solcher Gebäude mitzuwirken.[53]

Der Erfolg der Green Bans stärkte das Selbstbewusstsein der Arbeiter in Australien und die gesamte Arbeiterbewegung. Doch wie so oft wurde ihre Macht als Gefahr für die Regierbarkeit des Landes gesehen. Die Vorstellung, dass Arbeiter die Kontrolle über den Bauprozess übernehmen konnten, weckte Ängste, dass sie bald auch andere, traditionell den Mächtigen vorbehaltene Bereiche übernehmen könnten.

Lokale Zeitungen mit engen Verbindungen zu großen Unternehmen starteten eine aggressive Kampagne gegen die BLF, unterstützt von einigen Politikern. Der *Sydney Morning Herald* veröffentlichte in kürzester Zeit mehrere Leitartikel, die die Inhaftierung der BLF-Spitze forderten. Ihr Anführer Jack Mundey erhielt sogar Morddrohungen.[54] Doch der Kampf gegen die BLF war damit nicht zu Ende.

Als die Gewerkschaft sich organisierte, um die Bebauung von Potts Point zu verhindern, ging der Bauträger mit Gewalt gegen Arbeiter und Anwohner vor. Der Anführer der Anwohnerinitiative, Arthur King, wurde entführt.[55] Zwei Jahre später wurde die Journalistin Juanita Nielsen ermordet, weil sie sich an der Green-Ban-Bewegung beteiligt hatte. Ihr Mörder wurde nie gefunden. Untersuchungen deuten darauf hin, dass Korruption bei der Polizei die Ermittlungen behindert hatte.[56]

Infolge der aggressiven Kampagne wurde Jack Mundey durch einen konservativeren Führer ersetzt. Doch das Vermächtnis der Bauverbote blieb bestehen: Viele der von der BLF bekämpften Projekte wurden nie verwirklicht. Insgesamt haben die australischen Bauverbote Sanierungsprojekte im Wert von etwa fünf Milliarden Dollar gestoppt, verzögert oder beeinträchtigt.[57] Letztlich führten sie zu einer Umgestaltung des Planungssystems von New South Wales. Die lokalen Behörden waren jetzt gezwungen, bei der Prüfung von Bauanträgen die historische Bedeutung, die Umweltauswirkungen und die Wünsche der Anwohner zu berücksichtigen.

Und genau wie der Lucas-Plan beschränkte sich auch das Vermächtnis der Green Bans nicht auf das Land, in dem sie erfunden wurden: »Die deutsche Politikerin Petra Kelly besuchte Australien und wurde von Mundey und der Gewerkschaft inspiriert. Sie kehrte nach Deutschland zurück, nahm die in Australien erlernten Techniken des Widerstands auf und gründete 1979 Die Grünen. Es wird angenommen, dass dies die erste Verwendung des Begriffs ›grün‹ zur Beschreibung der Umweltpolitik in Europa war.«[58]

Marinaleda

Zwei Jahre nach dem Tod von Spaniens faschistischem Diktator Francisco Franco gründete sich in dem andalusischen Dorf Marinaleda die Gewerkschaft der Landarbeiter. Zu dieser Zeit lebten die Dorfbewohner in »bitterer Armut«.[59] Die neue Gewerkschaft unter der Leitung von Juan Manuel Sánchez Gordillo, der als spanischer Robin Hood bezeichnet wurde, mobilisierte die Einwohner, um Land zu besetzen, das von abwesenden Landbesitzern nicht bewirtschaftet wurde.[60] 1980 traten Hunderte von Einheimischen in einen »Hungerstreik gegen den Hunger«, um gegen die Monopolisierung des Landes durch eine kleine lokale Elite zu protestieren.[61] In den folgenden Jahren unternahmen die Dorfbewohner Dutzende Besetzungen unter der ständigen Bedrohung einer Räumung durch die Guardia Civil. Ihre Parole lautete: »Land für die, die darauf arbeiten.«

Schließlich gewannen die Dorfbewohner. Die Lokalregierung überließ ihnen 1200 Hektar eines der örtlichen Landgüter.[62] Während des Kampfes gründete die Gruppe eine Partei, das Kollektiv der Arbeitereinheit, das bei den Kommunalwahlen die Mehrheit der Sitze gewann. Sánchez Gordillo wurde zum Bürgermeister gewählt. Bis heute treffen die Mitglieder der Genossenschaft, die größtenteils aus den Dorfbewohnern bestehen, ihre Entscheidungen kollektiv in Vollversammlungen. Die Genossenschaft ist rentabel, und die Gewinne werden reinvestiert, um neue Arbeitsplätze zu schaffen. Alle Beschäftigten, einschließlich des Bürgermeisters, verdienen den gleichen Lohn von 47 Euro pro Tag und arbeiten jeweils sechseinhalb Stunden täglich.[63] Es gibt einige wenige Arbeitslose in der Stadt, die staatliche Unterstützung erhalten, aber sie können dank der anderen Investitionen der Genossenschaft insbesondere in den Wohnungsbau mit ihren 400 Euro pro Monat recht gut leben.[64] Ein Großteil des restlichen Gemeindelandes wird für kommunale Dienstleistungen wie das Sportzentrum und den Kindergarten genutzt, die die Bewohner für weitere 15 Euro pro Monat nutzen können. Die örtlichen Schulen bieten den Kindern drei kostenlose Mahlzeiten pro Tag.

Ein Grund, warum die lokale Regierung so viel in kommunale Einrichtungen investieren konnte, waren Einsparungen durch die Abschaffung der Polizei.[65] Sánchez Gordillo argumentierte, dass in einer Stadt ohne Arbeitslosigkeit, in der alle Einwohner gemeinsam Entscheidungen treffen, kein Bedarf an Strafverfolgung besteht. Die Kriminalitätsrate ist vergleichsweise niedrig, und die meisten Einwohner sind der Meinung, dass die Abschaffung der Polizei richtig war. Sánchez Gordillo gewinnt weiterhin die Kommunalwahlen, und das Modell wurde sogar in der benachbarten Stadt Somonte übernommen. 2012 nutzten Arbeiter die Erfahrungen aus Marinaleda, um staatliches Land zu besetzen, kollektives Eigentum zu sichern und eine neue Genossenschaft zu gründen.[66] Eine Frau, die der britische Autor Dan Hancox interviewte, beschreibt, wie sich das Modell von Marinaleda auf ihre Stadt ausbreitete: »Das Land gehörte zu den fruchtbarsten in Spanien, wurde aber jahrzehntelang von der Regierung für den Maisanbau genutzt, um europäische Subventionen zu erhalten. Doch es gab so gut wie keine Arbeit und keine Produkte; der Mais verrottete. Diese 400 vergeudeten Hektar sollten von der Regierung privat versteigert werden, als die andalusische Arbeitergewerkschaft im März 2012 auftauchte. Sie besetzte das Land, wurde von 200 Bereitschaftspolizisten vertrieben und kehrte in echter Marinaleda-Manier zurück, um am nächsten Tag erneut zu beginnen. Die Auktion hat nie stattgefunden.«[67]

Der Plan des Volks für die Royal Docks

In den Achtzigerjahren standen die Londoner Docklands vor großen Herausforderungen, als die Erfindung des Containers den globalen Schiffsverkehr radikal veränderte. Private Bauträger erkannten das Potenzial des Gebiets, und einer von ihnen beschrieb die Docklands als »eine leere Leinwand, auf die wir die Zukunft malen können«.[68] Thatcher sah es ähnlich: Die Docklands sollten saniert und zu einem Paradies mit niedrigen Steuern, geringer Regulierung und hohen Gewinnen werden.

Die London Docklands Development Corporation (LDDC) erwarb mit Unterstützung der Thatcher-Regierung fast 5000 Hektar eines ehemals öffentlichen Grundstücks. Die Idee der LDDC war einfach: Große Teile des Finanzsektors sollten in die ehemaligen Docks verlagert und die Stadt so entlastet werden. Die Schaffung einer Zone, in der »Marktkontrollen, Planungsgenehmigungen und Steuern stark reduziert oder abgeschafft wurden, um Investitionen anzuziehen«, diente dabei als Anreiz.[69]

Die 52 000 Bewohner der Londoner Docklands wurden von der LDDC übergangen. Doch sie gaben sich nicht kampflos geschlagen. Sie baten den radikalen Greater London Council (GLC) um Unterstützung. Der GLC half ihnen, indem er 1983 ein »People's Plan Centre« in Newham einrichtete. Als die LDDC den Bau des London City Airport vorschlug, kooperierten die Anwohner mit den Planern des GLC, um den »People's Plan for the Royal Docks« zu entwickeln. Der Plan basierte auf der Überzeugung seiner Verfasser, dass »unser Arbeitsleben und das unserer Kinder mehr sein muss, als Pförtner und Toilettenwärter für vorbeifahrende Geschäftsleute zu sein«.[70]

Die Volksplanungsbeauftragten der GLC konnten sich auf das Wissen über eine auf das Gemeinwohl ausgerichtete Produktion stützen, das sie durch das Studium des Lucas-Plans gewonnen hatten.[71] Sie schlugen die Gründung von Arbeitergenossenschaften vor, die die bestehende Infrastruktur nutzen sollten, um sozial nützliche Produkte herzustellen, die von der GLC gekauft werden könnten. Außerdem umfasste der Plan eine Ganztagsbetreuung für Kinder unter fünf Jahren, was Arbeitsplätze für die vielen arbeitslosen Frauen in der Gegend schaffen würde. Anstelle der Luxuswohnungen, die die LDDC plante, empfahl der People's Plan Investitionen in den sozialen Wohnungsbau des Gebiets.

Die Anwohner setzten sich aktiv dafür ein. Sie entwarfen Plakate für die PR-Kampagne und hängten sie in der ganzen Stadt auf, um ihre Ideen bekannt zu machen und Unterstützung zu mobilisieren.[72] In großen Gruppen marschierten sie zum Parlament, um ihre Forderungen zu stellen. Doch Thatchers Zerschlagung des GLC zerstörte die Pläne und öffnete den Weg für die LDDC. Wie bei Lucas Aerospace zeigt auch der People's Plan, vor welcher Wahl die britische Gesellschaft in den Achtzigern stand: Sie musste sich entscheiden zwischen einer Welt, die von und für das Volk gestaltet wird, und einer, die von mächtigen privaten Akteuren mit Unterstützung des Staates entworfen wird.

Stadtbudgets in Bürgerhand

1989 begann im brasilianischen Porto Alegre ein radikales Experiment der lokalen Demokratie. Als die Arbeiterpartei bei den Kommunalwahlen die Kontrolle über die Stadt übernahm, führte sie die Idee des »Bürgerhaushalts« ein – ein Verfahren, bei dem Bürger mit lokalen Behörden zusammenarbeiten, um Wirtschafts- und Finanzpläne für ihr Viertel zu entwickeln.[73] Jedes Jahr kommen die Einwohner Porto Alegres zusammen, um in einer Reihe von Sitzungen auf Stadtteilebene zu diskutieren, wofür der Haushalt ausgegeben werden soll.

Das Modell gilt weithin als eines der erfolgreichsten Beispiele für demokratische Kommunalplanung in der Welt. Auf dem Höhepunkt 2002 waren mehr als 17 000 Bürger an dem partizipativen Prozess beteiligt, über den ein Budget von umgerechnet 160 Millionen Dollar verteilt wurde.[74] Einkommensschwache Bürger, Frauen und ethnische Minderheiten waren bei den Treffen besonders stark vertreten, was einen Transfer von Finanzmitteln in benachteiligte Stadtteile ermöglichte.[75] Über einen Zeitraum von mehreren Jahren brachte die Agenda des Bürgerhaushalts »diejenigen, die normalerweise vom politischen Prozess ausgeschlossen sind, in den Mittelpunkt der Entscheidungsfindung, wodurch die Macht und der Einfluss der Zivilgesellschaft erheblich gestärkt und das Leben der Menschen vor Ort durch eine effektivere Zuweisung von Ressourcen verbessert wurden«.[76]

Letztlich haben mehr als 250 brasilianische Städte Bürgerhaushalte eingeführt.[77] Das Modell wurde umfassend untersucht. Wo es erfolgreich war, führte es zu einer stärkeren Beteiligung an der Regierung, zu besseren Ergebnissen für einkommensschwache Einwohner, Frauen und andere marginalisierte Gemeinschaften, zu mehr Transparenz in den politischen Institutionen und zu einer progressiveren Verteilung der kommunalen Haushalte.[78]

Das Modell verbreitete sich in 1500 Städten auf der ganzen Welt. In Kanada wurden Bürgerhaushalte in mindestens drei Städten erfolgreich erprobt – Guelph, Toronto und Vancouver.[79] Ähnlich wie in Porto Alegre brachten diese Experimente große Vorteile für benachteiligte Gemeinschaften. Sie ermöglichten vielen Randgruppen zum ersten Mal eine echte Teilnahme an demokratischen Prozessen. Ein Beispiel dafür ist Toronto, wo die Mieter von Sozialwohnungen durch die Toronto Community Housing Corporation (TCHC) in die Entscheidungsfindung eingebunden wurden. Dies ermöglichte ihnen, wichtige Infrastrukturen zu verbessern und Gemeinschaftsräume nach ihren Bedürfnissen zu gestalten.[80]

Auch in New York wurde 2011 ein Bürgerhaushaltsverfahren eingeführt. Dabei erhielten die Bewohner die Möglichkeit, einen Teil des Kapitalbudgets der Stadt selbst zu verteilen.[81] Seitdem wurden Millionen von Dollar in eine Vielzahl von Projekten investiert, darunter Parks, Bibliotheken und öffentlicher Wohnraum.

Volksplanung in Kerala

Sieben Jahre nach dem Beginn des Bürgerhaushalts in Porto Alegre startete in Indien ein weiteres Experiment mit dezentraler Planung. 1996 gewann die Linke Demokratische Front die Regionalwahlen im indischen Bundesstaat Kerala und führte die »People's Plan Campaign« ein. Ziel war es, die Regierung näher an die Menschen heranzubringen und die Bürger stärker in die Entscheidungsprozesse einzubeziehen.[82]

Wie in Brasilien wurden auch in Kerala die Gemeinden direkt in die Entscheidungen der lokalen Regierung eingebunden. In Indien war die Verbindung zur Planung jedoch noch klarer. Als die nationale Regierung ihren neunten Fünfjahresplan entwarf, der auf die Modernisierung des Landes abzielte, war jeder Bundesstaat aufgefordert, Ideen in den staatlichen Planungsausschuss (SPB) einzubringen.[83]

Der Erfolg des Planungsprozesses in Kerala lag in der engen Verknüpfung zwischen der lokalen und der nationalen Ebene. Ein erheblicher Teil der Mittel des SPB war für Projekte vorgesehen, die im Rahmen des »People's Plan« entwickelt wurden. Der SPB hatte sich verpflichtet, 35 bis 40 Prozent des Fünfjahresplans für Vorhaben auf lokaler Ebene zu reservieren. Durch eine Reihe von Treffen und Seminaren, an denen ein breites Spektrum von Bürgern teilnahm, konnten die lokalen Regierungen ihre eigenen Pläne entwickeln und umsetzen.[84] Auf diese Weise flossen die von lokalen Gemeinschaften entwickelten Ideen in die Beiträge der Regionalregierung zum Fünfjahresplan ein.

Die Ergebnisse waren beeindruckend: 1991 nutzten 28 Prozent der Bevölkerung öffentliche Gesundheitseinrichtungen; dieser Anteil stieg bis 2018 auf 48 Prozent, trotz der nationalen Kürzungen der öffentlichen Finanzen.[85] Mehr als 600 000 Schüler in Kerala wechselten von privaten auf öffentliche Schulen.[86] Kerala erreichte sein Ziel zur Senkung der Kindersterblichkeit im Jahr 2020 vor dem Rest Indiens. In einer abgelegenen und ländlichen Region wurden mehr als 100 000 Kilometer Straßen gebaut.[87] Der Anteil der Einwohner Keralas, die unterhalb der Armutsgrenze leben, sank von 25 Prozent in den Jahren 1993/94 auf sechs Prozent 2011/12.[88] Zudem hat die Kampagne ähnlich wie in Brasilien die Zivilgesellschaft gestärkt und zur Bildung von Selbsthilfegruppen wie Kudumbashree geführt. Sie ist das weltgrößte Netzwerk von Frauen mit mehr als 4,1 Millionen Mitgliedern. Es hat sich der Bekämpfung extremer Armut durch gemeinschaftliches Handeln verschrieben.[89]

Ciudad Futura, Argentinien

Als Geburtsort von Che Guevara blickt Rosario in Argentinien auf eine stolze revolutionäre Geschichte zurück.[90] Als die Stadtverwaltung versuchte, öffentliche Grundstücke an Immobiliengesellschaften zum Bau von Luxuswohnungen zu verkaufen, was die Vertreibung von 250 Familien zur Folge gehabt hätte, wehrte sich die Bevölkerung. Eine Gruppe von Einwohnern startete eine erfolgreiche Kampagne gegen den Verkauf. Die Stadtverwaltung lenkte ein, verbot den Bau von Gated Communities und erlaubte der Bürgerbewegung, über die Nutzung des Landes zu entscheiden. Die Bewegung konsultierte die Einheimischen, und gemeinsam entschieden sie, auf dem Land eine Molkereigenossenschaft zu gründen.

Die »Molkerei des Widerstands« schuf Arbeitsplätze, kurbelte die lokale Wirtschaft an und versorgte die Einwohner mit preiswerten und gesunden Lebensmitteln.[91] Heute produziert die Genossenschaft täglich 900 Liter Milch sowie Käse und Dulce de Leche, eine süße Karamellcreme.[92] Familien können »Verbraucherkreise« von drei bis fünf Haushalten bilden und erhalten gegen eine geringe monatliche Gebühr einen Korb mit Lebensmitteln. Die Genossenschaft betreibt auch ein Programm zur gemeinsamen Nutzung von Lebensmitteln, das den Menschen vor Ort hilft, angesichts der ständig steigenden Preise in Argentinien Zugang zu Lebensmitteln zu erhalten.[93]

Die Genossenschaft richtete zudem zwei Sekundarschulen und eine Vorschule ein, um Hunderte armer Kinder in der Gegend zu unterstützen, die keinen Zugang zu Bildung hatten.[94] Sie starteten eine soziale Gesundheitsinitiative, um Menschen mit Drogen- und Alkoholproblemen zu helfen. Die Gruppe widmete sich auch der Unterhaltung und gründete einen kooperativen Sozialclub und ein Kino namens Distrito Sie7e (Distrikt Sieben), in dem abends Partys mit Livemusik stattfanden. Tagsüber wurden dort Versammlungen abgehalten, um die Prioritäten der Bewegung zu diskutieren. 2012 entschieden sich die Organisatoren, ihre Bewegung in die Politik einzubringen, und gründeten Ciudad Futura, eine lokale politische Partei. Die Finanzierung stammte aus den Gewinnen der von der Bewegung gegründeten lokalen Unternehmen, und bis 2018 hatte sich die Mitgliederzahl verdreifacht. Bei den Wahlen 2019 gewannen die Kandidaten von Ciudad Futura – allesamt Frauen – vier Sitze in der Stadtregierung und erreichten elf Prozent der Stimmen, trotz rechtlicher Anfechtungen wegen des »Ausschlusses von Männern« bei ihrem Auswahlverfahren.[95] Eine der Stadträtinnen erläuterte in einem Interview ihre Philosophie der Partei: »Was nützt es, darüber zu reden, wie schlecht alles ist? Es nützt nichts. Wenn Sie zeigen, dass die Stadt anders sein kann, und zwar auf der Grundlage konkreter Praktiken, dann liegt darin das Potenzial Ihres Projekts. Alles andere ist nebensächlich. Unser einziges Alleinstellungsmerkmal ist die

Idee, genau jetzt zu zeigen, dass es Alternativen gibt. Und zwar in immer größerem Umfang.«[96]

Besseres Reykjavik

Island war eine der großen Erfolgsgeschichten des Booms nach der Jahrtausendwende. In dieser Zeit entwickelten sich Finanzdienstleistungen zum tragenden Pfeiler der Wirtschaft und lösten damit die Fischerei ab, auf die sich die Insel bis dahin gestützt hatte. In der Folge blähte sich das Bankensystem stark auf.[97] Die Finanzkrise 2008 drohte die isländische Wirtschaft deshalb zu zerstören.

Die Länder, in denen Islands Banken am stärksten waren – insbesondere das Vereinigte Königreich und die Niederlande – boten Island ein Darlehen an, um internationale Einleger zu entschädigen. Dieses Darlehen hätte jedoch langfristige Rückzahlungen durch die isländischen Bürger erfordert. In einem Verfahren, das als »einzige bekannte direktdemokratische Abstimmung über die Rückzahlung von Staatsschulden in der Geschichte« gilt, wurden die isländischen Bürger aufgefordert, darüber abzustimmen. Die Mehrheit lehnte entschieden ab.[98]

Während ausländische Regierungen Island mit dem Ausschluss aus dem internationalen Finanzsystem drohten und Rating-Agenturen die Schulden des Landes herabstuften, begann das isländische Volk mit dem mühsamen Wiederaufbau nach dem Finanzcrash. Bei den Kommunalwahlen 2010 präsentierte die Best-Partei eine neue, demokratische politische Plattform. Sie lud die Bürger ein, über die Onlineplattform Better Reykjavik politische Ideen einzubringen. Innerhalb von nur zwei Wochen beteiligten sich 40 000 Menschen am Prozess, und es wurden über 1000 Ideen diskutiert. Viele Vorschläge fanden ihren Weg in die Partei und trugen zur Entwicklung einer neuen, bürgernahen politischen Agenda bei.[99]

Als die Best-Partei 2010 an die Macht kam, wurde Better

Reykjavik zu einem offiziellen Bestandteil der politischen Infrastruktur der Stadt. Zwei Jahre später wurde ein partizipativer Haushaltsplanungsprozess namens My Neighborhood eingeführt. Dabei können die Bürgerinnen und Bürger mitbestimmen, wie ihr lokaler Haushalt ausgegeben wird. Im Rahmen dieses Programms haben die Teilnehmer die Kontrolle über einen Teil des Stadthaushalts.[100] Mehr als 150 Ideen wurden genehmigt, darunter ein Vorschlag zur Einrichtung von Obdachlosenunterkünften und ein weiterer, die Haupthandelsstraße der Stadt in eine reine Fußgängerzone umzuwandeln.[101] Die Einwohner können nicht nur über die Finanzierung öffentlicher Dienstleistungen entscheiden, sondern auch über sechs Prozent des Investitionsbudgets der Kommunalverwaltung.

Ähnliche Plattformen haben sich in ganz Europa verbreitet. Nach einem politischen Skandal 2012, der die Legitimität der estnischen Regierung infrage stellte, wurde in Estland die Plattform Your Priorities eingerichtet. Sie orientiert sich an Better Reykjavik und ermöglicht es den Bürgern, direkt Einfluss auf politische Entscheidungen zu nehmen.[102] Kürzlich hat Barcelona die Plattform Decidim (»Wir entscheiden«) gestartet, die es den Bürgern ermöglicht, über drei Jahre hinweg über die Verwendung von fünf Prozent des städtischen Haushalts zu entscheiden, rund 75 Millionen Euro.[103]

Genossenschaften am Mississippi

2014 half Kali Akuno bei der Gründung von Cooperation Jackson, einer Organisation, die als Dachverband für Genossenschaften und Gemeinschaftsunternehmen in Jackson im US-Bundesstaat Mississippi fungiert. Ziel war es, »eine Basis autonomer Macht in Mississippi aufzubauen« und damit als Katalysator für die Demokratisierung der Wirtschaft zu wirken. Die Bewegung strebt eine selbstbestimmte Wirtschaft an, die auf den Prinzipien von Solidarität, Selbstverwaltung und wirtschaftlicher Unabhängigkeit beruht.[104] Der unter dem Namen Jackson-Kush bekannte Plan stützte sich auf drei Säulen: Volksversammlungen, ein progressives Netzwerk politischer Kandidaten und eine Solidarwirtschaft. Kali Akuno und seine Mitstreiter richteten zunächst Bürgerversammlungen ein, die als Grundlage für die sogenannte People's Task Force dienten. Diese Task Force sollte die Vorschläge der Versammlungen umsetzen.[105] 2009 unterstützte die Gruppe die Wahl von Chokwe Lumumba in den Gemeinderat von Jackson. Sie führte auch erfolgreiche Kampagnen durch, um den ersten Schwarzen Sheriff von Hinds County zu wählen, Kürzungen im öffentlichen Nahverkehr zu verhindern und antirassistische Gesetze in der Stadt zu verabschieden.[106] 2017 trat Chokwe Antar Lumumba – Lumumbas Sohn – als Kandidat der Demokraten für das Amt des Bürgermeisters von Jackson an und gewann mit 90 Prozent der Stimmen.[107]

Die letzte Säule des Jackson-Kush-Plans, die Solidarökonomie, beruhte auf dem Aufbau von Genossenschaften und Gemeinschaftsorganisationen.[108] Akunos Vision umfasste Wohnungsbaugenossenschaften, Kreditgenossenschaften, städtische Bauernhöfe, landwirtschaftliche Genossenschaften und Stiftungen zur Bodenerhaltung. Es ging darum, ungenutztes Land zu besetzen, um ein Netzwerk von Höfen und Märkten zu schaffen, die gesunde, erschwingliche Lebensmittel für die Stadtbevölkerung bereitstellen und Ernährungssouveränität fördern sollten. Außerdem entwickelte Cooperation Jackson eine Kampagne, um die Organisation der Arbeitnehmer zu stärken, mit dem Ziel, gewerkschaftsfeindliche Gesetze in der Stadt zu bekämpfen und abzuschaffen.

Seitdem haben sich die Genossenschaftsnetzwerke in Jackson prächtig entwickelt. Die Freedom Farms Cooperative produziert frisches Obst und Gemüse, das sie in der Region verkauft. Die Green Team Landscaping Co-op bietet Rasenpflege und andere Dienstleistungen für Kunden und Organisationen im Netzwerk an. Die Community Production Cooperative organisiert Schulungen, Events und unterstützt lokale Künstler. Außerdem plant die Gruppe, weitere Genossenschaften in den Bereichen Abfallwirtschaft, Gesundheitswesen, Bauwesen und Autoreparatur zu gründen. In Zusammenarbeit mit der Stadtverwaltung haben sie auch einen Genossenschafts-Inkubator ins Leben gerufen und bieten finanzielle Hilfe für lokale Genossenschaften an.

Die Cooperation Jackson hat zudem einen Community Land Trust gegründet, über den sie große Grundstücke mit dem Ziel erworben hat, nachhaltige, erschwingliche Wohnungen zu bauen und Gentrifizierung zu verhindern. Sie haben ein »Fab Lab« entwickelt, um Arbeiter in neuen Hightech-Fertigkeiten auszubilden, eine People's Grocery Initiative gestartet, Gemeinschaftsküchen entwickelt und eine neue Kulturkooperative gegründet.[109] Und sie haben auch mit der Regierung zusammengearbeitet, um öffentliche Versorgungseinrichtungen zu rekommunalisieren, eine »Menschenrechtscharta« für die künftige Politik zu erstellen und eine Plattform für Bürgerhaushalte einzuführen.[110] Die Gruppe trat sogar während der Pandemie in Aktion, verteilte Schutzausrüstung und richtete eine Hotline zur Unterstützung bei Räumungen ein.

Das Preston-Modell

Angesichts knapper Kassen und der maroden Hauptstraße setzte die Stadtverwaltung des nordenglischen Preston ihre Hoffnungen auf eine Partnerschaft mit der Kaufhauskette John Lewis, um das Einkaufszentrum zu beleben. Doch als Lewis sich 2011 zurückzog, musste Stadtrat Matthew Brown umdenken. Statt weiterhin auf große Unternehmen oder private Auftragnehmer zu setzen, entwarf er das Modell der »Community Wealth Building« (CWB) für Preston.

CWB ist ein Entwicklungsansatz, der darauf abzielt, Wohlstand in der lokalen Wirtschaft zu halten und die Kontrolle darüber in die Hände der Menschen vor Ort zu legen.[111] Der Stadtrat plante, sein Beschaffungsbudget gezielt einzusetzen, um lokale Unternehmen und sogenannte »Ankerinstitutionen« zu stärken – also Einrichtungen wie Universitäten und Krankenhäuser, die fest in der Region verwurzelt sind und nicht einfach wegziehen können.[112] Auf diese Weise würde er dazu beitragen, Jobs zu schaffen, lokale Unternehmen zu unterstützen und den Wohlstand in der Region zu halten.

In einem Artikel in der *Tribune* vom Januar 2022 zählte Brown einige Erfolge des Preston-Modells auf. Schon in den ersten Jahren nach der Einführung sei Preston zur sich am besten entwickelnden Stadt im Vereinigten Königreich geworden:

»In den letzten drei Monaten haben wir die Erhöhung des ›Real Living Wage‹ [existenzsichernder Lohn] vorgezogen, was über zehn Prozent unserer Mitarbeiter direkt zugutekommt. Zusammen mit unseren Partnern kommen wir gut voran bei der Gründung der North West Mutual, unserer regionalen Gemeinschaftsbank. Es fließen 70 Millionen Pfund in die Erneuerung unseres Stadtzentrums, das größtenteils in kommunalem Besitz bleibt – darunter ein neues Kino und eine Freizeitanlage im Wert von 42 Millionen Pfund, ebenfalls städtisch. Außerdem haben wir ein genossenschaftliches Wohnungsbauprojekt gestartet. Fünf neue, von Arbeitnehmern geführte Unternehmen wurden registriert. Zudem gründeten Mitglieder des Preston Trades Council die Arbeitnehmergenossenschaft Preston Cooperative Education Centre (PCEC), die eng mit den Gewerkschaften zusammenarbeitet, um neue genossenschaftliche Unternehmen zu fördern, die den Mitgliedern gehören und von ihnen kontrolliert werden.«[113]

Diese Erfolge wurden trotz einer schweren Wirtschaftskrise erreicht, die auf Jahre der Stagnation und steigender Ungleichheit folgte – beides traf Nordengland besonders hart. Doch die Menschen vor Ort haben das erkannt. Während die Labour-Partei bei den Kommunalwahlen 2021 landesweit schlechte Ergebnisse erzielte, behielt sie in Preston gegen den Trend die Kontrolle über den Stadtrat, und das mit einem beeindruckenden Stimmenanteil.

Blaenau Ffestiniog[114]

Die walisische Region mit dem für Ortsfremde nicht immer einfach auszusprechenden Namen Blaenau Ffestiniog gilt oft als klassisches Beispiel für eine Gegend, die von der Globalisierung abgehängt wurde. Die meisten Dörfer in Bro Ffestiniog einschließlich Blaenau haben ihre Wurzeln im Schieferbergbau, der im 19. Jahrhundert die walisische Wirtschaft antrieb. Doch mit dessen Niedergang wurde Blaenau zu einem der ärmsten Orte im Vereinigten Königreich. Der Schiefer hinterließ aber noch ein anderes Erbe. Weil er nicht besonders gut isoliert, ist der Anteil von Menschen, die ihre Energierechnungen nicht bezahlen können, nirgendwo in Wales höher als in Blaenau.

Anfang des Jahrtausends begann die walisische Regierung, im Rahmen des Programms »Communities First« finanzielle Unterstützung an benachteiligte Gemeinden zu verteilen. Einer, der davon profitierte, war Ceri Cunnington, ein Einwohner von Blaenau. Nach einer Weltreise mit seiner walisischsprachigen Ska-Band Anweledig kehrte er nach Bro zurück und nutzte die Mittel, um ein soziales Unternehmen namens Antur Stiniog zu gründen – ein Mountainbike-Zentrum, das Jobs schaffen und Investitionen in die Gemeinde holen sollte.

Kurz darauf rief er die Wohltätigkeitsorganisation Dref Werdd ins Leben, die sich dem Schutz der Natur und der Unterstützung von Projekten für saubere Energie widmet. Sein Bandkollege Rhys Ifans kaufte wenig später mit dem Erbe seines Vaters die alte Polizeistation. Gemeinsam mit Jugendlichen aus der Gegend verwandelte er sie in ein Jugend- und Kunstzentrum.

Es dauerte nicht lange, bis überall in Bro soziale Unternehmen aus dem Boden schossen. Etwa eine Meile weiter, in Llan Ffestiniog, schlossen sich 200 Einwohner mit Unterstützung der walisischen Regierung zusammen, um ihren örtlichen Pub, Y Pengwern, zu kaufen. Nur wenige Minuten von Y Pengwern entfernt liegt das Hotel Cwmni Gwesti Seren, das von und für Menschen mit Behinderungen geführt wird. Ceri gründete Cwmni Bro, um alle lokalen Genossenschaften und Sozialunternehmen zu vernetzen und ihnen bei der Finanzierung zu helfen. Sein Büro befindet sich direkt über dem von Y Dref Werdd, das mittlerweile zu einem Mehrzweck-Gemeinschaftszentrum geworden ist, das Menschen unterstützt, die mit Lebensmittel- und Brennstoffarmut kämpfen.

Und so wurde Blaenau Ffestiniog zur Stadt in Wales mit den meisten Sozialunternehmen pro Einwohner. 15 von ihnen beschäftigten vor Corona fast 200 Menschen, und Politiker kamen aus dem ganzen Land, um den Schlüssel zu ihrem Erfolg zu erfahren.

Das Modell breitete sich schnell in ganz Nordwales aus. 15 Meilen weiter, in Bethesda, gründete eine Gruppe von Freiwilligen die Partneriaeth Ogwen. Sie kauften ungenutzte Immobilien an der Hauptstraße und boten lokalen Unternehmen Geschäftsräume und die darüberliegenden Wohnungen mit erschwingliche Mieten an. Außerdem richteten sie ihre eigene Energiegenossenschaft ein, Ynni Ogwen, ein Wasserkraftwerk, das grünen, günstigen Strom liefert und dessen Gewinne wieder in die Gemeinde fließen.

In Penygroes wurde ein ähnliches Modell umgesetzt. Dort gründete man Yr Orsaf, ein Gemeinschaftsunternehmen, das mit Unterstützung der Regierung eine Million Pfund aufbrachte, um lokale Vermögenswerte zu erwerben und sie der

Gemeinschaft zugutekommen zu lassen. Die Erfolge dieser kleinen Gemeinde sind beeindruckend, und Wissenschaftler sowie Politiker haben sich intensiv mit Blaenau beschäftigt, um daraus zu lernen. Doch wie Ceri mir in einem Interview 2021 sagte, ist das, was er und seine Mitstreiter erreicht haben, kein großes Geheimnis: »Es ist keine Raketenwissenschaft – es ist einfach Gemeinschaft.«

Experimente mit lokaler demokratischer Planung und kommunaler Organisation, wie wir sie in diesem Kapitel gesehen haben, laufen gerade überall auf der Welt. Doch sie sind oft kleine, isolierte Inseln des Widerstands gegen den Kapitalismus in einem Meer von Ausbeutung und Unterdrückung. Manche sagen, dass diese Art der Planung nur im kleinen Rahmen funktionieren kann, weil die Weltwirtschaft einfach zu groß und komplex sei, um sie bewusst zu steuern.

Aber, wie wir gesehen haben, unterliegen kapitalistische Volkswirtschaften ständig einer bewussten Kontrolle – nur eben keiner demokratischen. Mächtige Unternehmen, Finanzinstitute, Staaten und Imperien nutzen ihren Einfluss, um zu bestimmen, wer in kapitalistischen Gesellschaften was bekommt, und ihre Entscheidungen dienen meistens den Interessen des Kapitals. Wenn Leute behaupten, dass großflächige demokratische Planung unmöglich sei, meinen sie eigentlich, dass es unmöglich sei, die Macht des Kapitals infrage zu stellen. Wie wir im nächsten Kapitel sehen werden, ist das eindeutig nicht der Fall.

Die Beispiele für demokratische Planung auf lokaler Ebene, die wir hier betrachten, legen den Grundstein für einen Übergang zu einer demokratischen Wirtschaft. Sie zeigen nicht nur, was möglich ist, sondern binden auch die Menschen in Projekte der kollektiven sozialen Transformation ein und stärken ihr politisches Bewusstsein. Doch ohne Reformen der kapitalistischen Strukturen bleiben solche Innovationen zwangsläufig klein. Solange wir nicht das Eigentum an den wichtigsten Ressourcen der Gesellschaft vergesellschaften und demokratisieren – und solange die Klassenspaltung zwischen Kapital und Arbeit besteht –, wird es keine echte Demokratie geben.

9

Taking Back Control: Demokratische Planung im Großmaßstab

Am 4. September 1970 wurde der sozialistische Kandidat Salvador Allende mit knappem Vorsprung zum Präsidenten von Chile gewählt. In den USA soll Präsident Nixon bei der Nachricht ausgerastet sein. US-Unternehmen, die in Chile aktiv waren, hatten große Summen investiert, um Allende zu verhindern. Sie fürchteten, ihre chilenischen Betriebe könnten im Falle seines Sieges verstaatlicht werden. Die CIA steckte während des Wahlkampfs fast eine halbe Million Dollar in Anti-Allende-Propaganda, und noch mehr Geld floss in Oppositionsgruppen, die eine »Angstkampagne« starteten und behaupteten, Allende plane repressive Maßnahmen nach sowjetischem Vorbild.[1]

Allende aber kannte die Schwächen des sowjetischen Sozialismus nur zu gut. Das Letzte, wonach er strebte, war das rigide Modell der zentralisierten Planung, das in der UdSSR so viele Probleme verursacht hatte. Stattdessen suchte er einen »chilenischen Weg zum Sozialismus«, der eine umfassende Demokratisierung der Wirtschaft umfasste.[2]

Unmittelbar nach seiner Wahl kündigte Allende Pläne zum Bau Zehntausender neuer Wohnungen an, zur Einführung von Mietpreiskontrollen, zur Verbesserung und zum Ausbau des

Rentensystems, zur Einführung einer kostenlosen und flächendeckenden medizinischen Versorgung, zur Versorgung von Müttern und Kleinkindern mit kostenloser Milch und Schulmahlzeiten sowie zur erheblichen Ausweitung der sozialen Sicherungssysteme.[3] Zur Schaffung von Arbeitsplätzen und zur Erhöhung der Löhne wurden öffentliche Arbeitsprogramme eingeführt. Allende kürzte zudem die Spitzengehälter, ging gegen Korruption in der Regierung vor und senkte die Steuern für Chilenen mit niedrigem und mittlerem Einkommen erheblich.

Auch die ländliche Gesellschaft wurde umgestaltet. Großgrundbesitzer wurden enteignet, Bauernräte gebildet, um die Landarbeiter zu organisieren, und es wurden Maßnahmen zur Unterstützung der indigenen Bevölkerung Chiles eingeführt.[4]

Frauen wurden ermutigt, Genossenschaften zu gründen, um die kollektive, demokratische Verwaltung von Dienstleistungen wie Reinigung, Kochen und Kinderbetreuung zu erleichtern.

Mit der Einführung des Nationalen Gesundheitsdienstes verbesserte Allende auch die Gesundheitslage erheblich.[5] Die Gesundheitsdienste wurden ausgebaut und demokratisiert, indem Krankenhaus- und Gesundheitsräte in den Stadtteilen eingeführt wurden, um die Bürger in die Entscheidungen über die Gesundheitsversorgung einzubeziehen.[6] Die Kindersterblichkeit und verschiedene andere Sterblichkeitsindikatoren gingen unter Allende zurück.[7] Die Zahl der Schüler an öffentlichen Schulen stieg zwischen 1971 und 1973 stark, und die Analphabetenrate sank innerhalb von zwei Jahren um zwei Prozentpunkte.[8] Die Studiengebühren wurden abgeschafft, und die Zahl der Hochschulzulassungen stieg entsprechend, insbesondere für junge Leute aus der Arbeiterklasse, was auf die »Demokratisierung« der Universitäten zurückzuführen war.[9] Millionen von Büchern – von klassischen Werken der Literatur bis hin zu verständlichen Texten über politische Ökonomie – wurden veröffentlicht und an Arbeiter im ganzen Land verteilt. Insgesamt stiegen die öffentlichen Ausgaben für soziale Dienste von 20 auf 26 Prozent des BIP.[10]

Die Regierung beschloss überdies, die in US-Besitz befindlichen Kupferunternehmen zu verstaatlichen, und zwar »faktisch ohne Entschädigung wegen des Abzugs von Überschussgewinnen«.[11] Allende ging so weit, 90 Prozent des Bankensystems zu verstaatlichen und über 300 Fabriken zu übernehmen.[12] Er versuchte jedoch nicht, die alte staatliche Verwaltung von oben nach unten durchzusetzen. Stattdessen demokratisierte er die Unternehmensführung, indem er Arbeiter in die wichtigsten Management- und Vorstandspositionen brachte, sowohl in privaten als auch in staatlichen Firmen.[13]

Innerhalb weniger Jahre führte Allende einen nationalen Mindestlohn ein, ergriff Maßnahmen zur Ausweitung der Arbeitnehmervertretung im Sozialplanungsministerium der Regierung und führte zentralisierte Tarifverhandlungen zwischen Arbeitnehmern und Arbeitgebern ein, die von der Regierung vermittelt wurden. Die Arbeitnehmer in der gesamten Wirtschaft erlebten einen »starken und schnellen« Anstieg der Reallöhne, während gleichzeitig die Einkommensungleichheit zurückging.[14] Zur Eindämmung der Inflation dienten Preiskontrollen, die von staatlichen Vertriebsnetzen überwacht wurden. Der Lohnanteil am Volkseinkommen stieg von 54,9 Prozent 1970 auf 65,8 Prozent 1971.[15]

Natürlich wollte US-Präsident Nixon nicht zulassen, dass Allende ein erfolgreiches Experiment des demokratischen Sozialismus in Amerikas »Hinterhof« aufbaut. Er erklärte unumwunden, dass er die chilenische Wirtschaft »zum Schreien« bringen wolle.[16] Die USA stellten die Auslandshilfe für Chile ein und nutzten alle ihnen zur Verfügung stehenden Mittel, um dem Land den Zugang zu internationalen Investitionen und Krediten abzuschneiden. US-Unternehmen weigerten sich, mit Chile Handel zu treiben, wodurch der Zugang der Wirtschaft zu vielen Konsumgütern und Produktionsmitteln stark eingeschränkt wurde. Die USA hielten Finanzinstitute davon ab, dem chilenischen Staat und seinen Unternehmen Kredite zu gewähren. 1972 senkte die US-Export-Import-Bank (EXIM) die Kreditwürdigkeit Chiles auf die niedrigste Stufe und strich dem Land Kredite in Höhe von mehreren zehn Millionen Dollar.[17]

Da die Regierung keinen Zugang zu internationalen Krediten hatte, musste sie sich auf Exporterlöse und Devisenreserven verlassen, um Importe zu kaufen. Ein plötzlicher und dramatischer Preisverfall bei einem der Hauptexportgüter Chiles – Kupfer – führte jedoch zu einer schweren Zahlungsbilanzkrise und erschwerte den Zugang zu Devisen zusätzlich.[18] Der Druck der USA erschwerte es der Regierung, die Einfuhr von Lebensmitteln und Konsumgütern aus dem Ausland zu sichern, was zu Engpässen führte und die Aufrechterhaltung der Preiskontrollen erschwerte. Allende war gezwungen, sich auf eine expansive Geldpolitik zu verlassen, um die Wirtschaft in Gang zu halten, und im Februar 1972 lagen die Verbraucherpreise um 34 Prozent höher als zwölf Monate zuvor.[19] Letztendlich beging die Allende-Regierung die Kardinalsünde, indem sie ankündigte, dass sie viele ihrer internationalen Schulden nicht mehr bedienen würde.

In diesem außerordentlich schwierigen Kontext begann Chile ein einzigartiges Experiment mit demokratischer, dezentraler Planung. Allende war mit der Absicht an die Macht gekommen, eine wirklich sozialistische Wirtschaft zu schaffen, die auf den Grundsätzen der demokratischen Kontrolle über die Industrie, die Landwirtschaft, die öffentlichen Dienstleistungen und die makroökonomische Verwaltung beruhte. Doch ein solches System war noch nie zuvor in großem Maßstab erprobt worden. Niemand wusste, ob es funktionieren würde.

Wie würde die Kontrolle der Industrie durch die Arbeitnehmer mit den von der nationalen Regierung durchgeführten Planungsprozessen zusammenhängen? Wie würde ein rechtzeitiger Informationsaustausch zwischen den verschiedenen staatlichen Institutionen, den Arbeitern in der Industrie und auf dem Land und der Bevölkerung stattfinden? Wie konnten trotz koordinierter Kampagnen aus dem Ausland verschiedene gesellschaftliche Gruppen mobilisiert werden, um für die Reformen zu kämpfen? Nachdem die Allende-Regierung die Macht an die Arbeiter in vielen Industriezweigen übertragen hatte, stand sie vor der Herausforderung, die Produktion so zu koordinieren, dass Angebot und Nachfrage auf makroökonomischer Ebene im Gleichgewicht blieben. Kurz gesagt, es ging darum, ein selbstorganisierendes und anpassungsfähiges Wirtschaftssystem zu schaffen.

Schon einige Jahre vor Allendes Amtsantritt hatten Wissenschaftler in der Sowjetunion versucht, ähnliche Herausforderungen zu meistern.[20] Sie schlugen vor, die damals für militärische Zwecke genutzten Computer für die »Echtzeit-Wirtschaftsplanung« umzuwidmen. Die Automatisierung der Prozesse zur Sammlung und Analyse von Produktionsdaten könnte eine flexiblere und effizientere Wirtschaftsplanung ermöglichen – ganz im Gegensatz zum üblichen fünfjährigen Planwechsel. Doch das sowjetische Modell wurde nie umgesetzt, weil es die Macht und Autorität der Regierungsstellen bedrohte, die den Planungsprozess kontrollierten.

Währenddessen arbeiteten Wissenschaftler des US-Militärs am ARPANET, dem Vorläufer des Internets. Ursprünglich als Plattform für die gemeinsame Nutzung von Ressourcen durch Forscher gedacht, erkannten die Beteiligten schnell, dass es viel nützlicher als Kommunikationsnetzwerk wäre. Die Echtzeit-Kommunikation ermöglichte eine effektivere Zusammenarbeit und förderte Innovation sowie den Austausch von Informationen.

Angesichts ihrer begrenzten Ressourcen konnte die Allende-Regierung nicht einfach eine eigene Version des Internets aufbauen. Aber durch die Kombination von Wissen aus den USA und der UdSSR schufen die Chilenen etwas, das in vielerlei Hinsicht noch radikaler war. Diese Lösung entstand aus den Ideen zweier Männer, die aus ganz unterschiedlichen Bereichen kamen, aber ein großes Interesse an dem Gebiet hatten, das später als Systemtheorie bekannt wurde.[21]

Stafford Beer, ein britischer Berater und Experte für Systemtheorie, gilt als der Vater der Managementkybernetik. Auch wenn er mit der sozialistischen Sache sympathisierte, verbrachte Beer einen Großteil seines Lebens als Berater für private Führungskräfte, die mit komplexen Herausforderungen der Planung und Koordination in großen Unternehmen kämpften.

Fernando Flores wiederum, ein Ingenieur, war Minister in der staatlichen Entwicklungsgesellschaft CORFO.[22] Bei seiner Arbeit im chilenischen Eisenbahnsektor stieß Flores auf eines von Beers Büchern und war sofort von den Ideen des Briten begeistert. Er erkannte, dass Beers Arbeit der Allende-Regierung helfen könnte, mit begrenzten Mitteln ein echtes, dezentrales Netzwerk aufzubauen. Flores beauftragte Beer, ein System zu entwickeln, das die Wirtschaftsplanung koordinieren sollte, während gleichzeitig so viel Macht wie möglich bei den Arbeitern blieb.

Beer schlug die Einrichtung eines Netzwerks vor, das es der Regierung ermöglichen würde, zeitnah Informationen mit staatlichen Fabriken auszutauschen.[23] So könnten die Fabriken die Regierung vor Engpässen warnen, und die Regierung könnte die Fabriken schnell anweisen, die Produktion bei Notfällen anzupassen. Langfristig sollte das Netz helfen, das künftige wirtschaftliche Verhalten vorherzusagen und die gegenwärtige Produktion zu steuern. Es gab nur ein Problem: Chile hatte nicht annähernd genug Computer, um das von Beer geplante Netzwerk aufzubauen. Doch das Team fand eine Lösung. Ein Armeemajor informierte sie, dass das Nationale Fernmeldeunternehmen 400 Telex-Geräte in einem Lager hatte.[24] Das Projekt Cybersyn war geboren.

Das System war natürlich alles andere als perfekt. Es war zu zentralisiert, um wirklich demokratisch zu sein – der Großteil des Informationsaustauschs bestand darin, dass die Zentralregierung Anweisungen an die Arbeiter in den staatlichen Unternehmen weitergab. Es nutzte ziemlich einfache Technologie und Programme, die viel weniger komplex waren als die Apps auf unseren Smartphones. Die Technologie war zwar hilfreich, bewältigte die materiellen Herausforderungen der chilenischen Wirtschaft aber nur begrenzt.

Dennoch erzielte das Programm unter diesen außergewöhnlichen Umständen einige bemerkenswerte Erfolge – insbesondere als die USA begannen, die Schrauben in der chilenischen Wirtschaft anzuziehen. 1972 streikten Teile der Belegschaft, darunter Lastwagenfahrer, Kleinunternehmer und Facharbeiter, aus Protest gegen Lebensmittelknappheit und die grassierende Inflation.[25] Die Regierung überlebte den 24-tägigen Streik politisch nur, weil sie das im Rahmen des Projekts Cybersyn eingerichtete Kommunikationsnetz nutzte, um die Produktion rasch umzustellen.

Man kann nur spekulieren, was Allende unter besseren wirtschaftlichen Bedingungen und mit ein paar Laptops hätte erreichen können. Am Ende nahm sich Allende das Leben, als von den USA unterstützte Truppen den Präsidentenpalast stürmten und den brutalen Diktator Augusto Pinochet installierten, der dafür bekannt war, seine Gegner aus Flugzeugen in den Ozean werfen zu lassen.

Alle bisherigen Beispiele für demokratische Planung waren kleine Experimente auf Gemeinde- oder Unternehmensebene. Diese Versuche beruhten auf kapitalistischen Strukturen und politischen Institutionen sowie auf größeren Märkten, auf denen sie Waren und Dienstleistungen kaufen und verkaufen konnten. Ohne diese Umgebung, so könnte man argumentieren, wären diese Versuche gescheitert. Doch die chilenische Erfahrung zeigt, dass es möglich ist, mit dem Aufbau demokratischer Institutionen im großen Maßstab zu beginnen. Dafür gelten jedoch einige wichtige Voraussetzungen. Erstens wird jeder Versuch, die Wirtschaft zu demokratisieren, auf starken Widerstand des Kapitals stoßen – besonders, wenn er im Globalen Süden unternommen wird. Der Weg zu einer demokratischen Wirtschaft wird also nur über den Kampf führen. Eine unerlässliche Voraussetzung für die Demokratisierung der Gesellschaft ist der Aufbau einer Bewegung, die stark genug ist, um den Interessen entgegenzuwirken, die uns daran hindern wollen, dieses Ziel zu erreichen.

Zweitens ist die Kontrolle über den Staat wichtig, um Demokratie in großem Maßstab zu erreichen. Wenn Kapitalisten eine politische Bewegung stören wollen, können sie ihre Investitionen einstellen (Kapitalstreik) oder ihre Geschäfte woandershin verlagern (Kapitalflucht). Selbst wenn der Widerstand nicht vom Kapital selbst ausgeht, ist der kapitalistische Staat in der Regel sowohl bereit als auch in der Lage, in seinem Namen zu handeln. Reaktionäre Regierungen sind häufig mit außerordentlicher Gewalt gegen Bewegungen vorgegangen, die den Status quo infrage stellen wollten.

Die Art und Weise, wie staatliche Macht ausgeübt wird, hängt, wie wir wissen, vom Gleichgewicht der Klassenmacht in der Gesellschaft ab. Wäre eine organisierte Arbeiterklasse in der Lage, sich den Strategien des Kapitals zu widersetzen, könnten sich die Arbeitnehmer innerhalb der staatlichen Institutionen organisieren, um sowohl den direkten Einsatz der Staatsmacht gegen die Arbeit zu begrenzen als auch die Macht des Kapitals einzuschränken, zu streiken oder zu fliehen. Die potenzielle Wirksamkeit dieser Strategien ist genau der Grund, warum die Besitzstandswahrer so hart dafür kämpfen, die Organisierung der Arbeitnehmer zu untergraben und linke Regierungen an der Macht zu hindern. Das ist auch der Grund, warum Denker wie Ralph Miliband argumentierten, dass es keinen Weg zu dem gibt, was er als »parlamentarischen Sozialismus« bezeichnete – das heißt, die Umgestaltung staatlicher Institutionen mithilfe demokratischer Prozesse.[26] Die in den Fallstudien im letzten Kapitel beschriebenen Beispiele zeigen jedoch, dass mächtige politische Bewegungen progressive Kandidaten wählen können und dass diese Kandidaten während ihrer Amtszeit sinnvolle Reformen erreichen können – sei es der Bürgermeister Chokwe Lumumba in Jackson, die Führung der Arbeiterpartei in Porto Alegre, der Stadtrat Matthew Brown in Preston oder der Abgeordnete Tony Benn, der den Lucas-Plan unterstützte, während er Teil einer Labour-Regierung war.

Sozialdemokraten müssen sowohl innerhalb als auch außerhalb aller gesellschaftlichen Institutionen – einschließlich des Staates – dafür kämpfen, dass sich das Machtgleichgewicht zugunsten der Arbeitnehmer verschiebt. Deshalb ist es genauso wichtig, politische Vorschläge zu entwickeln, wie auch demokratische Alternativen zum Status quo aufzeigen, die in unseren Gemeinschaften bereits umgesetzt werden können.

Wie Allende erkannte, spielt Technologie eine entscheidende Rolle bei der Gestaltung möglicher sozialer Organisationen. In unserer Welt wird die Forschung und Entwicklung neuer Technologien von mächtigen Konzernen und kapitalistischen Staaten kontrolliert und monopolisiert. Die meisten neuen Technologien werden daher entweder zur Gewinnmaximierung oder zur Stärkung der militärischen Macht eines Staates entwickelt.

Denn so lange das Kapital die Produktionsmittel kontrolliert, wird es auch die technologische Entwicklung kontrollieren. Und so lange das Kapital die Entwicklung der Technologie kontrolliert, wird es unsere Fähigkeit einschränken, uns neue Wege zur Organisation der Gesellschaft vorzustellen. Es ist gut möglich, dass die chilenischen und sowjetischen Wissenschaftler, wenn sie ihre Experimente hätten fortsetzen können, heute die Art von Technologie entwickelt hätten, die für eine großflächige demokratische Planung nötig wäre. Wir werden es nie erfahren. Was wir jedoch wissen, ist, dass wirklich demokratische Gesellschaften auch eine demokratische Technologie brauchen. Und um diese Technologie zu erreichen, müssen wir dem Kapital die Kontrolle über die Produktionsmittel entziehen.

Das Kapital zum Schreien bringen

So wie der Kapitalismus nicht durch das Vorhandensein oder Fehlen von Märkten definiert wird, sondern durch die Kontrolle der Gesellschaft durch das Kapital, wird der Sozialismus nicht durch das Vorhandensein oder Fehlen von Planung definiert, sondern durch die Demokratisierung der Gesellschaft. An die Stelle eines Systems der Kontrolle von oben nach unten setzt echter demokratischer Sozialismus ein Projekt der kollektiven Befreiung. Dabei übernehmen die Arbeiter die Kontrolle über die Produktion und die Bürger die Kontrolle über die Regierung.

Dieser Wandel wird sich jedoch nicht von selbst vollziehen. Die arbeitenden Menschen müssen sich organisieren und dafür kämpfen. Traditionell wurde dieser Kampf vor allem von der Arbeiterbewegung getragen. Arbeitnehmer schlossen sich in Gewerkschaften zusammen, um bessere Löhne und Arbeitsbedingungen zu erreichen. Mit jedem Erfolg wurden sie selbstbewusster und formulierten umfassendere politische Forderungen. Ein herausragendes Beispiel ist die Übernahme von Lucas Aerospace durch die Gewerkschaftsbewegung, die sowohl die Arbeitnehmer in der gegenwärtigen Wirtschaft schützt als auch dabei hilft, eine bessere Welt in der Zukunft aufzubauen.

Die Gewerkschaften spielten eine zentrale Rolle bei vielen der im vorherigen Kapitel beschriebenen Experimente mit demokratischer Planung. Sie sind auch heute noch entscheidend, wenn es darum geht, politische Forderungen für eine gerechtere Gesellschaft zu formulieren. In Deutschland setzt sich die größte Gewerkschaft zum Beispiel für die Einführung einer Vier-Tage-Woche ein, weil sie gezeigt hat, dass dies die Produktivität und Beschäftigung steigern und gleichzeitig den Lebensstandard verbessern würde. In den USA und Großbritannien unterstützen Gewerkschaften einen »Green New Deal« und kämpfen gegen die Lobbyisten der fossilen Industrie, die versuchen, den Arbeitnehmern einzureden, die Energiewende gefährde ihre Jobs.

Aber Gewerkschaften sind nur ein Teil der breiten und vielfältigen Bewegung, die wir brauchen, um eine gerechtere Wirtschaft zu schaffen. Auch die Organisation auf Gemeindeebene spielt eine entscheidende Rolle. Die Beispiele für gemeinschaftlich geführte Planungen aus dem vorherigen Kapitel zeigen nicht nur alternative Wirtschaftsmodelle, sondern inspirieren auch dazu, sich politisch zu engagieren. In einer Welt, die oft auf Individualismus setzt, fällt die Vorstellung eines gemeinsamen Kampfes für Veränderungen schwer. Es ist häufig einfacher, sich für eine Kampagne zur Rettung der örtlichen Bibliothek oder zur Verschönerung des Parks einzusetzen, als einer

Gewerkschaft beizutreten oder an großen Demonstrationen teilzunehmen.

Aber genau diese kleinen, lokalen Aktionen können eine große Wirkung auf das Gefühl der Solidarität haben. Wenn man sich mit anderen zusammenschließt, um die Welt um einen herum zu verändern, bekommt man ein echtes Gespür für die Kraft kollektiven Handelns. Viele der beschriebenen Beispiele zeigen, dass Gemeinschaften oft aus der Lösung kleiner, lokaler Probleme hervorgingen, bevor sie sich ihrer Fähigkeit bewusst wurden, die Gemeinschaft als Ganzes zu verändern.

Das bedeutet nicht, dass alle lokalen Kampagnen automatisch revolutionär sind. Wie eine kommunale Kampagne aussieht, hängt oft vom Klassenhintergrund ihrer Teilnehmer ab. Eine Initiative gegen einen Windpark, die Führungskräfte in der Sorge um die Preise ihrer Häuser starten, wird anders ablaufen als eine Kampagne zum Erhalt einer lokalen Bibliothek, die von Bewohnern der Arbeiterklasse getragen wird. Aber immer mehr Menschen, die erlebt haben, wie ihre Gemeinden durch jahrzehntelangen Neoliberalismus und Sparmaßnahmen kaputtgegangen sind, schließen sich zusammen, um neue solidarische Gemeinschaften aufzubauen. Das sehen wir überall auf der Welt, von Jackson bis Porto Alegre und Blaenau Ffestiniog.

Um die Macht der Arbeiterklasse zu stärken, müssen sich die Menschen auch an Protesten und direkten Aktionen beteiligen. Diese Aktionen sind nicht nur dazu da, um gegen schlechte Politik zu kämpfen, sondern auch, um die Öffentlichkeit darauf aufmerksam zu machen. Protest wird oft nur als Abwehr gegen etwas Schlechtes gesehen, aber Widerstand kann auch kreativ und konstruktiv sein. Ob es darum geht, Lohnkürzungen abzuwenden, sich gegen unbezahlbare Schulden zu organisieren, Mieterhöhungen zu verhindern oder Umweltzerstörung zu bekämpfen. Protestkampagnen können die öffentliche Diskussion verändern und echte Erfolge bringen.

Die Netzwerke, Ressourcen und Beziehungen, die bei Kampagnen gegen die Vorherrschaft des Kapitals entstehen, legen oft den Grundstein für neue konstruktive Projekte. Ein gutes Beispiel ist die Occupy-Bewegung, die nach der Finanzkrise weltweit in vielen Städten entstand. Sie forderte Gerechtigkeit für die 99 Prozent der Menschen, die die Zeche für eine Krise zahlen mussten, die von den übrigen ein Prozent verursacht wurde. Auch wenn die Bewegungen damals nicht viel erreichten, haben sie wichtige Netzwerke aufgebaut. Sie waren der Nährboden für spätere erfolgreiche Kampagnen wie Strike Debt.[27]

2012 begannen die Aktivisten von Strike Debt das Projekt »Rolling Jubilee«. Sie sammelten über Crowdfunding Tausende von Dollar ein, um riskante Schulden auf Sekundärmärkten aufzukaufen und sie dann einfach zu löschen.[28] So kamen im Rahmen der Kampagne Hunderttausende Dollar zusammen, mit denen 13,5 Millionen Dollar an medizinischen Schulden, 1,2 Millionen Dollar an persönlichen Schulden und 3,8 Millionen Dollar an Studentenkrediten erlassen werden konnten.

Einige Leute schimpften über Rolling Jubilee, weil sie fanden, dass die Schuldner, die davon profitierten, nicht in eine politische Bewegung eingebunden wurden. Diese Kritik konnte man jedoch nicht an das Debt Collective richten, das ebenfalls aus den Netzwerken der Occupy-Bewegung hervorging.[29] Das Debt Collective sieht sich als eine Art Gewerkschaft für Schuldner. Es ermutigt sie, zusammenzuarbeiten und sich gegen ihre Gläubiger zu wehren, besonders wenn die Schulden unfair oder nicht bezahlbar sind.

Das Debt Collective half Tausenden von Studierenden, ihre Schulden loszuwerden. Mitten in der Pandemie organisierten sie 1600 Schuldner, die als Teil einer breiteren Bewegung für einen Schuldenerlass streikten. Diese Gruppen zeigen nicht nur, dass man sich gegen finanzielle Unterdrückung wehren kann, sondern auch, dass ein Schuldenerlass machbar ist – eine wichtige Maßnahme, um unsere finanzialisierte Wirtschaft gerechter zu gestalten.

Die Netzwerke aus der Occupy-Bewegung trugen auch zur Wiederbelebung der Democratic Socialists of America (DSA) bei und unterstützten Bernie Sanders' Präsidentschaftskandidatur. In Großbritannien waren die Teilnehmer der Occupy-Bewegung in die Anti-Austeritäts-Bewegung von 2010 involviert und trugen zur Kampagne für Jeremy Corbyns Vorsitz der Labour-Partei bei. Auch wenn diese Angriffe auf die Staatsmacht letztlich scheiterten – sei es durch interne Probleme oder durch koordinierte Kampagnen – hinterließen sie Spuren. Sie haben gezeigt, wie sich politisches Engagement entwickeln kann.

Die Bewegungen veränderten die Diskussion über Ungleichheit und die Klimakrise und brachten neue Organisationen hervor, die bis heute aktiv sind. Viele Organisationen aus der Corbyn-Ära können einen Teil ihrer Geschichte auf Netzwerke zurückführen, die in diesen Jahren entstanden sind – etwa das World Transformed Festival, das parallel zur Labour-Konferenz stattfindet, Novara Media und das *Tribune Magazine,* für das ich als Kolumnistin schreibe, und das New Economy Organisers Network (NEON), das mir meine Medienausbildung ermöglichte.

Widerstand kann immer kreativ sein, auch wenn er zunächst negativ formuliert ist. Angesichts der immer drängenderen ökologischen Krisen werden direkte Aktionen noch wichtiger, um sich gegen umweltschädliche Projekte zu wehren. Weltweit haben sich Klimaprotestler organisiert, um Projekte zu stoppen, die unsere Umwelt gefährden und die Aufmerksamkeit auf die Notwendigkeit der Dekarbonisierung zu lenken.

Aktivisten gegen die Keystone XL-Pipeline führten Sitzstreiks entlang der geplanten Route durch und bildeten sogar eine Menschenkette um das Weiße Haus.[30] Trotz Hunderter Verhaftungen, einschließlich der von Jill Stein, der Präsidentschaftskandidatin der Grünen Partei, sah sich Obama gezwungen, einen Rückzieher zu machen und die Pipeline auf Eis zu legen.

Und selbst weniger gezielte Aktionen hatten eine erhebliche Wirkung:[31] 2018 und 2019 lenkten Bewegungen wie Extinction Rebellion und Fridays for Future die öffentliche Aufmerksamkeit auf den Klimazusammenbruch und zwangen zu einer breiten Diskussion über dieses drängende Thema. Im September 2019 gingen Millionen von Menschen in nahezu allen Ländern der Welt auf die Straßen und organisierten den größten Massenprotest der Geschichte, um für Klimagerechtigkeit zu kämpfen.[32] In der Folge beschäftigten sich Journalisten und Kommentatoren zunehmend mit Klimafragen. Die öffentliche Meinung begann sich allmählich zu verändern.[33]

Im Globalen Süden, wo Millionen Menschen direkt von der Natur abhängen, hat der Widerstand gegen den Klimazusammenbruch ebenso an Intensität gewonnen. Als das Bolsonaro-Regime versuchte, die Umweltgesetze im Amazonasgebiet zu lockern, um Platz für den Bergbau zu schaffen, stiegen die Abholzungsraten zwischen 2020 und 2021 um 22 Prozent.[34] Ein Großteil dieser Aktivitäten beruhte auf illegaler Landnahme, die oft mit Gewalt gegen indigene Gruppen einherging.

Doch die Indigenen wehrten sich mit Unterstützung der Umweltbewegung und erzielten einige bemerkenswerte Erfolge. Tausende gingen auf die Straße, um gegen die neuen Gesetze der Regierung zu protestieren, und im Oktober 2022 wurde Bolsonaro von dem linken Kandidaten Luiz Inácio Lula da Silva besiegt, der in seiner Kampagne seine früheren bahnbrechenden Reformen zum Schutz des Regenwaldes hervorhob.[35]

In jedem dieser Beispiele suchten Aktivisten Wege innerhalb

der Partei- und Staatsinstitutionen, um ihre Ziele zu erreichen. Allzu oft haben Sozialisten die Bemühungen um den Aufbau von Macht an der Basis und die Arbeit innerhalb politischer Parteien als konkurrierende und nicht als sich ergänzende Strategien betrachtet. Aber jede Bewegung zum Aufbau einer demokratischen Wirtschaft wird eine Bewegung sein müssen, die »innerhalb und gegen« den Staat arbeitet.[36]

Im Jackson-Kush-Plan skizzierte Kali Akuno seine Strategie zur Errichtung einer »Doppelmacht« in Mississippi. Dabei ging es darum, starke Volksinstitutionen außerhalb des bestehenden Staatsapparats zu schaffen und gleichzeitig bestehende politische Parteien und demokratische Institutionen umzugestalten.[37] Der Aufbau von Macht an der Basis ermöglichte es Akuno und anderen, einen Bürgermeister zu wählen, der mit ihren Zielen sympathisierte und Strategien zur Unterstützung der Bewegung einführte. Diese positive Verstärkung zwischen Aktivisten und Parteimacht ist genau die Strategie, die Sozialisten verfolgen müssen, wenn wir die Macht des Kapitals herausfordern und eine wirklich demokratische Wirtschaft aufbauen wollen.

In der Welt der Organisationsarbeit besteht eine kreative Spannung zwischen dem Aufbau von unten nach oben und der Veränderung institutioneller Strukturen von oben nach unten. Politische Forderungen können bei der Schaffung eines Gefühls der organisatorischen Solidarität ebenso hilfreich sein wie eine Kampagne zum Aufbau eines Gemeinschaftsunternehmens oder ein Streik gegen einen ausbeuterischen Arbeitgeber. Wenn Bewegungen oder Netzwerke von Bewegungen beides zugleich zulassen, können sie sehr mächtig werden.

Indem wir uns für die Demokratisierung des Staates, der Unternehmen, des Finanzwesens und der internationalen Institutionen einsetzen, können wir die bestehenden Experimente mit demokratischen Entscheidungsprozessen stärken und gleichzeitig die repressiven Machtstrukturen des Kapitals herausfordern. In den kommenden Abschnitten werde ich eine schematische Zusammenfassung von Vorschlägen präsentieren, wie genau wir dieses Ziel erreichen können.

Demokratisierung der Arbeit und des Unternehmens

Wie wir gesehen haben, sind Unternehmen politische Institutionen mit erheblicher Macht über die Arbeitnehmer und die Gesellschaft insgesamt – eine Macht, die ihnen von kapitalistischen Staaten gewährt wird. Das kapitalistische Unternehmen wird definiert durch die Klassenspaltung zwischen denen, die es besitzen und leiten, und denen, die die Produkte herstellen. Demokratisierung bedeutet, diese Trennung zu überwinden und den Arbeitnehmern sowie den Bürgern die Kontrolle über die Produktionsmittel zu geben.

Um dieses Ziel zu erreichen, müssen zuerst die Wettbewerbsbedingungen zwischen Arbeitnehmern und Unternehmern angeglichen werden. Die gewerkschaftsfeindlichen Gesetze von neoliberalen Regierungen in der ganzen Welt sollten abgeschafft und sektorale Tarifverhandlungen eingeführt werden. Dies muss aus einer transnationalen Perspektive betrachtet werden, die die Arbeitnehmer in der gesamten Wertschöpfungskette einbezieht.[38, 39] Gewerkschaften müssen zudem ihre internen Strukturen demokratisieren, den einfachen Arbeitnehmern mehr Gehör verschaffen und diejenigen unterstützen, die sich für die gewerkschaftliche Organisierung von prekär Beschäftigten einsetzen.[40] Wenn Sie noch nicht in einer Gewerkschaft sind, treten Sie bei! Fragen Sie Ihren Gewerkschaftsvertreter, wie Sie sich engagieren können. Wenn Sie unsicher sind, ob Ihr Betrieb gewerkschaftlich organisiert ist, liefern Ihnen nationale Gewerkschaftsnetzwerke die nötigen Informationen, etwa der TUC in Großbritannien oder die AFL-CIO in den USA. Maßnahmen, die den Arbeitnehmern mehr Zeit geben und ihre Löhne erhöhen, sind ebenfalls entscheidend, um das Machtgleichgewicht zwischen Arbeitnehmern und Arbeitgebern zu verschieben.[41] Wer ums Überleben kämpft, hat oft weniger Ressourcen, um sich an sozialen Einrichtungen oder kollektivem Widerstand zu beteiligen. Wenn man den Arbeitnehmern mehr Kontrolle über ihre Zeit gibt, vermittelt man ihnen nicht nur ein Gefühl von Würde und Autonomie, sondern stärkt auch ihr Selbstvertrauen. Das kann sie ermutigen, Forderungen an Arbeitgeber und die Regierung zu stellen und sich aktiv an Veränderungen zu beteiligen.

Der Übergang zu einer Vier-Tage-Woche ohne Lohneinbußen ist ein wichtiger erster Schritt zur Demokratisierung der Arbeit, der auch die Beschäftigung erhöhen und den Menschen mehr Zeit für kollektive Aktivitäten der im vorherigen Abschnitt beschriebenen Art geben würde.[42] Weitere wichtige Veränderungen sind die Schließung der Lücke zwischen der Regulierung der Gig-Economy und der formellen Beschäftigung sowie die Einführung eines existenzsichernden Lohns.

Wir müssen auch sicherstellen, dass Arbeitnehmer das Recht haben, Arbeit abzulehnen. Niemand sollte gezwungen sein, eine schlecht bezahlte oder gefährliche Arbeit anzunehmen, nur um zu überleben. Einige sehen darin ein Argument für ein universelles Grundeinkommen (UBI), aber die meisten Vorschläge für ein UBI bieten nicht genug, um ohne Arbeit auszukommen.[43] Das Verteilen von Bargeld trägt wenig zur Demokratisierung der Wirtschaft bei und könnte stattdessen neoliberalen Individualismus und Konsumismus verstärken. Ein viel besserer Ansatz wäre es, alle grundlegenden Bedürfnisse der Menschen zu dekommodifizieren, indem man ein Programm universeller Basisdienstleistungen einführt. Dieses

Programm würde sicherstellen, dass alle wesentlichen Dienstleistungen wie Gesundheitsversorgung, Bildung (einschließlich Hochschulbildung), Sozialfürsorge sowie Lebensmittel, Wohnungen und Transport entweder kostenlos oder zu subventionierten Preisen verfügbar sind.[44] Und die Sicherstellung, dass diese Dienstleistungen demokratisch verwaltet werden, würde auch dazu beitragen, soziale Solidarität auf lokaler Ebene aufzubauen – etwas, das ein UBI wahrscheinlich nicht erreichen würde.

Die Ausweitung des öffentlichen Eigentums an Unternehmen – sei es auf lokaler oder nationaler Ebene – ist ein weiteres Schlüsselelement der Demokratisierung der Wirtschaft. Dies ist wichtig, weil es die Macht des Kapitals über Investitionen infage stellt.[45] Kapitalisten drohen oft, Investitionen einzustellen oder ins Ausland zu verlagern, wenn sozialistische Regierungen an die Macht kommen oder sozialistische Bewegungen erstarken. Doch demokratisches öffentliches Eigentum nimmt solchen Drohungen die Glaubwürdigkeit, da es Investitionen vor Ort bindet. Zudem können echte demokratische Unternehmen im öffentlichen Besitz die Produktion in einem Umfang ermöglichen, der in einer Wirtschaft, die ausschließlich auf Genossenschaften und Gegenseitigkeitsgesellschaften beruht, schwieriger zu erreichen wäre.

Die Übertragung eines Unternehmens von privatem auf öffentliches Eigentum reicht jedoch nur bis zu einem gewissen Punkt. Dass öffentliches Eigentum an sich keine ernsthafte Bedrohung für das Kapital darstellt, zeigt sich daran, dass es auch in kapitalistischen Gesellschaften weiterhin verbreitet ist. Es ist daher nicht genug, Unternehmen einfach zu verstaatlichen; wir müssten auch die Entscheidungsfindung innerhalb dieser Unternehmen demokratisieren.

Die britische Denkfabrik We Own It hat einige praktische Vorschläge skizziert, um das zu erreichen:

Schaffung einer kollektiven Organisation, die die Bürger in den Vorständen öffentlicher Unternehmen vertritt und ihnen ermöglicht, über Unternehmensführung abzustimmen.
Formalisierung der gewerkschaftlichen und zivilgesellschaftlichen Vertretung in öffentlichen Unternehmen, sowohl in den Vorständen als auch in der gesamten Organisation.
Einführung von Bürgerhaushalten und E-Demokratie-Prozessen, um Budgets festzulegen und neue Ideen für Produktion und Dienstleistungsbereitstellung zu entwickeln.[46]

Kollektives Eigentum gibt es in vielen Formen, von Arbeitergenossenschaften über Erzeugergenossenschaften bis hin zu Gegenseitigkeitsgesellschaften.[47] Wie öffentliches Eigentum ist auch kollektives Eigentum nicht immer wirklich demokratisch. Es gibt viele genossenschaftliche Unternehmen, in denen die Arbeitnehmer keine Macht haben. Einige wie etwa Verbrauchergenossenschaften setzen sogar weiterhin auf ausbeuterische Arbeitspraktiken. Der Aufbau einer Genossenschaftswirtschaft kann aber positive Auswirkungen haben, besonders wenn er mit anderen Maßnahmen kombiniert wird. Ein besonders spannendes neues Modell kommt aus der Gig-Economy, wo sich Arbeitnehmer organisieren, um Alternativen zu den extraktiven, monopolistischen Plattformen aufzubauen, die den Sektor derzeit dominieren.[48] Apps im genossenschaftlichen Besitz, wie die Driver's Co-Operative und das Reinigungsunternehmen Up & Go, bieten den Arbeitnehmern nicht nur eine Eigentumsbeteiligung, sondern lassen sie auch an der Entscheidungsfindung teilhaben. Das Platform Cooperative Consortium stellt umfassende Informationen über Plattformgenossenschaften in verschiedenen Sektoren weltweit zur Verfügung.[49]

Die Förderung von Genossenschaften als Teil einer Agenda zur Schaffung von lokalem Wohlstand kann helfen, die Macht der Outsourcing-Giganten einzudämmen und den Menschen vor Ort mehr Mitspracherecht bei der Gestaltung und Verwaltung ihrer öffentlichen Dienste zu geben. Gleichzeitig werden gute Arbeitsplätze für die Arbeitnehmer-Eigentümer geschaffen, wie es bereits in Städten wie Preston und Jackson erfolgreich umgesetzt wurde.[50] Landwirtschaftliche Genossenschaften können entscheidend zum Umweltschutz und zur Wahrung der Menschenrechte beitragen, wie das Beispiel Ciudad Futura in Argentinien zeigt. Die in Großbritannien ansässige New Economics Foundation hat mehrere politische Vorschläge gemacht, um die Genossenschaftswirtschaft zu fördern. Dazu gehören die Entwicklung eines geeigneten Rechtsrahmens, die Bereitstellung öffentlicher Finanzmittel zur Unterstützung ihrer Gründung und Expansion sowie die Beschleunigung der Agenda für den Aufbau von Gemeindewohlstand, um die Kommunalverwaltung bei der Förderung lokaler Genossenschaften zu unterstützen.[51]

Arbeitnehmerbeteiligung ist eine noch radikalere Option. Einer der bekanntesten historischen Versuche dazu ist der schwedische Meidner-Plan.[52] In den Siebzigerjahren entwickelten Gewerkschaftsökonomen eine Initiative zur schrittweisen Vergesellschaftung des Eigentums in der schwedischen Wirtschaft, indem sie alle Unternehmen ab einer bestimmten Größe dazu verpflichteten, jährlich neue Aktien auszugeben, die an einen Arbeitnehmerfonds übertragen werden sollten. Auf diese Weise würden die Arbeitnehmer zu Eigentümern der Unternehmen werden, in denen sie arbeiten. Arbeitnehmervertreter, die von den Gewerkschaften ausgewählt werden, würden dann im Namen der Arbeitnehmer-Eigentümer Sitze in den Vorständen einnehmen.

In Großbritannien entwickelte die Labour-Partei einen ähnlichen Vorschlag, wonach große Unternehmen jedes Jahr einen bestimmten Teil ihrer Aktien in einen Arbeitnehmerfonds einbringen müssen, der ihnen eine gewisse Entscheidungsbefugnis einräumt und Dividenden ausschüttet.[53] Es stimmt zwar, dass die Arbeitnehmerbeteiligung nicht automatisch das Prinzip der Gewinnmaximierung infrage stellt, aber sie ist ein vielversprechender Ansatz, um die Position der Arbeitnehmer zu stärken und die Macht des Kapitals herauszufordern. Die heftige Ablehnung des Meidner-Plans und der Arbeitnehmerbeteiligungsfonds der Labour-Partei zeigt, wie ernst das Kapital diese Herausforderung nimmt.[54] Ein weiterer Vorschlag ist die Einführung einer »europäischen Richtlinie über Mindeststandards für das Recht auf Unterrichtung, Anhörung und Vertretung der Arbeitnehmer in den Leitungsorganen«.[55] Dieser Ansatz könnte auch auf Konkursverfahren ausgedehnt werden, um die Arbeitnehmer zu unterstützen, ein Unternehmen selbst aufzukaufen.[56]

Demokratisierung der Finanzen

Wie in Kapitel 5 geschildert, sind Investitionsentscheidungen derzeit ein streng gehütetes Vorrecht des Kapitals. Die Banken, die diese Entscheidungen finanzieren und vermitteln, besitzen daher enorme Macht. Sie bestimmen, welche Unternehmen Erfolg haben, welchen Menschen es gut geht und welche Staaten wachsen. Doch sie nutzen ihre Macht zur Gewinnmaximierung auf Kosten der Menschen und des Planeten. Die Demokratisierung des Finanzsystems, also die Übertragung der Macht über Investitionsentscheidungen an die Arbeitnehmer und davon betroffene Gemeinschaften, wird ein wesentlicher Bestandteil der Demokratisierung der Gesellschaft sein.[57]

Die Einführung eines öffentlichen, demokratisch gesteuerten Privatkundengeschäfts könnte dazu beitragen, den Würgegriff der Großbanken über diesen wichtigen öffentlichen Dienst zu brechen, niedrigere Gebühren und Zinssätze für die Verbraucher zu ermöglichen und die Macht des Finanzkapitals über unsere demokratischen Institutionen einzuschränken. Ein Vorschlag, den die britische Labour-Partei 2019 vorstellte, ist die Einrichtung eines Netzwerks von Postbanken über das Postsystem.[58] Diese öffentliche Bank würde von der Zentralregierung kapitalisiert und als Tochtergesellschaft der Post geführt, wobei die Verwaltung dezentral auf lokaler und regionaler Ebene angesiedelt wäre – ein Modell, das sich leicht auf andere nationale Kontexte übertragen ließe.

Die Banken könnten Standarddienstleistungen für Privatkunden wie Girokonten, Sparkonten, Versicherungsleistungen und Kleinkredite zu niedrigen Zinssätzen anbieten. Die Banken könnten auch zur Verwirklichung anderer politischer Ziele eingesetzt werden, etwa zur Unterstützung von Menschen mit untragbaren Schulden bei der Refinanzierung ihrer Kredite oder sogar zum Schuldenerlass für Haushalte in Armut. Und wenn man die Institution demokratischen Entscheidungsprozessen unterwirft, indem man sie beispielsweise mit einem demokratisch gewählten Vorstand ausstattet, würde dies die Macht der Arbeitnehmer und Bürger weiter stärken.

Öffentliche Investitionsbanken sind bereits wichtige Akteure in der Weltwirtschaft. Viele kapitalistische Staaten nutzen öffentliche Banken, Staatsfonds und öffentliche Pensionsfonds, um Investitionen innerhalb ihrer Volkswirtschaften zu lenken.[59] Es ist klar, dass die Einrichtung von öffentlichen Investitionsbanken nicht per se die Demokratisierung fördern oder die Macht des Kapitals bedrohen würde.

Aber diese Institutionen werden eine Schlüsselrolle bei der Demokratisierung der Wirtschaft spielen, weil sie dazu beitragen, Investitionsentscheidungen zu sozialisieren und die Fähigkeit des Kapitals, mit Streik oder Flucht zu drohen, infrage zu stellen. Sie könnten auch eine wichtige Rolle zur Demokratisierung der Wirtschaft übernehmen, etwa durch die Kreditvergabe an genossenschaftliche Unternehmen oder Dekarbonisierungsprogramme.[60] Ein noch radikalerer Vorschlag wäre, diese Institutionen wirklich demokratischen Entscheidungsprozessen zu unterwerfen, wie sie im vorherigen Abschnitt für andere öffentliche Unternehmen beschrieben wurden.

Die Demokratisierung des Finanzsystems ist ein wichtiger Schritt auf dem Weg zu einer gerechteren Wirtschaft. Finanzinstitute wie BlackRock, die große Mengen Geld kontrollieren, haben eine enorme Macht und nutzen diese, um den aktuellen Zustand zu bewahren. Wenn wir eine öffentliche, demokratische Verwaltung für solche Vermögen einführen, könnten wir die Macht dieser Großinvestoren herausfordern. In meinem ersten Buch, *Stolen,* habe ich die Idee eines »People's Asset Manager« (PAM) beschrieben – eine Art öffentliches Gegenstück zu BlackRock, das Investitionen demokratisieren und das Eigentum gerechter verteilen könnte.[61]

Der PAM würde verschiedene Geldtöpfe verwalten: einen für allgemeine gesellschaftliche Zwecke wie einen Bürgervermögensfonds und einen für individuelle Zwecke wie öffentliche Renten. Der Bürgervermögensfonds könnte in Projekte investieren, die auf gemeinsamen, öffentlich festgelegten Zielen basieren. Die Rentenmittel würden von den Rentenempfängern selbst verwaltet, um sowohl Renditen zu sichern als auch soziale Ziele zu fördern. Der PAM könnte auch mit der nationalen Investmentbank kooperieren, um in Unternehmen zu investieren, die bereits von der Bank Kredite erhalten haben – ähnlich wie es Investmentbanken tun, die Vermögensverwaltungsabteilungen haben, um Chancen aus ihren Kreditgeschäften zu nutzen.

Demokratisierung des Staates

Die Art von Demokratie, die in kapitalistischen Gesellschaften existiert, ist von Natur aus begrenzt. Die Beteiligung beschränkt sich auf Wahlen, und die meisten Menschen haben wenig oder gar kein Mitspracherecht bei den Programmen der Parteien, die um ihre Stimmen werben. Die engen Verbindungen zwischen den »kartellisierten« politischen Parteien, dem Kapital und dem Staat bedeuten, dass sich die Politik im Allgemeinen auf kleine Reformen beschränkt, die den Status quo nicht grundlegend bedrohen.[62] Und selbst dort, wo fortschrittliche Parteien in die Nähe eines Machtgewinns kommen, gibt es große Teile des Staatsapparats, die bewusst außerhalb der demokratischen Kontrolle gestellt wurden.[63]

In dem Bewusstsein, dass das System gegen sie arbeitet, bleiben Wähler aus der Arbeiterklasse in weiten Teilen der reichen Welt den Wahlurnen fern.[64]

Das Vertrauen in die Demokratie ist auf einem historischen Tiefstand.[65] Viele vermeintlich demokratische Länder werden immer autoritärer angesichts des heftigen Widerstands derjenigen, die am meisten unter den wirtschaftlichen Turbulenzen leiden, die derzeit unsere Politik bestimmen.[66]

Inmitten dieses Angriffs ist es entscheidend, dass Sozialdemokraten die hart erkämpften demokratischen Rechte verteidigen, die vielen von uns so wichtig sind. Doch es reicht nicht aus, nur die liberalen Demokratien zu schützen – wir müssen sie auch weiterentwickeln. Die Art der nötigen Reformen, um die Demokratie zu stärken, variiert je nach Ort. Politische Institutionen unterscheiden sich oft stärker als wirtschaftliche, zum Teil weil Letztere unter dem Druck des Imperialismus standen. Dennoch gibt es einige gemeinsame Forderungen, bei denen Sozialisten zusammenfinden können.

In vielen Ländern sind die liberalen Revolutionen, die im 18. Jahrhundert begannen, noch nicht abgeschlossen. Großbritannien zum Beispiel hat immer noch eine Monarchie, ein Oberhaus (das House of Lords) und eine lokale Behörde (die City of London Corporation, eine private Organisation, die eines der größten Finanzzentren der Welt regiert und auch die Macht über die lokale Besteuerung und die Polizei hat). Sie alle sind von der demokratischen Rechenschaftspflicht abgeschottet. Sozialisten müssen an der Seite echter Liberaler dafür kämpfen, diese undemokratischen feudalen Überbleibsel zu beseitigen. In autoritären Regimen hat die Einführung demokratischer Reformen höchste Priorität, neben dem Aufbau von Gewerkschaften und kommunalen Einrichtungen zum Schutz der Lebensgrundlagen.

Die Demokratisierung des Zentralbankwesens ist eine weitere Etappe auf dem Weg zur Demokratisierung des Staates und der Wirtschaft.[67]

Wie ich in *Stolen – So retten wir die Welt vor dem Finanzkapitalismus* dargelegt habe, sollte die Zusammensetzung der Zentralbankausschüsse so verändert werden, dass Vertreter der Regierung, der Arbeiter- und sozialen Bewegungen sowie anderer Interessengruppen einbezogen werden und die Mehrheit der Mitglieder direkt gewählt wird. Zudem sollten die Entscheidungen der Bank regelmäßig von einem unabhängigen Gremium von Bürgern und Experten überprüft werden. Dieses Gremium könnte der Regierung Bericht erstatten und, falls nötig, die Entscheidungen der Bank direkt anfechten.

Die partizipative Haushalts- und Politikgestaltung sollte ebenfalls auf allen Regierungsebenen eingeführt werden. Die Bürgerinnen und Bürger müssen ein Mitspracherecht haben, bei der Politikgestaltung und den Ausgaben auf kommunaler, regionaler und nationaler Ebene. Wie im vorangegangenen Kapitel beschrieben, sind Bürgerhaushalte bereits weit verbreitet und werden derzeit in Hunderten von Städten auf der ganzen Welt praktiziert. Innovationen wie Better Reykjavik und Decidim in Spanien zeigen, wie der demokratische Prozess noch weiter vertieft werden kann, indem man den Bürgern die Möglichkeit gibt, über die politischen Maßnahmen abzustimmen, die in Wahlprogrammen einer Partei stehen.

Sozialdemokratische Parteien sollten sich für die Förderung der Subsidiarität einsetzen, also dafür sorgen, dass Entscheidungen so nah wie möglich an den Betroffenen getroffen werden. Das bedeutet nicht, dass alle Entscheidungen auf lokaler Ebene getroffen werden sollten. Es wäre nicht machbar, etwa makroökonomische oder klimapolitische Entscheidungen lokal zu regeln. Aber wo es möglich ist, sollte Dezentralisierung gefördert werden. Nicht, weil Lokalismus von Natur aus fortschrittlich ist, sondern weil es für organisierte Arbeitnehmer und Gemeinschaften einfacher ist, Druck auf lokale Regierungen auszuüben als auf nationale. Zudem stoßen kleine lokale Erfolge oft größere, nationale Veränderungen an.

Um das Machtspiel zwischen Kapital und Arbeit fairer zu gestalten, müssen wir auch die politischen Spenden und Lobbyarbeit strenger regeln. In den USA zum Beispiel haben die ganzen Gelder, die in die Politik fließen, gigantische Ausmaße angenommen. Interessengruppen können Millionen sammeln und an ihre Lieblingskandidaten spenden, was ihnen enormen Einfluss auf die Politik verschafft. Das Problem ist, dass Unternehmen rechtlich wie Personen behandelt werden, was bedeutet, dass es praktisch keine Grenzen für Unternehmensspenden gibt, weil das als »Meinungsfreiheit« gilt. Dazu kommt, dass ein starkes Netzwerk von konservativen Denkfabriken, Lobbyisten und Medien die politische Szene dominiert.

In den USA erschweren reaktionäre Auslegungen des verfassungsmäßigen Rechts auf freie Meinungsäußerung eine Reform der Wahlkampffinanzierung. Es gibt jedoch zahlreiche

Vorschläge zur Begrenzung des Einflusses von Geld in der Politik, um diese Probleme zu umgehen.[68] Eine Reform der Wahlkampffinanzierung muss auch sicherstellen, dass fortschrittliche Parteien genug Geld bekommen, um aktiv zu bleiben. In Deutschland zum Beispiel bekommen Parteien, die bei Wahlen eine bestimmte Anzahl von Stimmen erreichen, staatliche Zuschüsse. Diese Mittel können sie dann nutzen, um ihre Verbündeten und Bewegungen zu unterstützen.

Um diese Reformen erfolgreich umzusetzen, müssen wir auch die politischen Parteien selbst demokratisieren. Viele sozialdemokratische Parteien sind mittlerweile so eng mit staatlichen Institutionen verflochten, dass sie den Kontakt zu ihrer Basis von Aktivisten verloren haben. Das bedeutet, dass sie oft nicht mehr richtig verstehen, was die Menschen vor Ort wirklich brauchen oder wollen.[69]

Viele dieser Parteien scheinen mehr darauf bedacht, sich von Sozialisten zu distanzieren, als Wahlen zu gewinnen. Solange sozialdemokratische Parteien ihre Energie darauf verwenden, den Sozialismus in ihrer Basis zu bekämpfen, werden sie sich bei Wahlen schwertun. Doch für viele Politiker ist die Wahlmarginalisierung ein geringer Preis im Vergleich zur Erhaltung ihrer Kontrolle über eine zunehmend irrelevante Institution. Daher ist es entscheidend, die politischen Parteien zu demokratisieren und sicherzustellen, dass sie gegenüber ihren Mitgliedern und den Bewegungen, die sie unterstützen, rechenschaftspflichtig sind.

Die nötigen Strategien können je nach Ort variieren. In Ländern mit Mehrheitswahlrecht wie den USA und Großbritannien bleibt Aktivisten oft nichts anderes übrig, als innerhalb der bestehenden sozialdemokratischen Parteien zu arbeiten. Um erfolgreich zu sein, sollten sie sich jedoch auch auf den Aufbau von Macht außerhalb dieser Parteien konzentrieren – in den Gemeinden, in der Arbeiterbewegung und auf der Straße.

Auch die Wahlsysteme selbst müssen reformiert werden. Systeme wie das Mehrheitswahlrecht begünstigen die zwei größten Parteien sowie solche mit regionaler Unterstützung. Sie benachteiligen kleinere Parteien, die zwar breite Unterstützung haben, aber nicht entsprechend stark vertreten sind. Der Übergang zu stärker proportionalen Systemen, die dennoch ein Element lokaler Rechenschaftspflicht für die Vertreter enthalten,[70] wäre ein Schritt vorwärts.

In pluralistischeren Wahlsystemen haben Progressive mehr Erfolg damit, neue politische Parteien von Grund auf aufzubauen. Ein spannendes Modell ist die »Bewegungspartei«, das von Aktivisten und Politikern in Ländern wie Spanien vertreten wird.[71] Die zentrale Voraussetzung für eine Bewegungspartei ist die demokratische Rechenschaftspflicht zwischen den Führern und der breiteren Bewegung. Maßnahmen wie die demokratische Auswahl von Kandidaten und Politiken (auch durch E-Demokratie) sind in dieser Hinsicht entscheidend.

Ein weiterer Faktor, der sicherstellt, dass linke politische Parteien ihre demokratische Legitimität behalten, ist die Förderung von Kandidaten aus der Arbeiterklasse. Wie Ralph Miliband feststellte, wird die Politik in den meisten Ländern von einer insularen Elite beherrscht, die wenigen Außenseitern Zugang ermöglicht.[72] Historisch boten die Arbeiterbewegungen einen weiteren Weg für führende Persönlichkeiten aus der Arbeiterklasse in die Mainstream-Politik. Aber mit dem Niedergang der Gewerkschaften ist die Vertretung der Arbeiterklasse zurückgegangen. Zudem war auch dieser Weg Randgruppen innerhalb der Arbeiterklasse oft verschlossen. Und die wirklich demokratische Kandidatenauswahl ist der Schlüssel, um das Vertrauen der Wähler zurückzugewinnen.

Demokratisierung internationaler Institutionen

Die neoliberale Hegemonie in der Weltwirtschaft ist stark und schwer zu durchbrechen. Neoliberale Denker und Politiker haben jahrzehntelang daran gearbeitet, ein System zu schaffen, das das Kapital vor demokratischem Druck schützt. Das führte zu Ausbeutung und Unterentwicklung in den ärmeren Teilen der Welt. Aber jetzt, da sich die geopolitische Macht verschiebt, ergeben sich Chancen, den Imperialismus herauszufordern und eine wirklich demokratische Weltordnung zu etablieren.

Die Grundsätze, die auf der Konferenz von Bandung festgelegt wurden, sowie die der Neuen Internationalen Wirtschaftsordnung (NIEO) sind immer noch entscheidend, um das Machtgleichgewicht in der Weltwirtschaft zu verändern. Bandung forderte, dass mächtige Nationen die Souveränität und territoriale Integrität aller Länder respektieren und Streitigkeiten friedlich lösen. Doch imperiale Mächte haben immer wieder illegale Angriffskriege und »humanitäre Interventionen« unter dem Vorwand von Freiheit und Demokratie geführt, oft indem sie Krisenregionen mit Waffen überfluteten und sich dann zurückzogen, wenn der Konflikt nicht gewonnen werden konnte. Diese endlosen Kriege müssen ein Ende haben.

Die NIEO konzentrierte sich darauf, den internationalen Handel, Investitionen und Finanzen zu reformieren und die Solidarität zwischen den Ländern des Globalen Südens zu stärken. Eine Wiederbelebung der NIEO würde von den Staaten des Globalen Nordens verlangen, unfaire Zölle und Quoten abzuschaffen, die besonders für Agrarrohstoffe und Stahl gelten, da diese die Entwicklung im Süden bremsen. Zugleich sollten arme Länder die Möglichkeit haben, ihre Industrie aufzubauen, indem sie vor unfairen internationalen Wettbewerben geschützt werden.

Die Infrastruktur, die den Welthandel unterstützt, muss auf Gemeinwohl und nicht auf privaten Profit ausgerichtet sein. Das bedeutet, dass wir die Regulierung von Schifffahrt und Technologie grundlegend überarbeiten müssen. Handelsabkommen sollten demokratischer gestaltet werden: Statt regionaler Abkommen wie NAFTA oder TPP, über die ein mächtiges Land die anderen dominieren kann, sollten multilaterale Abkommen auf dem Prinzip »ein Land, eine Stimme« basieren. Handelsabkommen dürfen nicht dazu dienen, kleineren Staaten Politiken aufzuzwingen, die nur dem Kapital im Norden zugutekommen.

Und die veralteten Regeln für geistige Eigentumsrechte müssen dringend reformiert werden. Derzeit verhindern sie, dass Länder des Globalen Südens Zugang zu Technologien erhalten, die für ihre Industrialisierung wichtig sind. Gleichzeitig halten sie Medikamente und Saatgut von Millionen Menschen fern, die sie dringend benötigen. Auch die undemokratischen Investor-Staat-Streitbeilegungsverfahren in vielen Investitionsverträgen müssen abgeschafft werden.

Der Globale Süden kämpft zudem mit einer tiefen Schuldenkrise, die teilweise durch die enge Verflechtung mit den internationalen Finanzmärkten verschärft wurde. Bereits vor der aktuellen Krise verlor Afrika südlich der Sahara jährlich dreimal so viel Kapital durch Kapitalflucht, wie es durch Entwicklungshilfe erhielt.[73] Die Gesetze, die den internationalen Handel und die Investitionen regeln, sollten es allen Ländern erlauben, Kredit- und Devisenkontrollen einzuführen, und es ihnen ermöglichen, Kredite innerhalb ihrer eigenen Volkswirtschaften zu steuern, indem sie sowohl die Steuerpolitik als auch unabhängige Institutionen wie nationale Investitionsbanken nutzen.

Um die Schuldenkrise zu bewältigen, müssen wir auch die Mechanismen für Streitigkeiten zwischen Schuldnern und Gläubigern reformieren. Es ist nicht fair, dass Gläubiger immer wieder auf Kosten der meist ärmeren Schuldnerländer geschützt werden. Kevin Gallagher und Richard Kozul-Wright schlagen dringend notwendige Änderungen vor:

- **Neue Zuteilungen von IWF-Sonderziehungsrechten,** die es armen Ländern ermöglichen, diese im Notfall gegen Bargeld einzutauschen.
- **Eine multilaterale Swap-Fazilität beim IWF,** ähnlich den Swap-Linien, die aktuell von der US-Zentralbank angeboten werden.
- **Die Gründung einer globalen Schuldenbehörde,** die die Umstrukturierung von Schulden regeln kann.[74]

Wichtig ist und bleibt aber vor allem, dass untragbare Schulden gestrichen werden. Nach der Pandemie und angesichts der Klimakrise braucht der Globale Süden dringend einen neuen Schuldenstrich, um sich weiterentwickeln und Armut bekämpfen zu können. Diese Reformen passieren nicht von selbst. Deshalb müssen die Länder des Globalen Südens enge Verbindungen aufbauen, ähnlich wie bei der Konferenz von Bandung, und ihr gemeinsames Gewicht nutzen, um das Machtgleichgewicht in der Weltwirtschaft zu verändern.

Diese Macht kann genutzt werden, um Reformen in bestehenden Institutionen voranzutreiben. Gleichzeitig sollten neue demokratische Handels- und Investitionsinstitutionen wie regionale Entwicklungsbanken geschaffen werden, um die Entwicklung zu fördern. Es ist auch sinnvoll, dass Länder des Globalen Südens Allianzen und wirtschaftliche Beziehungen zu anderen globalen Akteuren aufbauen, um ihre Verhandlungsmacht gegenüber westlichen Institutionen zu stärken.

Die Länder des Globalen Südens müssen zusammenarbeiten können, um sich vor den Folgen des Klimazusammenbruchs zu schützen, der hauptsächlich von der reichen Welt verursacht wird. Eine neue internationale Klimabank ist erforderlich, um den Staaten in der armen Welt die nötigen Finanzmittel zur Verfügung zu stellen, damit sie ihre Bevölkerung heute vor den Folgen der Klimakrise effektiv schützen und die Dekarbonisierung langfristig vorantreiben können.[75] Wie bei den nationalen Investitionsbanken sollte auch die Klimabank demokratisch und repräsentativ sein, mit einer gleichberechtigten Stimme für jeden Staat. Um die Weltwirtschaft zu dekarbonisieren, sind sowohl neue als auch zusätzliche Finanzmittel nötig. Was wir benötigen ist nicht weniger als ein neuer Marshallplan für die Dekarbonisierung, bei dem reiche Staaten Geld, Fähigkeiten und Technologien an Länder im Globalen Süden übertragen, um ihnen beim Übergang zu Netto-Null-Emissionen zu helfen.

Denn der Klimawandel wird dazu führen, dass immer mehr Menschen aus den am stärksten betroffenen Regionen in die Länder ziehen, die für die Erderwärmung verantwortlich sind. Die Regierungen des Globalen Nordens müssen Migration ernsthaft angehen. Statt Millionen in Maßnahmen zu stecken, die darauf abzielen, Migranten fernzuhalten oder sie nach ihrer Ankunft zu bestrafen, sollten die Mittel in die Ausbildung und Integration von Migranten fließen.

Nur solche Maßnahmen werden den reichen Ländern letztlich nutzen. Schließlich leiden sie schon heute aufgrund der demografischen Alterung, der abnehmenden Gesundheit der Bevölkerung und einer reaktionären Migrationspolitik unter einem Mangel an Arbeitskräften in Sektoren wie dem Gesundheits- und Sozialwesen. Zudem bringen Arbeitsmigranten aus Regionen mit starken Traditionen der Arbeitnehmerorganisation oft wertvolle Erfahrungen und Fähigkeiten mit. Dies kann den Arbeitnehmern in weniger organisierten Sektoren helfen, sich ebenfalls gewerkschaftlich zu organisieren und ihre Rechte zu stärken.[76] Solange die Arbeitnehmer gut organisiert sind, wird die Behauptung, dass Zuwanderung die Löhne senkt, nicht zutreffen. Der entscheidende Faktor für das Lohnwachstum ist die Verhandlungsmacht der Arbeitnehmer. Historisch gesehen haben hohe Beschäftigungsquoten in Ländern mit schwacher Gewerkschaftsorganisation nicht zu höheren Löhnen geführt.

Um all diese Reformen erfolgreich umzusetzen, sind einige entscheidende Schritte nötig: Wir müssen Steuervermeidung beenden, den Wettlauf um niedrigere Steuersätze stoppen und Steueroasen schließen. Das bedeutet, legale Steuervermeidungsstrategien wie Gewinnverschiebungen auszurotten und Mindestanforderungen für Transparenz in Steuerberichten und Finanzströmen einzuführen. Die wohlhabenden Staaten, die oft als Drehscheiben für Steuervermeidung agieren und viele Steueroasen verwalten oder beaufsichtigen, müssen die Initiative ergreifen.

Die Zukunft demokratisieren

Bei den bisher skizzierten Maßnahmen handelt es sich um – zum Teil recht radikale – Reformen, die kapitalistische Volkswirtschaften demokratischer und sozialistischer machen könnten. Aber es wären immer noch kapitalistische Gesellschaften. Und solange das Kapital die Macht der Gesellschaft über Investitionen kontrolliert, wird diese Gesellschaft niemals vollständig demokratisiert sein. Der Aufbau einer wirklich demokratischen Gesellschaft erfordert die Aufhebung der Unterscheidung zwischen denjenigen, die alle Produktionsmittel besitzen und kontrollieren, und allen anderen. Sie erfordert, dass jeder ein gewisses Mitspracherecht bei der Verwendung der Ressourcen unserer Gesellschaft hat, und zwar auf jeder Ebene der sozialen Organisation, von der Stadt über die Nation bis hin zur Welt.

Um das zu erreichen, müssen wir ernsthaft überlegen, wie man großflächige demokratische Planung umsetzen kann. Die Sozialdemokraten haben gezeigt, dass solche Planung theoretisch möglich ist. Leigh Phillips und Michal Rozworski zeigen anhand von Walmart, dass großflächige Planung bereits praktisch umgesetzt wird. Riesige kapitalistische Unternehmen wie Walmart nutzen neue Technologien für eine effiziente Planung. Die Frage ist, ob diese Technologien auch von demokratisch-sozialistischen Planern genutzt werden könnten.

Das Problem bei dem Versuch, Technologien zu entwickeln, die den Übergang zu einer demokratischen Planung in großem Maßstab erleichtern könnten, hat Marx bereits vor mehr als einem Jahrhundert erkannt. Wie in diesem Buch gezeigt wurde, sind technologischer und wissenschaftlicher Fortschritt geplant, doch sie werden im Interesse der Mächtigen geplant. In der Sammlung von Schriften, die er nach seinem Tod unveröffentlicht hinterließ, den *Grundrissen der Kritik der politischen Ökonomie,* zeigt Marx sowohl, dass die technologische Innovation für die Entwicklung des Kapitalismus von zentraler Bedeutung ist, als auch, dass die Natur dieser Innovation nicht neutral ist – sie soll dem Kapital dienen.[77]

Die Dynamik des wirtschaftlichen und politischen Wettbewerbs ermutigt Unternehmen und Staaten, Geld in die Forschung und Entwicklung neuer Technologien zu stecken, die ihren Reichtum und ihre Macht vergrößern. Wie Marx feststellte, wird Innovation schließlich so wichtig für die Entwicklung des Kapitalismus, dass sie zu einem Geschäft an sich wird.[78] Ganze Firmen, ja sogar ganze Länder, spezialisieren sich darauf, neue technologische Entdeckungen zu machen, und zwar nicht aus dem Bedürfnis heraus, ein bestimmtes Problem zu lösen oder einen bestimmten Prozess zu verbessern. Sondern aus dem Wunsch heraus, Innovation um der Innovation willen zu betreiben. Wer die Ideen hat, wird die Anwendungen finden.

Innovation ist ein ständiger Begleiter unseres Lebens, doch im Kapitalismus wird sie zur treibenden Kraft der gesellschaftlichen Entwicklung. Die Technologie wird so zentral für die Produktion, dass der Arbeiter, der sie bedient, fast zur Nebenfigur wird. Wissen und Fähigkeiten, die früher vom Arbeiter eingesetzt wurden, werden von Maschinen übernommen, wodurch der Arbeiter zum »bloßen Anhängsel« der Maschine wird. Dieser Prozess der Verdrängung kann eine sehr entfremdende und entmündigende Erfahrung sein.

Wir sehen Technologie oft als Werkzeug, das je nach Kontrolle positiv oder negativ genutzt werden kann. Marx erkannte jedoch, dass der Verlauf der technologischen Entwicklung durch soziale Beziehungen beeinflusst wird. Kapitalistische Unternehmen und Staaten entwickeln Technologien, die dem Kapital nutzen, nicht den Arbeitern. Diese einseitige Ausrichtung prägt unsere Lebensbedingungen. Die Frage, ob knappe Ressourcen für die Produktion profitsteigernder Maschinen oder für Technologien verwendet werden, die soziale Probleme lösen, ist damit von großer Bedeutung.

Obwohl er einer der schärfsten Kritiker des Kapitalismus war, glaubte Marx, dass der im Kapitalismus erzielte technische Fortschritt eine Voraussetzung für den Übergang zum Sozialismus sei. Doch die Technologien, die in einer neuen Gesellschaftsordnung zum Einsatz kommen könnten, enthalten inhärente Verzerrungen, die ihre Anwendungsmöglichkeiten einschränken. Allende und sein Team in Chile mussten auf veraltete Technologien zurückgreifen, um ein dezentralisiertes Planungsnetz von Grund auf aufzubauen. Diese technologischen Einschränkungen führten dazu, dass das Ergebnis zentralisierter ausfiel als geplant. Und die von Walmart entwickelte Planungstechnologie ist darauf ausgelegt, den Profit auf Kosten der Arbeiter und des Planeten zu maximieren.

Es ist klar, dass wir heute über die wissenschaftlichen und technologischen Mittel verfügen, um Technologien zu entwickeln, die eine echte demokratische Planung in großem Maßstab ermöglichen könnten. Doch leider wird solche Technologie in unserer aktuellen Gesellschaftsordnung nie entstehen, da sie eine Voraussetzung für den Übergang zum demokratischen Sozialismus darstellt.

Dieses Problem sollte uns nicht verzweifeln lassen. Wie David Graeber sagte: »Der Kapitalismus dominiert, aber er durchdringt nicht.« Neue Gesellschaftsordnungen entstehen nicht aus dem Nichts, und alte brechen erst zusammen, wenn sich Risse und Brüche zeigen. Der Kapitalismus brauchte Technologien, Wissen und soziale Beziehungen, die im Feudalismus nicht existierten. Dennoch haben einige Pioniere die Keime einer neuen Welt in der Asche der alten erkannt und sie mit den verfügbaren Mitteln gedüngt.

Die Grundlagen des Kapitalismus mussten also erst sorgfältig aus dem alten System heraus aufgebaut werden. Es mussten ideologische und materielle Schlachten geschlagen, Pamphlete geschrieben, Gesetze verabschiedet und Kriege geführt werden. Die Hebammen des Kapitalismus mussten kühn, klug und unnachgiebig sein, um die Risse zu überwinden, die in der feudalen Ordnung entstanden waren. Die Belohnung lag auf der Hand: Reichtum und Macht, die alles Gekannte übertrafen.

Auch wenn wir heute noch nicht alle Technologien, das Wissen und die sozialen Beziehungen haben, um eine wirklich demokratische Weltwirtschaft zu schaffen, gibt es bereits ihre Vorläufer. Die Aufgabe eines Revolutionärs ist eher die eines Gärtners als die eines Baumeisters. Die neue Welt entsteht nicht über Nacht. Ihre Samen müssen gepflanzt, gepflegt und gehegt werden.

Es gibt bereits viele Bereiche, in denen Menschen an Alternativen zum aktuellen System arbeiten. Der Lucas-Plan und das Projekt Cybersyn sind zwei ehrgeizige Beispiele für solche Versuche, auch wenn sie gescheitert sind. Beide Projekte fanden in Zeiten statt, in denen es so schien, als ob die kapitalistischen Gesellschaftsverhältnisse nicht ewig bestehen würden – als die Arbeiter erkannten, dass das einzige Hindernis zwischen ihnen und der Selbstverwaltung, zwischen ihnen und echter Freiheit, das Kapital selbst war.

Es liegt an uns, das Erbe dieser Projekte weiterzuführen. Wir müssen durch die Risse im gegenwärtigen System blicken und gemeinsam daran arbeiten, sie weiter zu öffnen, um Licht hereinzulassen. Die Belohnungen für uns mögen weniger konkret sein als die der frühen Kapitalisten, aber sie sind von größerer Bedeutung: der Schutz unseres Planeten, auf den wir alle angewiesen sind, ein Ende des psychischen Traumas, das aus tiefem und allgegenwärtigem Leid und Entfremdung resultiert, und eine Welt, in der jeder Mensch die Chance hat, sich voll und ganz zu entfalten. Wäre das nicht schön?

Schlussfolgerung

> Wir leben im Kapitalismus. Seine Macht scheint unausweichlich zu sein. Genauso wie das göttliche Recht der Könige. Jede menschliche Macht kann von Menschen bekämpft und verändert werden.
>
> **Ursula K. Le Guin**

Es ist verständlich, sich von der Lage der Welt überwältigt und hoffnungslos zu fühlen. Wir leben in einer Zeit von Krieg, Klimakrise, politischer Spaltung, wirtschaftlicher Ungleichheit und weitverbreiteter Armut – Zustände, die uns zutiefst beunruhigen. Die Welt, so scheint es, ist irreparabel beschädigt. In vielen von uns erzeugt das ein Gefühl der Machtlosigkeit. Was können wir im Angesicht so gewaltiger Krisen mit unserer individuellen Kraft schon bewirken? Zugleich fühlen wir uns oft schuldig, wenn wir nicht handeln.

Große Unternehmen verdienen ein Vermögen mit diesem Schuldgefühl, indem sie uns Produkte und Dienstleistungen verkaufen, die unser Gewissen beruhigen sollen, oft mit erheblichen unbeabsichtigten Folgen. Finanzinstitute leihen uns Geld, damit wir diese Produkte kaufen können, selbst wenn wir uns dadurch noch mehr verschulden. Politiker erzählen uns, all unsere Probleme könnten sich in Luft auflösen, wenn wir in der Wahlkabine nur das richtige Kästchen ankreuzen, doch sie halten ihre Versprechen nicht ein. Wir sollen die globalen Herausforderungen den internationalen Institutionen überlassen, doch diese scheinen sich stets auf die Seite derjenigen zu stellen, die am Status quo festhalten.

Alle Menschen, die im Kapitalismus leben, sind mehr oder weniger unfrei. Wir sind unfrei, weil wir als isolierte Individuen keine kollektive Macht besitzen, um die Bedingungen unserer Existenz zu gestalten oder zu ändern. Wenn Ihnen Ihr Job nicht gefällt, können Sie versuchen, einen neuen zu finden, aber Ihr Lohn, Ihre Arbeitsbedingungen und die Beziehungen zu Ihren Vorgesetzten werden von Faktoren bestimmt, die außerhalb Ihrer Kontrolle liegen. Wenn Sie mit der Politik Ihres Landes unzufrieden sind, haben Sie zwei Möglichkeiten: Sie können für einen Parteiführer stimmen, der von jemand anderem gewählt wurde, oder Sie können das Land verlassen. Und die zweite Möglichkeit steht oft nur denjenigen zur Verfügung, die über die entsprechenden Mittel verfügen.

Diese Ohnmacht wäre leichter zu akzeptieren, wenn sie einfach dem unpersönlichen, anonymen »freien Markt« zuzuschreiben wäre. Der Markt scheint unkontrollierbar und chaotisch, als ob man gegen eine unaufhaltsame Naturkraft kämpft. Es ist das, was uns die Neoliberalen glauben machen wollen: »Fühlst du dich machtlos wegen der politischen und wirtschaftlichen Systeme im Kapitalismus? Willkommen im Club – so funktioniert der Markt!«

Aber die Realität ist, dass diese Systeme von Menschen gemacht und von Menschen kontrolliert werden. Das Gefühl der Ohnmacht ist also nicht nur eine Frage des Marktes, sondern auch der strukturellen und politischen Kräfte, die diesen Markt prägen und ihn so gestalten, dass er zulasten der vielen und zugunsten der wenigen funktioniert. Die Vorstellung, der Kapitalismus sei ein System des freien Marktes, in dem niemand eine wirkliche Kontrolle über die Produktion und die Verteilung der Ressourcen hat, ist die Basis der Lüge, dass sich an dieser Gesellschaft nichts ändern lässt.

Die Magie des freien Marktes, wie sie von Denkern wie Hayek propagiert wird, soll so tiefgreifend sein, dass jeder Versuch, sie zu kontrollieren und zu lenken, zum sofortigen Scheitern verurteilt ist. Selbst Keynes war der Meinung, dass die Aufgabe, den Markt zu steuern, eher Technokraten als den Massen überlassen werden sollte. Als wäre einfach kein Platz mehr für echte Demokratie in unserer Welt.

Wie wir in diesem Buch gesehen haben, ist der Kapitalismus nicht wirklich ein System der freien Marktwirtschaft. Vielmehr basiert die Macht aller kapitalistischen Institutionen – von Unternehmen über Finanzinstitute und Staaten bis hin zu internationalen Organisationen – auf einem gewissen Maß an zentraler Planung. Diese Institutionen und ihre Führungskräfte gestalten die Lebensbedingungen für alle anderen und üben ihre Macht oft ohne demokratische Rechenschaftspflicht aus.

Die Ungleichheiten der Macht resultieren nicht aus verschwörerischen Netzwerken, die von bösen Eliten geschaffen wurden, sondern sie sind das unvermeidliche Ergebnis der Klassenspaltung der Gesellschaft, die ein inhärentes Merkmal des Kapitalismus ist.

Der Kapitalismus ist nie »korrumpiert« worden; er funktioniert einfach so. Genau wie er soll.

Solange aber unsere Gesellschaft in zwei Gruppen aufgeteilt ist – diejenigen, die alles besitzen, was wir für die Produktion von Dingen brauchen, und diejenigen, die gezwungen sind, ihre Arbeitskraft für ihren Lebensunterhalt zu verkaufen –, werden einige Menschen immer mehr Macht über die Art und Weise haben, wie das System funktioniert, als andere.

Die vom Kapitalismus auf diese Weise verursachten Probleme wirken unlösbar, jeder Versuch, etwas zu ändern, scheint zum Scheitern verurteilt. Doch ist es genau dieses Gefühl der Ohnmacht, das die Stabilität des Status quo untermauert. Die Mächtigen haben ein ureigenes Interesse daran, uns glauben zu lassen, dass die Welt eben so ist, wie sie ist. Dass sie gar nicht anders sein könnte. Und dass jede andere Art, die Welt zu organisieren, von uns verlangen würde, die grundlegenden Freiheiten zu opfern, die uns allen so wichtig sind.

In diesem Kontext haben sich Neoliberale und Keynesianer jahrzehntelang darüber gestritten, ob mehr oder weniger staatliche Eingriffe in die Wirtschaft notwendig sind. Die Neoliberalen argumentieren, dass wir zwischen einem übermächtigen Staat und der Freiheit des freien Marktes wählen müssen. Die Keynesianer hingegen sehen die Wahl zwischen einem rücksichtslosen Kapitalismus des freien Marktes und einem stabilen, organisierten Plankapitalismus. Beide Seiten haben in gewisser Weise recht, aber sie verstehen die Debatte nicht vollständig.

Die Wahl ist nicht »freie Märkte« oder »Planung«. Planung und Märkte existieren nebeneinander in kapitalistischen Gesellschaften, eigentlich in jeder Gesellschaft. Es geht darum, ob diese Planung, die in jedem komplexen sozialen System unweigerlich stattfindet, demokratisch oder oligarchisch ist. Erlauben wir einigen wenigen Institutionen, Entscheidungen zu fällen, die alle betreffen, wobei sie nur ihre eigenen Interessen im Blick haben? Oder streben wir ein System an, in dem jeder die Möglichkeit hat, die Bedingungen seines Lebens mitzugestalten?

Wir sollten aufhören, vom »Kapitalismus der freien Marktwirtschaft« zu sprechen und stattdessen anerkennen, dass der Kapitalismus ein hybrides System ist, das Marktmechanismen und Planung kombiniert. Statt die Welt als Ergebnis unerklärlicher Marktkräfte zu sehen, sollten wir verstehen, dass der Kapitalismus das Resultat bewusster Entscheidungen derjenigen ist, die ihn gestalten. Wenn wir dies erkennen, eröffnen sich Möglichkeiten für eine bewusste demokratische Gestaltung unserer Welt.

Wenn Sie nach der Lektüre dieses Buches immer noch glauben, ein solches System sei unmöglich, sollten Sie sich fragen, warum das so ist. Stellen Sie sich vor, Sie wären ein mittelalterlicher Bauer, der für einen mageren Lebensunterhalt das Land seines Herrn bewirtschaftet und vage Versprechen auf Schutz erhält. Ihr Weltbild wird von festen, göttlich sanktionierten Hierarchien bestimmt, über die Sie wenig Kontrolle haben. Sie werden als Leibeigener geboren und sterben als Leibeigener.

Man verschwendet also nicht viel Zeit damit, darüber nachzudenken, warum die Welt so ist, wie sie ist – sie ist einfach so. Wenn Sie darüber nachdenken, warum Sie so ein hartes Los im Leben haben, bekommen Sie von denjenigen, die anscheinend mehr über die Welt wissen, eine ausführliche Rechtfertigung. Und wenn Sie einfach tun, was man Ihnen sagt, und hart arbeiten, werden Sie belohnt. Vielleicht nicht in diesem Leben, aber sicher im nächsten.

Die Welt der Feudalherren, Bischöfe und Bauern war so grob unfair und ungerecht, dass es ein Wunder ist, dass sie so lange überlebt hat. Und doch unterwerfen sich heute Millionen von uns, wie die Bauern der Vergangenheit, bereitwillig unserer eigenen Unterdrückung und Ausbeutung. Genau wie diese Bauern sind wir uns vielleicht nicht einmal bewusst, was wir da tun. Vielleicht halten wir die Welt, in der wir leben, für unveränderlich und glauben, dass es sinnvoller sei, sich zu unterwerfen, als sich zu wehren. Nach dem Motto: Der Kapitalismus der freien Marktwirtschaft mag nicht das beste System der Welt sein, aber er ist besser als alle anderen, die wir je ausprobiert haben.

Solches Denken beruht auf der arroganten und unplausiblen Annahme, dass alle möglichen Formen der Gesellschaftsorganisation zu diesem Zeitpunkt bereits erprobt worden sind. Ein Blick in die Weltgeschichte macht allerdings deutlich, dass die Ideale von Demokratie und Sozialismus, wie sie von Liberalen und Sozialisten formuliert werden, nie wirklich in die Praxis umgesetzt worden sind. Wahre politische und wirtschaftliche Demokratie wurde immer und immer wieder von den Regierenden unterlaufen.

Viele mittelalterliche Bauern glaubten womöglich, dass der Mensch von Natur aus egoistisch und nicht in der Lage sei, seine Angelegenheiten selbst zu regeln. Ihnen wurde von vielen sehr intelligenten Mitgliedern des Klerus versichert, dass sie mit dieser Annahme genau richtig liegen. Sophisten wie Jordan Peterson, die behaupten, dass die Gesellschaft von Natur aus hierarchisch ist, spielen dieselbe Rolle wie diese Geistlichen. Es ist ihre Aufgabe, ein überlegenes Wissen über die Funktionsweise der Welt zu behaupten, um Alternativen zum Status quo auszuschließen.

Aber es gab und gibt immer Menschen mit genügend Vorstellungskraft, um die Schwächen des bestehenden Systems zu erkennen und eine andere Welt zu schaffen. Als das Feudalsystem bröckelte, kämpften Intellektuelle gegen die Vorherrschaft der Kirche, um neue wissenschaftliche Theorien und technische Innovationen zu entwickeln. Kapitalisten kämpften gegen den Konservativismus der Aristokratie, um das Recht auf Produktion und Handel durchzusetzen. Weniger bekannt ist, dass auch Arbeiter und Bauern im Kontext der tiefgreifenden Veränderungen, die damals stattfanden, für ihre Rechte kämpften.

Im Vereinigten Königreich setzten sich die Levellers bereits in den 1640er-Jahren für Reformen des äußerst ungerechten und ungleichen politischen Systems ein, vom erweiterten Wahlrecht bis hin zu gleichen Rechten für alle. Die Diggers waren eine noch radikalere Gruppe, die zur gleichen Zeit für den gemeinsamen Besitz von Grund und Boden kämpfte und für politische Reformen. Während die Kirche versuchte, die Auslegung der Evangelien zu monopolisieren, um die bestehende Gesellschaftsordnung zu legitimieren, erkannten die Diggers die revolutionären Implikationen der christlichen Lehre und verwiesen auf den kommunistischen Lebensstil der frühen Christen. Heute gibt es zahlreiche Beispiele von arbeitenden Menschen, die sich zusammenfinden, um eine echte Demokratie von Grund auf aufzubauen und zu planen – oft unter außerordentlich schwierigen Bedingungen und gegen extrem mächtige Interessengruppen. Aber die Tatsache, dass viele dieser Experimente erfolgreich waren, sollte Beweis genug dafür sein, dass wir noch nicht alle möglichen Formen der sozialen Organisation ausgeschöpft haben. Die Tatsache, dass die Mächtigen so versessen darauf waren, Bewegungen wie die von Salvador Allende zu zerschlagen, sollte uns klarmachen, dass sie, wenn sie in großem Maßstab durchgeführt werden, die Macht haben, sogar den Kapitalismus selbst zu entwurzeln.

Das größte Hindernis für das Entstehen und die Ausbreitung dieser Bewegungen ist nicht die überwältigende Macht des Kapitals. Es ist die von Millionen von Menschen vertretene Überzeugung, dass ein Wandel nicht möglich sei. In dem Moment aber, in dem wir den kollektiven Glauben an die Unvermeidbarkeit des derzeitigen Systems aufgeben, beginnen wir schon mit dem Aufbau eines neuen.

Wir müssen nicht in einer Gesellschaft leben, in der Macht und Reichtum so extrem ungleich verteilt sind. Wir müssen uns nicht den Rest unseres Lebens mit Gefühlen der Hoffnungslosigkeit und Verzweiflung herumschlagen. Wir müssen nicht in einer Welt leben, die derart unfrei ist.

Wir müssen nur den Blick schärfen und durch die Risse gucken, die sich längst auftun. Um einen Eindruck davon zu bekommen, was uns auf der anderen Seite erwartet – und was wirkliche Freiheit bedeutet.

Anmerkungen

Vorwort

1 https://www.imf.org/en/News/Articles/2024/03/27/germanys-real-challenges-are-aging-underinvestment-and-too-much-red-tape#:~:text=Another%20solution%20is%20to%20raise,advanced%20economies%20in%20public%20investment.
2 https://www.dw.com/en/germans-trust-in-state-institutions-hits-new-low/a-66570660
3 https://www.cleanenergywire.org/news/economic-concerns-dominate-germans-fears-climate-change-10th-place-survey
4 https://www.dw.com/de/immer-mehr-armut-in-deutschland/video-68673894

Einführung

1 Katie Brigham, »How Conflict Minerals Make It into Our Phones«, CNBC, 15. Februar 2023, https://www.cnbc.com/2023/02/15/how-conflict-minerals-make-it-into-our-phones.html (zuletzt aufgerufen am 15.10.2024).
2 Brandy Zadrozny, »›Carol's Journey‹: What Facebook Knew about How It Radicalized Users«, NBC News, 22. Oktober 2021, https://www.nbcnews.com/tech/tech-news/facebook-knew-radicalized-users-rcna3581 (zuletzt aufgerufen am 15.10.2024).
3 John Smith, *Imperialism in the Twenty-First Century: Globalization, Super-Exploitation and Capitalism* (New York: Monthly Review Press, 2016); Sarah Butler und Thaslima Begum, »Abuses ›Still Rife‹: 10 Years on from Bangladesh's Rana Plaza Disaster«, *The Guardian*, 24. April 2023, https://www.theguardian.com/world/2023/apr/24/10-years-on-bangladesh-rana-plaza-disaster-safety-garment-workers-rights-pay (zuletzt aufgerufen am 15.10.2024).
4 Viola Wohlgemuth, »How Fast Fashion Is Using the Global South as a Dumping Ground for Textile Waste«, Greenpeace, 22. April 2022, https://www.greenpeace.org/international/story/53333/how-fast-fashion-is-using-global-south-as-dumping-ground-for-textile-waste/ (zuletzt aufgerufen am 15.10.2024).
5 Harriet Agerholm und Colletta Smith, »Growing Share of Under-30 s Pay Unaffordable Rent«, BBC News, 19. August 2022, https://www.bbc.com/news/business-62525269 (zuletzt aufgerufen am 15.10.2024).
6 Siehe z. B. Jack Ewing, *Wachstum über alles. Der VW-Skandal: Die Personen. Die Technik. Die Hintergründe* (München: Droemer Knaur, 2017).

7 Ashitha Nagesh, »How Debt Kills – Jerome Rogers: 1995–2016«, BBC News, 29. Mai 2018, https://www.bbc.co.uk/news/resources/idt-sh/How_debt_kills (zuletzt aufgerufen am 15.10.2024).
8 Juliet Ye, »Foxconn Installs Antijumping Nets at Hebei Plants«, *Wall Street Journal*, 3. August 2010, https://www.wsj.com/articles/BL-CJB-9896 (zuletzt aufgerufen am 15.10.2024).
9 Leo Panitch und Sam Gindin, *The Making of Global Capitalism: The Political Economy of American Empire* (London: Verso, 2012).
10 Die kapitalistische Produktion, so Marx, »beruht darauf, daß die sachlichen Produktionsbedingungen Nichtarbeitern zugeteilt sind unter der Form von Kapitaleigentum und Grundeigentum, während die Masse nur Eigentümer der persönlichen Produktionsbedingung, der Arbeitskraft, ist«. Karl Marx, Kritik des Gothaer Programms, Marxists Internet Archive, https://www.marxists.org/deutsch/archiv/marx-engels/1875/kritik/randglos.htm (zuletzt aufgerufen am 13.9.2024).
11 Friedrich A. von Hayek, *Der Weg zur Knechtschaft, Gesammelte Schriften in deutscher Sprache, Abt. B, Bd.* 1, hg. v. Manfred E. Streit (Tübingen: Mohr Siebeck, 2004).
12 John Maynard Keynes, *Allgemeine Theorie der Beschäftigung, des Zinses und des Geldes* (Berlin: Duncker & Humblot, 2017).
13 Philip Mirowski, *Untote leben länger: Warum der Neoliberalismus nach der Krise noch stärker ist* (Berlin: Matthes & Seitz, 2019).
14 Hayek, *Der Weg zur Knechtschaft*.
15 Philip Mirowski und Dieter Plehwe, *The Road from Mont Pèlerin: The Making of the Neoliberal Thought Collective* (Cambridge, MA: Harvard University Press, 2015).
16 William Davies, »The Neoliberal State: Power against ›Politics‹«, in: Damien Cahill, Melinda Cooper, Martijn Konings und David Primrose (Hrsg.), *SAGE Handbook of Neoliberalism* (Thousand Oaks, CA: SAGE Publications Ltd., 2018), S. 273–83, https://doi.org/10.4135/9781526416001.n22; Mirowski, *Untote leben länger*.
17 Phil Harvey und Lisa Conyers, *Welfare for the Rich: How Your Tax Dollars End Up in Millionaires' Pockets – And What You Can Do About It* (New York: Post Hill Press, 2020).
18 Siehe Barry C. Lynn, *Cornered: The New Monopoly Capitalism and the Economics of Destruction* (New York: Trade Paper Press, 2009); Matt Stoller, *Goliath: The 100-Year War Between Monopoly Power and Democracy* (New York: Simon & Schuster, 2019); David Dayen, *Monopolized: Life in the Age of Corporate Power* (New York: The New Press, 2020).
19 Ernest Mandel, *Late Capitalism* (London: Verso, 1999); Leigh Phillips und Michal Rozworski, *People's Republic of Walmart: How the World's Biggest Corporations Are Laying the Foundation for Socialism* (London: Verso, 2019).
20 Isabelle Ferreras, *Firms as Political Entities: Saving Democracy through Economic Bicameralism* (Cambridge: Cambridge University Press, 2017).
21 Jonathan Tepper und Denise Hearn, *The Myth of Capitalism: Monopolies and the Death of Competition* (New York: Wiley, 2019); Dayen, *Monopolized*.
22 Ferreras, *Firms as Political Entities*.

23 Joshua Barkan, *Corporate Sovereignty: Law and Government under Capitalism* (Minneapolis: University of Minnesota Press, 2013).
24 Siehe z. B. Michael Hudson, *Der Sektor. Warum die globale Finanzwirtschaft uns zerstört* (Stuttgart: Klett-Cotta, 2016); Katharina Pistor, *Der Code des Kapitals. Wie das Recht Reichtum und Ungleichheit schafft* (Berlin: Suhrkamp, 2023).
25 Ferreras, *Firms as Political Entities.*
26 Michael Hudson und Ahmet Oncu, *Absentee Ownership and Its Discontents: Critical Essays on the Legacy of Thorstein Veblen* (New York: ISLET, 2016).
27 Michelle Meagher, *Competition Is Killing Us: How Big Business Is Harming Our Society and Planet – and What to Do About It* (London: Penguin Random House, 2020).
28 Martin Beddeleem, »Recoding Liberalism: Philosophy and Sociology of Science against Planning«, in: Quinn Slobodian, Dieter Plehwe und Philip Mirowski (Hrsg.), *Nine Lives of Neoliberalism* (London: Verso, 2020).
29 Siehe Geoff Mann, *In the Long Run We Are All Dead: Keynesianism, Political Economy, and Revolution* (London: Verso, 2017).
30 Slobodian et al., *Nine Lives of Neoliberalism.*
31 Karl Marx, *Das Kapital: Kritik der politischen Ökonomie, Band I* (Berlin: Dietz Berlin, 2008).
32 Ellen Meiksins Wood, *Demokratie contra Kapitalismus: Beiträge zur Erneuerung des historischen Materialismus* (Köln/Karlsruhe: Neuer ISP-Verlag, 2010).
33 Grégoire Chamayou, *Die unregierbare Gesellschaft. Eine Genealogie des autoritären Liberalismus* (Berlin: Suhrkamp, 2023).
34 Nicos Poulantzas, *State, Power, Socialism* (London: Verso, 2014).
35 Ebd.
36 Grace Blakeley, »Public Spending Isn't Socialism«, *Tribune*, 11. August 2021, https://tribunemag.co.uk/2021/11/public-spending-socialism-covid-pandemic-austerity-trade-unions-workers-rights (zuletzt aufgerufen am 17.10.2024).

1 Wie man mit einem Mord davonkommt

1 Der folgende Bericht ist eine stark gekürzte Version der Ereignisse rund um die Boeing-737-MAX-Katastrophen. Ich musste einige relevante – und oft schockierende – Informationen weglassen, um das Buch nicht zu überfrachten. Daher möchte ich Ihnen für ein umfassenderes Verständnis der Ereignisse die folgenden Quellen zur Lektüre empfehlen: Maureen Tkacik, »Crash Course«, *New Republic*, 18. September 2019, https://newrepublic.com/article/154944/boeing-737-max-investigation-indonesia-lion-air-ethiopian-airlines-managerial-revolution (zuletzt aufgerufen am 17.10.2024); Alec MacGillis, »The Case against Boeing«, *The New Yorker*, 11. November 2019, https://www.newyorker.com/magazine/2019/11/18/the-case-against-boeing (zuletzt aufgerufen am 17.10.2024); Peter Robison, *Flying Blind: The 737 MAX Tragedy and the Fall of Boeing* (London: Penguin UK, 2021); Gregory Travis, »How the Boeing 737 Max Disaster Looks to a Software Developer«, *IEEE Spectrum*,

18. April 2019, https://spectrum.ieee.org/how-the-boeing-737-max-disaster-looks-to-a-software-developer (zuletzt aufgerufen am 17.10.2024).

2 Sinéad Baker, »This Timeline Shows Exactly What Happened on Board the Lion Air Boeing 737 Max that Crashed in Less than 13 Minutes, Killing 189 People«, *Insider*, 29. Oktober 2019, https://www.businessinsider.com/lion-air-crash-timeline-boeing-737-max-disaster-killed-189-2019-10 (zuletzt aufgerufen am 17.10.2024).

3 Ebd.

4 Tkacik, »Crash Course«.

5 Ebd.

6 Jeff Wise, »6 Minutes of Terror: What Passengers and Crew Experienced Aboard Ethiopian Airlines Flight 302«, *Intelligencer*, 9. April 2019, https://nymag.com/intelligencer/2019/04/what-passengers-experienced-on-the-ethiopian-airlines-flight.html (zuletzt aufgerufen am 17.10.2024).

7 Ebd.

8 Ebd.

9 Ebd.

10 Ebd.

11 Ebd.

12 The Federal Democratic Republic of Ethiopia, Ministry of Transport, Aircraft Accident Investigation Bureau, »Interim Investigation Report on Accident to the B737–8 (MAX) Registered ET-AVJ Operated by Ethiopian Airlines« (Addis Abeba, 9. März 2020), https://reports.aviation-safety.net/2019/20190310-0_B38M_ET-AVJ_Interim.pdf.

13 MacGillis, »The Case against Boeing«.

14 Tkacik, »Crash Course«.

15 Ebd.; John A. Byrne, »How Jack Welsh Runs GE«, *BusinessWeek*, 28. Mai 1998, https://www.bloomberg.com/news/articles/1998-06-07/how-jack-welch-runs-ge (zuletzt aufgerufen am 17.10.2024).

16 Micheline Maynard, »Wife of Ousted Boeing Chief Seeks Divorce After 50 Years«, *New York Times*, 14. März 2005, https://www.nytimes.com/2005/03/14/business/wife-of-ousted-boeing-chief-seeks-divorce-after-50-years.html (zuletzt aufgerufen am 17.10.2024).

17 Tkacik, »Crash Course«.

18 Robison, *Flying Blind*.

19 Ebd.

20 Ebd.

21 John Cassidy, »How Boeing and the F. A. A. Created the 737 MAX Catastrophe«, *The New Yorker*, 17. September 2020, https://www.newyorker.com/news/our-columnists/how-boeing-and-the-faa-created-the-737-max-catastrophe (zuletzt aufgerufen am 17.10.2024).

22 Travis, »How the Boeing 737 Max Disaster Looks to a Software Developer«.

23 »Die von GE hergestellten LEAP-Triebwerke hatten einen 40% größeren Durchmesser als die ursprünglichen 737 und wogen doppelt so viel.«* Ebd.

24 Gregory Travis, ein ehemaliger Pilot und Softwareentwickler, erklärt: »Der Anstellwinkel ist der Winkel zwischen der Richtung der Anströmgeschwindigkeit und der Sehne eines Tragflügels. Stellen Sie sich vor, Sie strecken auf der Autobahn Ihre Hand aus dem Autofenster. Wenn Ihre Hand waagerecht ist, haben Sie einen niedrigen Anstellwinkel; wenn Ihre Hand nach oben geneigt ist, haben Sie einen hohen Anstellwinkel. Wenn der Anstellwinkel groß genug ist, gerät der Flügel in einen sogenannten aerodynamischen Strömungsabriss. Das Gleiche spüren Sie, wenn Sie Ihre Hand aus dem Fenster halten: Wenn Sie Ihre Hand drehen, bewegt sich Ihr Arm wie ein Flügel immer weiter nach oben, bis Sie Ihre Hand zum Stillstand bringen, woraufhin Ihr Arm auf die Autotür plumpst. Diese Tendenz, sich bei steigender Leistung nach oben zu neigen, erhöhte das Risiko, dass das Flugzeug ins Stocken gerät. Schlimmer noch, weil die [Triebwerke] so weit vor dem Flügel lagen und so groß waren, führte eine Leistungserhöhung dazu, dass sie tatsächlich Auftrieb erzeugten, insbesondere bei hohen Anstellwinkeln … Und der Auftrieb, den sie erzeugen, liegt weit vor dem Auftriebszentrum des Flügels, was bedeutet, dass die [Triebwerke] die 737 Max bei einem hohen Anstellwinkel zu einem noch höheren Anstellwinkel bringen.«* Ebd.

25 Ebd.

26 Ebd.

27 Wie Travis es ausdrückt: »*Das* Hauptverkaufsargument für die 737 Max ist, dass sie einfach eine 737 ist – jeder Pilot, der eine 737 fliegen kann, kann ohne erneutes Training auch eine 737 Max fliegen.«* Ebd.

28 Tkacik, »Crash Course«.

29 Ebd.

30 Robison, *Flying Blind*; Tkacik, »Crash Course«.

31 Dominic Gates, »Why Boeing's Emergency Directions May Have Failed to Save 737 MAX«, *Seattle Times*, 8. April 2019, https://www.seattletimes.com/business/boeing-aerospace/boeings-emergency-procedure-for-737-max-may-have-failed-on-ethiopian-flight/ (zuletzt aufgerufen am 17.10.2024).

32 Tkacik, »Crash Course«.

33 Cassidy, »How Boeing and the F. A. A. Created the 737 MAX Catastrophe«.

34 Tkacik, »Crash Course«.

35 Clare Bushey, »Boeing investors could wait ›years‹ for dividend to return«, *Financial Times*, 27. April 2020, https://www.ft.com/content/842082c4-543b-4c0e-b826-2437a409db1f (zuletzt aufgerufen am 17.10.2024).

36 Robison, *Flying Blind*.

37 Ebd.

38 Ebd.

39 Ebd.

40 Ebd.

41 Cassidy, »How Boeing and the F. A. A. Created the 737 MAX Catastrophe«.
42 Michael Laris, »With Its Ties in Washington, Boeing Has Taken over More and More of the FAA's Job«, *Washington Post*, 24. März 2019, https://www.washingtonpost.com/local/trafficandcommuting/with-its-ties-in-washington-boeing-has-taken-over-more-and-more-of-the-faas-job/2019/03/24/6e5ef2c6-4be8-11e9-9663-00ac73f49662_story.html (zuletzt aufgerufen am 17.10.2024).
43 Ebd.
44 BBC News, »Boeing Admits Knowing of 737 Max Problem«, 6. Mai 2019, https://www.bbc.co.uk/news/business-48174797 (zuletzt aufgerufen am 17.10.2024).
45 US Department of Justice, Office of Public Affairs, »Press Release: Boeing Charged with 737 Max Fraud Conspiracy and Agrees to Pay over $ 2.5 Billion«, 7. Januar 2021, https://www.justice.gov/opa/pr/boeing-charged-737-max-fraud-conspiracy-and-agrees-pay-over-25-billion (zuletzt aufgerufen am 17.10.2024).
46 Paul Constant, »It's Time to End Corporate Welfare. Boeing Is Exhibit A for Why«, *Insider*, 23. Januar 2020, https://www.businessinsider.com/its-time-to-end-corporate-welfare-boeing-is-exhibit-a-2020-1?r=US&IR=T (zuletzt aufgerufen am 17.10.2024).
47 Good Jobs First, »Good Jobs First Submits Comments to SEC on Disclosure Rules«, 21. Juli 2016, https://goodjobsfirst.org/good-jobs-first-submits-comments-sec-disclosure-rules/ (zuletzt aufgerufen am 17.10.2024).
48 Danny Westneat, »Tax Breaks for Boeing: We're No. 1«, *Seattle Times*, 12. November 2013, aktualisiert am 25. August 2017, https://www.seattletimes.com/seattle-news/tax-breaks-for-boeing-wersquore-no-1/ (zuletzt aufgerufen am 17.10.2024).
49 Michael Hiltzik, »Boeing Got a Record Tax Break from Washington State and Cut Jobs Anyway. Now the State Wants to Strike Back«, *Los Angeles Times*, 3. Mai 2017, https://www.latimes.com/business/hiltzik/la-fi-hiltzik-boeing-washington-20170503-story.html (zuletzt aufgerufen am 17.10.2024).
50 Sabrina Siddiqui, »Trump to nominate former Boeing executive as defense secretary«, *The Guardian*, 9. Mai 2019, https://www.theguardian.com/us-news/2019/may/09/trump-defense-secretary-boeing-patrick-shanahan (zuletzt aufgerufen am 17.10.2024).
51 Mark Katkov, »Acting Defense Secretary Shanahan Investigated over Ties to Boeing«, NPR, 21. März 2019, https://www.npr.org/2019/03/21/705440896/acting-defense-secretary-shanahan-investigated-for-boeing-ties (zuletzt aufgerufen am 17.10.2024).
52 David Shepardson und Jeff Mason, »Ties between Boeing and Trump Run Deep«, Reuters, 12. März 2019, https://www.reuters.com/article/us-ethiopia-airlines-trump-idUSKBN1QT2MQ (zuletzt aufgerufen am 17.10.2024).
53 Ebd.
54 Ebd.
55 Tkacik, »Crash Course«.

56 Ebd.
57 Robison, *Flying Blind.*
58 Aaron Gregg, Jeff Stein und Josh Dawsey, »Senate Aid Package Quietly Carves Out Billions Intended for Boeing, Officials Say«, *Washington Post,* 25. März 2020, https://www.washingtonpost.com/business/2020/03/25/boeing-bailout-coronavirus/ (zuletzt aufgerufen am 17.10.2024).
59 Public Citizen, »Corporations that Received Billions During the Pandemic Cut Thousands of Jobs and Gave CEOs Millions«, 26. April 2021, https://www.citizen.org/news/corporations-that-received-billions-during-the-pandemic-laid-off-thousands-of-workers-and-gave-ceos-millions/ (zuletzt aufgerufen am 17.10.2024).
60 Davide Scigliuzzo und Julie Johnsson, »The Non-Bailout: How the Fed Saved Boeing Without Paying a Dime«, Bloomberg, 2. Mai 2020, https://www.bloomberg.com/news/articles/2020-05-02/the-non-bailout-how-the-fed-saved-boeing-without-paying-a-dime (zuletzt aufgerufen am 17.10.2024).
61 Aaron Gregg, »How a $ 17 Billion Bailout Fund Intended for Boeing Ended Up in Very Different Hands«, *Seattle Times,* 23. Februar 2021, https://www.seattletimes.com/business/how-a-17-billion-bailout-fund-intended-for-boeing-ended-up-in-very-different-hands/ (zuletzt aufgerufen am 17.10.2024).
62 Ebd.
63 Ebd.
64 Siehe die Cambridge-Kapitalkontroverse. Sie bezieht sich auf eine Debatte zwischen dem ökonomischen Mainstream und abweichenden Meinungen über die Theoretisierung des »Kapitals« im Rahmen des neoklassischen Modells. Vgl. Marc Lavoie und Mario Seccareccia: »What Even Famous Mainstream Economists Miss About the Cambridge Capital Controversies«, Institute for New Economic Thinking, 15. Juni 2015.
65 Marx, *Das Kapital, Band I.*
66 Marx, Kritik des Gothaer Programms.
67 Marx, *Das Kapital.*
68 Ferreras, *Firms as Political Entities;* Chamayou, *Die unregierbare Gesellschaft.*
69 Barkan, *Corporate Sovereignty;* Grietje Baars, *The Corporation, Law and Capitalism: A Radical Perspective on the Role of Law in the Global Political Economy* (Leiden: Brill Academic Publishers, 2020); Gregg Barak, *Unchecked Corporate Power: Why the Crimes of Multinational Corporations Are Routinized Away and What We Can Do about it* (Oxford: Routledge, 2017).
70 Hudson und Oncu, *Absentee Ownership and Its Discontents.*
71 Søren Mau, *Stummer Zwang: Eine marxistische Analyse der ökonomischen Macht im Kapitalismus* (Berlin: Dietz Berlin, 2023).
72 Tess Riley, »Just 100 Companies Responsible for 71% Global Emissions«, *The Guardian,* 10. Juli 2017.
73 Der marxistische Theoretiker Ernest Mandel schreibt: »Was Planung möglich macht, ist die tatsächliche Kontrolle, die der Kapitalist über die Produktionsmittel,

die Arbeiter in seinem Unternehmen und über das Kapital hat, das in diesem Fall außerhalb des Unternehmens angehäuft werden kann.«* *Late Capitalism* (London: Verso, 1999).

74 Fredric Jameson, *Postmodernism, or, The Cultural Logic of Late Capitalism* (London: Verso, 1991).

75 Hudson und Oncu, *Absentee Ownership and Its Discontents.*

76 Ferreras, *Firms as Political Entities.*

2 Die vereinigten Staaten von Fordlândia

1 Antonio Gramsci, *Prison Notebooks* (New York: Columbia University Press, 2011).

2 Max Wallace, *The American Axis: Henry Ford, Charles Lindbergh, and the Rise of the Third Reich* (New York: St. Martin's Press, 2003).

3 Ken Silverstein, »Ford and the Führer«, *The Nation*, 6. Januar 2000, https://www.thenation.com/article/archive/ford-and-fuhrer/ (zuletzt aufgerufen am 18.10.2024).

4 Wallace, *The American Axis.*

5 Gramsci, *Prison Notebooks.*

6 Joseph A. Buttigieg, »Introduction«, in: Gramsci, *Prison Notebooks.*

7 Ebd.

8 Ebd.

9 Ebd.

10 Gramsci führte die Prohibition in den USA auf genau diese Art der Logik zurück. Die Bedeutung des »Friedens in den Fabriken« nahm im Fordismus zu: in einem System, in dem die einzelnen Arbeiter »zu einer Mensch-Maschine verschweißt wurden«.* Gramsci, *Prison Notebooks.*

11 Daniel M. G. Raff und Lawrence H. Summers, »Did Henry Ford Pay Efficiency Wages?«, *Journal of Labor Economics* 5, no. 4 (Oktober 1987), S. 57–86, https://www.jstor.org/stable/2534911 (zuletzt aufgerufen am 18.10.2024).

12 Panitch und Gindin, *The Making of Global Capitalism.*

13 Stephen Meyer III, *The Five Dollar Day: Labor Management and Social Control in the Ford Motor Company, 1908–1921* (New York: State University of New York Press, 1981).

14 Ford R. Bryan, *Henry's Lieutenants* (Detroit, MI: Wayne State University Press, 2003).

15 Tim Worstall, »The Story of Henry Ford's $ 5 a Day Wages: It's Not What You Think«, *Forbes*, 4. März 2012, https://www.forbes.com/sites/timworstall/2012/03/04/the-story-of-henry-fords-5-a-day-wages-its-not-what-you-think/ (zuletzt aufgerufen am 18.10.2024).

16 Ebd.

17 Meagher, *Competition Is Killing Us.*

18 Lynn, *Cornered.*

19 Panitch und Gindin, *The Making of Global Capitalism.*

20 Greg Grandin, *Fordlandia: The Rise and Fall of Henry Ford's Forgotten Jungle City* (New York: Metropolitan Books, 2009).

21 Ebd.

22 Barkan, *Corporate Sovereignty.*

23 Grandin, *Fordlandia.*

24 Ebd.

25 Ebd.

26 Ebd.

27 Ebd.

28 Drew Reed, »Lost Cities #10: Fordlandia – the Failure of Henry Ford's Utopian City in the Amazon«, *The Guardian*, 19. August 2016, https://www.theguardian.com/cities/2016/aug/19/lost-cities-10-fordlandia-failure-henry-ford-amazon (zuletzt aufgerufen am 18.10.2024).

29 Ebd.

30 Tomé Morrissy-Swan, »Fordlândia, Henry Ford's Abandoned Utopian Dream in the Middle of the Amazon Rainforest«, *The Telegraph*, 12. September 2019, https://www.telegraph.co.uk/travel/destinations/south-america/brazil/galleries/fordlandia-utopian-dream-in-the-amazon-rainforest/ (zuletzt aufgerufen am 18.10.2024).

31 Tim Trainor, »How Ford's Willow Run Assembly Plant Helped Win World War II«, *Montage*, 3. Januar 2019, https://www.assemblymag.com/articles/94614-how-fords-willow-run-assembly-plant-helped-win-world-war-ii (zuletzt aufgerufen am 18.10.2024).

32 »Willow Run«, Detroit Historical Society, Encylopaedia of Detroit, https://detroithistorical.org/learn/encyclopedia-of-detroit/willow-run (zuletzt aufgerufen am 18.10.2024).

33 Silverstein, »Ford and the Führer«.

34 Ebd.

35 Ebd.

36 Gramsci, *Prison Notebooks.*

37 »Sie stellen lediglich die jüngste Phase eines langen Prozesses dar, der mit dem Industrialismus selbst begann.«* Gramsci, *Prison Notebooks.*

38 Scott Lash und John Urry, *The End of Organized Capitalism* (London: Polity Press, 1987).

39 Michael Kalecki, »Politische Aspekte der Vollbeschäftigung«, in: ders., *Krise und Prosperität im Kapitalismus* (Marburg: Metropolis-Verlag, 1987).

40 Chamayou, *Die unregierbare Gesellschaft.*

41 Ebd.

42 Allan Nevins und Frank Ernest Hill, *Ford: Decline and Rebirth, 1933–1962* (ACLS Humanities E-Book, 2008).

43 Ebd.

44 Ebd.

45 Ebd.

46 Yongwoo Jeung, »A U. S. Tripartite Experiment in the Kennedy Administration«, *Polity* 52, no. 1 (Januar 2020), S. 116–55, https://doi.org/10.1086/707026 (zuletzt aufgerufen am 18.10.2024).
47 Garry Emmons, »One-on-One mit Robert McNamara«, Harvard Business School, 1. September 2004, https://www.alumni.hbs.edu/stories/Pages/story-bulletin.aspx?num=2355 (zuletzt aufgerufen am 18.10.2024).
48 Phil Rosenzweig, »Robert S. McNamara and the Evolution of Modern Management«, *Harvard Business Review*, Dezember 2010, https://hbr.org/2010/12/robert-s-mcnamara-and-the-evolution-of-modern-management (zuletzt aufgerufen am 18.10.2024).
49 Ebd.
50 Die Verhandlungen innerhalb des Dreierkomitees konzentrierten sich auf die Ausarbeitung von Vorschlägen, die »verantwortungsvolle Tarifverhandlungen, Arbeitsfrieden … einen höheren Lebensstandard und eine höhere Produktivität«* fördern sollten. Jeung, »A U. S. Tripartite Experiment in the Kennedy Administration«.
51 Ebd.
52 Panitch und Gindin, *The Making of Global Capitalism*.
53 Jeung, »A U. S. Tripartite Experiment in the Kennedy Administration«.
54 Ebd.
55 Ebd.
56 Isabel Studer-Noguez, *Ford and the Global Strategies of Multinationals: The North American Auto Industry* (Oxford: Routledge, 2002).
57 Harry C. Katz, John Paul MacDuffie und Frits K. Pil, »Crisis and Recovery in the U. S. Auto Industry: Tumultuous Times for a Collective Bargaining Pacesetter«, in: Howard R. Stanger, Ann C. Frost and Paul F. Clark (Hrsg.), *Collective Bargaining Under Duress: Case Studies of Major US Industries* (New York: Cornell University Press, 2014).
58 Studer-Noguez, *Ford and the Global Strategies of Multinationals.*
59 Julie Froud, Colin Haslam, Sukhdev Johal und Karel Williams, »Cars after Financialisation: A Case Study in Financial Under-Performance, Constraints and Consequences«, *Competition & Change* 6, Nr. 1 (1. Januar 2002), S. 13–41, https://doi.org/10.1080/10245290212675 (zuletzt aufgerufen am 18.10.2024).
60 Keith Bradsher, »Ford Motor to Pay $ 10 Billion Dividend and Ensure Family Control«, *New York Times*, 15. April 2000, https://www.nytimes.com/2000/04/15/business/ford-motor-to-pay-10-billion-dividend-and-ensure-family-control.html (zuletzt aufgerufen am 18.10.2024).
61 Marcelo José do Carmo, Mário Sacomano Neto und Julio Cesar Donadone, »Multiple Dynamics of Financialization in the Automotive Sector: Ford and Hyundai Cases«, *Gestão & Produção* 27, no. 4 (Januar 2020), https://doi.org/10.1590/0104-530x5173-20 (zuletzt aufgerufen am 18.10.2024).
62 Ebd.
63 Ebd.

64 Mitchell Hartman, »What Did America Buy with the Auto Bailout, and Was It Worth It?«, *Marketplace*, 13. November 2018, https://www.marketplace.org/2018/11/13/what-did-america-buy-auto-bailout-and-was-it-worth-it/ (zuletzt aufgerufen am 18.10.2024).
65 Phoebe Wall Howard, »Ford Took $ 6B Government Loan in 2009 – and Debt Still Haunts Company«, *Detroit Free Press*, 29. Juli 2020, https://eu.freep.com/story/money/cars/ford/2020/07/29/ford-government-loan-department-energy-debt/5526413002/ (zuletzt aufgerufen am 18.10.2024).
66 Carmo, Neto und Donadone, »Multiple Dynamics of Financialization in the Automotive Sector«.
67 Alan Mulally zitiert in Lynn, *Cornered*.
68 Ebd.
69 Chamayou, *Die unregierbare Gesellschaft*.
70 Ebd.
71 Ebd.
72 Ebd.
73 Ebd.
74 Ebd.
75 »Regierbarkeit ist in der Tat eine zusammengesetzte Fähigkeit, die auf der Seite des Objekts die Bereitschaft voraussetzt, regiert zu werden, aber auch auf der anderen Seite, auf der Seite des Subjekts, die Fähigkeit, zu regieren.« Ebd.
76 Panitch und Gindin, *The Making of Global Capitalism*.
77 Grace Blakeley, *Stolen: So retten wir die Welt vor dem Finanzkapitalismus* (Berlin: Brumaire, 2021).
78 Ebd.
79 Wendy Brown, *Undoing the Demos: Neoliberalism's Stealth Revolutions* (New York: Zone Books, 2011); Colin Crouch, *Das befremdliche Überleben des Neoliberalismus* (Berlin: Suhrkamp, 2011).
80 Davies, »The Neoliberal State: Power against ›Politics‹«; Mirowski, *Untote leben länger*.
81 James O'Connor, *Die Finanzkrise des Staates* (Frankfurt a. M.: Suhrkamp, 1974).
82 Panitch und Gindin, *The Making of Global Capitalism*; Frederic Durand, *Fictitious Capital: How Finance Is Appropriating Our Future* (London: Verso, 2014).
83 Panitch und Gindin, *The Making of Global Capitalism*.
84 Crouch, *Das befremdliche Überleben des Neoliberalismus*.
85 Jamie Peck, »Preface«, in: *Constructions of Neoliberal Reason* (Oxford: Oxford University Press, 2010).
86 Andrew Gamble, »The Free Economy and the Strong State: The Rise of the Social Market Economy«, in: Ralph Miliband und John Saville (Hrsg.), *The Socialist Register 1979: A Survey of Movements and Ideas* (London: Socialist Register, 1979).
87 Stephen Maher, *Corporate Capitalism and the Integral State: General Electric und a Century of American Power* (Basingstoke, UK: Palgrave Macmillan, 2022).

88 Für eine Diskussion über die Vorteile, die der amerikanische Staat den Großunternehmen gewährt, siehe Dayen, *Monopolized;* Tepper und Hearn, *The Myth of Capitalism.*

89 Crouch, *Das befremdliche Überleben des Neoliberalismus.*

90 Ebd.

91 Brown, *Undoing the Demos.*

92 Wendy Brown, *In the Ruins of Neoliberalism: The Rise of Antidemocratic Politics in the West* (New York: Columbia University Press, 2019).

93 Brown, *Undoing the Demos.*

94 Ebd.

95 Blakeley, *Stolen.*

96 Lynn, *Cornered.*

97 Mirowski, *Untote leben länger.*

98 Barkan, *Corporate Sovereignty;* Baars, *The Corporation, Law and Capitalism.*

99 Baars, *The Corporation, Law and Capitalism.*

100 Brown, *In the Ruins of Neoliberalism.*

101 Hayek, Der *Weg zur Knechtschaft,* S. 173.

102 Chamayou, *Die unregierbare Gesellschaft.*

103 Peter Triantafillou, *Neoliberal Power and Public Management Reforms* (Manchester: Manchester University Press, 2017).

104 Chamayou, *Die unregierbare Gesellschaft.*

105 David Graeber, *Bürokratie: Die Utopie der Regeln* (Stuttgart: Klett-Cotta, 2016), S. 14.

106 Samuel Knafo, Sahil Jai Dutta, Richard Lane und Steffan Wyn-Jones, »The Managerial Lineages of Neoliberalism«, *New Political Economy* 24, Nr. 2 (2018), S. 245–51, https://doi.org/10.1080/13563467.2018.1431621 (zuletzt aufgerufen am 18.10.2024).

107 In Wendy Browns Worten: »Überlegungen zu Gerechtigkeit und anderen gemeinsamen Werten, Debatten über Werte und Ziele, das Ringen um Macht und um gemeinsame Visionen für das Allgemeinwohl [kommen in neoliberalen Beschreibungen des öffentlichen Raums nicht vor]. Vielmehr wird das öffentliche Leben auf die Lösung von Problemen und die Umsetzung von Programmen reduziert, ein Rahmen, der Politik, Konflikte und Überlegungen zu gemeinsamen Werten oder Zielen ausklammert oder gänzlich eliminiert.«* Brown, *Undoing the Demos.*

108 Gamble, »The Free Economy and the Strong State: The Rise of the Social Market Economy«.

109 James Ferguson, *The Anti-Politics Machine: Development, Depoliticization, and Bureaucratic Power in Lesotho* (Minneapolis: University of Minnesota Press, 1979).

110 Triantafillou, *Neoliberal Power and Public Management Reforms.*

111 Peck, *Constructions of Neoliberal Reason.*

112 Brown, *In the Ruins of Neoliberalism.*

113 Mirowski, *Untote leben länger*, S. 91.
114 Siehe Peck, »Preface«, in: *Constructions of Neoliberal Reason.*
115 Mirowski, *Untote leben länger.*
116 Wolfgang Streeck, *Gekaufte Zeit: Die vertagte Krise des demokratischen Kapitalismus* (Berlin: Suhrkamp, 2015).
117 John Kenneth Galbraith, *Die moderne Industriegesellschaft* (München/Zürich: Droemer Knaur, 1970).
118 Lash und Urry, *The End of Organized Capitalism.*
119 Chamayou argumentiert, der neoliberale Staat müsse »den Kapitalismus ständig vor seinen selbstzerstörerischen Tendenzen retten, ohne dabei jemals die grundlegenden wirtschaftlichen Beziehungen zu verändern, die diese verursachen«.* Chamayou, *The Ungovernable Society.*
120 Panitch und Gindin, *The Making of Global Capitalism.*
121 Chamayou, *Die unregierbare Gesellschaft.*
122 Panitch und Gindin, *The Making of Global Capitalism.*
123 Naomi Klein, *Die Schock-Strategie: Der Aufstieg des Katastrophen-Kapitalismus* (Hamburg: Hoffmann und Campe, 2021).

3 Katastrophen-Kapitalismus

1 Drew Dahl und William R. Emmons, »Was the Paycheck Protection Program Effective?«, Federal Reserve Bank of St. Louis, 6. Juli 2022, https://www.stlouisfed.org/de/publications/regional-economist/2022/jul/was-paycheck-protection-program-effective (zuletzt aufgerufen am 18.10.2024).
2 Ebd.
3 Alana Abramson, »›No Lessons Have Been Learned.‹ Why the Trillion-Dollar Coronavirus Bailout Benefited the Rich«, *Time*, 18. Juni 2020, https://time.com/5845116/coronavirus-bailout-rich-richer/ (zuletzt aufgerufen am 18.10.2024).
4 David Yaffe-Bellany, »›The Big Guys Get Bailed Out‹: Restaurants Vie for Relief Funds«, *New York Times*, 20. April 2020, https://www.nytimes.com/2020/04/20/business/shake-shack-returning-loan-ppp-coronavirus.html (zuletzt aufgerufen am 18.10.2024).
5 Nancy Luna, »Shake Shack Gets $ 10 Million Paycheck Protection Loan, Cuts 1,000 Workers«, *Nation's Restaurant News*, 17. April 2020, https://www.nrn.com/fast-casual/shake-shack-gets-10-million-paycheck-protection-loan-cuts-1000-workers (zuletzt aufgerufen am 18.10.2024).
6 Yaffe-Bellany, »›The Big Guys Get Bailed Out‹: Restaurants Vie for Relief Funds«.
7 Joe Kukura, »Which Big Companies Returned PPP Loans – and Which Didn't«, Lendio, 15. Juni 2020, https://www.lendio.com/blog/companies-returned-ppp-loans/ (zuletzt aufgerufen am 18.10.2024), Lydia DePillis, »The Government Gave Free PPP Money to Public Companies Despite Warning Them Not to Apply«, Pro-

Publica, 23. September 2021, https://www.propublica.org/article/the-government-gave-free-ppp-money-to-public-companies-despite-warning-them-not-to-apply (zuletzt aufgerufen am 18.10.2024).

8 Bei den übrigen drei handelte es sich um einen Subunternehmer des US Postal Service namens Evo Transportation and Energy Services, einen 69 Millionen Dollar schweren Stahlhersteller namens Universal Steel & Alloy Products Inc. und den 143 Millionen Dollar schweren Streaming-Dienst Quantum Corporation.

9 DePillis, »The Government Gave Free PPP Money to Public Companies Despite Warning Them Not to Apply«.

10 Ebd.

11 Tom Bergin und Lawrence Delevingne, »Exclusive: U. S. Taxpayers' Virus Relief Went to Firms That Avoided U. S. Taxes«, Reuters, 28. Mai 2020, https://www.reuters.com/article/us-health-coronavirus-companies-tax-excl-idUSKBN2341ZE (zuletzt aufgerufen am 18.10.2024).

12 Tom Benning, »In Texas, Federal PPP Loans Went to a U. S. House Campaign, Senate Hopeful's Law Firm and Lieutenant Gov's Radio Stations«, *Dallas Morning News*, 13. Juli 2020, https://www.dallasnews.com/news/politics/2020/07/07/how-much-small-business-aid-did-companies-owned-by-rep-roger-williams-and-other-texas-politicos-get/ (zuletzt aufgerufen am 18.10.2024).

13 Office of Congressional Ethics, »OCE Referral Regarding Rep. Roger Williams«, Office of Congressional Ethics, 11. August 2016, https://oce.house.gov/reports/investigations/oce-referral-regarding-rep-roger-williams (zuletzt aufgerufen am 18.10.2024).

14 Associated Press, »Congress Created PPP Loans – Then at least 12 Members Reaped Their Benefits«, *Fortune*, 8. Juli 2020, https://fortune.com/2020/07/08/ppp-loan-recipients-members-of-congress/ (zuletzt aufgerufen am 18.10.2024).

15 Ebd.

16 Karl Evers-Hillstrom, »Political Donors Whose Businesses Got PPP Loans Injected $ 52 Million into 2020 Election«, OpenSecrets, 23. Juli 2020, https://www.opensecrets.org/news/2020/07/ppp-loans-donors-52 m (zuletzt aufgerufen am 18.10.2024).

17 Nick Schwellenbach und David Szakonyi, »Large Political Donations Came After Paycheck Protection Program Loans«, Project on Government Oversight (POGO), 17. November 2020, https://www.pogo.org/investigation/2020/11/large-political-Donations-came-after-paycheck-protection-program-loans (zuletzt aufgerufen am 18.10.2024).

18 Peter Dreier, »Trump Mega-Donor Geoff Palmer Is Also LA's Most Controversial Developer«, *American Prospect*, 19. September 2016, https://prospect.org/power/trump-mega-donor-geoff-palmer-also-la-s-controversial-developer/ (zuletzt aufgerufen am 18.10.2024).

19 Ed Pilkington und Jon Swaine, »The Seven Republican Super-Donors Who Keep Money in Tax Havens«, *The Guardian*, 7. November 2017, https://www.theguardian.

com/news/2017/nov/07/us-republican-donors-offshore-paradise-papers (zuletzt aufgerufen am 18.10.2024).

20 Schwellenbach und Szakonyi, »Large Political Donations Came After Paycheck Protection Program Loans«.

21 Ebd.

22 Ebd.

23 David Gilbert, »Here's Every Disturbing Conspiracy Marjorie Taylor Greene Believes In«, *VICE News*, 29. Januar 2021, https://www.vice.com/en/article/3an47j/heres-every-disturbing-conspiracy-marjorie-taylor-greene-believes-in (zuletzt aufgerufen am 18.10.2024); Martin Pengelly und Joan E. Greve, »Fury as Marjorie Taylor Greene Likens Covid Rules to Nazi Treatment of Jews«, *The Guardian*, 25. Mai 2021, https://www.theguardian.com/us-news/2021/may/25/marjorie-taylor-greene-nazi-jews-condemnation (zuletzt aufgerufen am 18.10.2024).

24 Em Steck und Andrew Kaczynski, »Marjorie Taylor Greene Indicated Support for Executing Prominent Democrats in 2018 and 2019 Before Running for Congress«, CNN Politics, 26. Januar 2021, https://edition.cnn.com/2021/01/26/politics/marjorie-taylor-greene-democrats-violence/index.html (zuletzt aufgerufen am 18.10.2024).

25 Lauren Fedor, »Pro-Putin Republicans Break Ranks by Heaping Praise on Kremlin«, *Financial Times*, 26. März 2022, https://www.ft.com/content/fd870fa9-007a-4cd4-bffc-d72aa2a35767 (zuletzt aufgerufen am 18.10.2024).

26 Schwellenbach und Szakonyi, »Large Political Donations Came After Paycheck Protection Program Loans«.

27 Ebd.

28 Hettie O'Brien, »The Blackstone Rebellion: How One Country Took on the World's Biggest Commercial Landlord«, *The Guardian*, 29. September 2022, https://www.theguardian.com/business/2022/sep/29/blackstone-rebellion-how-one-country-worlds-biggest-commercial-landlord-denmark (zuletzt aufgerufen am 18.10.2024).

29 Select Subcommittee on the Coronavirus Crisis, »Examining Pandemic Evictions: A Report on Abuses by Four Corporate Landlords During the Coronavirus Crisis«, Staff Report, Juli 2022, https://www.8newsnow.com/wp-content/uploads/sites/59/2022/07/SSCC-Staff-Report-Examining-Pandemic-Evictions.pdf (zuletzt aufgerufen am 18.10.2024).

30 Ebd.

31 Ben Charlie Smoke, »Corporations Receiving Bailout Billions Have Laid Off Staff and Paid Investors«, *VICE News*, 4. August 2020, https://www.vice.com/en/article/m7jxvn/corporations-receiving-bailout-billions-have-laid-off-staff-and-paid-investors (zuletzt aufgerufen am 18.10.2024); Ben Charlie Smoke, »The UK Government Has Bailed Out Companies Complicit in Human Rights Abuses and Environmental Destruction«, *VICE News*, 17. August 2020, https://www.vice.com/en/article/ep4k7k/uk-government-ccff-human-rights-environment (zuletzt aufgerufen am 18.10.2024).

32 Ebd.

33 Ebd.

34 Olivier Petitjean und Maxime Combes, »Corporate Welfare in a Time of Pandemic«, Rosa-Luxemburg-Stiftung Büro Brüssel, 14. Dezember 2020, https://rosalux.eu/en/2020/import-1848/ (zuletzt aufgerufen am 18.10.2024).

35 Ebd.

36 Ebd.

37 Anthony Klan, »Profitable Australian companies urged to repay government Covid support«, *Financial Times*, 7. September 2021, https://www.ft.com/content/b26ae089-18a0-4860-9a5a-8e4b198b1a17 (zuletzt aufgerufen am 18.10.2024).

38 Jonathan Montpetit, Simon Nakonechny und Marie-Hélène Hétu, »Why Millions of Dollars in Pandemic Aid Is Going to Corporations Making Healthy Profits«, CBC News, 11. Dezember 2020, https://www.cbc.ca/news/canada/montreal/cews-wage-subsidy-jobs-covid-1.5834790 (zuletzt aufgerufen am 18.10.2024).

39 Reuters Staff, »Volkswagen Says Diesel Scandal Has Cost It 31.3 Billion Euros«, Reuters, 17. März 2020, https://www.reuters.com/article/us-volkswagen-results-diesel-idUSKBN2141JB (zuletzt aufgerufen am 18.10.2024).

40 Panitch und Gindin, *The Making of Global Capitalism.*

41 Hudson, *Der Sektor.*

42 Ebd.

43 Porter Stansberry, »This is One of the Biggest Wall Street Frauds Ever…«, *Information Clearing House*, 26. Februar 2010. Zitiert in Hudson, *Der Sektor.*

44 Hudson, *Der Sektor.*

45 Edmund L. Andrews, »Fed Rescues AIG with $ 85 Billion Loan for 80% Stake«, *New York Times*, 17. September 2008, https://www.nytimes.com/2008/09/17/business/worldbusiness/17iht-17insure.16217125.html (zuletzt aufgerufen am 18.10.2024).

46 Tepper und Hearn, *The Myth of Capitalism.*

47 Andrews, »Fed Rescues AIG with $ 85 Billion Loan for 80% Stake«.

48 Rick Rothacker und Rachelle Younglai, »U. S. to Sell Rest of AIG Stock, Ending $ 182bn Rescue«, Reuters, 10. Dezember 2012, https://www.reuters.com/article/us-usa-treasury-aig/u-s-to-sell-rest-of-aig-stock-ending-182-billion-rescue-idUSBRE8B919020121211 (zuletzt aufgerufen am 19.10.2024).

49 Hudson, *Der Sektor.*

50 Dominic Rushe, »How Goldman Sachs Gained from Bailout of AIG«, *The Guardian*, 27. Januar 2017, https://www.theguardian.com/business/2011/jan/27/goldman-sachs-received-aig-bailout-cash (zuletzt aufgerufen am 19.10.2024).

51 Hudson, *Der Sektor.*

52 Ebd., S. 342.

53 Ebd., S. 331.

54 Ebd., S. 235.

55 Nassim Nicholas Taleb, »Why Did the 2008 Crisis Happen?«, *New Political*

Economy, Oktober 2010, https://www.fooledbyrandomness.com/crisis.pdf (zuletzt aufgerufen am 19.10.2024).

56 »Die Förderung der Entwicklung von hypothekenbesicherten Wertpapieren durch amerikanische Staatsbehörden spielte eine entscheidende Rolle bei der Verbreitung auf den globalen Finanzmärkten.«* Panitch und Gindin, *The Making of Global Capitalism*.

57 Tepper und Hearn, *The Myth of Capitalism*.

58 Ebd.

59 Ebd.

60 »The worry about cross-border capital flow«, *The Economist*, 13. Januar 2022, https://www.economist.com/leaders/2022/01/13/the-worry-about-cross-border-capital-flows#:~:text=Since%20the%20global%20financial%20crisis,just%20before%20Lehman%20Brothers%20collapsed (zuletzt aufgerufen am 19.10.2024).

61 Panitch und Gindin, *The Making of Global Capitalism*.

62 Eric Helleiner, *States and the Reemergence of Global Finance: From Bretton Woods to the 1990 s* (New York: Cornell University Press, 1994).

63 Helleiner schreibt, die drei wichtigsten politischen Entscheidungen waren: »erstens den Marktteilnehmern durch Liberalisierungsinitiativen mehr Freiheit zu gewähren, zweitens von der Einführung wirksamerer Kontrollen des Kapitalverkehrs abzusehen und drittens größere internationale Finanzkrisen zu verhindern«.*

64 Panitch und Gindin, *The Making of Global Capitalism*.

65 Dani Rodrik, *Das Globalisierungs-Paradox: Die Demokratie und die Zukunft der Weltwirtschaft* (München: C.H.Beck, 2020).

66 Joseph Stiglitz, *Die Schatten der Globalisierung* (Berlin: Siedler, 2002).

67 Ebd.

68 Jesse Eisinger, »Why Only One Top Banker Went to Jail for the Financial Crisis«, *New York Times*, 30. April 2014, https://www.nytimes.com/2014/05/04/magazine/only-one-top-banker-jail-financial-crisis.html (zuletzt aufgerufen am 19.10.2024).

69 Ebd.

70 Ebd.

71 William D. Cohan, »How Wall Street's Bankers Stayed Out of Jail«, *The Atlantic*, 11. August 2015, https://www.theatlantic.com/magazine/archive/2015/09/how-wall-streets-bankers-stayed-out-of-jail/399368/ (zuletzt aufgerufen am 19.10.2024).

72 Banker nicht strafrechtlich zu verfolgen, scheint das Ergebnis einer bewussten Entscheidung des Justizministeriums gewesen zu sein, keine Klagen gegen systemrelevante Finanzinstitute (sprich: Großbanken) zu erheben, aus Angst, das Finanzsystem zu destabilisieren. Die Banker hatten es geschafft, einige der ranghöchsten Führungskräfte im DOJ davon zu überzeugen, dass die Banken bei einem Versuch, ihre Führungskräfte für Fehlverhalten zur Verantwortung zu ziehen, einen derartigen Wutanfall bekämen, dass möglicherweise die US-Wirtschaft gefährdet wäre.

Diese Ansicht ist nach ihrem Urheber Eric Holder als Holder-Doktrin bekannt. Nachdem er das Justizministerium verlassen hatte, kehrte er zu der Anwaltskanzlei zurück, in der er gearbeitet hatte, bevor er unter Präsident Obama Generalstaatsanwalt geworden war. Zu den Kunden dieser Kanzlei gehörten die Bank of America, die Citigroup und Wells Fargo. Die Partner der Kanzlei waren Berichten zufolge so überzeugt von seiner Rückkehr, dass sie ihm sein altes Büro bereitgehalten hatten. Die Banken waren mit den minimalen Abfindungen, die sie am Ende zahlen mussten, recht zufrieden, aber die USA erholten sich nur sehr langsam von der Krise.

73 Colleen Halby, »The Financial Crisis Hit 10 Years Ago. For Some, It Feels like Yesterday«, *Los Angeles Times*, 15. September 2018, https://www.latimes.com/business/la-fi-financial-crisis-experiences-20180915-htmlstory.html (zuletzt aufgerufen am 19.10.2024).

74 Ebd.

75 Karl Marx, *Das Kommunistische Manifest* (Hamburg: Severus Verlag, 2015).

76 José-Luis Peydró, Ozlem Akin und Christian Fons-Rosen, »Government-connected bankers made unusually large gains during the 2008 financial crisis«, Imperial College Business School, 1. März 2021, https://www.imperial.ac.uk/business-school/ib-knowledge/finance/government-connected-bankers-made-unusually-large-gains-during-the-2008/ (zuletzt aufgerufen am 19.10.2024).

77 Stoller, *Goliath*.

78 »How Goldman Sachs Came Roaring Back«, *Jewish Chronicle*, 30. Juli 2009, https://www.thejc.com/news/world/how-goldman-sachs-came-roaring-back-1.10565?reloadTime=1675814400011 (zuletzt aufgerufen am 19.10.2024).

79 Simon Johnson zitiert in Lynn, *Cornered*.

80 Tabby Kinder, »McKinsey Earnt £ 560,000 for Giving ›Vision‹ to New English Pandemic Body«, *Financial Times*, 19. August 2020, https://www.ft.com/content/3cc76ad4-4d75-4e07-9f6d-476611fbb28f (zuletzt aufgerufen am 19.10.2024).

81 Gareth Iacobucci, »Dido Harding: the Former Business Leader Now Heading Up England's Covid-19 Response«, *British Medical Journal*, 2. September 2020, https://www.bmj.com/content/370/bmj.m3332 (zuletzt aufgerufen am 19.10.2024).

82 Ebd.

83 Patrick Daly, »NHS Test and Trace Boss Dido Harding Defends Paying Consultants £1,000-a-Day«, *Independent*, 18. Januar 2021, https://www.independent.co.uk/news/health/nhs-test-and-trace-dido-harding-b1789098.html (zuletzt aufgerufen am 19.10.2024).

84 Andrea Downey, »McKinsey Bags £ 560k Deciding ›Vision‹ for New NHS Test and Trace Body«, Digital Health, 26. August 2020, https://www.digitalhealth.net/2020/08/mckinsey-bags-560k-deciding-vision-for-new-nhs-test-and-trace-body/ (zuletzt aufgerufen am 19.10.2024).

85 Sheelah Kolhatkar, »McKinsey's Work for Saudi Arabia Highlights Its History of Unsavory Entanglements«, *The New Yorker*, 1. November 2018, https://www.

newyorker.com/news/news-desk/mckinseys-work-for-saudi-arabia-highlights-its-history-of-unsavory-entanglements (zuletzt aufgerufen am 19.10.2024).

86 Walt Bogdanich und Michael Forsythe, *Schwarzbuch McKinsey: Die fragwürdigen Praktiken der weltweit führenden Unternehmensberatung* (Berlin: Econ, 2022).

87 Michelle Celarier, »The Story McKinsey Didn't Want Written«, Institutional Investor, 8. Juli 2019, https://www.institutionalinvestor.com/article/2bsw5rr7qqvzy3eprno8w/corner-office/the-story-mckinsey-didnt-want-written (zuletzt aufgerufen am 19.10.2024).

88 Peter Wells, »McKinsey Agrees to $ 15 m Settlement over Bankruptcy Disclosures«, *Financial Times*, 19. Februar 2019, https://www.ft.com/content/dd3b119a-3476-11e9-bb0c-42459962a812 (zuletzt aufgerufen am 19.10.2024).

89 Michael Forsythe, Walt Bogdanich und Bridget Hickey, »As McKinsey Sells Advice, Its Hedge Fund May Have a Stake in the Outcome«, *New York Times*, 19. Februar 2019, https://www.nytimes.com/2019/02/19/business/mckinsey-hedge-fund.html (zuletzt aufgerufen am 19.10.2024).

90 Andrew Edgecliffe-Johnson, »McKinsey Investment Fund Fined $ 18 m by SEC for Compliance Lapses«, *Financial Times*, 19. November 2021, https://www.ft.com/content/3d6aa8f6-00c7-42b8-b7ed-2f6626358154 (zuletzt aufgerufen am 19.10.2024).

91 Bogdanich und Forsythe, *Schwarzbuch McKinsey*.

92 Michael Forsythe und Walt Bogdanich, »McKinsey Advised Purdue Pharma How to ›Turbocharge‹ Opioid Sales, Lawsuit Says«, *New York Times*, 1. Februar 2019, https://www.nytimes.com/2019/02/01/business/purdue-pharma-mckinsey-oxycontin-opiods.html (zuletzt aufgerufen am 19.10.2024).

93 Ebd.

94 Ian MacDougall, »How McKinsey Is Making $ 100 Million (and Counting) Advising on the Government's Bumbling Coronavirus Response«, ProPublica, 15. Juli 2020, https://www.propublica.org/article/how-mckinsey-is-making-100-million-and-counting-advising-on-the-governments-bumbling-coronavirus-response (zuletzt aufgerufen am 19.10.2024).

95 Ebd.

96 Ebd.

97 Ebd.

98 Ebd.

99 Vgl. ProPublica: »Die Daten von McKinsey waren einer der Faktoren, die VA-Beamten anführten, um die Beauftragung der Firma innerhalb von 24 Stunden zu rechtfertigen. In einem Vertragsdokument heißt es: Die Firma ›verfügte bereits über eine immense Menge an epidemiologischen Daten zu Corona, sowohl global als auch kommunal‹, auf die das VA sonst keinen Zugriff gehabt hätte. Die Kunden von McKinsey zahlen nicht nur mit Geld, sondern auch mit ihren Daten, die die Firma an den nächsten Kunden verkaufen kann.«* Ebd.

100 Als er den Abstieg in den Faschismus in Europa beobachtete, schrieb Walter

Benjamin 1940: »Die Tradition der Unterdrückten belehrt uns darüber, daß der ›Ausnahmezustand‹, in dem wir leben, die Regel ist.« Walter Benjamin, »Geschichtspolitische Thesen«, in: *Zur Kritik der Gewalt und andere Aufsätze* (Berlin: Suhrkamp, 2019), S. 84.

101 Luke Kemp, »The ›Stomp Reflex‹: When Governments Abuse Emergency Powers«, BBC Future, 28. April 2021, https://www.bbc.com/future/article/20210427-the-stomp-reflex-when-governments-abuse-emergency-powers (zuletzt aufgerufen am 19.10.2024).

102 Ebd.

103 Ebd.

104 Ebd.

105 Nicola Habersetzer, »Moscow Silently Expands Surveillance of Citizens«, Human Rights Watch, 25. März 2020, https://www.hrw.org/news/2020/03/25/moscow-silently-expands-surveillance-citizens (zuletzt aufgerufen am 19.10.2024).

106 »Bahrain, Kuwait and Norway Contact Tracing Apps Among Most Dangerous for Privacy«, Amnesty International, 16. Juni 2020, https://www.amnesty.org/en/latest/news/2020/06/bahrain-kuwait-norway-contact-tracing-apps-danger-for-privacy/ (zuletzt aufgerufen am 19.10.2024).

107 »France to Use CCTV to Monitor Mask-Wearing on Public Transport«, Privacy International, 16. März 2021, https://privacyinternational.org/examples/4463/france-use-cctv-monitor-mask-wearing-public-transport (zuletzt aufgerufen am 19.10.2024).

108 Tehilla Shwartz Altshuler und Rachel Aridor Hershkowitz, »How Israel's COVID-19 Mass Surveillance Operation Works«, Brookings Institute, 6. Juli 2020, https://www.brookings.edu/articles/how-israels-covid-19-mass-surveillance-operation-works/ (zuletzt aufgerufen am 19.10.2024).

109 Deborah Brown und Amos Toh, »Technology Is Enabling Surveillance, Inequality During the Pandemic«, Human Rights Watch, 4. März 2021, https://www.hrw.org/news/2021/03/04/technology-enabling-surveillance-inequality-during-pandemic (zuletzt aufgerufen am 19.10.2024).

110 »Hangzhou Considers Expansion Options for Coronavirus Surveillance App«, Privacy International, 26. Mai 2020, https://privacyinternational.org/examples/3888/hangzhou-considers-expansion-options-coronavirus-surveillance-App (zuletzt aufgerufen am 19.10.2024).

111 Mariana Mazzucato und Rosie Collington, *The Big Con: How the Consulting Industry Weakens Our Businesses, Infantilizes Our Governments and Warps Our Economies* (London: Allen Lane, 2023).

112 Ebd.

113 Patrick Watson, »Coronavirus Socialism«, *Forbes*, 13. April 2020, https://www.forbes.com/sites/patrickwwatson/2020/04/13/coronavirus-socialism/?sh=19f7aab45225 (zuletzt aufgerufen am 19.10.2024).

114 Emil W. Henry Jr., »Will Coronavirus Launch the Second Wave of Socialism?«, *The Hill*, 26. März 2020, https://thehill.com/opinion/campaign/489612-will-coronavirus-launch-the-second-wave-of-socialism/ (zuletzt aufgerufen am 19.10.2024).

115 John Horgan, »Will COVID-19 Make Us More Socialist?«, *Scientific American*, 20. April 2020, https://blogs.scientificamerican.com/cross-check/will-covid-19-make-us-more-socialist/ (zuletzt aufgerufen am 19.10.2024).

116 Chris Hughes, »The Free Market Is Dead: What Will Replace It?«, *Time*, 26. April 2021, https://time.com/5956255/free-market-is-dead/ (zuletzt aufgerufen am 19.10.2024).

117 Wladimir Lenin, *Staat und Revolution*, Marxists Internet Archive, https://www.marxists.org/deutsch/archiv/lenin/1917/staatrev/index.htm (zuletzt aufgerufen am 19.10.2024).

118 James Connolly, »The New Evangel: State Monopoly Versus Socialism«, Marxists Internet Archive, https://www.marxists.org/archive/connolly/1901/evangel/stmonsoc.htm (zuletzt aufgerufen am 19.10.2024).

119 S&P Global Press Release, »S&P 500 Buybacks Set Quarterly and Annual Record«, S&P Global, 15. März 2022, https://press.spglobal.com/2022-03-15-S-P-500-Buybacks-Set-Quarterly-and-Annual-Record (zuletzt aufgerufen am 19.10.2024).

120 Patrick Temple-West und Victoria Guida, »›Eye-popping‹ Payouts for CEOs Follow Trump's Tax Cuts«, *Politico*, 30. Juli 2018, https://www.politico.com/story/2018/07/30/eye-popping-payouts-for-ceos-follow-trumps-tax-cuts-747649 (zuletzt aufgerufen am 19.10.2024).

121 Niket Nishant, »Global M&A Volumes Hit Record High in 2021, Breach $ 5 Trillion for First Time«, Reuters, 31. Dezember 2021, https://www.reuters.com/markets/us/global-ma-volumes-hit-record-high-2021-breach-5-trillion-first-time-2021-12-31/ (zuletzt aufgerufen am 19.10.2024).

122 Richard Partington, »Covid-19 Has Cost Global Workers $ 3.7tn in Lost Earnings, Says ILO«, *The Guardian*, 25. Januar 2021, https://www.theguardian.com/business/2021/jan/25/covid-19-workers-lost-earnings-ilo-job-losses (zuletzt aufgerufen am 19.10.2024).

123 Peter Beaumont, »Decades of Progress on Extreme Poverty Now in Reverse Due to Covid«, *The Guardian*, 3. Februar 2021, https://www.theguardian.com/global-development/2021/feb/03/decades-of-progress-on-extreme-poverty-now-in-reverse-due-to-covid (zuletzt aufgerufen am 19.10.2024).

124 Alexandre Tanzi und Catarina Saraiva, »U. S. Suffers Sharpest Rise in Poverty Rate in More Than 50 Years«, Bloomberg, 25. Januar 2021, https://www.bloomberg.com/news/articles/2021-01-25/u-s-suffers-sharpest-rise-in-poverty-rate-in-more-than-50-years (zuletzt aufgerufen am 19.10.2024).

125 Ebd.

126 »Lowest Paid Are Most Likely to Have Lost Income and Increased Debt in Pandemic-TUC Research«, Trades Union Congress, 1. Februar 2021, https://www.

tuc.org.uk/news/lowest-paid-are-most-likely-have-lost-income-and-increased-debt-pandemic-tuc-research (zuletzt aufgerufen am 19.10.2024).

127 Joe Rennison, »How the Fed's Fine Intentions Feed US Wealth Inequality«, *Financial Times*, 26. Juli 2021, https://www.ft.com/content/57730688-aa49-4549-a127-4b2d625260a4 (zuletzt aufgerufen am 19.10.2024).

128 Robert Frank, »The Wealthiest 10% of Americans Own a Record 89% of All U. S. Stocks«, CNBC, 18. Oktober 2021, https://www.cnbc.com/2021/10/18/the-wealthiest-10percent-of-americans-own-a-record-89percent-of-all-us-stocks.html (zuletzt aufgerufen am 19.10.2024).

129 Luke Savage, »US Billionaires Got 70% More Wealth Under COVID. They Didn't Deserve Any of It«, *Jacobin*, 20. Oktober 2021, https://jacobin.com/2021/10/billionaire-wealth-pandemic-covid-elon-musk-bezos-gates (zuletzt aufgerufen am 19.10.2024).

130 Ben Steverman und Alexandre Tanzi, »Top 50 Richest People in the US Are Worth as Much as Poorest 165 Million«, Bloomberg, 8. Oktober 2020, https://www.bloomberg.com/news/articles/2020-10-08/top-50-richest-people-in-the-us-are-worth-as-much-as-poorest-165-million (zuletzt aufgerufen am 19.10.2024).

131 Jasper Jolly, »Number of Billionaires in UK Reached New Record During Covid Crisis«, *The Guardian*, 21. Mai 2021, https://www.theguardian.com/business/2021/may/21/number-of-billionaires-in-uk-reached-new-record-during-covid-pandemic (zuletzt aufgerufen am 19.10.2024).

132 Larry Elliott, »UK Wealth Gap Widens in Pandemic as Richest Get £ 50,000 Windfall«, *The Guardian*, 12. Juli 2021, https://www.theguardian.com/business/2021/jul/12/uk-wealth-gap-widens-in-pandemic-as-richest-get-50000-windfall (zuletzt aufgerufen am 19.10.2024).

133 David Dawkins, »Europe's Billionaires Are $ 1 Trillion Richer Than a Year Ago«, *Forbes*, 6. April 2021, https://www.forbes.com/sites/daviddawkins/2021/04/06/europes-billionaires-are-1-trillion-richer-than-a-year-ago/?sh=3b24f35b76e5 (zuletzt aufgerufen am 19.10.2024).

134 Anshool Deshmukh, »This Simple Chart Reveals the Distribution of Global Wealth«, Visual Capitalist, 20. September 2021, https://www.visualcapitalist.com/distribution-of-global-wealth-chart/ (zuletzt aufgerufen am 19.10.2024).

135 »The Suez Canal«, The History Channel, 16. Februar 2018, aktualisiert am 30. März 2021, https://www.history.com/topics/africa/suez-canal (zuletzt aufgerufen am 19.10.2024).

136 Panitch und Gindin, *The Making of Global Capitalism*.

137 Mary-Ann Russon, »The Cost of the Suez Canal Blockage«, BBC News, 29. März 2021, https://www.bbc.co.uk/news/business-56559073 (zuletzt aufgerufen am 19.10.2024).

138 Grace Blakeley, »Shipping Chaos Is the Latest Sign That Capitalism Is Eating Itself«, *Tribune*, 31. Mai 2022, https://tribunemag.co.uk/2022/05/globalisation-shipping-global-trade (zuletzt aufgerufen am 19.10.2024).

139 Greg Miller, »Top 10 Liners Control 85% of Market – and They're Not Done Yet«, FreightWaves, 9. Juni 2021, https://www.freightwaves.com/news/top-10-liners-control-85-of-market-and-theyre-not-done-yet (zuletzt aufgerufen am 19.10.2024).
140 »Is It Time for Investors to Exit the Container Shipping Space?«, Drewry, 23. Dezember 2021, https://www.drewry.co.uk/news/news/is-it-time-for-investors-to-exit-the-container-shipping-space (zuletzt aufgerufen am 19.10.2024).
141 Laurie Havelock, »How Shipping Firms Are Making Record Profits, and Making Ordinary People Pay the Price«, iNews, 21. Juni 2022, https://inews.co.uk/news/shipping-firms-record-profits-ordinary-people-pay-1698145 (zuletzt aufgerufen am 19.10.2024).
142 K. Oanh Ha, Jack Wittels, Khine Lin Kyaw und Krystal Chia, »Worst Shipping Crisis in Decades Puts Lives and Trade at Risk«, Bloomberg, 17. September 2020, https://www.bloomberg.com/features/2020-pandemic-shipping-labor-violations/ (zuletzt aufgerufen am 19.10.2024).
143 Ebd.
144 Justin Jacobs, »Exxon Registers Highest Profit Since 2014 after Boost from Oil and Gas Prices«, *Financial Times*, 1. Februar 2022, https://www.ft.com/content/6a62453f-5cfb-42c4-bc57-902d673b8b93 (zuletzt aufgerufen am 19.10.2024).
145 Ebd.
146 Nick Edser, »Shell Reports Stronger than Expected Profits«, BBC News, 4. Mai 2023, https://www.bbc.co.uk/news/business-65478978 (zuletzt aufgerufen am 19.10.2024).
147 Alex Lawson, »BP Scales Back Climate Goals as Profits More Than Double to £ 23bn«, *The Guardian*, 7. Februar 2023, https://www.theguardian.com/business/2023/feb/07/bp-profits-windfall-tax-gas-prices-ukraine-war (zuletzt aufgerufen am 19.10.2024).
148 »How Energy Company Profits Have Surged«, *New Statesman*, 8. Februar 2022, https://www.newstatesman.com/chart-of-the-day/2022/02/how-energy-company-profits-have-surged (zuletzt aufgerufen am 19.10.2024).
149 Mark Sweney, »Workers Asking for Pay Rises Risk Embedding Inflation, Says Bank Boss«, *The Guardian*, 5. August 2022, https://www.theguardian.com/business/2022/aug/05/workers-asking-for-pay-rises-risk-embedding-inflation-says-bank-boss-andrew-bailey (zuletzt aufgerufen am 19.10.2024).
150 Miles Brignall, »2022 the UK's Worst Year for Real Wage Growth Since 1977, TUC Says«, *The Guardian*, 11. Dezember 2022, https://www.theguardian.com/uk-news/2022/dec/12/2022-the-uks-worst-year-for-real-wage-growth-since-1977-tuc-says (zuletzt aufgerufen am 19.10.2024).
151 Isabella M. Weber und Evan Wasner, »Sellers' Inflation, Profits and Conflict: Why Can Large Firms Hike Prices in an Emergency?«, University of Massachusetts Amhurst Economics Department Working Paper Series, Working Paper Number

2023–2, S. 343, https://scholarworks.umass.edu/econ_workingpaper/343 (zuletzt aufgerufen am 19.10.2024).

152 Zachary Carter, »What If We're Thinking About Inflation All Wrong?«, *The New Yorker*, 6. Juni 2023, https://www.newyorker.com/news/persons-of-interest/what-if-were-thinking-about-inflation-all-wrong (zuletzt aufgerufen am 19.10.2024).

153 Weber und Wasner, »Sellers' Inflation, Profits and Conflict«.

154 Rupert Russell, *Price Wars: How the Commodities Markets Made Our Chaotic World* (New York: Doubleday, 2022).

155 Max Krahé, »For Sustainable Finance to Work, We Will Need Central Planning«, *Financial Times*, 11. Juli 2021, https://www.ft.com/content/54237547-4e83-471c-8dd1-8a8dcebc0382 (zuletzt aufgerufen am 19.10.2024).

156 »The Economics of the Climate«, *The Economist*, 27. Oktober 2021, https://www.economist.com/special-report/2021/10/27/the-economics-of-the-climate (zuletzt aufgerufen am 19.10.2024).

157 Siehe Alexander Zevin, *Liberalism at Large: The World According to the Economist* (London: Verso, 2021).

158 »2020 Tied for Warmest Year on Record, NASA Analysis Shows«, Pressemitteilung der NASA, 14. Januar 2021, https://www.nasa.gov/press-release/2020-tied-for-warmest-year-on-record-nasa-analysis-shows (zuletzt aufgerufen am 19.10.2024).

159 »Earth Had Its Seventh-Warmest January on Record; Global Sea Ice Extent Hit Record Low«, Assessing the Global Climate in January 2023, National Centers for Environmental Information, 14. Februar 2023, https://www.ncei.noaa.gov/news/global-climate-202301 (zuletzt aufgerufen am 19.10.2024).

160 David Stanway, »World Hits Record Land, Sea Temperatures as Climate Change Fuels 2023 Extremes«, Reuters, 3. Juli 2023, https://www.reuters.com/business/environment/climate-nears-point-no-return-land-sea-temperatures-break-records-experts-2023-06-30/ (zuletzt aufgerufen am 19.10.2024).

161 Ebd.

162 Peter Frankopan, *Zwischen Erde und Himmel: Klima – eine Menschheitsgeschichte* (Berlin: Rowohlt, 2023).

163 Jan Willem Erisman, James N. Galloway, Sybil Seitzinger, Albert Bleeker, Nancy B. Dise, A. M. Roxana Petrescu, Allison M. Leach und Wim de Vries, »Consequences of Human Modification of the Global Nitrogen Cycle«, *Philosophical Transactions of the Royal Society B: Biological Sciences* 368, no. 1621 (Juli 2013), https://doi.org/10.1098/rstb.2013.0116 (zuletzt aufgerufen am 19.10.2024).

164 Damian Carrington, »Global Pollinator Losses Causing 500,000 Early Deaths a Year – Study«, *The Guardian*, 9. Januar 2023, https://www.theguardian.com/environment/2023/jan/09/global-pollinator-losses-causing-500000-early-deaths-a-year-study (zuletzt aufgerufen am 19.10.2024).

165 United Nations Convention to Combat Desertification, *Global Land Outlook* 2,

Vereinte Nationen, https://www.unccd.int/resources/global-land-outlook/glo2 (zuletzt aufgerufen am 19.10.2024).

166 Karl Marx, *Das Kapital: Eine Kritik der politischen Ökonomie, Band III* (Berlin: Dietz, 2008).

167 Mike Davis, *Vogelgrippe: Zur gesellschaftlichen Produktion von Epidemien* (Berlin/Hamburg: Assoziation A, 2005).

168 Friends of the Earth Europe, »Das EU-Emissionshandelssystem: Failing to Deliver«, Oktober 2010, https://www.foeeurope.org/sites/default/files/publications/foee_ets_failing_to_deliver_1010.pdf (zuletzt aufgerufen am 19.10.2024).

169 Sandra Laville, »Fossil Fuel Big Five ›Spent € 251 m Lobbying EU‹ Since 2010«, *The Guardian*, 24. Oktober 2019, https://www.theguardian.com/business/2019/oct/24/fossil-fuel-big-five-spent-251 m-lobbying-european-union-2010-climate-crisis (zuletzt aufgerufen am 19.10.2024).

170 John Greenwood, »BlackRock ›Undermining Objectives of Climate Coalition It Just Joined‹ – Morority Action«, Corporate Adviser, 14. Dezember 2020, https://corporate-adviser.com/blackrock-undermining-objectives-of-climate-coalition-it-just-joined-majority-action/ (zuletzt aufgerufen am 19.10.2024).

171 Geoff Mann, *Climate Leviathan: A Political Theory of Our Planetary Future* (London: Verso, 2018).

172 Siehe Kapitel 4 für eine Erläuterung dieser Begriffe.

173 Craig Paton, »World Leaders Urged to Try Harder to Avoid Climate Change ›Death Sentence‹«, *Evening Standard*, 1. November 2021, https://www.standard.co.uk/news/uk/vladimir-putin-xi-jinping-glasgow-united-nations-cop26-b963703.html (zuletzt aufgerufen am 19.10.2024).

174 Mein Freund und Mentor Leo Panitch sagte in einem Interview 2020 zu mir: »Marx sprach gegenüber den Aufständischen im Jahr 1851 davon, sie befänden sich in einem zehn-, fünfzehn-, zwanzigjährigen Prozess. Er hätte eigentlich 150 bis 200 Jahre sagen müssen! Mir ist klar, dass dies dem Zeithorizont der ökologischen Krise widerspricht, aber keine der vorgeschlagenen Lösungen für diese Krise ist ohne den zuvor erfolgten Aufbau der notwendigen politischen Kapazitäten realisierbar; das Ausmaß an Planung und kollektivem Bewusstsein, das für eine angemessene Reaktion auf die Klimakrise benötigt wird, ist enorm.«*

175 Neil Smith, *Uneven Development: Nature, Capital, and the Production of Space* (New York: Verso, 2010).

4 Ausbeutung made in America: Die Planwirtschaft des Big Business

1 Catherine Clifford, »Jeff Bezos' Single Teen Mom Brought Him to Night School with Her When He Was a Baby«, CNBC, 14. Juni 2019, https://www.cnbc.com/2019/06/14/jeff-bezoss-single-teen-mom-brought-him-to-night-school-with-her.html (zuletzt aufgerufen am 20.10.2024).

2 »Amazon's Jeff Bezos Wins ITUC's World's Worst Boss Poll«, International Trades Union Congress, 22. Mai 2014, https://www.ituc-csi.org/amazon-s-jeff-bezos-wins-ituc-s (zuletzt aufgerufen am 20.10.2024).
3 Sara Lebow, »Amazon Holds on to 80% of the Books, Music, and Video Market Online«, Insider Intelligence, 15. Dezember 2022, https://www.insiderintelligence.com/content/amazon-holds-books-music-video-market-online (zuletzt aufgerufen am 20.10.2024).
4 PYMNTS, »Amazon's Share of US eCommerce Sales Hits All-Time High of 56.7% in 2021«, PYMNTS, 14. März 2022, https://www.pymnts.com/news/retail/2022/amazons-share-of-us-ecommerce-sales-hits-all-time-high-of-56-7-in-2021/ (zuletzt aufgerufen am 20.10.2024).
5 Lebow, »Amazon Holds on to 80% of the Books, Music, and Video Market Online«.
6 Aran Ali, »AWS: Powering the Internet and Amazon's Profits«, Visual Capitalist, 10. Juli 2022, https://www.visualcapitalist.com/aws-powering-the-internet-and-amazons-profits/ (zuletzt aufgerufen am 20.10.2024).
7 Brad Stone, *Der Allesverkäufer: Jeff Bezos und das Imperium von Amazon* (Frankfurt a. M.: Campus, 2018).
8 Meagher, *Competition Is Killing Us.*
9 Emily Guendelsberger, *On the Clock: What Low-Wage Work Did to Me and How It Drives America Insane* (New York: Little, Brown, 2019).
10 Michael Sainato, »›They're More Concerned about Profit‹: Osha, DoJ Take on Amazon's Grueling Working Conditions«, *The Guardian*, 2. März 2023, https://www.theguardian.com/technology/2023/mar/02/amazon-safety-citations-osha-department-of-justice (zuletzt aufgerufen am 20.10.2024).
11 Michael Sainato, »›Go Back to Work‹: Outcry Over Deaths on Amazon's Warehouse Floor«, *The Guardian*, 18. Oktober 2009, https://www.theguardian.com/technology/2019/oct/17/amazon-warehouse-worker-deaths (zuletzt aufgerufen am 20.10.2024).
12 Ariel Zilber, »Amazon Employees Rage over Being Forced to Work after Colleague Died from Heart Attack«, *New York Post*, 10. Januar 2023, https://nypost.com/2023/01/10/amazon-employees-rage-over-treatment-of-coworker-who-died-in-warehouse/ (zuletzt aufgerufen am 20.10.2024).
13 Ebd.
14 Ebd.
15 Dayen, *Monopolized.*
16 Ebd.
17 Ebd.
18 Ebd.
19 Louie Smith und Alexa Phillips, »Amazon Workers ›Treated Like Slaves and Robots‹ as Ambulances Called to Centers 971 Times«, *Mirror*, 23. November 2021, https://www.mirror.co.uk/news/uk-news/amazon-workers-treated-like-slaves-25531239 (zuletzt aufgerufen am 20.10.2024).

20 Janet Burns, »Report: Amazon's Anti-Union Training Is Revealed in Leaked Video«, *Forbes*, 27. September 2018, https://www.forbes.com/sites/janetwburns/2018/09/27/amazons-anti-union-training-strategy-revealed-in-leaked-video/?sh=7ad240e46068 (zuletzt aufgerufen am 20.10.2024).
21 Michael Sainato, »US Judge Orders Amazon to ›Cease and Desist‹ Anti-Union Retaliation«, *The Guardian*, 28. November 2022, https://www.theguardian.com/technology/2022/nov/28/amazon-staten-island-new-york-retaliation (zuletzt aufgerufen am 20.10.2024).
22 Steven Greenhouse, »›Old-School Union Busting‹: How US Corporations Are Quashing the New Wave of Organizing«, *The Guardian*, 26. Februar 2023, https://www.theguardian.com/us-news/2023/feb/26/amazon-trader-joes-starbucks-anti-union-measures (zuletzt aufgerufen am 20.10.2024).
23 David Streitfeld, »How Amazon Crushes Unions«, *New York Times*, 21. Oktober 2021, https://www.nytimes.com/2021/03/16/technology/amazon-unions-virginia.html (zuletzt aufgerufen am 20.10.2024).
24 »Amazon Profits Triple Amid Reports of Union Busting and Poor Treatment«, Unite the Union, 30. April 2021, https://www.unitetheunion.org/news-events/news/2021/april/amazon-profits-triple-amid-reports-of-union-busting-and-poor-treatment/ (zuletzt aufgerufen am 20.10.2024).
25 Josh Taylor, »Police Called to Remove Union Officials from Amazon Warehouse in Sydney«, *The Guardian*, 26. November 2021, https://www.theguardian.com/australia-news/2021/nov/26/police-called-to-remove-union-officials-from-amazon-warehouse-in-sydney (zuletzt aufgerufen am 20.10.2024).
26 Mark Kelley, Linda Guerriero und Lisa Ellenwood, »Workers Pushing to Unionize Amazon Say They Faced Retaliation and Unfair Tactics«, CBC News, 21. Oktober 2021, https://www.cbc.ca/news/canada/amazon-workers-delivery-drivers-unionize-1.6215475 (zuletzt aufgerufen am 20.10.2024).
27 »Amazon Workers in Leipzig Start 48-Hour Strike for Higher Wages«, Reuters, 26. Juni 2023, https://www.reuters.com/markets/europe/german-union-calls-amazon-workers-leipzig-strike-48-hours-2023-06-26/ (zuletzt aufgerufen am 20.10.2024).
28 »Amazon Workers in Barcelona Strike over Warehouse Closure«, Reuters, 2. Februar 2023, https://www.reuters.com/technology/amazon-workers-barcelona-strike-over-warehouse-closure-2023-02-02/ (zuletzt aufgerufen am 20.10.2024).
29 Alex N. Press, »In Poland, Amazon Workers Are Organizing«, *Jacobin*, 27. Juli 2021, https://jacobin.com/2021/07/poland-amazon-warehouse-workers-union-grassroots-resistance-organizing (zuletzt aufgerufen am 20.10.2024).
30 Annie Palmer, »Amazon Workers Go on Strike in Italy over Labor Conditions«, CNBC, 22. März 2021, https://www.cnbc.com/2021/03/22/amazon-workers-go-on-strike-in-italy-over-labor-conditions-.html (zuletzt aufgerufen am 20.10.2024).

31 Hayley Cuccinello, »Amazon Workers Strike in the US and 30 Other Countries on Black Friday in Global ›Make Amazon Pay‹ Campaign«, *Insider*, 25. November 2022, https://www.businessinsider.com/make-amazon-pay-warehouse-strike-protest-black-friday-2022-11?r=US&IR=T (zuletzt aufgerufen am 20.10.2024).
32 Sarah Butler, »Amazon's Main UK Division Pays No Corporation Tax for Second Year in a Row«, *The Guardian*, 31. Mai 2023, https://www.theguardian.com/technology/2023/jun/01/amazon-uk-services-main-division-pay-no-corporation-tax-for-second-year-in-row-tax-credit-government-super-deduction-scheme (zuletzt aufgerufen am 20.10.2024).
33 Matthew Gardner, »Amazon Avoids More Than $ 5 Billion in Corporate Income Taxes, Reports 6 Percent Tax Rate on $ 35 Billion of US Income«, Institute on Taxation and Economic Policy, 7. Februar 2022, https://itep.org/amazon-avoids-more-than-5-billion-in-corporate-income-taxes-reports-6-percent-tax-rate-on-35-billion-of-us-income/ (zuletzt aufgerufen am 20.10.2024).
34 Rupert Neate, »Amazon Had Sales Income of € 44bn in Europe in 2020 but Paid No Corporation Tax«, *The Guardian*, 4. Mai 2021, https://www.theguardian.com/technology/2021/may/04/amazon-sales-income-europe-corporation-tax-luxembourg (zuletzt aufgerufen am 20.10.2024).
35 Matt Reynolds, »Jeff Bezos Wants to Fix Climate Change. He Can Start with Amazon«, *WIRED*, 2. Oktober 2020, https://www.wired.co.uk/article/jeff-bezos-climate-change-amazon (zuletzt aufgerufen am 20.10.2024).
36 »Historical GHG Emissions (1990–2020)«, Climate Watch, https://climatewatchdata.org/ghg-emissions (zuletzt aufgerufen am 20.10.2024).
37 Will Evans, »Amazon Drastically Underestimates Its Carbon Footprint«, *Mother Jones*, 1. März 2022, https://www.motherjones.com/environment/2022/03/amazon-drastically-undercounts-its-carbon-disclosure-project/ (zuletzt aufgerufen am 20.10.2024).
38 Richard Pallot, »Amazon Destroying Millions of Items of Unsold Stock in One of Its UK Warehouses Every Year, ITV News Investigation Finds«, ITV News, 22. Juni 2021, https://www.itv.com/news/2021-06-21/amazon-destroying-millions-of-items-of-unsold-stock-in-one-of-its-uk-warehouses-every-year-itv-news-investigation-finds (zuletzt aufgerufen am 20.10.2024).
39 Nat Levy, »Amazon Gives $ 350 K to Group Supporting Jenny Durkan for Seattle Mayor, Its Biggest Local Political Contribution Ever«, *GeekWire*, 19. Oktober 2017, https://www.geekwire.com/2017/amazon-gives-350k-group-supporting-jenny-durkan-seattle-mayor-biggest-local-political-contribution-ever/ (zuletzt aufgerufen am 20.10.2024).
40 Dayen, *Monopolized*.
41 Monica Nickelsburg, »Amazon's $ 1.45M Fails to Upend Seattle City Council, but Tech Giant Wins Small Victories«, *GeekWire*, 5. November 2019, https://www.geekwire.com/2019/amazons-1-45 m-effort-upend-seattle-city-council-yields-mixed-results-early-reporting/ (zuletzt aufgerufen am 20.10.2024).

42 Moon verlor zwar, aber Sawant gewann, und die Zusammensetzung des Stadtrats änderte sich nicht wesentlich, was den politischen Manövern von Amazon einen schweren Schlag versetzte. Die Niederlage von Amazon ist zum Teil den Interventionen demokratisch-sozialistischer Politiker wie Bernie Sanders zu verdanken und kam nur wenige Jahre, nachdem Amazon gezwungen war, den Bau eines neuen zweiten Hauptsitzes in Queens, New York, zu stoppen, weil sich die demokratisch-sozialistische Kongressabgeordnete Alexandria Ocasio-Cortez vehement gegen die Pläne ausgesprochen hatte.
43 Stephanie Denning, »Why Jeff Bezos Bought the *Washington Post*«, *Forbes*, 19. September 2018, https://www.forbes.com/sites/stephaniedenning/2018/09/19/why-jeff-bezos-bought-the-washington-post/ (zuletzt aufgerufen am 20.10.2024).
44 Andrew Perez und David Sirota, »Jeff Bezos Weaponizes the *Washington Post* Homepage«, *Jacobin*, 27. Mai 2021, https://www.jacobinmag.com/2021/05/washington-post-jeff-bezos-amazon-minimum-wage-native-advertising (zuletzt aufgerufen am 20.10.2024).
45 Ali Breland, »How Amazon Bullies, Manipulates, and Lies to Reporters«, *Mother Jones*, 25. Juni 2021, https://www.motherjones.com/politics/2021/06/amazon-journalists-pr-tactics/ (zuletzt aufgerufen am 20.10.2024).
46 Stone, *Der Allesverkäufer*.
47 Dayen, *Monopolized*.
48 Lynn, *Cornered*.
49 Siehe Paul Walker, *The Theory of the Firm: An Overview of the Economic Mainstream* (London: Routledge, 2016), für eine Diskussion.
50 Arrow und Hahn schreiben zum Beispiel, dass »Adam Smiths ›unsichtbare Hand‹ ein poetischer Ausdruck für die grundlegendste ökonomische Gleichgewichtsbeziehung ist, nämlich die Angleichung der Renditen, die durch die Tendenz der Faktoren erzwungen wird, sich von niedrigen zu hohen Renditen zu bewegen«.* Alles, was dieser Tendenz im Wege steht, stellt demnach ein Hindernis für die Funktionsweise des freien Marktes dar. Kenneth J. Arrow und Frank H. Hahn, *General Competitive Analysis* (San Francisco: Holden-Day, 1971), 1.
51 Ronald Coase, »The Nature of the Firm«, *Economica* 4, Nr. 16 (1937).
52 Ferreras, *Firms as Political Entities*; Chamayou, *Die unregierbare Gesellschaft*.
53 Walker, *The Theory of the Firm*.
54 Marx, *Das Kapital, Band I*, S. 192.
55 Ferreras, *Firms as Political Entities*.
56 The Sveriges Riksbank Prize in Economic Sciences in Memory of Alfred Nobel 1991, »Ronald H. Coase: Biographical«, The Nobel Prize, https://www.nobelprize.org/prizes/economic-sciences/1991/coase/biographical/ (zuletzt aufgerufen am 20.10.2024).
57 Ronald H. Coase, »Law and Economics and A. W. Brian Simpson«, *Journal of Legal Studies* 25, Nr. 1 (Januar 1996), S. 103–19, https://www.jstor.org/stable/724523 (zuletzt aufgerufen am 20.10.2024).

58 Ebd.

59 Ronald Coase, *The Nature of the Firm: Origins, Evolution, and Development* (New York: Oxford University Press, 1993).

60 Grant M. Hayden und Matthew T. Bodie, *Reconstructing the Corporation: From Shareholder Primacy to Shared Governance* (Cambridge: Cambridge University Press, 2020).

61 Walker, *The Theory of the Firm*.

62 Wie Walker feststellt, »ist der Einsatz ihrer Macht zur Aufhebung des Preismechanismus Coases Ansicht nach ein typisches Vorgehen der Firma«. In Coases eigenen Worten: »Das Funktionieren eines Marktes kostet etwas, und indem man eine Organisation bildet und einer gewissen Autorität (einem ›Unternehmer‹) die Hoheit über die Ressourcen überlässt, werden bestimmte Marketingkosten eingespart.«* Ebd.

63 Chamayou, *Die unregierbare Gesellschaft*.

64 Triantafillou, *Neoliberal Power and Public Management Reforms*.

65 Ferreras, *Firms as Political Entities*.

66 Baars, *The Corporation, Law and Capitalism*.

67 Chamayou, *Die unregierbare Gesellschaft*.

68 Ferreras, *Firms as Political Entities*.

69 Es scheint, als ob Coase dieses Problem zwar durchaus bewusst war, er sich mit den Auswirkungen aber wenig befasste. In *The Nature of the Firm* schreibt er über die zentralen Merkmale der Arbeitgeber-Arbeitnehmer-Beziehung auf recht plakative – wenn auch historisch gesehen nicht ungewöhnliche – Art: »1. Der Diener muss die Pflicht haben, dem Herrn oder anderen im Namen des Herrn persönliche Dienste zu leisten, andernfalls handelt es sich um einen Vertrag über den Verkauf von Waren oder Ähnliches. 2. Der Herr muss das Recht haben, die Arbeit des Dieners zu kontrollieren, entweder persönlich oder durch einen anderen Diener oder Beauftragten. Dieses Recht auf Kontrolle oder Einmischung, das Recht, dem Diener vorzuschreiben, wann er zu arbeiten hat (im Rahmen der Dienstzeit) und wann nicht, und welche Arbeit er zu verrichten hat und wie er sie zu verrichten hat (im Rahmen der Dienstbedingungen), ist das beherrschende Merkmal dieses Verhältnisses und unterscheidet den Bediensteten von einem unabhängigen Auftragnehmer oder von jemandem, der nur angestellt ist, um seinem Arbeitgeber die Früchte seiner Arbeit zu liefern.«*

70 Joseph A. Schumpeter, *Kapitalismus, Sozialismus und Demokratie* (Stuttgart: utb, 2020).

71 Tepper und Hearn, *The Myth of Capitalism*.

72 Meagher, *Competition Is Killing Us*.

73 Ebd.

74 Ebd.

75 Thomas Philippon, *The Great Reversal: How America Gave Up on Free Markets* (Cambridge, MA: Belknap Press, 2019).

76 Meagher, *Competition Is Killing Us.*

77 In einer Rezension von Philippons Buch argumentiert Jan Eeckhout, dass »es keine Beweise dafür gibt, dass die Entwicklung der Marktmacht in Europa anders verlaufen ist als in den Vereinigten Staaten«.* Jan Eeckhout, »Book Review: *The Great Reversal* by Thomas Philippon«, *Journal of Economic Literature* 59, no. 4 (Dezember 2021), S. 1340–60, https://www.janeeckhout.com/wp-content/uploads/Commentary_03.pdf (zuletzt aufgerufen am 20.10.2024).

78 Jan Eeckhout, *The Profit Paradox: How Thriving Firms Threaten the Future of Work* (Princeton, NJ: Princeton University Press, 2021).

79 Meagher, *Competition Is Killing Us.*

80 Phillips und Rozworski, *People's Republic of Walmart.*

81 Ebd.

82 Ferreras, *Firms as Political Entities.*

83 Lynn, *Cornered*; Dayen, *Monopolized.*

84 Crouch, *Das befremdliche Überleben des Neoliberalismus.*

85 Hayek, *Der Weg zu Knechtschaft*, S. 173.

86 Elsadig Elsheikh und Hossein Ayazi, »The Era of Corporate Consolidation and the End of Competition: Bayer-Monsanto, Dow-DuPont, and ChemChina-Syngenta«, Haas Institute for a Fair and Inclusive Society at the University of California, Berkeley, Research Brief, Oktober 2018, https://belonging.berkeley.edu/era-corporate-consolidation-and-end-competition (zuletzt aufgerufen am 20.10.2024).

87 Alan Taylor, »Bhopal: The World's Worst Industrial Disaster, 30 Years Later«, *The Atlantic*, 2. Dezember 2014, https://www.theatlantic.com/photo/2014/12/bhopal-the-worlds-worst-industrial-disaster-30-years-later/100864/ (zuletzt aufgerufen am 20.10.2024).

88 Carey Gillam, »›Disturbing‹: Weedkiller Ingredient Tied to Cancer Found in 80% of US Urine Samples«, *The Guardian*, 9. Juli 2022, https://www.theguardian.com/us-news/2022/jul/09/weedkiller-glyphosate-cdc-study-urine-samples (zuletzt aufgerufen am 20.10.2024).

89 Patricia Cohen, »Roundup Maker to Pay $ 10 Billion to Settle Cancer Suits«, *New York Times*, 24. Juni 2020, https://www.nytimes.com/2020/06/24/business/roundup-settlement-lawsuits.html (zuletzt aufgerufen am 20.10.2024).

90 Silvia Ribeiro, »Syngenta: Murder and Private Militias in Brazil«, Via Campesina, 24. November 2007, https://viacampesina.org/en/syngenta-murder-and-private-militias-in-brazil/ (zuletzt aufgerufen am 20.10.2024).

91 TeleSUR, »Brazil Court Rules against Syngenta for Murder of MST Activist«, 1. Dezember 2018, https://orinocotribune.com/brazil-court-rules-against-syngenta-for-murder-of-mst-activist/ (zuletzt aufgerufen am 20.10.2024).

92 Gretchen Morgenson, »How DuPont May Avoid Paying to Clean Up a Toxic ›Forever Chemical‹« NBC News, 1. März 2020, https://www.nbcnews.com/health/cancer/how-dupont-may-avoid-paying-clean-toxic-forever-chemical-n1138766 (zuletzt aufgerufen am 20.10.2024).

93 Elsheikh und Ayazi, »The Era of Corporate Consolidation and the End of Competition«.
94 Crispin Dowler, »Revealed: The Pesticide Giants Making Billions on Toxic and Bee-Harming Chemicals«, *Unearthed*, 20. Februar 2020, https://unearthed.greenpeace.org/2020/02/20/pesticides-croplife-hazardous-bayer-syngenta-health-bees (zuletzt aufgerufen am 20.10.2024).
95 Elsheikh und Ayazi, »The Era of Corporate Consolidation and the End of Competition«.
96 Lynn, *Cornered*; Meagher, *Competition Is Killing Us*; Joseph Stiglitz, *Globalization and Its Discontents Revisited* (New York: W. W. Norton, 2017); Stoller, *Goliath*; Lina Khan und Sandeep Vaheesan, »How America became uncompetitive and unequal«, *Washington Post*, 13. Juni 2014, https://www.washingtonpost.com/opinions/how-america-became-uncompetitive-and-unequal/2014/06/13/a690ad94-ec00-11e3-b98c-72cef4a00499_story.html (zuletzt aufgerufen am 20.10.2024).
97 Tepper und Hearn, *The Myth of Capitalism*.
98 Marx, *Das Kapital, Band I*.
99 »Mit der Entwicklung der kapitalistischen Produktionsweise steigt der Mindestbetrag des individuellen Kapitals, der notwendig ist, um ein Geschäft unter seinen normalen Bedingungen zu betreiben«, Marx, *Das Kapital, Band I*.
100 Marx, *Das Kapital, Band I*; Hadas Thier, *A People's Guide to Capitalism: An Introduction to Marxist Economics* (Chicago: Haymarket Books, 2020).
101 Lynn, *Cornered*.
102 Ashok Kumar, *Monopsony Capitalism: Power and Production in the Twilight of the Sweatshop Age* (Cambridge: Cambridge University Press, 2020).
103 Paul A. Baran und Paul Sweezy, *Monopoly Capital* (New York: NYU Press, 1966).
104 Wie Baran und Sweezy in *Monopoly Capital* argumentieren, »[d]ie Aufgabe des Preiswettbewerbs bedeutet nicht das Ende jeglichen Wettbewerbs: er nimmt neue Formen an und wütet mit zunehmender Intensität weiter.«* Baran and Sweezy, *Monopoly Capital*.
105 Meagher, *Competition Is Killing Us*.
106 Kumar, *Monopsony Capitalism*.
107 Ebd.
108 Nicholas Shaxson, *Schatzinseln: Wie Steueroasen die Demokratie untergraben* (Zürich: Rotpunktverlag, 2011); Barak, *Unchecked Corporate Power*.
109 Doug Dowd, »Some Memories of Paul Baran and Paul Sweezy«, *Monthly Review*, 29. September 2012, https://mronline.org/2012/09/29/dowd290912-html/ (zuletzt aufgerufen am 20.10.2024).
110 Ebd.
111 Ebd.
112 Ebd.
113 Tepper und Hearn, *The Myth of Capitalism*.

114 Karl Marx, *Theorien über den Mehrwert, Zweiter Teil, Marx-Engels-Werke* (MEW), Bd. 26 (Berlin: Dietz, 1965).
115 Tepper und Hearn, *The Myth of Capitalism*; Dayen, *Monopolized.*
116 Baran und Sweezy, *Monopoly Capital.*
117 Shoshana Zuboff, *Das Zeitalter des Überwachungskapitalismus* (Frankfurt a. M.: Campus, 2018).
118 Meagher, *Competition Is Killing Us.*
119 Ebd.
120 Ebd.
121 Tepper und Hearn, *The Myth of Capitalism.*
122 Meagher, *Competition Is Killing Us.*
123 Tepper und Hearn, *The Myth of Capitalism.*
124 Meagher, *Competition Is Killing Us.*
125 Tepper und Hearn, *The Myth of Capitalism.* Wie Baran und Sweezy (in den Sechzigerjahren!) feststellten, »ist es oft das ultimative Ziel des kleinen Unternehmens, aufgekauft und absorbiert zu werden«.* Baran and Sweezy, *Monopoly Capital.*
126 Baran und Sweezy, *Monopoly Capital.*
127 Zia Qureshi, »The Rise of Corporate Market Power«, Brookings Institute, 21. Mai 2019, https://www.brookings.edu/articles/the-rise-of-corporate-market-power/ (zuletzt aufgerufen am 20.10.2024).
128 Rana Foroohar, *Don't Be Evil: The Case against Big Tech* (London: Penguin UK, 2019).
129 Kenneth Rogoff, »Big Tech Is a Big Problem«, Project Syndicate, 2. Juli 2018, https://www.project-syndicate.org/commentary/regulating-big-tech-companies-by-kenneth-rogoff-2018-07 (zuletzt aufgerufen am 20.10.2024).
130 Qureshi, »The Rise of Corporate Market Power«.
131 *OECD Employment Outlook 2022: Building Back More Inclusive Labour Markets,* OECD, 9. September 2022, https://www.oecd-ilibrary.org/employment/oecd-employment-outlook-2022_oecab874-en (zuletzt aufgerufen am 20.10.2024).
132 Michał Kalecki, *Collected Works, vol. 1* (Oxford: Oxford University Press, 1990).
133 Galbraith, *Die moderne Industriegesellschaft.*
134 Für einen Überblick über die Marx'sche Theorie der Zentralisierung siehe Thier, *A People's Guide to Capitalism.*
135 Marx, *Das Kapital.*
136 Peter Walker, »Call Centre Staff to Be Monitored via Webcam for Home-Working ›Infractions‹«, *The Guardian,* 26. März 2021, https://www.theguardian.com/business/2021/mar/26/teleperformance-call-centre-staff-monitored-via-webcam-home-working-infractions (zuletzt aufgerufen am 20.10.2024).
137 Thodoris Chondrogiannos und Nikolas Leontopoulos, »How a Global Call Centre Giant (Mis)managed the Pandemic«, Investigate Europe, 7. Mai 2020, https://www.investigate-europe.eu/en/2020/how-one-of-the-worlds-biggest-call-centre-companies-mismanaged-the-pandemic-crisis/ (zuletzt aufgerufen am 20.10.2024).
138 Olivia Solon, »Big Tech Call Center Workers Face Pressure to Accept Home

Surveillance«, NBC News, 8. August 2021, https://www.nbcnews.com/tech/tech-news/big-tech-call-center-workers-face-pressure-accept-home-surveillance-n1276227 (zuletzt aufgerufen am 20.10.2024).

139 Frank W. Elwell, »Harry Braverman and the Working Class«, Rogers State University, https://www.google.com/url?sa=t&source=web&rct=j&opi=89978449&url=https://faculty.rsu.edu/users/f/felwell/www/Theorists/Braverman/Presentation/Labor.pdf&ved=2ahUKEwj_xN6j2Z2JAxWp3wIHHc5ZKaYQFnoECBMQAQ&usg=AOvVaw3VMhFF4Z67gwaTsI9qNVHY (zuletzt aufgerufen am 20.10.2024).

140 Ebd.

141 Harry Braverman, *Labor and Monopoly Capital: The Degradation of Work in the Twentieth Century* (New York: Monthly Review Press, 1998).

142 Die Herausforderung, die Arbeit des Arbeiters effizienter zu kontrollieren, »stellt sich als die Herausforderung des Managements dar«.* Braverman, *Labor and Monopoly Capital.*

143 Braverman argumentiert, dass der Kapitalismus »die Technologie vollständig umgestaltet«.

144 G4S, »Our History«, https://www.g4s.com/who-we-are/our-history (zuletzt aufgerufen am 20.10.2024).

145 Adam Taylor, »How the Plan to Privatize London's Olympic Security Turned into a Disaster«, *Insider*, 18. Juli 2012, https://www.businessinsider.com/g4s-olympic-security-disaster-2012-7?r=US&IR=T (zuletzt aufgerufen am 20.10.2024).

146 Matthew Taylor und Robert Booth, »G4S Guards Found Not Guilty of Manslaughter of Jimmy Mubenga«, *The Guardian*, 16. Dezember 2014, https://www.theguardian.com/uk-news/2014/dec/16/g4s-guards-found-not-guilty-manslaughter-jimmy-mubenga (zuletzt aufgerufen am 20.10.2024).

147 »Jimmy Mubenga«, 4Front Project, https://www.4frontproject.org/jimmy-mubenga (zuletzt aufgerufen am 20.10.2024).

148 Ebd.

149 Paul Lewis und Matthew Taylor, »Jimmy Mubenga Death: G4S Guards Will Not Face Charges«, *The Guardian*, 17. Juli 2012, https://www.theguardian.com/uk/2012/jul/17/jimmy-mubenga-guards-no-charges (zuletzt aufgerufen am 20.10.2024).

150 Ebd.

151 Robert Booth, »Jimmy Mubenga: Judge Refused to Allow Jury to Hear about Guards' Racist Texts«, *The Guardian*, 17. Dezember 2014, https://www.theguardian.com/uk-news/2014/dec/17/jimmy-mubenga-racist-texts-not-heard-case (zuletzt aufgerufen am 20.10.2024).

152 Ebd.

153 »Jimmy Mubenga«, 4Front Project.

154 Alison Holt, »What I Saw When I Went Undercover«, BBC News, 4. September 2017, https://www.bbc.co.uk/news/resources/idt-sh/g4s_brook_house_immigration_removal_centre_undercover (zuletzt aufgerufen am 20.10.2024).

155 Mattha Busby, »G4S to Leave Immigration Sector after Brook House Scandal«, *The Guardian*, 24. September 2019, https://www.theguardian.com/business/2019/sep/24/g4s-to-leave-immigration-sector-after-brook-house-scandal (zuletzt aufgerufen am 20.10.2024).
156 Tom Sanderson, »G4S Uses ›Unacceptable‹ Force on Pregnant Detinee at UK Family Detention Centre«, openDemocracy, 24. Oktober 2012, https://www.opendemocracy.net/en/shine-a-light/g4s-uses-unacceptable-force-on-pregnant-detainee-at-uk-family-detention-ce/ (zuletzt aufgerufen am 20.10.2024).
157 Ruth Hopkins, »South African Prisoners Sue G4S over Torture Claims«, *The Guardian*, 13. Februar 2015, https://www.theguardian.com/world/2015/feb/13/south-african-prisoners-sue-g4s-over-torture-claims (zuletzt aufgerufen am 20.10.2024).
158 Kevin Rawlinson, »Private Firms ›Are Using Detained Immigrants as Cheap Labour‹«, *The Guardian*, 22. August 2014, https://www.theguardian.com/uk-news/2014/aug/22/immigrants-cheap-labour-detention-centres-g4s-serco (zuletzt aufgerufen am 20.10.2024).
159 Yeganeh Torbati und Mica Rosenberg, »Orlando Shooter Was Employee of Global Security Firm G4S«, Reuters, 14. Juni 2016, https://www.reuters.com/article/us-florida-shooting-g4s-idUSKCN0Z02QS (zuletzt aufgerufen am 20.10.2024).
160 Crouch, *Das befremdliche Überleben des Neoliberalismus.*
161 Wie Joshua Barkan in *Corporate Sovereignty* argumentiert, »sollte die Macht der Unternehmen als eine Form der politischen Souveränität neu überdacht werden«.*
162 Hobbes, zitiert in Philip J. Stern, *The Company-State: Corporate Sovereignty and the Early Modern Foundations of the British Empire in India* (Oxford: Oxford University Press, 2012).
163 Stern, *The Company-State.*
164 Ebd.
165 Ebd.
166 Baars, *The Corporation, Law and Capitalism.*
167 Ferreras, *Firms as Political Entities.*
168 Sie sind eine »imaginäre Beziehung von Individuen zu ihren realen Existenzbedingungen«.* Barkan, *Corporate Sovereignty.*
169 Baars, *The Corporation, Law and Capitalism.*
170 Ebd.
171 Ebd.
172 Eine auf Gewalt basierende Souveränität ist einer Souveränität gewichen, die »durch soziale Formationen [zirkuliert], die Körperschaften zur Selbstregulierung erzieht, die in Fähigkeiten des Einzelnen investiert und die Risiken auf der Ebene der Gesamtbevölkerung mindert«.* Barkan, *Corporate Sovereignty.*
173 »WHO Coronavirus Dashboard«, WHO, https://covid19.who.int/table (zuletzt aufgerufen am 20.10.2024).
174 Michel Foucault, *The Birth of Biopolitics: Lectures at the Collège de France, 1978–1979* (Basingstoke, UK: Palgrave Macmillan, 2010).

175 Diese Idee des souveränen »Verbots« ist für Barkans Konzeption der Unternehmenssouveränität von entscheidender Bedeutung, denn sie zeigt, dass Souveränität nicht einfach eine Art der Gewaltanwendung ist, um ein Territorium zu kontrollieren. Vielmehr zeigt sie sich in einer Reihe von Praktiken, die die Steuerung des Lebens ermöglichen, »indem sie die Grenzen des Rechts festlegen und überschreiten«.* Die Aktiengesellschaft spielt dabei eine besonders interessante Rolle, denn sie ist nicht nur eine juristische Konstruktion, sondern eine soziale Tatsache, die aus der Organisation der kapitalistischen Gesellschaft hervorgeht und daher die Grenzen des Rechts absteckt. Wenn wir diese Beziehung verstehen, können wir erkennen, dass die Macht der Unternehmen und die Macht des Staates keine unterschiedlichen Arten von Macht sind, die sich um die Kontrolle von Menschen und Dingen streiten, sondern komplementäre – wenn auch manchmal widersprüchliche – Wege, das Leben selbst zu organisieren. Barkan, *Corporate Sovereignty.*

176 Wie Barkan argumentiert, »regeln Unternehmen das Leben durch die Ausweitung des Rechts sowie durch gesetzlich autorisierte Aussetzungen, Privilegien und Immunitäten vom Gesetz«.* Barkan, *Corporate Sovereignty.*

177 Taylor Giorno, »Federal Lobbying Spending Reaches $ 4.1 Billion in 2022 – the Highest since 2010«, OpenSecrets, 26. Januar 2023, https://www.opensecrets.org/news/2023/01/federal-lobbying-spending-reaches-4-1-billion-in-2022-the-highest-since-2010 (zuletzt aufgerufen am 20.10.2024).

178 Tepper und Hearn, *The Myth of Capitalism.*

179 Ebd.

180 Ebd.

181 Jessica Huseman, »Filing Taxes Could Be Free and Simple. But H&R Block and Intuit Are Still Lobbying against It«, ProPublica, 20. März 2017, https://www.propublica.org/article/filing-taxes-could-be-free-simple-hr-block-intuit-lobbying-against-it (zuletzt aufgerufen am 20.10.2024).

182 Barak, *Unchecked Corporate Power.*

183 Meagher, *Competition Is Killing Us.*

184 Barak, *Unchecked Corporate Power.*

185 Ebd.

186 Baars, *The Corporation, Law and Capitalism.*

187 Barak, *Unchecked Corporate Power.*

188 Ebd.

189 Baars, *The Corporation, Law and Capitalism.*

190 Ebd.

191 Ebd.

5 Zeit kaufen: Wie die Großbanken planen

1 J. W. Mason, »Socialize Finance«, *Jacobin*, 28. November 2016, https://jacobin.com/2016/11/finance-banks-capitalism-markets-socialism-planning (zuletzt aufgerufen am 21.10.2024).

2 Gabriel Sherman, »›You Don't Bring Bad News to the Cult Leader‹: Inside the Fall of WeWork«, *Vanity Fair*, 21. November 2019, https://www.vanityfair.com/news/2019/11/inside-the-fall-of-wework (zuletzt aufgerufen am 21.10.2024).

3 Britney Nguyen, »The Career Rise, Fall, and Return of Adam Neumann, the Controversial WeWork Cofounder Who Is Back with Another Real-Estate Startup«, *Insider*, 16. August 2022, https://www.businessinsider.com/wework-ceo-adam-neumann-bio-life-career-2019-8?r=US&IR=T (zuletzt aufgerufen am 21.10.2024).

4 »The Unicorn List: 13: WeWork«, *Fortune*, https://fortune.com/ranking/unicorns/2016/wework/ (zuletzt aufgerufen am 21.10.2024).

5 Sheryl Wudunn, »MEDIA; An Entrepreneurial Exception Rides the Internet in Japan«, *New York Times*, 26. Juli 1999, https://www.nytimes.com/1999/07/26/business/media-an-entrepreneurial-exception-rides-the-internet-in-japan.html (zuletzt aufgerufen am 21.10.2024).

6 Ebd.

7 Alan M. Webber, »Japanese-Style Entrepreneurship: An Interview with Softbank's CEO, Masayoshi Son«, *Harvard Business Review*, Januar-Februar 1992, https://hbr.org/1992/01/japanese-style-entrepreneurship-an-interview-with-softbanks-ceo-masayoshi-son (zuletzt aufgerufen am 21.10.2024).

8 »Who Has Lost the Most Money in Human History?«, *The Spectator*, 19. November 2022, https://www.spectator.co.uk/article/who-has-lost-the-most-money-in-human-history/ (zuletzt aufgerufen am 21.10.2024).

9 Julie Bort und Meghan Morris, »Former Employees from WeWork Share Stories about Adam Neumann Running around Barefoot, Yelling at Employees, and Demanding Cases of Tequila«, *Insider*, 30. September 2019, https://www.businessinsider.com/wework-employees-share-stories-about-barefoot-adam-neumann-2019-9?r=US&IR=T (zuletzt aufgerufen am 21.10.2024).

10 Taylor Telford, »Adam Neumann's Chaotic Energy Built WeWork. Now It Might Cost Him His Job as CEO«, *Washington Post*, 23. September 2019, https://www.washingtonpost.com/business/2019/09/23/adam-neumanns-chaotic-energy-built-wework-now-it-might-cost-him-his-job-ceo/ (zuletzt aufgerufen am 21.10.2024).

11 Nguyen, »The Career Rise, Fall, and Return of Adam Neumann, the Controversial WeWork Cofounder Who Is Back with Another Real-Estate Startup«.

12 David Trainer, »WeWork Is the Most Ridiculous IPO of 2019«, *Forbes*, 27. August 2019, https://www.forbes.com/sites/greatspeculations/2019/08/27/wework-is-the-most-ridiculous-ipo-of-2019/?sh=294fb4111ad6 (zuletzt aufgerufen am 21.10.2024).

13 Chozick, »Adam Neumann and the Art of Failing Up«.

14 Ellen Huet, »WeWork Gave Founder Loans as It Paid Him Rent, IPO Filing Shows«, Bloomberg, 14. August 2019, https://www.bloomberg.com/news/articles/2019-08-14/wework-gave-founder-loans-as-it-paid-him-rent-ipo-filing-shows (zuletzt aufgerufen am 21.10.2024).
15 Chozick, »Adam Neumann and the Art of Failing Up«.
16 Eliot Brown, Maureen Farrell und Anupreeta Das, »WeWork Co-Founder Has Cashed Out at Least $ 700 Million Via Sales, Loans«, *Wall Street Journal*, 18. Juli 2019, https://www.wsj.com/articles/wework-co-founder-has-cashed-out-at-least-700-million-from-the-company-11563481395 (zuletzt aufgerufen am 21.10.2024).
17 Peter Eavis und Michael J. de la Merced, »WeWork I. P. O. Is Withdrawn as Investors Grow Wary«, *New York Times*, 1. Oktober 2019, aktualisiert am 21. Oktober 2021, https://www.nytimes.com/2019/09/30/business/wework-ipo.html (zuletzt aufgerufen am 21.10.2024).
18 Eric Platt, »Adam Neumann's $ 1.6bn WeWork Exit Package Could Get Sweeter«, *Financial Times*, 24. Dezember 2019, https://www.ft.com/content/eecf1f22-2332-11ea-b8a1-584213ee7b2b (zuletzt aufgerufen am 21.10.2024).
19 George Hammond und Andrew Edgecliffe-Johnson, »SoftBank and WeWork Co-founder Adam Neumann Agree Divorce Deal«, *Financial Times*, 27. Mai 2021, https://www.ft.com/content/b0c047d0-6e7e-42c1-89c8-ee5f96d01a12 (zuletzt aufgerufen am 21.10.2024).
20 Sergei Klebnikov, »WeWork Lays Off 2,400 Employees in Latest Round of Cost-Cutting«, *Forbes*, 21. November 2019, https://www.forbes.com/sites/sergeiklebnikov/2019/11/21/wework-lays-off-2400-employees-in-latest-round-of-cost-cutting/?sh=7bf6550c6b3b (zuletzt aufgerufen am 21.10.2024).
21 Ortenca Aliaj und George Hammond, »WeWork to Make Belated Arrival on Stock Market after Spac Merger«, *Financial Times*, 19. Oktober 2021, https://www.ft.com/content/258121b8-299e-4993-91d9-cb2a18d387f4 (zuletzt aufgerufen am 21.10.2024).
22 Pavel Alpeyev, »SoftBank's Vision Fund Loses $ 17.7 Billion on WeWork, Uber«, Bloomberg, 18. Mai 2020, https://www.bloomberg.com/news/articles/2020-05-18/softbank-vision-fund-books-17-7-billion-loss-on-wework-uber (zuletzt aufgerufen am 21.10.2024).
23 Hyman P. Minsky, *Induced Investment and Business Cycles* (New York: Levy Economics Institute of Bard College, 2004); Karl Polanyi, *The Great Transformation: Politische und ökonomische Ursprünge von Gesellschaften und Wirtschaftssystemen* (Frankfurt a. M.: Suhrkamp, 1973).
24 Ann Pettifor, *Die Produktion des Geldes: Ein Plädoyer wider die Macht der Banken* (Hamburg: Hamburger Edition, HIS, 2018).
25 Dayen, *Monopolized*.
26 Heather Stewart, »This Is How We Let the Credit Crunch Happen, Ma'am …« *The Guardian*, 25. Juli 2009, https://www.theguardian.com/uk/2009/jul/26/monarchy-credit-crunch (zuletzt aufgerufen am 21.10.2024).

27 Stephen Mihm, »Dr. Doom – Profile – Nouriel Roubini – Predicting Crisis in the United States Economy«, *New York Times*, 15. August 2008, https://www.nytimes.com/2008/08/17/magazine/17pessimist-t.html (zuletzt aufgerufen am 21.10.2024).
28 Cameron Cooper, »6 economists who predicted the global financial crisis«, CPA Australia, 7. Juli 2015, https://intheblack.cpaaustralia.com.au/economy/6-economists-who-predicted-the-global-financial-crisis-and-why-we-should-listen-to-them-from-now-on (zuletzt aufgerufen am 21.10.2024).
29 Ebd.
30 Steve Keen, »I Predicted the Last Financial Crisis – Now Soaring Global Debt Levels Pose Risk of Another«, *The Conversation*, 15. September 2017, https://theconversation.com/i-predicted-the-last-financial-crisis-now-soaring-global-debt-levels-pose-risk-of-another-84136 (zuletzt aufgerufen am 21.10.2024).
31 Siehe zum Beispiel N. Gregory Mankiw, *Macroeconomics* (New York: Worth Publishers, 2018).
32 »Ich muss einige Reserven vorhalten, damit sie verfügbar sind, wenn Einleger Abhebungen vornehmen wollen.«* Mankiw, *Macroeconomics*.
33 Befürworter des Loanable-Funds-Modells mögen argumentieren, dass sich die Theorie über ihre klassischen Wurzeln hinaus entwickelt habe und nun in der Lage sei, eine umfassendere Sichtweise der Kreditvergabe einzubeziehen. Das ändert aber nichts daran, dass »der konzeptionelle und modelltechnische Rahmen, der in dieser Literatur fast durchgängig verwendet wird, … eine Abkürzung wählt, die Banken als Vermittler von physischen Ressourcen ähnlich wie Lagerhäuser beschreibt«.* Zoltan Jakab und Michael Kumhof, »Staff Working Paper No. 761: Banks Are Not Intermediaries of Loanable Funds – Facts, Theory and Evidence«, Bank of England, 26. Oktober 2018, aktualisiert im Juni 2019, https://www.bankofengland.co.uk/-/media/boe/files/working-paper/2018/banks-are-not-intermediaries-of-loanable-funds-facts-theory-and-evidence.pdf?la=en&hash=5FCDED87A783AA0483319CD4351170DB94C8A771 (zuletzt aufgerufen am 21.10.2024).
34 Ebd.
35 Pettifor, *Die Produktion des Geldes*.
36 Ebd.
37 Die neoklassische Theorie beruht auf der Annahme, dass die Investitionen von Unternehmen durch die Kosten dieser Investitionen bestimmt werden, gemessen an den erwarteten Erträgen, die sich aus diesen Investitionen unter Berücksichtigung von Risiko und Inflation ergeben. Keynes argumentierte jedoch, dass die beiden Elemente der neoklassischen Investitionsgleichung – Kosten und erwartete Erträge – von unterschiedlichen Preissystemen bestimmt werden. Die Investitionskosten werden durch den aktuellen Zustand der Wirtschaft bestimmt – die Kosten für den Bau einer neuen Fabrik hingegen werden zum Beispiel durch Grundstückskosten, Baukosten usw. bestimmt. Die Rendite einer Investition wird jedoch durch die Entwicklungen in der Wirtschaft bestimmt, etwa durch das zukünftige Wirt-

schaftswachstum. Siehe Blakeley, *Stolen*, für eine Diskussion der »Zwei-Preise-Theorie« von Keynes.

38 Diese Unterscheidung geht auf Frank Knights Typologie von Risiko und Unsicherheit zurück. Risiko ist quantifizierbar. Bei der Bewertung des Risikos werden Erfahrungen aus der Vergangenheit herangezogen, um einem zukünftigen Ereignis eine Wahrscheinlichkeit zuzuordnen: Eine Bank könnte auf der Grundlage einer Analyse früherer Daten schätzen, dass das Risiko eines Konkurses für ein bestimmtes Unternehmen in einer bestimmten Branche in den nächsten fünf Jahren bei 25 Prozent liegt. Die Risikoeinschätzung der Bank wirkt sich auf den von ihr verlangten Zinssatz aus: Wenn bei einem Viertel der Unternehmen einer Branche ein Zahlungsausfall zu erwarten ist, dann wird die Bank für Kredite an Unternehmen dieser Branche einen Zinssatz verlangen, der es ihr ermöglicht, die Verluste der zahlungsunfähigen Unternehmen wieder hereinzuholen. Ungewissheit hingegen ist nicht quantifizierbar. Wenn ein Ergebnis ungewiss ist, gibt es keine Möglichkeit, seine Wahrscheinlichkeit auf der Grundlage früherer Beobachtungen vorherzusagen. Ich kann zwar wissen, dass das Risiko besteht, dass ein Unternehmen innerhalb einer Branche ausfällt, aber ich kann nicht mit Sicherheit wissen, ob das Unternehmen, dem ich einen Kredit gebe, ausfallen wird. Vgl. Frank Knight, *Risk, Uncertainty, and Profit* (Kissimmee, FL: Signalman, 2009).

39 Martijn Konings schreibt: »Alle wirtschaftlichen Entscheidungen und Investitionen sind in dem Sinne spekulativ, dass ihr Wert erst in einer Zukunft bestimmt wird, die wir nicht kennen, weil sie von Ereignissen geprägt sein wird, die wir nicht vorhersagen können.«* Martijn Konings, »The Time of Finance«, *Los Angeles Review of Books*, 28. Dezember 2017.

40 Wie Frederic Durand beobachtet hat, läuft die wachsende Macht der Finanzwirtschaft in unseren Volkswirtschaften auf »eine zunehmende Vorwegnahme der zukünftigen Produktion«* hinaus. Durand, *Fictitious Capital*.

41 Crouch, *Das befremdliche Überleben des Neoliberalismus*.

42 Es war auch, wie Wolfgang Streeck argumentiert, Teil einer breiteren Verlagerung von Verteilungskonflikten »in immer abstraktere Handlungssphären und immer weiter weg von der menschlichen Erfahrung und der Reichweite demokratischer Politik«*. Streeck, *Gekaufte Zeit*.

43 Blakeley, *Stolen*.

44 Aled Davies, James Freeman und Hugh Pemberton, »›Everyman a capitalist?‹ or ›Free to Choose‹? Exploring the tensions within Thatcherite individualism«, *Historical Journal* 61, no. 2 (2018), S. 477–501, https://doi.org/10.1017/S0018246X17000103 (zuletzt aufgerufen am 21.10.2024).

45 Crouch, *Das befremdliche Überleben des Neoliberalismus*.

46 Peter Behr und Ben White, »J. P. Morgan Had Many Ties with Enron«, *Washington Post*, 23. Februar 2002, https://www.washingtonpost.com/archive/business/2002/02/23/jp-morgan-had-many-ties-with-enron/0e21292e-fa20-4a97-9a11-de698ebd50e9/ (zuletzt aufgerufen am 21.10.2024).

47 Ebd.
48 Ebd.
49 David Teather, »JP Morgan Pays $ 1bn to Settle Enron Claim«, *The Guardian*, 17. August 2005, https://www.theguardian.com/business/2005/aug/17/corporatefraud.enron (zuletzt aufgerufen am 21.10.2024).
50 Patrick Oster und Bloomberg, »Ex-WorldCom CEO Bernard Ebbers, ›Telecom Cowboy‹ Sentenced to 25 Years in Accounting Fraud, Dies at 78«, *Fortune*, 3. Februar 2020, https://fortune.com/2020/02/03/worldcom-ceo-bernard-ebbers-telecom-cowboy-dies (zuletzt aufgerufen am 21.10.2024).
51 Ebd.
52 Ebd.
53 Gretchen Morgenson, »When Citigroup Met WorldCom«, *New York Times*, 16. Mai 2004, https://www.nytimes.com/2004/05/16/business/when-citigroup-met-worldcom.html (zuletzt aufgerufen am 21.10.2024).
54 Ebd.
55 David Teather, »JP Morgan Pays $ 2bn over WorldCom«, *The Guardian*, 17. März 2005, https://www.theguardian.com/business/2005/mar/17/corporatefraud (zuletzt aufgerufen am 21.10.2024).
56 Paul Toscano, »Portfolio's Worst American CEOs of All Time«, CNBC, 30. April 2009, https://www.cnbc.com/2009/04/30/Portfolios-Worst-American-CEOs-of-All-Time.html (zuletzt aufgerufen am 21.10.2024).
57 Diana B. Henriques, »Bernie Madoff, Architect of Largest Ponzi Scheme in History, Is Dead at 82«, *New York Times*, 15. April 2021, https://www.nytimes.com/2021/04/14/business/bernie-madoff-dead.html (zuletzt aufgerufen am 21.10.2024).
58 »The Madoff Files: Bernie's Billions«, *Independent*, 29. Januar 2009, https://www.independent.co.uk/news/business/analysis-and-features/the-madoff-files-bernie-s-billions-1518939.html (zuletzt aufgerufen am 21.10.2024).
59 Ethan Sacks, »Bernie Madoff, Mastermind of Largest Ponzi Scheme in History, Dies at 82«, NBC News, 14. April 2021, https://www.nbcnews.com/news/us-news/bernie-madoff-mastermind-behind-largest-ponzi-sheeme-history-dies-82-n1139831 (zuletzt aufgerufen am 21.10.2024).
60 Laurence Kotlikoff, »A Look at JPMorgan Chase's 20 Years of Watching Madoff Commit Crimes«, *Forbes*, 26. September 2014, https://www.forbes.com/sites/kotlikoff/2014/09/26/jpmorgan-chases-20-years-of-watching-madoff-commit-crimes-read-chapter-2-at-jpmadoff-com/?sh=2df5ceaf3b89 (zuletzt aufgerufen am 21.10.2024).
61 MJ Lee, »Madoff: ›JPMorgan Knew‹«, *Politico*, 21. März 2014, https://www.politico.com/story/2014/03/bernie-madoff-jpmorgan-104887 (zuletzt aufgerufen am 21.10.2024).
62 Nathan Vardi, »JPMorgan Chase to Pay $ 1.7 Billion in Largest Bank Forfeiture in History Settles Criminal Madoff Charges«, *Forbes*, 7. Januar 2014, https://www.

forbes.com/sites/nathanvardi/2014/01/07/jpmorgan-chase-to-pay-1-7-billion-in-largest-bank-forfeiture-in-history-settles-criminal-madoff-charges/ (zuletzt aufgerufen am 21.10.2024).

63 Costas Lapavitsas, *Profiting Without Producing: How Finance Exploits Us All* (London: Verso, 2014).

64 Rudolf Hilferding, *Das Finanzkapital. Eine Studie über die jüngste Entwicklung des Kapitalismus* (Wien: Brand, 1910).

65 Holocaust Encyclopedia, »Rudolf Hilferding«, US Holocaust Memorial Museum, https://encyclopedia.ushmm.org/content/en/article/rudolf-hilferding (zuletzt aufgerufen am 21.10.2024).

66 William Smaldone, *Rudolf Hilferding: Tragödie eines deutschen Sozialdemokraten* (Berlin: Dietz, 2000), S. 41.

67 Smaldone, *Rudolf Hilferding*.

68 Holocaust Encyclopedia, »Rudolf Hilferding«.

69 Smaldone, *Rudolf Hilferding*.

70 Die Entwicklung des Aktienmarktes erweitert diesen Prozess der Finanzialisierung. Die Banken erzielen einen »Promoter-Gewinn«, indem sie Unternehmen beim Börsengang helfen. Die Kapitalgewinne aus der Spekulation mit dem »fiktiven Kapital«, das auf den Finanzmärkten geschaffen wird, werden durch die Umwandlung der kapitalistischen Eigentumsrechte ermöglicht: »Das Eigentum an den tatsächlichen Produktionsmitteln wird von Einzelpersonen auf eine juristische Person übertragen.« Diese Umwandlung macht den Produktionsprozess zunehmend unabhängig vom individuellen Eigentum an den Produktionsmitteln. Hilferding, *Das Finanzkapital*.

71 Die zunehmende Beteiligung der Finanzinstitute an der Finanzierung von Unternehmensinvestitionen »befreit« den industriellen Kapitalisten von seiner Rolle als »industrieller Unternehmer«. Ebd.

72 Panitch und Gindin, *The Making of Global Capitalism*.

73 Costas Lapavitsas argumentiert in *Profiting Without Producing*: »Das Finanzkapital – eine Mischung aus Industrie- und Bankenkapital – ›organisiert‹ die Wirtschaft so, dass sie seinen eigenen Interessen entspricht.«*

74 Bob Bryan, »Wall Street Banks Could Make Close to $ 700 Million from the Bayer-Monsanto Deal«, *Insider*, 14. September 2016, https://www.businessinsider.com/bayer-monsanto-wall-street-financial-advisors-payday-2016-9?r=US&IR=T (zuletzt aufgerufen am 21.10.2024).

75 Ebd.

76 Ebd.

77 Ruth Bender, »How Bayer-Monsanto Became One of the Worst Corporate Deals – in 12 Charts«, *Wall Street Journal*, 28. August 2019, https://www.wsj.com/articles/how-bayer-monsanto-became-one-of-the-worst-corporate-dealsin-12-charts-11567001577 (zuletzt aufgerufen am 21.10.2024).

78 Mike Stone, »Dow CEO Rewards Former Citi Banker Klein with $ 130 Billion

Deal Prize«, Reuters, 11. Dezember 2015, https://www.reuters.com/article/us-dow-m-a-klein-idUSKBN0TU2UF20151211 (zuletzt aufgerufen am 21.10.2024).
79 Anjuli Davies, »Advisors Could Reap $ 166 mln in Fees from Chemchina's Syngenta Deal«, Reuters, 3. Februar 2016, https://www.reuters.com/article/syngenta-ag-ma-fees-idUSL8N15I3KD (zuletzt aufgerufen am 21.10.2024).
80 Die bekanntlich weder heilig noch römisch noch ein Imperium war.
81 David Graeber, *Schulden: Die ersten 5000 Jahre* (Stuttgart: Klett-Cotta, 2012), S. 55.
82 Marx, *Das Kapital, Band I.*
83 Robert Z. Aliber und Charles P. Kindleberger, *Manias, Panics, and Crashes: A History of Financial Crises, Seventh Edition* (New York: Palgrave Macmillan, 2015).
84 Robert J. Shiller, *Irrationaler Überschwang: Dritte Auflage. Erweitert und komplett überarbeitet* (Kulmbach: Plassen Verlag, 2015).
85 J. M. Keynes zitiert in Durand, *Fictitious Capital.*
86 William Fleckenstein mit Frederick Sheehan, *Mr. Bubble: Wie Alan Greenspan die Welt an den Abgrund führte* (München: FinanzBuch Verlag, 2008).
87 Durand, *Fictitious Capital.*
88 Fleckenstein und Sheehan, *Mr. Bubble*; Jeannine Aversa, »Alan Greenspan enjoys rock star renown«, Associated Press, 5. März 2005, https://www.chron.com/business/article/alan-greenspan-enjoys-rock-star-renown-1914177.php (zuletzt aufgerufen am 21.10.2024).
89 Streeck, *Gekaufte Zeit.*
90 Fleckenstein und Sheehan, *Mr. Bubble*; Jeannine Aversa, »Alan Greenspan enjoys rock star renown«, Associated Press, 5. März 2005.
91 Richard C. Koo, *The Other Half of Macroeconomics and the Fate of Globalization* (Hoboken, NJ: John Wiley & Sons, 2018).
92 Durand, *Fictitious Capital.*
93 Ebd.
94 Ebd.
95 Benjamin S. Braun, »Speaking to the People? Money, Trust, and Central Bank Legitimacy in the Age of Quantitative Easing«, *Review of International Political Economy* 23, no. 6 (November 2016), S. 1064–92, https://doi.org/10.1080/09692290.2016.1252415 (zuletzt aufgerufen am 21.10.2024).
96 In Brauns Worten haben Sie »den langfristigen Zinssatz zu einer politischen Variable gemacht«.* Benjamin S. Braun, »Central Bank Planning: Unconventional Monetary Policy and the Price of Bending the Yield Curve«, in: Jens Beckert and Richard Bronk (Hrsg.), *Uncertain Futures: Imaginaries, Narratives, and Calculation in the Economy* (Oxford: Oxford University Press, 2018).
97 Um den Zentralbankern gegenüber fair zu sein: Sie standen vor der fast unmöglichen Aufgabe, das Wachstum aufrechtzuerhalten und die Inflation zu senken, wobei die staatliche Finanzpolitik oft in die entgegengesetzte Richtung wirkt und die Inflation dramatisch anstieg – angetrieben durch einen Kostendruck, der

sich weitgehend der Kontrolle der Politiker entzieht. Aber die Anerkennung dieser Tatsache verdeutlicht einfach die schwerwiegenden Probleme der makroökonomischen Orthodoxie der letzten Jahrzehnte, die eine Trennung von Geld- und Finanzpolitik vorsieht.

98 Ihre Vorhersagen haben keine »epistemische Autorität« und »Glaubwürdigkeit der Verpflichtungen« mehr, weil sie weniger als objektive Vorhersagen wahrscheinlicher zukünftiger Ergebnisse und mehr als Instrumente zur Beeinflussung des Marktverhaltens angesehen werden.* Braun, »Central Bank Planning«.

99 »Einst ein Barometer für die dezentralen Überzeugungen und Handlungen unzähliger Marktteilnehmer, ist der langfristige Zinssatz zu einer politischen Variablen geworden, die von den Zentralbanken manipuliert wird, um das ›wahrgenommene Absturzrisiko‹ für die Anleger zu verringern.«* Braun, »Central Bank Planning«.

100 Corporate Europe Observatory, »Lobbying to Kill off Robin Hood«, Corporate Europe Observatory, https://corporateeurope.org/en/financial-lobby/2012/03/lobbying-kill-robin-hood (zuletzt aufgerufen am 21.10.2024).

101 Pistor, *Der Code des Kapitals.*

102 Baars, *The Corporation, Law and Capitalism.*

103 Ebd.

104 Pistor, *Der Code des Kapitals.*

105 Ebd.

106 Dies ist vor allem in Common-Law-Systemen der Fall, in denen sich das Recht durch Präzedenzfälle entwickelt hat. Pistor zufolge wird das internationale Finanzrecht größtenteils durch Common-Law-Systeme geregelt. Vgl. Ebd.

107 Nicholas Shaxson, *Schatzinseln.*

108 Ebd.

109 Meagher, *Competition Is Killing Us.*

110 Barak, *Unchecked Corporate Power.*

111 Durand, *Fictitious Capital.*

112 Robin Wigglesworth, »The Ten Trillion Dollar Man: How Larry Fink Became King of Wall St.«, *Financial Times*, 6. Oktober 2021, https://www.ft.com/content/7dfd1e3d-e256-4656-a96d-1204538d75cd (zuletzt aufgerufen am 21.10.2024).

113 Ebd.

114 Ebd.

115 Ebd.

116 Jacob Greenspon, »How Big a Problem Is It That a Few Shareholders Own Stock in So Many Competing Companies?«, *Harvard Business Review*, 19. Februar 2019, https://hbr.org/2019/02/how-big-a-problem-is-it-that-a-few-shareholders-own-stock-in-so-many-competing-companies (zuletzt aufgerufen am 21.10.2024).

117 Farhad Manjoo, »What BlackRock, Vanguard and State Street Are Doing to the Economy«, *New York Times*, 12. Mai 2022, https://www.nytimes.com/2022/05/12/opinion/vanguard-power-blackrock-state-street.html (zuletzt aufgerufen am 21.10.

2024); Lucian A. Bebchuk und Scott Hurst, »Big Three Power, and Why It Matters«, Harvard Law School Forum on Corporate Governance, 13. Dezember 2022, https://corpgov.law.harvard.edu/2022/12/13/big-three-power-and-why-it-matters/ (zuletzt aufgerufen am 21.10.2024).

118 Für eine Diskussion siehe Brett Christophers, *Our Lives in Their Portfolios: Why Asset Managers Own the World* (London: Verso, 2023).

119 Harvard Law School Forum on Corporate Governance, »Big Three Power, and Why It Matters«.

120 »How to Think about the Unstoppable Rise of Index Funds«, *The Economist*, 16. Oktober 2021, https://www.economist.com/finance-and-economics/2021/10/16/how-to-think-about-the-unstoppable-rise-of-index-funds (zuletzt aufgerufen am 21.10.2024).

121 Ein *Forbes*-Mitarbeiter formulierte es 2017 so: »Passives Investieren ersetzt Sorgfalt durch Diversifizierung und kann einen ›Die Flut hebt alle Boote‹-Effekt auf die Bewertung sowohl von Aktien mit hoher *als auch* mit niedriger Qualität innerhalb eines Index erzeugen.«* David Trainer, »Hidden Trigger For Another (Flash) Crash: Passive Investing«, *Forbes*, 20. Juli 2017, https://www.forbes.com/sites/greatspeculations/2017/07/20/hidden-trigger-for-another-flash-crash-passive-investing/?sh=3e5ef7b577a2 (zuletzt aufgerufen am 21.10.2024).

122 »The Rise of BlackRock«, *The Economist*, 5. Dezember 2013, https://www.economist.com/leaders/2013/12/05/the-rise-of-blackrock (zuletzt aufgerufen am 21.10.2024).

123 Azar, Schmalz und Tecu (2018) finden empirische Belege für »die wettbewerbsfeindlichen Anreize, die sich aus der Konzentration des gemeinsamen Eigentums ergeben«, einschließlich der Auswirkungen auf die Preise.* José Azar, Martin C. Schmalz und Isabel Tecu, »Anticompetitive Effects of Common Ownership«, *Journal of Finance* 73, no. 4 (August 2018), S. 1513–65, https://onlinelibrary.wiley.com/doi/abs/10.1111/jofi.12698 (zuletzt aufgerufen am 21.10.2024).

124 Die Rolle der großen drei Vermögensverwalter untergräbt die seit Langem geltende Unterscheidung zwischen stärker koordinierten Volkswirtschaften, in denen Banken und Staaten eine wichtigere Rolle bei der Kapitalallokation spielen als die Finanzmärkte, und liberalen Marktwirtschaften, in denen die Finanzmärkte eine viel größere Rolle einnehmen und die Steigerung des Shareholder Values daher viel rücksichtsloser durchgesetzt wird. Ein Manko des letztgenannten Modells, so wird oft argumentiert, ist die starre Ausrichtung auf kurzfristige Renditen und der Mangel an geduldigem Kapital, der die langfristige Stabilität eines Unternehmens untergraben kann. Vgl. James Hawley und Andrew Williams, »The Emergence of Universal Owners: Some Implications of Institutional Equity Ownership«, *Challenge* 43, no. 4 (Juli-August 2000), S. 43–61, https://www.jstor.org/stable/40722019 (zuletzt aufgerufen am 21.10.2024).

125 Klaus Schwab, *Stakeholder-Kapitalismus: Wie muss sich die globale Welt verändern, damit sie allen dient?* (Weinheim a. d. Bergstraße: Wiley-VCH, 2021).

126 Grant Hayden und Matthew Bodie argumentieren, dass dies der Behauptung gleichkommt, dass es bestimmte »Superhelden« gebe, die in der Lage seien, »sich über ihre eigenen Eigeninteressen zu erheben … um Entscheidungen zu treffen, die den Interessen aller Unternehmensangehörigen entsprechen«.* Hayden und Bodie, *Reconstructing the Corporation*.
127 Jasper Jolly, »World's Biggest Investor Accused of Draging Feet on Climate Crisis«, *The Guardian*, 21. Mai 2019, https://www.theguardian.com/business/2019/may/21/blackrock-investor-climate-crisis-blackrock-assets (zuletzt aufgerufen am 21.10.2024).
128 Jan Fichtner, Eelke M. Heemskerk und Javier Garcia-Bernardo, »Hidden Power of the Big Three? Passive Index Funds, Re-concentration of Corporate Ownership, and New Financial Risk«, *Business and Politics* 19, no. 2 (April 2017), S. 298–326, https://doi.org/10.1017/bap.2017.6 (zuletzt aufgerufen am 21.10.2024).
129 Eamon Barrett, »Republicans Accused BlackRock of Being Too ›Woke‹ on Climate Change. Activists Say the Firm Isn't Woke Enough«, *Fortune*, 14. September 2022, https://fortune.com/2022/09/14/blackrock-republicans-letter-woke-capitalism-esg-investing/ (zuletzt aufgerufen am 21.10.2024).
130 Wie Bailey argumentiert, hat die Agenda des »Stakeholder-Kapitalismus« versucht, »die Quadratur des Kreises« zwischen (globaler) Kapitalakkumulation und (nationaler) politischer Legitimation zu erreichen… Statt einer echten Alternative zum Neoliberalismus zielt diese Verschiebung innerhalb des neoliberalen Politikregimes darauf ab, die kapitalistische Globalisierung in der Krise zu relegitimieren und gleichzeitig ihre ›postdemokratische‹ politökonomische Logik sowohl im privaten als auch im öffentlichen Bereich zu vertiefen und auszuweiten.«* Kyle Bailey, »Stakeholder Capitalism against Democracy: Relegitimising Global Neoliberalism«, *Journal of Australian Political Economy*, Nr. 86 (Sommer 2020/2021), S. 85–121, https://www.ppesydney.net/jape-issues/issue-86-summer-2020-2021/ (zuletzt aufgerufen am 21.10.2024).
131 Annie Massa und Caleb Melby, »In Fink We Trust: BlackRock Is Now ›Fourth Branch of Government‹« Bloomberg, 21. Mai 2020, https://www.bloomberg.com/news/articles/2020-05-21/how-larry-fink-s-blackrock-is-helping-the-fed-with-bond-buying (zuletzt aufgerufen am 21.10.2024).
132 Sridhar Natarajan und Eric Martin, »Biden Ties to BlackRock Deepen with Latest Treasury Hire«, Bloomberg, 11. August 2022, https://www.bloomberg.com/news/articles/2022-08-11/biden-ties-to-blackrock-deepen-with-latest-treasury-hire (zuletzt aufgerufen am 21.10.2024).
133 Cezary Podkul und Dawn Lim, »Fed Hires BlackRock to Help Calm Markets. Its ETF Business Wins Big«, *Wall Street Journal*, 18. September 2020, https://www.wsj.com/articles/fed-hires-blackrock-to-help-calm-markets-its-etf-business-wins-big-11600450267 (zuletzt aufgerufen am 21.10.2024).
134 Liz Rappaport und Susanne Craig, »BlackRock Wears Multiple Hats«, *Wall*

Street Journal, 19. Mai 2009, https://www.wsj.com/articles/SB124269131342732625 (zuletzt aufgerufen am 21.10.2024).

135 Cal Turner und Sara van Horn, »Asset Managers Like BlackRock Are Controlling More and More of Our Lives«, *Jacobin*, 2. Mai 2023, https://jacobin.com/2023/05/our-lives-in-their-portfolios-interview-asset-management-society-infrastructure (zuletzt aufgerufen am 21.10.2024).

136 Ein Beobachter drückte es so aus: »BlackRock ist zu einem Hauptakteur auf dem Markt geworden, der sich in einem klaren Interessenkonflikt befindet.«* Ramaa Vasudevan, »How Big Finance Is Making a Killing from the Pandemic«, *Jacobin*, 11. Juni 2020, https://jacobin.com/2020/06/federal-reserve-fed-coronavirus-covid-junk-bonds (zuletzt aufgerufen am 21.10.2024).

137 Christophers, *Our Lives in Their Portfolios*.

138 Jan Fichtner und Eelke M. Heemskerk, »The New Permanent Universal Owners: Index Funds, Patient Capital, and the Distinction between Feeble and Forceful Stewardship«, *Business and Politics* 49, no. 4 (November 2020), S. 493–515, https://doi.org/10.1080/03085147.2020.1781417 (zuletzt aufgerufen am 21.10.2024).

139 Daniel Haberly und Dariusz Wójcik, »Earth Incorporated: Centralization and Variegation in the Global Company Network«, *Economic Geography* 93, no. 3 (2016), S. 241–66, http://sro.sussex.ac.uk/id/eprint/66532/1/Haberly%20and%20Wojcik%202016%20Earth%20Incorporated%20-%20Archive%20Dec%2022.pdf (zuletzt aufgerufen am 21.10.2024).

6 Korruption und Kapital: Wie Staaten planen

1 Niamh Lynch, »Exxon Predicted Global Warming in 1970 s Despite Publicly Dismissing Climate Change, Research Finds«, Sky News, 13. Januar 2023, https://news.sky.com/story/exxon-predicted-global-warming-in-1970 s-despite-publicly-dismissing-climate-change-research-finds-12 785 585 (zuletzt aufgerufen am 23.10.2024).

2 »Exxon's Climate Denial History: A Timeline«, Greenpeace, https://www.greenpeace.org/usa/fighting-climate-chaos/exxon-and-the-oil-industry-knew-about-climate-crisis/exxons-climate-denial-history-a-timeline/ (zuletzt aufgerufen am 23.10.2024).

3 Ebd.

4 Ebd.

5 Thaddeus Herrick, »Exxon CEO Lee Raymond's Stance on Global Warming Causes a Stir«, *Wall Street Journal*, 29. August 2001, https://www.wsj.com/articles/SB999035936679805198 (zuletzt aufgerufen am 23.10.2024).

6 Jad Mouawad, »Exxon Chairman Got Retirement Package Worth at Least $ 398 Million«, *New York Times*, 13. April 2006, https://www.nytimes.com/2006/04/13/business/exxon-chairman-got-retirement-package-worth-at-least-398-

million.html#:~:text=The%20total%20sum%20for%20Mr,of%20Walt%20 Disney %2C%20in%201 997 (zuletzt aufgerufen am 23.10.2024).

7 »Client Profile: Exxon Corp«, OpenSecrets, https://www.opensecrets.org/federal-lobbying/clients/summary?cycle=1998&id=d000000129 (zuletzt aufgerufen am 23.10.2024).

8 »An Investor Enquiry: How Much Big Oil Spends on Obstructive Climate Lobbying«, InfluenceMap, April 2016, https://senate.ucsd.edu/media/206150/lobby_spend_report__april.pdf (zuletzt aufgerufen am 23.10.2024).

9 Greenpeace, »Exxon's Climate Denial History: A Timeline«.

10 Roman Goncharenko, »Rex Tillerson's Cozy Ties with Russia«, DW, 14. Dezember 2016, https://www.dw.com/en/exxonmobil-ceo-rex-tillersons-close-ties-with-russia/a-36764933 (zuletzt aufgerufen am 23.10.2024).

11 John Schwartz, »Exxon Mobil Lends Its Support to a Carbon Tax Proposal«, *New York Times*, 20. Juni 2017, https://www.nytimes.com/2017/06/20/science/exxon-carbon-tax.html (zuletzt aufgerufen am 23.10.2024).

12 Dan L. Wagner, Alan Zibel, Christopher Kuveke und Lukas Ross, »Bailed Out & Propped Up«, Bailout Watch, Public Citizen, and Friends of the Earth, November 2020, https://report.bailoutwatch.org/ (zuletzt aufgerufen am 23.10.2024).

13 Lawrence Carter, »Inside Exxon's Playbook: How America's Biggest Oil Company Continues to Oppose Action on Climate Change«, Unearthed, 30. Juni 2021, https://unearthed.greenpeace.org/2021/06/30/exxon-climate-change-undercover/ (zuletzt aufgerufen am 23.10.2024).

14 Ebd.

15 Niall Stanage, »Five Times Joe Manchin Has Bucked the Democrats«, *The Hill*, 16. Juli 2022, https://thehill.com/homenews/senate/3561908-five-times-joe-manchin-has-bucked-the-democrats/ (zuletzt aufgerufen am 23.10.2024).

16 Bryan Metzger, »Joe Manchin, Who Is Holding Up Crucial Climate Change Initiatives in Biden's Reconciliation Bill, Collects $ 500,000 a Year from Coal Stocks Dividends: Report«, *Insider*, 30. September 2021, https://www.businessinsider.com/senator-joe-manchin-half-million-year-coal-stocks-climate-crisis-2021-9?r=US&IR=T (zuletzt aufgerufen am 23.10.2024).

17 Alexander C. Kaufman, »Exxon Lobbyists Paid the 6 Democrats Named in Sting Video Nearly $ 333,000«, *Grist*, 16. Juli 2021, https://grist.org/politics/exxon-lobbyists-paid-the-6-democrats-named-in-sting-video-nearly-333000/ (zuletzt aufgerufen am 23.10.2024).

18 Sam Tabahriti, »US to Expand Offshore Drilling after Reviewing IPCC Climate Change Report«, Offshore Technology, 20. September 2021, https://www.offshore-technology.com/news/us-offshore-drilling-gulf-of-mexico/ (zuletzt aufgerufen am 23.10.2024).

19 Ian W. H. Parry, Simon Black und Nate Vernon, »Still Not Getting Energy Prices Right: A Global and Country Update of Fossil Fuel Subsidies«, IWF Working Papers, International Monetary Fund, 24. September 2021, https://www.imf.org/en/

Publications/WP/Issues/2021/09/23/Still-Not-Getting-Energy-Prices-Right-A-Global-and-Country-Update-of-Fossil-Fuel-Subsidies-466004 (zuletzt aufgerufen am 23.10.2024).

20 »Fossil Fuel Firms Slashed Nearly 60,000 Jobs in 2020 while Pocketing $ 8.2 Billion Tax Bailout«, Bailout Watch, 2. April 2021, https://bailoutwatch.org/analysis/fossil-fuel-firmsslashed-nearly-60000-jobs-in-2020 (zuletzt aufgerufen am 23.10.2024).

21 »6 Bailed-Out Polluters Already Spent $ 15M This Year Lobbying for Subsidies and against Climate Action«, Bailout Watch, 20. August 2021, https://bailoutwatch.org/analysis/6-bailed-out-polluters-already-spent-15 m-lobbying-this-year (zuletzt aufgerufen am 23.10.2024).

22 Brown, *Undoing the Demos*; Barkan, *Corporate Sovereignty*.

23 Bob Jessop, »The State as a Social Relation«, in: John L. Brooke, Julia C. Strauss und Greg Anderson (Hrsg.), *State Formations: Global Histories and Cultures of Statehood* (Cambridge: Cambridge University Press, 2018), https://www.cambridge.org/core/books/abs/state-formations/state-as-a-social-relation/4B73F4E00A29C8B32B4F6248BA162746 (zuletzt aufgerufen am 23.10.2024).

24 Polanyi, *The Great Transformation*.

25 Thomas Hobbes, *Leviathan oder Stoff, Form und Gewalt eines kirchlichen und bürgerlichen Staates* (Berlin: Suhrkamp, 2023).

26 Alistair MacFarlane, »Brief Lives: Thomas Hobbes (1588–1679)«, *Philosophy Now*, Ausgabe 124 (Februar/März 2018), https://philosophynow.org/issues/124/Thomas_Hobbes_1588-1679 (zuletzt aufgerufen am 23.10.2024).

27 Ebd.

28 John Locke, *Zweite Abhandlung über die Regierung* (Berlin: Suhrkamp, 2020).

29 Die Rolle der Religion bei der Unterstützung des Ansatzes der »natürlichen Rechte«, der Lockes Liberalismus untermauerte, verflüchtigte sich im Laufe der folgenden Jahre allmählich, was die Liberalen vor die Herausforderung stellte, zu begründen, warum irgendjemand andere Rechte hat als die, die ihm vom Staat gewährt werden.

30 Locke, *Zweite Abhandlung über die Regierung*.

31 Die Autorität, die diese Beziehung unterstützte, war Gott: Gott hatte uns das Eigentum an unserem eigenen Körper gegeben, und wir konnten dieses Eigentum mit der Erde vermischen, um unser Eigentum zu vergrößern. Potenziell nützliche Ressourcen ungenutzt zu lassen, war ein Affront. Jeder, der diese Ressourcen zu nutzen gedenkt, erhält also das Recht, sie zu seinem Eigentum zu zählen. Vgl. Ebd.

32 Adam Smith, *Wohlstand der Nationen* (Köln: Anaconda, 2013).

33 »Adam Smith: Father of Capitalism«, BBC Forum, BBC World Service, 21. November 2017, https://www.bbc.co.uk/programmes/w3csvsfb (zuletzt aufgerufen am 23.10.2024).

34 Foucault, *The Birth of Biopolitics*.

35 Ha-Joon Chang, *Kicking Away the Ladder: Development Strategy in Historical Perspective* (London: Anthem Press, 2021).
36 Quinn Slobodian und Dieter Plehwe, »Introduction«, in: Quinn Slobodian, Dieter Plehwe und Philip Mirowski, *Nine Lives of Neoliberalism* (London: Verso, 2020).
37 Ebd.
38 Der Harvard-Professor Harvey Cox weist in seinem Artikel »The Market as God« (Der Markt als Gott) darauf hin, dass »das Lexikon des Wall Street Journal ... verblüffende Ähnlichkeiten mit der Genesis, dem Römerbrief und der Stadt Gottes des Heiligen Augustinus aufweist«.* Harvey Cox, »The Market as God: Living in the new dispensation«, *The Atlantic*, März 1999, https://www.theatlantic.com/magazine/archive/1999/03/the-market-as-god/306397/ (zuletzt aufgerufen am 23.10.2024).
39 Göran Therborn, *Inequality and the Labyrinth of Democracy* (London: Verso, 2020).
40 Ebd.
41 Fran Tonkiss, »Markets against States: Neo-Liberalism«, in: Kate Nash und Alan Scott (Hrsg.), *The Blackwell Companion to Political Sociology* (Oxford: Blackwell, 2004), https://doi.org/10.1002/9780470696071.ch23 (zuletzt aufgerufen am 23.10.2024); Mirowski, *Untote leben länger.*
42 Brown, *Undoing the Demos.*
43 Ebd.
44 Ebd.
45 Davies, Freeman und Pemberton, »›Everyman a Capitalist‹ or ›Free to Choose‹?« (zuletzt aufgerufen am 23.10.2024); Crouch, *Das befremdliche Überleben des Neoliberalismus.*
46 Triantafillou, *Neoliberal Power and Public Management Reforms.*
47 Brown, *Undoing the Demos.*
48 Foucault, *The Birth of Biopolitics.*
49 Hayek, *Der Weg zur Knechtschaft.*
50 Ebd.
51 Bruce Caldwell, »Introduction«, in: Friedrich A. von Hayek, *The Road to Serfdom: Text and Documents – The Definitive Edition* (Chicago: University of Chicago Press, 2007).
52 Max Weber, *Politik als Beruf* (Hamburg: Nikol, 2022).
53 Foucault, *The Birth of Biopolitics.*
54 Meagher, *Competition Is Killing Us*; Milton Friedman, »Solutions to Market Failure«, YouTube, 29. Oktober 2010, https://www.youtube.com/watch?v=BPnJHfiFWJw (zuletzt aufgerufen am 23.10.2024).
55 Meagher, *Competition Is Killing Us*; Tepper und Hearn, *The Myth of Capitalism.*
56 Tepper und Hearn, *The Myth of Capitalism.*
57 Meagher, *Competition Is Killing Us.*
58 »In der Tat hört man selten von dieser Grossfarm, denn es ist der übliche, ja man kann sagen, der natürliche Zustand der Dinge, von dem niemand je etwas hört. Auch die Gutsherren gehen manchmal besondere Kombinationen ein, um

die Löhne der Arbeiter noch weiter zu senken. Diese werden bis zum Zeitpunkt der Ausführung immer mit größter Stille und Geheimhaltung durchgeführt.« Wenn sich dagegen Arbeiter zusammenschließen, »sind die Herren bei solchen Gelegenheiten genauso lautstark auf der anderen Seite und hören nicht auf, die Hilfe der Ziviljustiz und die rigorose Durchsetzung der Gesetze zu fordern, die mit so viel Strenge gegen die Zusammenschlüsse von Knechten, Arbeitern und Gesellen erlassen worden sind.« Smith, *Wohlstand der Nationen.*

59 Tepper und Hearn, *The Myth of Capitalism.*

60 Meagher, *Competition Is Killing Us.*

61 Ebd.

62 Baars, *The Corporation, Law and Capitalism.*

63 Brown, *In the Ruins of Neoliberalism.*

64 Ebd.

65 Brown, *Undoing the Demos.*

66 Karl Marx und Friedrich Engels, *Manifest der Kommunistischen Partei,* Marxists Internet Archiv, https://www.marxists.org/deutsch/archiv/marx-engels/1848/manifest/index.htm (zuletzt aufgerufen am 23.10.2024).

67 Wie Göran Therborn es ausdrückt: »Wie kommt es, dass in den großen und fortschrittlichsten kapitalistischen Ländern eine winzige Minderheit, die Bourgeoisie, mithilfe demokratischer Formen regiert?«* Therborn, *Inequality and the Labyrinth of Democracy.*

68 Duncan Mavin, *Pyramid of Lies: The Prime Minister, the Banker and the Billion Pound Scandal* (London: Pan Macmillan, 2022).

69 John Arlidge, »How Did Lex Greensill Seduce the World?«, *Evening Standard,* 11. Mai 2021, https://www.standard.co.uk/insider/how-did-lex-greensill-seduce-the-world-b934517.html (zuletzt aufgerufen am 23.10.2024).

70 Duncan Mavin, »Who Is Lex Greensill? The Billionaire Banker Tied to GAM's Crisis«, *Financial News,* 7. Mai 2019, https://www.fnlondon.com/articles/lex-greensill-billionaire-banker-tied-to-gam-tim-haywood-20190507 (zuletzt aufgerufen am 23.10.2024).

71 Siehe Mavin, *Pyramid of Lies,* über die Beziehung zwischen Greensill und der Credit Suisse.

72 Ebd.

73 Julie Steinberg und Duncan Mavin, »Greensill Used Credit Suisse Investment Funds to Lend to Its Own Backers«, *Wall Street Journal,* 5. März 2021, https://www.wsj.com/articles/greensill-used-credit-suisse-investment-funds-to-lend-to-its-own-backers-11614982505?mod=searchresults_pos12&page=1 (zuletzt aufgerufen am 23.10.2024).

74 Heather Stewart und Kalyeena Makortoff, »Business Card Puts Greensill Founder at the Heart of Downing Street«, *The Guardian,* 30. März 2021, https://www.theguardian.com/politics/2021/mar/30/business-card-puts-greensill-founder-at-the-heart-of-downing-street (zuletzt aufgerufen am 23.10.2024).

75 BBC Panorama Reporting Team, »Greensill: David Cameron ›Made $ 10 m‹ before Company's Collapse«, BBC News, 9. August 2021, https://www.bbc.co.uk/news/uk-58149765 (zuletzt aufgerufen am 23.10.2024).
76 Kalyeena Makortoff, Michael Savage und Ben Butler, »Cameron ›Lobbied Senior Downing St Aide and Matt Hancock‹ to Help Greensill«, *The Guardian*, 10. April 2021, https://www.theguardian.com/politics/2021/apr/10/revealed-david-cameron-stood-to-gain-from-218 m-greensill-trust (zuletzt aufgerufen am 23.10.2024).
77 Francesca Newton, »The ›Chumocracy‹ Is Just British Capitalism in Action«, *Tribune*, 23. April 2021, https://tribunemag.co.uk/2021/04/britains-chumocracy (zuletzt aufgerufen am 23.10.2024).
78 Denis Campbell, »NHS England Chair Faces Demands to Explain Role in Greensill Lobbying«, *The Guardian*, 18. April 2021, https://www.theguardian.com/business/2021/apr/18/nhs-england-chair-lord-prior-of-brampton-faces-demands-to-explain-greensills-lobbying-of-nhs-bosses (zuletzt aufgerufen am 23.10.2024).
79 Jane Croft, »UK Acted Unlawfully in Appointing Dido Harding to Key Covid Role, Judges Rule«, *Financial Times*, 15. Februar 2022, https://www.ft.com/content/f13c3d34-ae79-4615-a748-a08ef00bcaba (zuletzt aufgerufen am 23.10.2024).
80 Campbell, »NHS England Chair Faces Demands to Explain Role in Greensill Lobbying«.
81 Robert Smith, »Greensill Tried to Use NHS Pay ›Gift‹ as Lever to Sell Supply Chain Finance«, *Financial Times*, 22. April 2021, https://www.ft.com/content/b76df097-8f3c-4310-92ac-b0aaa2fa5646 (zuletzt aufgerufen am 23.10.2024).
82 Kalyeena Makortoff, Ben Butler und Joseph Smith, »Greensill Scandal: Ex-Civil Servant Had $ 8 m Stake in Lender«, *The Guardian*, 14. April 2021, https://www.theguardian.com/politics/2021/apr/13/greensill-scandal-ex-civil-servant-faces-questions-over-whitehall-meetings (zuletzt aufgerufen am 23.10.2024).
83 Ebd.
84 Kalyeena Makortoff, »Cameron Lobbied UK Government on Behalf of Greensill Capital – Report«, *The Guardian*, 19. März 2021, https://www.theguardian.com/politics/2021/mar/19/cameron-lobbied-uk-government-behalf-greensill-access-covid-loans-reports-says (zuletzt aufgerufen am 23.10.2024).
85 BBC News, »Greensill: What Is the David Cameron Lobbying Row About?«, 9. August 2021, https://www.bbc.co.uk/news/uk-politics-56578838 (zuletzt aufgerufen am 23.10.2024).
86 »Newly Released Texts Reveal Extent of David Cameron's Greensill Lobbying«, BBC News, 11. Mai 2021, https://www.bbc.co.uk/news/uk-politics-57074690 (zuletzt aufgerufen am 23.10.2024).
87 Peter Walker, »Rishi Sunak Told David Cameron He Had ›Pushed the Team‹ over Greensill«, *The Guardian*, 8. April 2021, https://www.theguardian.com/politics/2021/apr/08/rishi-sunak-told-david-cameron-he-had-pushed-the-team-over-greensill (zuletzt aufgerufen am 23.10.2024).
88 Press Association, »Greensill: British Business Bank's ›Woefully Inadequate‹

Checks Put £ 335 m at Risk, Say MPs«, *The Guardian*, 20. November 2021, https://www.theguardian.com/business/2021/nov/20/greensill-british-business-banks-woefully-inadequate-checks-put-335 m-at-risk-say-mps (zuletzt aufgerufen am 23.10.2024).

89 Kate Beioley und Sylvia Pfeifer, »UK Fraud Agency Intensifies Probe into Sanjeev Gupta's GFG Alliance«, *Financial Times*, 27. April 2022, https://www.ft.com/content/cee5f81f-1559-4d85-9e94-e1af4df85a6a (zuletzt aufgerufen am 23.10.2024).

90 Richard Fuller, »Richard comments on Serious Fraud Office investigation into Gupta Family Group Alliance«, Richardfuller.co.uk, 14. Mai 2021, https://www.richardfuller.co.uk/news/richard-comments-serious-fraud-office-investigation-gupta-family-group-alliance (zuletzt aufgerufen am 23.10.2024).

91 National Audit Office, »Investigation into the British Business Bank's Accreditation of Greensill Capital«, 7. Juli 2021, https://www.nao.org.uk/reports/investigation-into-the-british-business-banks-accreditation-of-greensill-capital/ (zuletzt aufgerufen am 23.10.2024).

92 Es gibt natürlich viele Herausforderungen, wenn es darum geht, über »den Staat« zu sprechen – ein Konzept, das so viele verschiedene Arten von politischer Organisation über Zeit und Raum hinweg umfasst, ganz zu schweigen von einer Reihe verschiedener Institutionen und Prozesse innerhalb einer Gesellschaft. Die Diskussion in diesem Abschnitt zielt nicht darauf ab, »den Staat« als »substanzielle einheitliche Einheit« zu verdinglichen, aber ich verwende den Begriff, um die Idee des Staates als soziale Beziehung zu untersuchen. Oder, um genauer zu sein, als eine »institutionell und diskursiv vermittelte Verdichtung« oder »Kristallisation« eines Gleichgewichts sozialer Kräfte. Eine sehr viel detailliertere und nuanciertere Erforschung der Geschichte des Konzepts des Staates als soziale Beziehung finden Sie in Bob Jessops *The State: Past, Present, Future* (London: Polity Press, 2018).

93 Jessop, *The State*.

94 Ebd.

95 Michael Newman, *Ralph Miliband and the Politics of the New Left* (New York: Monthly Review Press, 2003).

96 Ralph Miliband, *Der Staat in der kapitalistischen Gesellschaft: Eine Analyse des westlichen Machtsystems* (Frankfurt a. M.: Suhrkamp, 1975).

97 Jessop, *The State*.

98 Poulantzas, *State, Power, Socialism*.

99 Er ist der »Ort der Existenz und Reproduktion der Produktionsweisen«*. Ebd.

100 Diese Idee des Staates als »Kristallisation« eines sozialen Verhältnisses wird ausgearbeitet von Bob Jessop. Die Idee deutet darauf hin, dass der Staat »polymorph« ist – in den Biowissenschaften bezieht sich dies auf die Fähigkeit eines Organismus, »mehrere Formen anzunehmen«, während es sich in der Chemie auf physikalische Verbindungen bezieht, die »in zwei oder mehr dauerhafte Formen kristallisieren können«. Der Ansatz »betrachtet tatsächlich existierende Zustandsformen … als polyvalente, polymorphe Kristallisationen des einen oder anderen dominanten Prinzips gesellschaftlicher Organisation, die je nach den drängendsten Problemen einer Zeit variieren, allgemeine Kristallisationen, die lange Zeiträume bestimmen, und spezifische Kristallisationen, die in bestimmten Situationen entstehen«.* Jessop, *The State.*

101 Maher, *Corporate Capitalism and the Integral State.*

102 Ebd.

103 Die Fähigkeit des hegemonialen Machtblocks, diese Opfer zu erzwingen, um seine Hegemonie zu sichern, ist ein zentraler Mechanismus, durch den sich die kapitalistischen sozialen Beziehungen reproduzieren. Vgl. Poulantzas, *State, Power, Socialism.*

104 Die Arbeiter können innerhalb des Staates Siege erringen, aber nur »als *beherrschte* Klassen« – und einige Bereiche des Staatsapparats, wie zum Beispiel die Zentralbank, sind vom Kampf des Volkes gänzlich abgeschirmt.* Ebd.

105 Göran Therborn drückt es so aus: »Die Herrschaft des Kapitals erfordert einen Staat – sowohl zur internen als auch zur externen Unterstützung und zum Schutz –, aber solange er den separaten Bereich der kapitalistischen ›Zivilgesellschaft‹ aufrechterhält, muss dieser Staat nicht von der Bourgeoisie persönlich geführt werden.«* Therborn, *Inequality and the Labyrinth of Democracy.*

106 Jessop, *The State.*

107 In der Tat scheint der Neoliberalismus einen doppelten Ansatz zum Verständnis der Staatsmacht zu verfolgen. Einerseits prangern die Neoliberalen den Einfluss von Besitzstandswahrung auf die Machtausübung in sozialdemokratischen Gesellschaften an – sie argumentieren, dass die Arbeiter zu viel Macht hätten, um ihre besonderen Interessen innerhalb der staatlichen Institutionen durchzusetzen. Andererseits erwarten die Neoliberalen von den politischen Entscheidungsträgern, dass sie ihre Ideen mit der Begründung durchsetzen, dass dies der beste Weg sei, »die Wirtschaft« zu schützen, die für die Interessen der Gesellschaft als Ganzes steht. Mit anderen Worten: Neoliberale Theoretiker erwarten von »ihren« Politikern, dass sie im Namen des Allgemeininteresses handeln, während sie »feindliche« Politiker beschuldigen, im Namen von Partikularinteressen zu handeln. Die andere Erklärung ist natürlich, dass die Neoliberalen erkannt haben, dass sogar »ihre« Politiker im Namen eines bestimmten Interesses handeln – dem des Kapitals –, aber sie haben entweder geglaubt, dass die Interessen des Kapitals mit denen der Gesellschaft als Ganzes identisch sind, oder dass sie einfach die einzigen Interessen sind, die es wert sind, bedient zu werden.

108 »Diese Abgrenzung [zwischen Staat und Zivilgesellschaft] prägt die Art und Weise, wie andere Akteure auf der politischen Bühne ihr Handeln auf den ›Staat‹ ausrichten und so tun, als ob es ihn gäbe. Und Kämpfe um dominante oder hegemoniale politische und staatliche Vorstellungen können entscheidend sein für die Gestaltung des Wesens, der Ziele und des Einsatzes der Regierung.«* Jessop, *The State.*

109 Richard H. Thaler und Cass R. Sunstein, *Nudge: Wie man kluge Entscheidungen anstößt* (Berlin: Econ, 2022).

110 Patrick Wintour, »David Cameron's ›Nudge Unit‹ Aims to Improve Economic Behaviour«, *The Guardian*, 9. September 2010, https://www.theguardian.com/society/2010/sep/09/cameron-nudge-unit-economic-behaviour (zuletzt aufgerufen am 23.10.2024).

111 »›Nudge Unit‹ Sold off to Charity and Employees«, BBC News, 5. Februar 2014, https://www.bbc.co.uk/news/uk-politics-26030205 (zuletzt aufgerufen am 23.10.2024).

112 Nick Barrett, »Hostile Environment: The Dark Side of Nudge Theory«, Politics.co.uk, 1. Mai 2018, https://www.politics.co.uk/comment-analysis/2018/05/01/hostile-Environment-the-dark-side-of-nudge-theory/ (zuletzt aufgerufen am 23.10.2024).

113 Demetrios Matheou, »Surviving the Windrush Scandal«, UNISON, 6. Juni 2018, https://www.unison.org.uk/news/magazine/2018/06/surviving-windrush-scandal/ (zuletzt aufgerufen am 23.10.2024).

114 Ebd.

115 Ebd.

116 Ebd.

117 Amelia Gentleman, »›I Feel Disgusted‹: How Windrush Scandal Shattered Two Brothers' Lives«, *The Guardian*, 22. April 2018, https://www.theguardian.com/uknews/2018/apr/22/how-windrush-scandal-shattered-two-brothers-lives-trevor-desmond-johnson (zuletzt aufgerufen am 23.10.2024).

118 Symeon Brown, »Man Stuck in Jamaica for 15 Years«, Channel 4, 23. April 2018, https://www.channel4.com/news/man-stuck-in-jamaica-for-15-years (zuletzt aufgerufen am 23.10.2024).

119 Gentleman, »›I Feel Disgusted‹«.

120 Ebd.

121 Frances Webber, »The Embedding of State Hostility: A Background Paper on the Windrush Scandal«, Institute of Race Relations Briefing Paper No. 11, 19. November 2018, https://irr.org.uk/app/uploads/2018/11/Embedding-State-hostility-v4.pdf (zuletzt aufgerufen am 23.10.2024).

122 Louis Althusser, *Über die Reproduktion: Ideologie und ideologische Staatsapparate* (Hamburg: VSA-Verlag, 2018).

123 Althussers Argument stützt sich auf Gramscis Formulierung, dass der »Staat = Zivilgesellschaft + politische Gesellschaft« ist.* Althusser, *On the Reproduction of Capitalism*; Gramsci, *Prison Notebooks.*

124 Foucault, *The Birth of Biopolitics.*

125 Sie ist eine »Praxis, die die Definition und die jeweiligen Positionen der Regierten und der Regierenden festlegt«.* Ebd.

126 Nach dieser Logik zu regieren bedeutet, »die Dinge so zu regeln, dass der Staat stabil und dauerhaft wird, dass er wohlhabend wird und dass er gegenüber allem, was ihn zerstören könnte, stark wird«.* Ebd.

127 Die politische Ökonomie stellt die Regierung also vor die Herausforderung,

»dass eine Regierung sich nie ausreichend bewusst ist, dass sie immer das Risiko eingeht, zu viel zu regieren, oder dass eine Regierung nie genau weiß, wie sie gerade genug regieren kann«.* Ebd.

128 Oder: Das Problem des Neoliberalismus besteht darin, »wie die allgemeine Ausübung der politischen Macht auf die Prinzipien der Marktwirtschaft abgestimmt werden kann«. Ebd.

129 Siehe zum Beispiel Lorenzo Fioramonti, *Gross Domestic Problem: The Politics Behind the World's Most Powerful Number* (London: Zed Books Ltd., 2013).

130 Tonkiss, »Markets against States: Neo-Liberalism«; Davies, »The Neoliberal State: Power against ›Politics‹«; Mirowski, *Untote leben länger.*

131 Wie Foucault schreibt: »Im liberalen Regime ist die Freiheit des Verhaltens impliziert, gefordert, notwendig und dient als Regulativ, aber sie muss auch produziert und organisiert werden.«* Foucault, *The Birth of Biopolitics.*

132 Brown, *In the Ruins of Neoliberalism.*

133 Brown, *Undoing the Demos.*

134 Brown, *In the Ruins of Neoliberalism.*

135 Ebd.

136 Ebd.

137 Noriyuki Doi, »The Rise and Fall of Evergrande Founder Xu Jiayin«, Nikkei Asia, 23. Oktober 2021, https://asia.nikkei.com/Business/Markets/China-debt-crunch/The-rise-and-fall-of-Evergrande-founder-Xu-Jiayin (zuletzt aufgerufen am 23.10.2024).

138 »Meet Evergrande CEO Hui Ka-yan, the Billionaire Behind the Giant Chinese Property Developer in Danger of Defaulting on US$ 300 Billion in Loans«, *Business Insider, South China Morning Post,* 28. Oktober 2021, https://www.scmp.com/magazines/style/celebrity/article/3153971/meet-evergrande-ceo-hui-ka-yan-billionaire-behind-giant (zuletzt aufgerufen am 23.10.2024).

139 »Evergrande Profit Surge Brings Share-Price Gains Closer to 400%«, Bloomberg News, 29. August 2017, https://www.bloomberg.com/news/articles/2017-08-29/evergrande-profit-surge-brings-share-price-gains-closer-to-400 (zuletzt aufgerufen am 23.10.2024).

140 Doi, »The Rise and Fall of Evergrande Founder Xu Jiayin«.

141 Michelle Toh, »5 Things to Know about the Evergrande Crisis: A Simple Breakdown«, CNN Business, 30. September 2021, https://edition.cnn.com/2021/09/24/investing/china-evergrande-group-debt-explainer-intl-hnk/index.html (zuletzt aufgerufen am 23.10.2024).

142 Rosie Perper, »China Is Building a $ 1.7 Billion Soccer Stadium That Is Shaped Like a Lotus and Will Seat 100,000 People Amid a Pandemic«, *Insider,* 23. April 2020, https://www.businessinsider.com/photos-china-new-billion-dollar-soccer-evergrande-stadium-in-guangzhou-2020-4?r=US&IR=T (zuletzt aufgerufen am 23.10.2024).

143 Adam Minter, »Why Are China's Property Giants Buying Pig Farms?«,

Bloomberg, 19. Mai 2020, https://www.bloomberg.com/opinion/articles/2020-05-20/why-are-china-s-property-giants-buying-pig-farms (zuletzt aufgerufen am 23.10.2024).

144 Xie Yu und Elaine Yu, »How Beijing's Debt Clampdown Shook the Foundation of a Real-Estate Colossus«, *Wall Street Journal*, 18. September 2021, https://www.wsj.com/articles/how-beijings-debt-clampdown-shook-the-foundation-of-a-real-estate-colossus-11631957400 (zuletzt aufgerufen am 23.10.2024).

145 Xinlu Liang, »Why Ocean Flower Island – Dubbed ›Dubai of China‹ – Is Important to China Evergrande Group and Hainan Province«, *South China Morning Post*, 4. Januar 2022, https://www.scmp.com/business/article/3162082/why-ocean-flower-island-dubbed-dubai-china-important-china-evergrande (zuletzt aufgerufen am 23.10.2024).

146 »Snowballing Crisis at Evergrande, World's Most Indebted Developer«, Reuters, 29. Juli 2022, https://www.reuters.com/business/snowballing-crisis-evergrande-worlds-most-indebted-developer-2022-07-29/ (zuletzt aufgerufen am 23.10.2024).

147 Ryan McMorrow, Sherry Fei Ju und Sun Yu, »Evergrande Used Retail Financial Investments to Plug Funding Gaps«, *Financial Times*, 21. September 2021, https://www.ft.com/content/0b03d4de-1662-4d30-bcfd-c9bae24fa9cc (zuletzt aufgerufen am 23.10.2024).

148 Ebd.

149 Ebd.

150 Clay Chandler und Grady McGregor, »The World's Most-Indebted Developer Is Even Worse Off Than We Thought«, *Fortune*, 14. September 2021, https://fortune.com/2021/09/14/evergrande-stock-restructuring-debt/ (zuletzt aufgerufen am 23.10.2024).

151 McMorrow et al., »Evergrande Used Retail Financial Investments to Plug Funding Gaps«.

152 »Construction Has Resumed at 95% of China Evergrande Projects, Unit Says«, Reuters, 2. April 2022, https://www.reuters.com/world/china/construction-has-resumed-95-china-evergrande-projects-unit-says-2022-04-02/ (zuletzt aufgerufen am 23.10.2024).

153 Carl Walter und Fraser Howie, *Red Capitalism: The Fragile Financial Foundation of China's Extraordinary Rise* (London: John Wiley & Sons, 2012).

154 »China Government Debt to GDP«, Trading Economics, https://tradingeconomics.com/china/government-debt-to-gdp (zuletzt aufgerufen am 23.10.2024).

155 Walter und Howie, *Red Capitalism.*

156 Adrian Leftwich, *States of Development: On the Primacy of Politics in Development* (London: Polity, 2000).

157 Dass sie sich »vom Markt und den wirtschaftlichen Interessen, die in ihm zum Ausdruck kommen, distanzieren kann«.* Ben Fine, Jyoti Saraswati und

Daniela Tavasci (Hrsg.), *Beyond the Developmental State: Industrial Policy into the Twenty-First Century* (London: Pluto Press, 2013).

158 »Sowohl der Staat als auch der Markt und ihre Interaktion werden selbst von den wirtschaftlichen, politischen und ideologischen Interessen bestimmt, die auf sie einwirken, wenn nicht sogar darauf reduziert.«* Fine et al., *Beyond the Developmental State.*

159 Panitch und Gindin, *The Making of Global Capitalism.*

160 Ebd.

161 Joe Leahy, »China's Billionaires Pay the Price for Xi Jinping's Covid Crackdown«, *Financial Times*, 23. März 2023, https://www.ft.com/content/b730fac4-ca65-4ccf-805e-da1cb0043bb2 (zuletzt aufgerufen am 23.10.2024).

162 Panitch und Gindin, *The Making of Global Capitalism*; Chamayou, *Die unregierbare Gesellschaft.*

163 Investitionen – in erster Linie öffentliche Investitionen in die Infrastruktur wie Hochgeschwindigkeitszüge und Elektrobusse – leisteten in den Jahren nach der Krise den bei Weitem größten Beitrag zum BIP und stiegen im Dezember 2011 auf ein Allzeithoch von 48 Prozent des BIP. Die Erfolge dieses Investitionsprogramms in die Infrastruktur sind erstaunlich: »2007 gab es in China keine einzige Meile Hochgeschwindigkeitsbahn«, aber 2015 »gab es fast 12 000 Meilen, die alle großen Städte miteinander verbanden«.* David Harvey, *Marx, Capital and the Madness of Economic Reason* (Oxford: Oxford University Press, 2018).

164 Walter und Howie, *Red Capitalism.*

165 Joe Leahy, »China's Billionaires Pay the Price for Xi Jinping's Covid Crackdown«.

166 Xi Jinping hat unumwunden erklärt, dass das Erreichen des »gemeinsamen Wohlstands« »nicht nur ein wirtschaftliches, sondern auch ein wichtiges politisches Thema ist, das für die Regierungsbasis der Partei von Bedeutung ist«.* Vincent Ni, »The Party's Over: China Clamps Down on Its Tech Billionaires«, *The Guardian*, 21. August 2021, https://www.theguardian.com/business/2021/aug/21/the-partys-over-china-clamps-down-on-its-tech-billionaires (zuletzt aufgerufen am 23.10.2024).

167 »Xi Jinping's Crackdown on Chinese Tech Firms Will Continue«, *The Economist*, 8. November 2021, https://www.economist.com/the-world-ahead/2021/11/08/xi-jinpings-crackdown-on-chinese-tech-firms-will-continue (zuletzt aufgerufen am 23.10.2024).

168 Die Belt-and-Road-Initiative stellt »nichts weniger als einen Versuch dar, Chinas Probleme der Überkapazität und des überschüssigen Kapitals, der sinkenden Handelsmöglichkeiten, der wachsenden Verschuldung und der sinkenden Profitraten durch eine geografische Ausdehnung von Chinas wirtschaftlichen Aktivitäten und Prozessen zu lösen«.* Martin Hart-Landsberg, »A Critical Look at China's One Belt, One Road Initiative«, Monthly Review Online, 5. Oktober 2018, https://mronline.org/2018/10/05/a-critical-look-at-chinas-one-belt-one-road-initiative/ (zuletzt aufgerufen am 23.10.2024).

169 Hajime Sato, »The Rise and Fall of the Developmental State? The Case of the Japanese and South Korean Steel Industries«, in: Fine et al., *Beyond the Developmental State.*

170 Die Politik des japanischen Staates entwickelte sich von Anfang an »zugunsten der Großunternehmen und auf Kosten der kleinen und mittleren Unternehmen, was das wechselnde Gleichgewicht zwischen den verschiedenen Stahlunternehmen und anderen Stellen widerspiegelt«.* Ebd.

171 Die USA stellten »Finanzmittel und andere Formen der Unterstützung« zur Verfügung, um die japanische Industrialisierung nach dem Zweiten Weltkrieg zu fördern, und die japanische Stahlindustrie war noch viele Jahre danach in Bezug auf »Technologien, Finanzen, Rohstoffe und Exportmärkte« von den USA abhängig.* Ebd.

172 »Den Erfolg der Stahlindustrie entweder mit der Natur des japanischen Staates oder der von ihm eingeführten Politik zu erklären, geht an der Sache vorbei: Beides ergibt sich aus der Klassenstruktur der japanischen Gesellschaft und ihrer Stellung im kapitalistischen Weltsystem.«* Ebd.

7 Wie Imperien planen

1 Daniel Immerwahr, *How to Hide an Empire: A History of the Greater United States* (New York: Farrar, Straus and Giroux, 2019).

2 Ebd.

3 Ebd.

4 Ebd.

5 Ebd.

6 Ebd.

7 Ebd.

8 Ein Autor drückte es so aus: »Es ist eine Sache, verstreute Gemeinschaften weißer oder fast weißer Männer in die Staatsbürgerschaft aufzunehmen, aber eine ganz andere, mit einer dicht gedrängten und vielköpfigen braunen Bevölkerung genauso zu verfahren.«* Zitiert in ebd.

9 »The Price of Intervention«, *The Economist*, 18. Mai 2006, https://www.economist.com/books-and-arts/2006/05/18/the-price-of-intervention (zuletzt aufgerufen am 23.10.2024).

10 Sylvia Maxfield und James Nolt, »Protectionism and Internationalism«, zitiert in Panitch und Gindin, *The Making of Global Capitalism.*

11 Vincent Bevins, *Die Jakarta-Methode: Wie ein mörderisches Programm Washingtons unsere Welt bis heute prägt* (Köln: PapyRossa, 2023).

12 Fox Butterfield, »New Book on Marcos Says U.S. Knew of His ›72 Martial-Law Plans«, *New York Times*, 19. April 1987, https://www.nytimes.com/1987/04/19/world/new-book-on-marcos-says-us-knew-of-his-72-martial-law-plans.html (zuletzt aufgerufen am 23.10.2024).

13 John Sharkey, »New Doubts on Marcos‹ War Role«, *Washington Post*, 24. Januar 1986, https://www.washingtonpost.com/archive/politics/1986/01/24/new-doubts-on-marcos-war-role/40076661-fe6a-4695-88ea-1ee707e1c090/ (zuletzt aufgerufen am 23.10.2024).
14 Primitivo Mijares, *The Conjugal Dictatorship of Ferdinand and Imelda Marcos* (CreateSpace, 2016).
15 Sharkey, »New Doubts on Marcos' War Role«.
16 Siehe Mijares, *The Conjugal Dictatorship of Ferdinand and Imelda Marcos*, für einen Bericht aus erster Hand über die inneren Abläufe der Marcos-Diktatur.
17 Bevins, *Die Jakarta-Methode*.
18 Ebd.
19 Ebd.
20 Walden Bello, David Kinley und Elaine Elinson, *Development Debacle: The World Bank in the Philippines* (Oakland, CA: Institute for Food and Development Policy, 1982).
21 Walden Bello erörtert diese Ereignisse in Folge 3 meines Podcasts *Eine Welt zu gewinnen*. Grace Blakeley, »3. The Great World Bank Robbery: An Interview with Walden Bello«, *Tribune*, 2. September 2020, https://tribunemag.co.uk/2020/09/3-the-great-world-bank-robbery-an-interview-with-walden-bello (zuletzt aufgerufen am 23.10.2024).
22 Kwame Nkrumah, *Neo-Colonialism: The Last Stage of Imperialism* (London: Panaf Thomas Nelson & Sons Ltd., 1965).
23 Frantz Fanon, *Die Verdammten dieser Erde* (Berlin: Suhrkamp, 2024).
24 Nicholas Shaxson, *Poisoned Wells: The Dirty Politics of African Oil* (London: St. Martin's Publishing Group, 2007).
25 Blakeley, »3. The Great World Bank Robbery: An Interview with Walden Bello«.
26 Fanon, *Die Verdammten dieser Erde*.
27 Wladimir Lenin, *Der Imperialismus als höchstes Stadium des Kapitalismus* (München: Das Freie Buch, 2001).
28 Für eine Diskussion über den US-Imperialismus siehe Panitch und Gindin, *The Making of Global Capitalism*.
29 Klein, *Die Schock-Strategie*.
30 Panitch und Gindin, *The Making of Global Capitalism*.
31 Ebd.
32 Zitiert in Zevin, *Liberalism at Large*.
33 Ebd.
34 David Ricardo, *Über die Grundsätze der politischen Ökonomie und der Besteuerung* (Berlin: De Gruyter, 1959).
35 Wilfried Parys, »David Ricardo, the Stock Exchange, and the Battle of Waterloo: Samuelsonian Legends Lack Historical Evidence«, University of Antwerp Research Paper 2020–009 (Dezember 2020), https://repository.uantwerpen.be/docman/irua/4c1fa7/rps_2020_009_pdf.pdf (zuletzt aufgerufen am 23.10.2024).

36 In einem Lehrbuch wird die Theorie anhand des Beispiels der Individuen – Matt und Kim – vorgestellt, die auf einer abgelegenen Insel gestrandet sind und nur zwei mögliche Nahrungsquellen haben, nämlich Kokosnüsse und Fisch. Kim ist sowohl beim Fischen als auch bei der Nahrungssuche nach Kokosnüssen besser – sie kann in kürzerer Zeit mehr von beidem produzieren als Matt. Die merkantilistische Philosophie würde nahelegen, dass Kim aufgrund ihres absoluten Vorteils gegenüber Matt besser dran wäre, wenn sie beide Aufgaben für sich selbst erledigen und niemals mit Matt handeln würde. Wenn man die Idee der Opportunitätskosten berücksichtigt, kann man zeigen, dass beide Parteien besser dran wären, wenn sie sich auf die Produktion einer Ware spezialisieren und miteinander handeln würden. Die Opportunitätskosten sind die Kosten, die entstehen, wenn man eine Option einer anderen vorzieht: Wenn Kim sich nur für die Produktion von Kokosnüssen entscheiden würde, wären die Opportunitätskosten die Anzahl der Fische, die sie in der gleichen Zeitspanne hätte fangen können. Kim kann zwar mehr Kokosnüsse und Fische produzieren als Matt, aber wenn Sie die Opportunitätskosten für die Zeit, die sie für beide Aktivitäten aufwenden würde, berücksichtigen und mit der Situation vergleichen, in der beide Parteien mehr Zeit für die Produktion des Gutes aufwenden, für das sie die geringeren Opportunitätskosten haben, und miteinander handeln, erweist sich das letztere Szenario insgesamt als effizienter. Baumol, Blinder und Solow fassen die Grundlage dieses Arguments wie folgt zusammen: »Wenn jeder das tut, was er am besten kann, und dann mit anderen Handel treibt, können alle davon profitieren, weil mehr von jedem Gut produziert werden kann, ohne dass der Arbeits- und Ressourceneinsatz steigt.«* Mankiw, *Macroeconomics.*

37 Chang, *Kicking Away the Ladder.*

38 Ebd.

39 Panitch und Gindin, *The Making of Global Capitalism.*

40 David Milne, *America's Rasputin: Walt Rostow and the Vietnam War* (New York: Hill and Wang, 2009).

41 Walt Whitman Rostow, *Stadien wirtschaftlichen Wachstums: Eine Alternative zur marxistischen Entwicklungstheorie* (Göttingen: Vandenhoeck & Ruprecht, 1960).

42 Dani Rodrik, *Das Globalisierungs-Paradox.*

43 Chang, *Kicking Away the Ladder.*

44 Isabella M. Weber, *Das Gespenst der Inflation: Wie China der Schocktherapie entkam* (Berlin: Suhrkamp, 2023).

45 Marx schrieb zum ersten Mal über diese Dynamik, als er die Ungleichheiten zwischen den Städten und dem Land beobachtete. Einige Jahrzehnte später argumentierte ein anderer marxistischer Theoretiker – Bucharin –, dass »ganze Volkswirtschaften heute als ›Städte‹ erscheinen – nämlich die Industrieländer –, während ganze Agrargebiete als ›Land‹ erscheinen«.* Nikolai Bucharin, *Imperialism and World Economy.*

46 Chang, *Kicking Away the Ladder.*

47 Marx, *Das Kapital, Band I.*
48 Marx, *Das Kapital, Band I*; Bucharin, *Imperialism and World Economy.*, Marxists Internet Archive, https://www.marxists.org/deutsch/archiv/bucharin/1917/imperial/index.htm (zuletzt aufgerufen am 23.10.2024).
49 »Ein fortgeschrittenes Land ist in der Lage, seine Waren über ihrem Wert zu verkaufen.«* Bucharin, *Imperialism and World Economy.*
50 Siehe z. B. die Diskussion über den internationalen Handel in Mankiw, *Macroeconomics.*
51 Kumar, *Monopsony Capitalism*; Smith, *Imperialism in the Twenty-First Century.*
52 Siehe Bucharin, *Imperialism and World Economy*; Hilferding, *Das Finanzkapital*; und Lenin, *Der Imperialismus als höchstes Stadium des Kapitalismus.*
53 Siehe zum Beispiel Naomi Klein, *No Logo! Der Kampf der Global Players um Marktmacht: Ein Spiel mit vielen Verlierern und wenigen Gewinnern* (Frankfurt a. M.: S. Fischer, 2015).
54 Lenin, *Der Imperialismus als höchstes Stadium des Kapitalismus.*
55 Das Kapital wendet daher immer mehr Energie auf, um die staatliche Politik so zu beeinflussen, dass »der Staatsapparat nicht nur die Interessen der herrschenden Klassen im Allgemeinen verkörpert, sondern auch ihren kollektiv zum Ausdruck gebrachten Willen«: Die Regierung wird »zur obersten Führungsmacht des staatlichen kapitalistischen Trusts«, mit der Zentralbank als »›goldenem Kopf‹ des gesamten staatlichen kapitalistischen Trusts«.* Bucharin, *Imperialism and World Economy.*
56 Lenins Ergänzung zu Bucharins Argumenten liegt in seiner Analyse, wo die Superprofite landen, die durch die imperiale Expansion erwirtschaftet werden. Er argumentierte, dass diese Profite dazu verwendet werden könnten, die internationale Arbeiterklasse zu spalten, indem im Globalen Norden eine »Arbeiteraristokratie« geschaffen wird, der überdurchschnittlich hohe Löhne gezahlt werden könnten, um sie zu »bestechen« und weit verbreitete soziale Unruhen zu verhindern. Er schrieb: »Der Kapitalismus ist zu einem Weltsystem kolonialer Unterdrückung und finanzieller Erdrosselung der übergroßen Mehrheit der Bevölkerung der Erde durch eine Handvoll ›fortgeschrittener‹ Länder geworden. Und in diese ›Beute‹ teilen sich zwei, drei weltbeherrschende, bis an die Zähne bewaffnete Räuber (Amerika, England, Japan), die die ganze Welt in *ihren* Krieg um die Teilung *ihrer* Beute mit hineinreißen.« Lenin, *Der Imperialismus als höchstes Stadium des Kapitalismus.*
57 Tepper und Hearn, *The Myth of Capitalism.*
58 Ebd.
59 Joseph L. Love, »Raul Prebisch and the Origins of the Doctrine of Unequal Exchange«, *Latin American Economic Review* 15, no. 3 (1980), S. 45–72.
60 Edgar J. Dosman, »Raul Prebisch and the XXIst Century Development Challenges«, United Nations Economic Commission for Latin America and the Caribbean, 2012, https://archivo.cepal.org/pdfs/PortalPrebisch/PrebischporDosman.pdf (zuletzt aufgerufen am 23.10.2024).

61 Raúl Prebisch, *The Economic Development of Latin America and Its Principal Problems* (New York: United Nations, 1949).
62 Die von Prebisch und Hans Singer entwickelte Prebisch-Singer-Hypothese formalisierte diese Beobachtung, indem sie feststellte, dass mit der Entwicklung des kapitalistischen Systems eine systematische Tendenz zum Preisverfall von Primärgütern im Verhältnis zu den Preisen von Industriegütern besteht.
63 Immanuel Wallerstein, *Welt-System-Analyse: Eine Einführung* (Wiesbaden: Springer VS, 2019); Paul A. Baran, *Politische Ökonomie des wirtschaftlichen Wachstums* (Neuwied a. Rhein/Berlin: Luchterhand, 1966).
64 Wallerstein, *Welt-System-Analyse.*
65 Zak Cope, *The Wealth of (Some) Nations* (London: Pluto Press, 2019).
66 Walter Rodney, *Wie Europa Afrika unterentwickelte* (Berlin: Manifest Verlag, 2023).
67 Smith, *Imperialism in the Twenty-First Century.*
68 Peter Chapman, *Bananas: How the United Fruit Company Shaped the World* (London: Canongate Books, 2022).
69 Richard H. Immerman, *The CIA in Guatemala: The Foreign Policy of Intervention* (Austin: University of Texas Press, 1982).
70 United Fruit Historical Society, »Chronology«, https://www.unitedfruitcompany.com/timeline (zuletzt aufgerufen am 23.10.2024).
71 Ebd.
72 Ebd.
73 Chapman, *Bananas.*
74 Kenneth J. Grieb, »American Involvement in the Rise of Jorge Ubico«, *Caribbean Studies* 10, no. 1 (April 1970), S. 5–21, https://www.jstor.org/stable/25612190 (zuletzt aufgerufen am 23.10.2024).
75 Stephen M. Streeter, *Managing the Counterrevolution: The United States and Guatemala, 1954–1961* (Athens: Ohio University Press, 2000).
76 Ebd.
77 Ebd.
78 Bevins, *Die Jakarta-Methode.*
79 Piero Gleijeses, *Shattered Hope: The Guatemalan Revolution and the United States, 1944–1954* (Princeton, NJ: Princeton University Press, 2021).
80 Ebd.
81 Ebd.
82 Streeter, *Managing the Counterrevolution.*
83 Gleijeses, *Shattered Hope.*
84 Ebd.
85 Bevins, *Die Jakarta-Methode.*
86 Ebd.
87 Ebd.
88 Streeter, *Managing the Counterrevolution.*
89 Bevins, *Die Jakarta-Methode.*

90 Bevins schreibt, dass Armas »selbst von den konservativen Offizieren des guatemaltekischen Militärs missachtet wurde«. Bevins, *Die Jakarta-Methode*, S. 63.
91 Ebd.
92 Ebd.
93 Ebd.
94 Ebd.
95 Ebd.
96 Ebd.
97 Historical Clarification Commission, »GUATEMALA MEMORY OF SILENCE: Report of the Commission for Historical Clarification Conclusions and Recommendations«, Februar 1999, https://hrdag.org/wp-content/uploads/2013/01/CEHreport-english.pdf (zuletzt aufgerufen am 23.10.2024).
98 Ebd.
99 Christopher J. Lee (Hrsg.), *Making a World after Empire: The Bandung Moment and Its Political Afterlives* (Athens, OH: Ohio University Press, 2010).
100 Sukarno und Cindy Heller Adams, *Sukarno: An Autobiography, as Told to Cindy Adams* (Hongkong: Gunung Agung, 1966).
101 Bevins, *Die Jakarta-Methode.*
102 Leo Panitch und Sam Gindin formulieren es als »den Versuch, die nationale Selbstbestimmung und die formale Gleichheit der Staaten mit den inhärent asymmetrischen zwischenstaatlichen Beziehungen in einer kapitalistischen Weltwirtschaft in Einklang zu bringen. Dies verschleiert die neuen Realitäten des Imperiums«.* Panitch und Gindin, *The Making of Global Capitalism.*
103 »Die weniger entwickelte Welt«, schrieb Nkrumah, »wird sich nicht entwickeln durch den guten Willen oder die Großzügigkeit der entwickelten Mächte. Sie kann nur durch einen Kampf gegen die äußeren Kräfte entwickelt werden, die ein Interesse daran haben, sie unterentwickelt zu halten.«* Nkrumah, *Neo-Colonialism.*
104 Bevins, *Die Jakarta-Methode.*
105 Robert E. Elson, *Suharto: A Political Biography* (Cambridge: Cambridge University Press, 2001).
106 Bevins, *Die Jakarta Methode*, S. 273.
107 Bevins, *Die Jakarta-Methode.*
108 Bevins schreibt über »das lose Netzwerk antikommunistischer Massenmordprogramme, die von den USA organisiert bzw. unterstützt wurden« – in mindestens 22 Ländern: Argentinien, Bolivien, Brasilien, Chile, Kolumbien, Osttimor, El Salvador, Guatemala, Honduras, Indonesien, Irak, Mexiko, Nicaragua, Paraguay, die Philippinen, Südkorea, Sudan, Taiwan, Thailand, Uruguay, Venezuela und Vietnam. Bevins, *Die Jakarta-Methode.*
109 John Coatsworth, zitiert in ebd.
110 »Military spending in the United States from the fiscal year of 2000 to 2022«, Statistica, https://www.statista.com/statistics/272473/us-military-spending-from-2000-to-2012 (zuletzt aufgerufen am 23.10.2024).

111 Siehe Klein, *Die Schock-Strategie*, für eine Diskussion.
112 Ebd.
113 »Let's All Go to the Yard Sale«, *The Economist*, 25. September 2003, https://www.economist.com/middle-east-and-africa/2003/09/25/lets-all-go-to-the-yard-sale (zuletzt aufgerufen am 23.10.2024).
114 Klein, *Die Schock-Strategie*.
115 Ebd.
116 Ebd.
117 Panitch und Gindin, *The Making of Global Capitalism*.
118 »ISDS Files: Chevron v Ecuador«, War on Want, April 2019, https://waronwant.org/sites/default/files/ISDSFiles_Chevron_April2019.pdf (zuletzt aufgerufen am 23.10.2024).
119 Sharon Lerner, »How the Environmental Lawyer Who Won a Massive Judgement against Chevron Lost Everything«, *The Intercept*, 29. Januar 2020, https://theintercept.com/2020/01/29/chevron-ecuador-lawsuit-steven-donziger/ (zuletzt aufgerufen am 23.10.2024).
120 Ebd.
121 Rex Weyler, »Steven Donziger: The Man Who Stood Up to an Oil Giant, and Paid the Price«, Greenpeace, 26. Februar 2020, https://www.greenpeace.org/international/story/28741/steven-donziger-chevron-oil-amazon-contamination-injustice/ (zuletzt aufgerufen am 23.10.2024).
122 Patrick Radden Keefe, »Reversal of Fortune«, *The New Yorker*, 1. Januar 2012, https://www.newyorker.com/magazine/2012/01/09/reversal-of-fortune-patrick-radden-keefe (zuletzt aufgerufen am 23.10.2024).
123 Für eine Diskussion siehe Barak, *Unchecked Corporate Power*; T. J. Coles, *Privatized Planet: Free Trade as a Weapon against Democracy, Healthcare and the Environment* (Oxford: New Internationalist, 2019).
124 Thomas Schultz und Cedric Dupont, »Investment Arbitration: Promoting the Rule of Law or Over-empowering Investors? A Quantitative Empirical Study«, *European Journal of International Law* 25, no. 4 (November 2014), S. 1147–68, https://academic.oup.com/ejil/article/25/4/1147/385535 (zuletzt aufgerufen am 23.10.2024).
125 Lerner, »How the Environmental Lawyer Who Won a Massive Judgement against Chevron Lost Everything«.
126 Ebd.
127 Ebd.
128 Weyler, »Steven Donziger: The Man Who Stood Up to an Oil Giant, and Paid the Price«.
129 Lerner, »How the Environmental Lawyer Who Won a Massive Judgement against Chevron Lost Everything«.
130 Weyler, »Steven Donziger: The Man Who Stood Up to an Oil Giant, and Paid the Price«.
131 Ebd.

132 Lerner, »How the Environmental Lawyer Who Won a Massive Judgement against Chevron Lost Everything«.
133 Ebd.
134 Erin Brockovich, »This Lawyer Should Be World-Famous for His Battle with Chevron – but He's in Jail«, *The Guardian*, 8. Februar 2022, https://www.theguardian.com/commentisfree/2022/feb/08/chevron-amazon-ecuador-steven-donziger-erin-brockovich (zuletzt aufgerufen am 23.10.2024).
135 Lerner, »How the Environmental Lawyer Who Won a Massive Judgement against Chevron Lost Everything«.
136 Brockovich, »This Lawyer Should Be World-Famous for His Battle with Chevron – but He's in Jail«.
137 Ebd.
138 Lerner, »How the Environmental Lawyer Who Won a Massive Judgement Against Chevron Lost Everything«.
139 Brockovich, »This Lawyer Should Be World-Famous for His Battle with Chevron – but He's in Jail«.
140 War on Want, »ISDS Files: Chevron v Ecuador«.
141 Barak, *Unchecked Corporate Power.*
142 »A World Court for Corporations: How the EU Plans to Entrench and Institutionalize Investor-State Dispute Settlements«, Rosa-Luxemburg-Stiftung Büro Brüssel, 2017.
143 Ebd.
144 »Investor-State Dispute Settlement: The Arbitration Game«, *The Economist*, 11. Oktober 2014.
145 Rosa-Luxemburg-Stiftung, »A World Court for Corporations: How the EU Plans to Entrench and Institutionalize Investor-State Dispute Settlements«.
146 Quinn Slobodian, *Globalisten: Das Ende der Imperien und die Geburt des Neoliberalismus* (Berlin: Suhrkamp, 2019).
147 »Das internationale Recht wird von einem pluralistischen Konglomerat globaler Verwalter gemacht … als Mitglieder einer bestimmten Klasse, der globalen Kapitalistenklasse.«* Baars, *The Corporation, Law and Capitalism.*
148 Stiglitz, *Die Schatten der Globalisierung.*
149 Jamie Martin, *The Meddlers: Sovereignty, Empire, and the Birth of Global Economic Governance* (Cambridge, MA: Harvard University Press, 2022).
150 Leo Panitch und Sam Gindin, »The Current Crisis: A Socialist Perspective«, *Studies in Political Economy*, 83, Nr. 1 (März 2016), S. 7–31, https://doi.org/10.1080/19187033.2009.11675054 (zuletzt aufgerufen am 23.10.2024).
151 Dylan Matthews, »How the Fed Ended the Last Great American Inflation – and How Much It Hurt«, *Vox*, 13. Juli 2022, https://www.vox.com/future-perfect/2022/7/13/23188455/inflation-paul-volcker-shock-recession-1970 s (zuletzt aufgerufen am 23.10.2024).
152 »Im Grunde ging es beim Volcker-Schock nicht so sehr darum, die richtige

Geldpolitik zu finden, sondern das Gleichgewicht der Klassenkräfte in der amerikanischen Gesellschaft zu verschieben.«* Panitch und Gindin, *The Making of Global Capitalism.*

153 Stiglitz, *Die Schatten der Globalisierung.*

154 Bello et al., *Development Debacle: The World Bank in the Philippines.*

155 Klein, *Die Schock-Strategie.*

156 Stiglitz, *Die Schatten der Globalisierung.*

157 Ebd.

158 Coles, *Privatized Planet.*

159 Stiglitz, *Die Schatten der Globalisierung.*

160 Siehe Shaxson, *Schatzinseln.*

161 Panitch und Gindin, *The Making of Global Capitalism.*

162 Siehe Shaxson, *Schatzinseln.*

163 Davison Budhoo, zitiert in Klein, *Die Schock-Strategie.*

164 Macleans A. Geo-Jaja und Garth Mangum, »Structural Adjustment as an Inadvertant Enemy of Human Development in Africa«, *Journal of Black Studies* 32, no. 1 (September 2001), S. 30–49, https://www.jstor.org/stable/2668013 (zuletzt aufgerufen am 23.10.2024); Sarah Bracking, »Structural Adjustment: Why It Wasn't Necessary & Why It Did Work«, *Review of African Political Economy* 26, Nr. 80 (Juni 1999), S. 207–26, https://www.jstor.org/stable/4006560 (zuletzt aufgerufen am 23.10.2024).

165 National Bureau of Economic Research, »The Economic Decline in Africa«, *The Digest,* Nr. 1 (Januar 2004), https://www.nber.org/digest/jan04/economic-decline-africa (zuletzt aufgerufen am 23.10.2024).

166 Siehe zum Beispiel Timon Forster, Alexander Kentikelenis, Bernhard Reinsberg, Thomas Stubbs und Lawrence King, »How Structural Adjustment Programs Affect Inequality: A Disaggregated Analysis of IMF Conditionality, 1980–2014«, *Social Science Research* 80 (Mai 2019), S. 83–113, https://doi.org/10.1016/j.ssresearch.2019.01.001 (zuletzt aufgerufen am 23.10.2024).

167 Stiglitz, *Die Schatten der Globalisierung.*

168 Chang, *Kicking Away the Ladder.*

169 Stiglitz, *Die Schatten der Globalisierung.*

170 Ebd.

171 Anup Shah, »Structural Adjustment – a Major Cause of Poverty«, *Global Issues,* 24. März 2013, https://www.globalissues.org/article/3/structural-adjustment-a-major-cause-of-poverty (zuletzt aufgerufen am 23.10.2024).

172 Suk-Man Hwang und Yun-Chin Lim, »The Political Economy of South Korean Structural Adjustment: Reality and Facade«, *African and Asian Studies* 1, no. 2 (August 2002), S. 87–112, https://www.researchgate.net/publication/249600077_The_Political_Economy_of_South_Korean_Structural_Adjustment_Reality_and_Facade, DOI:10.1163/15 692 090 260 218 441 (zuletzt aufgerufen am 23.10.2024).

173 Stiglitz, *Die Schatten der Globalisierung.*

174 Hwang und Lim, »The Political Economy of South Korean Structural Adjustment«.

175 Stiglitz, *Die Schatten der Globalisierung.*

176 Lawrence King, »Shock Privatization: The Effects of Rapid Large-Scale Privatization on Enterprise Restructuring«, *Politics & Society* 31, Nr. 1 (März 2003), S. 3–30, https://library.fes.de/libalt/journals/swetsfulltext/15749428.pdf (zuletzt aufgerufen am 23.10.2024).

177 Adam Tooze, »Chartbook #68 Putin's Challenge to Western Hegemony – the 2022 Edition«, Chartbook, 12. Januar 2022, https://adamtooze.substack.com/p/chartbook-68-putins-challenge-to (zuletzt aufgerufen am 23.10.2024).

178 Stiglitz, *Die Schatten der Globalisierung.*

179 Panitch und Gindin, *The Making of Global Capitalism.*

180 Ferguson, *The Anti-Politics Machine.*

181 Panitch und Gindin, *The Making of Global Capitalism.*

182 Ebd.

183 Siehe Slobodian, *Globalisten*, S. 217, für eine Diskussion von Röpkes Unterstützung für die Apartheid.

184 Slobodian, *Globalisten*, S. 220.

185 Ebd.

186 Das vielleicht beste Beispiel für die »nicht-rassistischen« Argumente für die Fortführung der Apartheid in Südafrika stammt von dem britischen Ökonomen William Hutt. In seinem Buch *The Economics of the Colour Bar* griff Hutt die Apartheid als eine Form der Rent-Seeking-Methode an, die darauf abzielte, die Privilegien von Insidern vor den Übergriffen von Außenseitern zu schützen, und verglich sie mit dem »Rent-Seeking«, das von Gewerkschaften praktiziert wird. Hutt war jedoch der festen Überzeugung, dass die Einführung des allgemeinen Wahlrechts der falsche Weg für Südafrika war, und schlug stattdessen ein »gewichtetes Wahlrecht« vor, das »zunächst die Schwarzen und Weißen berücksichtigte und dann das Wahlrecht unterschiedlich auf die Wohlhabenden und die Armen aufteilte«.* William H. Hutt, *The Economics of the Colour Bar* (London: The Institute for Economics, 1964).

187 Wie Slobodian argumentiert, stimmten die Neoliberalen »der Auflösung der Kolonialreiche nach 1945 zu, allerdings nur unter der Bedingung, dass die Rechte der Kapitaleigentümer garantiert und die Nationalstaaten davon abgehalten wurden, den Strom von Geld und Gütern zu unterbinden«. Slobodian, *Globalisten*, S. 212.

188 Slobodian, *Globalisten*; Martin, *The Meddlers.*

189 Wie Slobodian es ausdrückt: »Die Reaktion der Neoliberalen … bestand [darin], sofort mit der Entwicklung von Projekten, Blaupausen und Plänen zu beginnen, und zwar nicht im nationalen, sondern im regionalen und globalen Maßstab.« Slobodian, *Globalisten*, S. 170.

190 Pistor, *Der Code des Kapitals.*

191 Slobodian, *Globalisten*.
192 Alastair Fraser und John Lungu, »For Whom the Windfalls? Winners & Losers in the Privatisation of Zambia's Copper Mines«, Civil Society Trade Network of Zambia, https://www.banktrack.org/download/for_whom_the_windfalls_/report_for_whom_the_wind_falls.pdf (zuletzt aufgerufen am 23.10.2024).
193 Ebd.
194 Ebd.
195 Ebd.
196 Lishala C. Situmbeko und Jack Jones Zulu, »Zambia: Condemned to Debt«, World Development Movement, April 2004, https://www.globaljustice.org.uk/wp-content/uploads/2015/06/zambia01042004.pdf (zuletzt aufgerufen am 23.10.2024).
197 Neo Simutanyi, »Copper Mining in Zambia: The Developmental Legacy of Privatisation«, Institute for Security Studies, 1. Juli 2008, https://issafrica.org/research/papers/copper-mining-in-zambia-the-developmental-legacy-of-privatisation (zuletzt aufgerufen am 23.10.2024).
198 Ndangwa Noyoo, »Mobilising Natural Resources for Sustainable Development: Copper Mining and Path Dependence in Zambia«, *Cadernos de Estudos Africanos*, no. 41 (Januar-Juni 2021), https://journals.openedition.org/cea/6393 (zuletzt aufgerufen am 23.10.2024).
199 Fraser und Lungu, »For Whom the Windfalls?«.
200 Ebd.
201 Simutanyi, »Copper Mining in Zambia«.
202 Fraser und Lungu, »For Whom the Windfalls?«.
203 Ebd.
204 Ebd.
205 Situmbeko und Zulu, »Zambia: Condemned to Debt«.
206 Ebd.
207 Ebd.
208 Ebd.
209 Duncan Green, »A Copper-Bottomed Crisis? The Impact of the Global Economic Meltdown on Zambia«, Oxfam Policy & Practice Discussion Paper, 22. Dezember 2009, https://policy-practice.oxfam.org/resources/a-copper-bottomed-crisis-the-impact-of-the-global-economic-meltdown-on-zambia-111973/ (zuletzt aufgerufen am 23.10.2024).
210 Caleb M. Fundanga, »The Global Economic Crisis – Zambia's Strategy to Maintain Stability«, Bemerkungen von Caleb M. Fundanga, Direktor der Bank of Zambia, bei der 4. Veranstaltung der Summer School des Eastern and Southern African Management Institute (ESAMI), Arusha, 29. bis 30. November 2009, https://www.bis.org/review/r091211c.pdf (zuletzt aufgerufen am 23.10.2024).
211 Ebd.
212 Green, »A Copper-Bottomed Crisis?«.

213 Ebd.

214 Ashley Seager, »Court Lets Vulture Fund Claw Back Zambian Millions«, *The Guardian*, 15. Februar 2007, https://www.theguardian.com/business/2007/feb/16/debt.development (zuletzt aufgerufen am 23.10.2024).

215 Ebd.

216 The Jubilee Debt Campaign, »Memorandum from the Jubilee Debt Campaign«, UK Parliament House of Commons Select Committee, Mai 2009, https://publications.parliament.uk/pa/cm200809/cmselect/cmtreasy/615/615we12.htm (zuletzt aufgerufen am 23.10.2024).

217 Makroökonomische Standardproduktionsfunktionen neigen zu der Annahme, dass eine zusätzliche Kapitaleinheit in einem Land mit einem niedrigeren Kapitalstock wertvoller ist als in einem Land mit einem höheren Kapitalstock. In einem Land mit vielen billigen Arbeitskräften und wenig Kapitalinvestitionen wird eine Erhöhung der Kapitalinvestitionen die Arbeitsproduktivität und die Produktion erheblich steigern und damit höhere Erträge erzielen als in einem Land mit relativ weniger billigen Arbeitskräften und mehr Kapital. Es ergibt daher Sinn, dass die in der reichen Welt angehäuften Gewinne im Ausland gewinnbringender investiert werden als im Inland: Unter der Annahme einer offenen Wirtschaft und unter Berücksichtigung des Risikos wird ein Investor wahrscheinlich höhere Renditen erzielen, wenn er in ein Unternehmen im Globalen Süden investiert als in eines im Globalen Norden.

218 Jason Hickel, Dylan Sullivan und Huzaifa Zoomkawala, »Plunder in the Post-Colonial Era: Quantifying Drain from the Global South Through Unequal Exchange, 1960–2018«, *New Political Economy* 26, no. 6 (März 2021), S. 1030–47, https://doi.org/10.1080/13563467.2021.1899153 (zuletzt aufgerufen am 23.10.2024).

219 Shaxson, *Schatzinseln*.

220 Siehe Blakeley, *Stolen*, für eine Erklärung dieser Dynamik.

221 Röpke argumentierte, dass die Modernisierungstheorie »einen Fetisch für die Industrialisierung exportierte, der zu einer weltweiten Inflation, der Aushöhlung der weltweiten Nahrungsmittelversorgung und der Schaffung eines globalen städtischen Proletariats« führte. Röpke, zitiert in Slobodian, *Globalisten*.

222 Panitch und Gindin, *The Making of Global Capitalism*.

223 Ebd.

224 Gary Smith, »Central Banks Are Reassessing Foreign Exchange Reserves«, Official Monetary and Financial Institutions Forum, 4. Januar 2023, https://www.omfif.org/2023/01/central-banks-are-reassessing-foreign-exchange-reserves/ (zuletzt aufgerufen am 23.10.2024).

225 Für eine Diskussion dieser Dynamik siehe David E. Spiro, *The Hidden Hand of American Hegemony: Petrodollar Recycling and International Markets* (New York: Cornell University Press, 1999).

226 Adam Tooze, *Crashed: Wie zehn Jahre Finanzkrise die Welt verändert haben* (München: Siedler, 2018).

227 Panitch und Gindin, *The Making of Global Capitalism.*
228 Ebd.
229 Ebd.

8 Der Architekt und die Biene: Wie man demokratisch plant

1 Hilary Wainwright und David Elliott, *The Lucas Plan: A New Trade Unionism in the Making?* (London: Spokesman Books, 2018).
2 Ebd.
3 Ebd., S. 84.
4 Brian Salisbury, »Story of the Lucas Plan«, A New Lucas Plan, http://lucasplan.org.uk/story-of-the-lucas-plan/ (zuletzt aufgerufen am 23.10.2024).
5 Siehe Wainwright und Elliott, *The Lucas Plan,* für eine ausführliche Diskussion des Plans.
6 Salisbury, »Story of the Lucas Plan«.
7 Wainwright und Elliott, *The Lucas Plan.*
8 Mike Press, »Architect or Bee?«, Medium, 27. September 2020, https://mikepressuk.medium.com/architect-or-bee-420de175e9c1 (zuletzt aufgerufen am 23.10.2024).
9 John Palmer, »Mike Cooley Obituary«, *The Guardian,* 17. September 2020, https://www.theguardian.com/technology/2020/sep/17/mike-cooley-obituary (zuletzt aufgerufen am 23.10.2024).
10 Mike Cooley, »Acceptance Speech«, Right Livelihood, 1981, https://rightlivelihood.org/speech/acceptance-speech-mike-cooley/ (zuletzt aufgerufen am 23.10.2024).
11 Ebd.
12 Für eine Diskussion darüber, wie der Lucas-Plan in den Geist der Neuen Linken passt, siehe Hilary Wainwright, *A New Politics from the Left* (London: John Wiley & Sons, 2018).
13 Adrian Smith, »Socially Useful Production«, STEPS Centre Working Paper 58, https://steps-centre.org/wp-content/uploads/Socially-Useful-Production.pdf.
14 Wainwright und Elliott, *The Lucas Plan.*
15 Ebd.
16 Die *Financial Times* bezeichnete den Plan als »einen der radikalsten alternativen Pläne, die je von Arbeitnehmern für ihr Unternehmen ausgearbeitet wurden«, und Mike Cooley als »äußerst wortgewandten, linksgerichteten Gewerkschafter«.* Adrian Smith, »The Lucas Plan: What Can It Tell Us about Democratising Technology Today?«, *The Guardian,* 22. Januar 2014, https://www.theguardian.com/science/political-science/2014/jan/22/remembering-the-lucas-plan-what-can-it-tell-us-about-democratising-technology-today (zuletzt aufgerufen am 23.10.2024).
17 Für eine Diskussion, siehe Blakeley, *Stolen.*

18 Mike Cooley, *Architect or Bee?: The Human Price of Technology* (London: Hogarth Press, 1987).

19 Smith, »Socially Useful Production«.

20 Panitch und Gindin, *The Making of Global Capitalism*.

21 »Lucas: Sad Decline of an Engineering Giant«, *The Lancashire Telegraph*, 2. März 2000, https://www.lancashiretelegraph.co.uk/news/6090786.lucas-sad-decline-engineering-giant/ (zuletzt aufgerufen am 23.10.2024).

22 Ebd.

23 Graham Warwick, »Goodrich to Acquire TRW Unit«, FlightGlobal, 24. Juni 2002, https://www.flightglobal.com/goodrich-to-acquire-trw-unit/43282.article (zuletzt aufgerufen am 23.10.2024).

24 Scott Malone und Paritosh Bansal, »United Tech to Buy Goodrich for $ 16.5 Billion«, Reuters, 22. September 2011, https://www.reuters.com/article/us-goodrich-unitedtechnologies-idUSTRE78L06X20110922 (zuletzt aufgerufen am 23.10.2024).

25 Adam Samson und Patti Waldmeir, »UTC Warns of Profit Hit from Boeing Production Cuts«, *Financial Times*, 23. April 2019, https://www.ft.com/content/1c426f46-65b9-11e9-a79d-04f350474d62 (zuletzt aufgerufen am 23.10.2024).

26 »United Technologies Announces Intention to Separate into Three Independent Companies; Completes Acquisition of Rockwell Collins«, Collins Aerospace, 26. November 2018, https://www.collinsaerospace.com/news/news/2018/11/united-technologies-announces-intention-to-separate (zuletzt aufgerufen am 23.10.2024).

27 »Boeing Business Jet (737 MAX)«, Collins Aerospace, https://www.collinsaerospace.com/what-we-do/industries/business-aviation/platforms/boeing/boeing-business-jet-737-max (zuletzt aufgerufen am 23.10.2024).

28 »United Technologies and Raytheon Complete Merger of Equals Transaction«, RTX, 3. April 2020, https://www.rtx.com/news/2020/04/03/united-technologies-and-raytheon-complete-merger-of-equals-transaction (zuletzt aufgerufen am 23.10.2024).

29 Smith, »Socially Useful Production«.

30 Ebd.

31 Ebd.

32 Ebd.

33 Ebd.

34 Ebd.

35 Steven Schofield, »Oceans of Work: Arms Conversion Revisited«, British American Security Information Council, Januar 2007, https://basicint.org/publications/dr-steven-schofield/2007/oceans-work-arms-conversion-revisited (zuletzt aufgerufen am 23.10.2024).

36 Ian Jack, »Trident: The British Question«, *The Guardian*, 11. Februar 2016, https://www.theguardian.com/uk-news/2016/feb/11/trident-the-british-question (zuletzt aufgerufen am 23.10.2024).

37 Julia Kollewe, »BAE Systems to Cut Nearly 2,000 UK Jobs«, *The Guardian*, 10. Oktober 2017, https://www.theguardian.com/business/2017/oct/10/bae-systems-job-cuts-eurofighter-typhoon-orders (zuletzt aufgerufen am 23.10.2024).
38 David Leigh und Rob Evans, »Secrets of Al-Yamamah«, *The Guardian*, 17. Februar 2008, https://www.theguardian.com/baefiles/page/0,,2095831,00.html (zuletzt aufgerufen am 23.10.2024).
39 Dan Sabbagh, »BAE Systems Accused of Being Party to Alleged War Crimes«, *The Guardian*, 11. Dezember 2019, https://www.theguardian.com/uk-news/2019/dec/11/bae-systems-accused-of-being-party-to-alleged-war-crimes (zuletzt aufgerufen am 23.10.2024).
40 Graeber, *Bürokratie*.
41 Edward Segal, »Public Trust Increases in Most Businesses and Industries: New Report«, *Forbes*, 18. Januar 2022, https://www.forbes.com/sites/edwardsegal/2022/01/18/public-trust-increases-in-most-businesses-and-industries-new-report/?sh=6ecdd38c3dd5 (zuletzt aufgerufen am 23.10.2024).
42 Rutger Bregman, *Im Grunde gut: Eine neue Geschichte der Menschheit* (Reinbek bei Hamburg: Rowohlt, 2021).
43 Martin Wainwright, »Author William Golding Tried to Rape Teenager, Private Papers Show«, *The Guardian*, 16. August 2009, https://www.theguardian.com/books/2009/aug/16/william-golding-attempted-rape (zuletzt aufgerufen am 23.10.2024).
44 Bregman, *Im Grunde gut*.
45 Ebd.
46 Ebd.
47 David Graeber und David Wengrow, *Anfänge: Eine neue Geschichte der Menschheit* (Stuttgart: Klett-Cotta, 2022).
48 Für eine ausführliche Diskussion siehe Chloe Koffman, »Remembering Australia's Green Bans«, *Tribune*, 29. März 2021, https://tribunemag.co.uk/2021/03/remembering-australias-green-bans (zuletzt aufgerufen am 23.10.2024).
49 Ebd.
50 Wendy Bacon, »Jack Mundey Was an Australian Hero Who Saved Sydney from the Bulldozers and Shaped a Generation of Activists«, *The Guardian*, 11. Mai 2020, https://www.theguardian.com/commentisfree/2020/may/12/jack-mundey-was-an-australian-hero-who-saved-sydney-from-the-bulldozers-and-shaped-a-generation-of-activists (zuletzt aufgerufen am 23.10.2024).
51 Jack Mundey, zitiert in Koffman, »Remembering Australia's Green Bans«.
52 Chloe Koffman schrieb in der Zeitschrift *Tribune*: »Die Arbeiter würden mit der Gemeinschaft zusammenstehen, wenn es darum geht, sich gegen Hochhausprojekte zu wehren, die Häuser und Nachbarschaften beeinträchtigen würden. Im Falle eines Vergehens wurden die umstrittenen Grundstücke oft physisch verteidigt, wobei Aktivisten häufig wegen Hausbesetzungen oder Widerstands gegen

Zwangsräumungen verhaftet wurden. Proteste zur Unterstützung der Verbote waren größtenteils farbenfrohe Angelegenheiten, bei denen die Menschen neue und kreative Wege fanden, um die Aufmerksamkeit der Öffentlichkeit auf die umstrittenen Standorte zu lenken, wie zum Beispiel Kranbesetzungen, Sitzstreiks und das Eindringen in die Dinnerpartys der Bauträger.«* Ebd.

53 Ebd.

54 Lee Rhiannon, »Juanita Nielsen Was Murdered for Standing Up to Sydney's Developers«, *Jacobin*, 13. Dezember 2020, https://jacobin.com/2020/12/juanita-nielsen-murder-sydney-australia-developers (zuletzt aufgerufen am 23.10.2024).

55 Michael Dulaney, »Juanita Nielsen's Suspected Murder Brought Arthur King Back to Kings Cross after His Terrifying Ordeal«, ABC News (Australia), 30. Juli 2021, aktualisiert am 12. August 2021, https://www.abc.net.au/news/2021-07-31/juanita-nielsen-murder-came-after-arthur-king-kidnapping/100332232 (zuletzt aufgerufen am 23.10.2024).

56 Rhiannon, »Juanita Nielsen Was Murdered for Standing Up to Sydney's Developers«.

57 Koffman, »Remembering Australia's Green Bans«.

58 Ebd.

59 Dan Hancox, *The Village against the World* (London: Verso, 2013).

60 Ebd.

61 Ebd.

62 Ebd.

63 Dan Hancox, »Spain's Communist Model Village«, *The Guardian*, 19. Oktober 2013, https://www.theguardian.com/world/2013/oct/20/marinaleda-spanish-communist-village-utopia (zuletzt aufgerufen am 23.10.2024).

64 Hancox, *The Village against the World.*

65 Ebd.

66 Hancox, »Spain's Communist Model Village«.

67 Hancox, *The Village against the World.*

68 Jade Spencer, »A Plan for a People's London«, *Tribune*, 16. Mai 2022, https://tribunemag.co.uk/2022/05/peoples-plan-royal-docks-london-thatcherism-glc-neoliberalism (zuletzt aufgerufen am 23.10.2024).

69 Ebd.

70 Ebd.

71 Ebd.

72 Jade Spencer, »The People's Plan for the Royal Docks«, *ERA Magazine*, 4. März 2021, https://cspace.org.uk/wp-content/uploads/2021/03/The-Peoples-Plan-for-the-Royal-Docks-%E2%80%A2-ERA-Magazine.pdf (zuletzt aufgerufen am 23.10.2024).

73 »Participatory Budgeting in Porto Alegre 1989-present«, Participedia, https://participedia.net/case/5524 (zuletzt aufgerufen am 23.10.2024).

74 »Case Study: Porto Alegre, Brazil«, Local Government Association, 12. Dezember 2016, https://www.local.gov.uk/case-studies/case-study-porto-alegre-brazil (zuletzt aufgerufen am 23.10.2024).

75 Ebd.

76 Ebd.

77 Brian Wampler, *Participatory Budgeting in Brazil: Contestation, Cooperation, and Accountability* (State College, PA: Penn State University Press, 2007).

78 Ebd.

79 Josh Lerner und Estair Van Wagner, »Participatory Budgeting in Canada: Democratic Innovations in Strategic Spaces«, The Transnational Institute, 1. Februar 2006, https://works.bepress.com/estair-vanwagner/22/download/ (zuletzt aufgerufen am 23.10.2024).

80 »Toronto Community Housing's Tenant Participation System«, Participedia, https://participedia.net/case/1120 (zuletzt aufgerufen am 23.10.2024).

81 »Participatory Budgeting«, New York City Council, Zugriff am 11. Juli 2023, https://council.nyc.gov/pb/ (zuletzt aufgerufen am 23.10.2024).

82 »Kerala People's Campaign for Decentralized Planning«, Participedia, https://participedia.net/case/35 (zuletzt aufgerufen am 23.10.2024).

83 Ebd.

84 Ebd.

85 Vyshakh T., »Bringing the State Closer to People: 25 Years of Kerala's 'People's Plan«, *Peoples Dispatch*, 19. September 2021, https://peoplesdispatch.org/2021/09/19/bringing-the-state-closer-to-people-25-years-of-keralas-peoples-plan/ (zuletzt aufgerufen am 23.10.2024).

86 Ebd.

87 Ebd.

88 Ebd.

89 Ebd.

90 Michelle B. Switzer, »Ciudad Futura: Reimagining the Left in Argentina«, NACLA, 9. März 2018, https://nacla.org/news/2018/03/09/ciudad-futura-reimagining-left-argentina (zuletzt aufgerufen am 23.10.2024).

91 Jess Scully, *Glimpses of Utopia: Real Ideas for a Fairer World* (Sydney: Pantera Press, 2020).

92 Ebd.

93 Ebd.

94 Ebd.

95 Switzer, »Ciudad Futura«.

96 Kate Shea Baird, »How to Build a Movement-Party: Lessons from Rosario's Future City«, openDemocracy, 15. November 2016, https://www.opendemocracy.net/en/democraciaabierta/how-to-build-movement-party-lessons-from-rosario-s-future-city/ (zuletzt aufgerufen am 23.10.2024).

97 Zum Hintergrund siehe Roger Boyes, *Meltdown Iceland: How the Global Financial Crisis Bankupted an Entire Country* (New York: Bloomsbury, 2010).

98 »Better Reykjavik: Iceland's Online Participation Platform«, Participedia, https://participedia.net/case/5320 (zuletzt aufgerufen am 23.10.2024).

99 Robert Bjarnason, »Better Reykjavik«, Civil Service Policy Lab, Open Policy, 15. Oktober 2014, https://openpolicy.blog.gov.uk/2014/10/15/better-reykjavik/ (zuletzt aufgerufen am 23.10.2024).

100 Participedia, »Better Reykjavik: Iceland's Online Participation Platform«.

101 Ebd.

102 Ebd.

103 »Decidim: Participatory Budgeting in Barcelona«, Participedia, https://participedia.net/case/7425 (zuletzt aufgerufen am 23.10.2024).

104 Kali Akuno, »The Jackson-Kush Plan: The Struggle for Black Self-Determination and Economic Democracy«, *Monthly Review Online*, Juli 2020, https://mronline.org/wp-content/uploads/2020/07/Jackson-KushPlan.pdf (zuletzt aufgerufen am 23.10.2024).

105 »Die Wurzeln unseres Versammlungsmodells gehen auf die spirituellen Kreise oder Gebetskreise zurück, die von versklavten Afrikanern – oft heimlich – organisiert wurden, um ihre Menschlichkeit zum Ausdruck zu bringen, Gemeinschaft aufzubauen und zu erhalten, ihren Geist zu stärken und Widerstand zu organisieren. Dieses Instrument fand in Mississippi mit der Organisation von ›Negro Peoples Conventions‹ zu Beginn der Ära der Reconstruction seinen öffentlichen Ausdruck, um autonome Aktionsprogramme zur Verwirklichung der Freiheit zu entwickeln – so wie es die Schwarzen selbst wünschten – und um ihr Verhältnis zur Union zu bestimmen.«* Ebd.

106 Akuno sah es als notwendig an, innerhalb und um die staatlichen Institutionen herum zu arbeiten, sowohl um »die repressive Macht des Staates zu negieren« als auch um eine breitere Plattform für »die Wiederherstellung ›der Allmende‹, [die Schaffung] von mehr öffentlichen Versorgungseinrichtungen … und die demokratische Umgestaltung der Wirtschaft« zu schaffen.* Ebd.

107 Renuka Rayasam, »How a ›Radical‹ Southern Mayor Ran Up Against Reality«, *Politico*, 31. März 2021, https://www.politico.com/news/magazine/2021/03/31/chokwe-antar-lumumba-jackson-progressives-478380 (zuletzt aufgerufen am 23.10.2024).

108 Weitere Informationen über diese Organisationen finden Sie auf der Website von Cooperation Jackson, https://cooperationjackson.org/ (zuletzt aufgerufen am 23.10.2024).

109 Bertie Russell, »Jackson Rising«, openDemocracy, 13. September 2018, https://www.opendemocracy.net/en/jackson-rising/ (zuletzt aufgerufen am 23.10.2024).

110 Ebd.

111 »What Is Community Wealth Building?«, Centre for Local Economic Strategies, https://cles.org.uk/community-wealth-building/what-is-community-wealth-building/ (zuletzt aufgerufen am 23.10.2024).

112 Für weitere Informationen siehe Matthew Brown und Rhian Jones, *Paint Your*

Town Red: How Preston Took Back Control and Your Town Can Too (London: Repeater Books, 2021); Centre for Local Economic Strategies, »What Is Community Wealth Building?«.

113 Matthew Brown, »Preston Is Putting Socialist Policies into Practice«, *Tribune*, 20. Januar 2022, https://tribunemag.co.uk/2022/01/community-wealth-building-preston-trade-unions-labour-party (zuletzt aufgerufen am 23.10.2024).

114 Der folgende Text ist mit Genehmigung aus einem Artikel entnommen, den ich 2022 für die *Tribune* geschrieben habe. Grace Blakeley, »›It's Not Rocket Science – It's Just Community‹: Radical Ffestiniog«, 9. November 2022.

9 Taking Back Control: Demokratische Planung im Großmaßstab

1 Seymour M. Hersh, »C. I. A. Chief Tells House of $ 8-Million Campaign against Allende in '70–'73«, *New York Times*, 8. September 1974, https://www.nytimes.com/1974/09/08/archives/cia-chief-tells-house-of-8million-campaign-against-allende-in-7073.html (zuletzt aufgerufen am 23.10.2024).

2 Eden Medina, *Cybernetic Revolutionaries: Technology and Politics in Allende's Chile* (Cambridge, MA: MIT Press, 2014).

3 »Chile: The Popular Unity's Programme«, The Róbinson Rojas Archive, https://www.rrojasdatabank.info/programm.htm (zuletzt aufgerufen am 23.10.2024).

4 Ebd.

5 Sara K. Tedeschi, Theodore M. Brown und Elizabeth Fee, »Salvador Allende: Physician, Socialist, Populist, and President«, *American Journal of Public Health* 93, Nr. 12 (Dezember 2003), S. 2014–15, https://ajph.aphapublications.org/doi/full/10.2105/AJPH.93.12.2014 (zuletzt aufgerufen am 23.10.2024).

6 Ebd.

7 James W. McGuire, *Wealth, Health, and Democracy in East Asia and Latin America* (Cambridge: Cambridge University Press, 2010).

8 Ebd.

9 Ebd.

10 Ebd.

11 Peter A. Goldberg, »The Politics of the Allende Overthrow in Chile«, *Political Science Quarterly* 90, Nr. 1 (Frühjahr 1975), S. 93–116.

12 Ebd.

13 Medina, *Cybernetic Revolutionaries.*

14 Felipe Larrain und Patricio Meller, »The Socialist-Populist Chilean Experience, 1970–1973«, in Rudiger Dornbusch und Sebastian Edwards (Hrsg.), *The Macroeconomics of Populism in Latin America* (Chicago: University of Chicago Press, 1991), http://www.nber.org/chapters/c8301 (zuletzt aufgerufen am 23.10.2024).

15 Markos Mamalakis, »Income Redistribution in Chile under Salvador Allende«, University of Wisconsin-Milwaukee, Department of Economics, 10. August 1973, https://pdf.usaid.gov/pdf_docs/PNAAA696.pdf (zuletzt aufgerufen am 23.10.2024).

16 Medina, *Cybernetic Revolutionaries.*

17 Ebd.

18 Ebd.

19 Ebd.

20 Ebd.

21 Ebd.

22 Ebd.

23 Ebd.

24 Wie Eden Medina in seinem Buch zu diesem Thema erklärt, funktionierte das System folgendermaßen: »Die Beteiligten nutzten die Fernschreiber in ihren Unternehmen, um Produktionsdaten an den Fernschreiber der National Computer Corporation zu senden. Chilenische Computerexperten lochten dann die Daten auf Karten und speisten sie in den Großrechner ein. Auf dem Computer liefen statistische Softwareprogramme, die die neuen Daten mit den zuvor gesammelten Daten verglichen und nach signifikanten Abweichungen suchten. Wenn das Programm eine solche Abweichung feststellte, alarmierte es die Computerbediener, die die Daten über das Fernschreibnetz an CORFO und die betroffenen Vermittler schickten … CORFO kommunizierte mit den Interventen, um die Situation besser zu verstehen und das Problem zu lösen, falls es eines gab.«* Ebd.

25 Ebd.

26 Ralph Miliband, *Parliamentary Socialism: A Study in the Politics of Labour* (London: Merlin, 1972).

27 Siehe Strike Debt!, https://strikedebt.org/ (zuletzt aufgerufen am 23.10.2024).

28 Siehe »Rolling Jubilee Student Debt Buy«, Strike Debt!, https://strikedebt.org/debtbuy4/ (zuletzt aufgerufen am 23.10.2024).

29 Siehe Debt Collective, https://debtcollective.org/ (zuletzt aufgerufen am 23.10.2024).

30 Suzanne Goldenberg, »Thousands Protest at the White House against Keystone XL Pipeline«, *The Guardian*, 6. November 2011, https://www.theguardian.com/environment/2011/nov/07/keystone-xl-pipeline-protest-white-house (zuletzt aufgerufen am 23.10.2024).

31 Brad Plumer, »The Keystone XL Pipeline Is Dead. Here's Why Obama Rejected It«, *Vox*, 7. November 2015, https://www.vox.com/2015/11/6/9681340/obama-rejects-keystone-pipeline (zuletzt aufgerufen am 23.10.2024).

32 Sandra Laville und Jonathan Watts, »Across the Globe, Millions Join Biggest Climate Protest Ever«, *The Guardian*, 20. September 2019, https://www.theguardian.com/environment/2019/sep/21/across-the-globe-millions-join-biggest-climate-protest-ever (zuletzt aufgerufen am 23.10.2024).

33 Damian Carrington, »Climate Crisis Affects How Majority Will Vote in UK Election-Poll«, *The Guardian*, 30. Oktober 2019, https://www.theguardian.com/

environment/2019/oct/30/climate-crisis-affects-how-majority-will-vote-in-uk-election-poll (zuletzt aufgerufen am 23.10.2024).

34 »Crisis in the Brazilian Amazon«, Human Rights Watch, 19. April 2022, https://www.hrw.org/news/2022/04/19/crisis-brazilian-amazon (zuletzt aufgerufen am 23.10.2024).

35 Elizabeth Partsch, »Thousands in Brazil Protest against Anti-environmental Laws«, Impakter, 12. März 2022, https://impakter.com/brazil-deforestation-anti-environmental-laws-indigenious/ (zuletzt aufgerufen am 23.10.2024).

36 Siehe z. B. London Edinburgh Weekend Return Group, *In and Against the State* (London: Pluto Press, 1980).

37 Akuno, »The Jackson-Kush Plan«.

38 Für einen Überblick über die gewerkschaftsfeindlichen Gesetze, die in den 1980er-Jahren in verschiedenen Ländern eingeführt wurden, siehe Internationale Arbeitsorganisation, *World Labour Report: 1997–98: Industrial Relations, Democracy and Social Stability* (Genf: Internationale Arbeitsorganisation, 1997), https://labordoc.ilo.org/discovery/fulldisplay?vid=41ILO_INST:41ILO_V2&search_scope=ALL_ILO&tab=ALL_ILO&docid=alma993225273402676&context=L (zuletzt aufgerufen am 23.10.2024).

39 Isabelle Ferreras, Julie Battilana und Dominique Meda, *Die Demokratisierung der Arbeit: Ein Plädoyer zur Reorganisation unserer Wirtschaft* (Bielefeld: transcript, 2025).

40 Rebecca Gumbrell-McCormick und Richard Hyman, »Democracy in Trade Unions, Democracy through Trade Unions?«, *Economic and Industrial Democracy* 40, no. 1 (August 2018), https://doi.org/10.1177/0143831X18780327 (zuletzt aufgerufen am 23.10.2024).

41 Kyle Lewis und Will Stronge, *Overtime: Why We Need a Shorter Working Week* (London: Verso, 2021).

42 Siehe 4 Day Week, https://www.4dayweek.co.uk/ (zuletzt aufgerufen am 23.10.2024).

43 Siehe z. B. Katharine Miller, »Radical Proposal: Universal Basic Income to Offset Job Losses Due to Automation«, Stanford University Human-Centered Artificial Intelligence, 20. Oktober 2021, https://hai.stanford.edu/news/radical-proposal-universal-basic-income-offset-job-losses-due-automation (zuletzt aufgerufen am 23.10.2024).

44 Siehe zum Beispiel The Labour Party, »Universal Basic Services: The Right to a Good Life«, https://labour.org.uk/wp-content/uploads/2019/09/12730_19-Universal-Basic-Services_v5.pdf (zuletzt aufgerufen am 23.10.2024).

45 Siehe z. B. Mathew Lawrence und Thomas Hanna, »Ownership Futures: Towards Democratic Public Ownership in the 21st Century«, Common Wealth, 2. November 2020, https://www.common-wealth.co.uk/publications/ownership-futures-towards-democratic-public-ownership-in-the-twenty-first-century (zuletzt aufgerufen am 23.10.2024).

46 »When We Own It: A Model for Public Ownership in the 21st Century«,

We Own It, Mai 2019, https://weownit.org.uk/sites/default/files/attachments/When%20We%20Own%20It%20-%202%20page%20summary.pdf (zuletzt aufgerufen am 23.10.2024).

47 »Alternative Models of Ownership«, https://labour.org.uk/wp-content/uploads/2017/10/Alternative-Models-of-Ownership.pdf (zuletzt aufgerufen am 23.10.2024).

48 James Muldoon, *Platform Socialism: How to Reclaim Our Digital Future from Big Tech* (London: Verso, 2022).

49 Siehe https://platform.coop (zuletzt aufgerufen am 23.10.2024).

50 Akuno, »The Jackson-Kush Plan«.

51 Mathew Lawrence, Andrew Pendleton und Sara Mahmoud, »Co-operatives Unleashed: Doubling the Size of the UK's Co-operative Sector«, New Economics Foundation, 3. Juli 2018, https://neweconomics.org/2018/07/co-operatives-unleased (zuletzt aufgerufen am 23.10.2024).

52 Mio Tastas Viktorsson und Saoirse Gowan, »Revisiting the Meidner Plan«, *Jacobin*, 22. August 2017, https://jacobin.com/2017/08/sweden-social-democracy-meidner-plan-capital (zuletzt aufgerufen am 23.10.2024).

53 Mathew Lawrence und Loren King, »Examining the Inclusive Ownership Fund«, Common Wealth, 13. November 2019, https://www.common-wealth.co.uk/publications/examining-the-inclusive-ownership-fund (zuletzt aufgerufen am 23.10.2024).

54 Siehe z. B. Jim Pickard, »UK's Labour Would Seize £ 300bn of Company Shares«, *Financial Times*, 1. September 2019, https://www.ft.com/content/dc17d7ee-ccab-11e9-b018-ca4456540ea6 (zuletzt aufgerufen am 23.10.2024).

55 Isabelle Ferreras, Julie Battilana und Dominique Meda, *Die Demokratisierung der Arbeit*.

56 Siehe z. B. Pickard, »UK's Labour Would Seize £ 300bn of Company Shares«.

57 Michael A. McCarthy, »The Politics of Democratizing Finance: A Radical View«, *Politics & Society* 47, no. 4 (Dezember 2019), S. 611–33, https://doi.org/10.1177/0032329219878990 (zuletzt aufgerufen am 23.10.2024); Fred Block und Robert Hockett, *Democratizing Finance: Restructuring Credit to Transform Society* (London: Verso, 2022).

58 Christine Berry und Laurie MacFarlane, »A New Public Banking System: A Report to the Labour Party Commissioned by the Communication Workers Union and the Democracy Collaborative«, The Labour Party, https://labour.org.uk/wp-content/uploads/2019/03/Building-a-new-public-banking-ecosystem.pdf (zuletzt aufgerufen am 23.10.2024).

59 Mariana Mazzucato und Caetano Penna, »The Rise of Mission-Oriented State Investment Banks: The Cases of Germany's KfW and Brazil's BNDES«, SWPS 2015–26, 16. September 2015, http://dx.doi.org/10.2139/ssrn.2744613 (zuletzt aufgerufen am 23.10.2024).

60 McCarthy, »The Politics of Democratizing Finance: A Radical View«.

61 Blakeley, *Stolen*. Die britische Denkfabrik Common Wealth hat diesen Vorschlag später in ihrem Bericht aufgegriffen: Adrienne Buller, Chris Hayes und Mathew Lawrence, »Asset Manager Capitalism: Where Next?«, Common Wealth, 21. Juni 2022, https://www.common-wealth.co.uk/publications/asset-manager-capitalism-where-next (zuletzt aufgerufen am 23.10.2024).

62 Richard S. Katz und Peter Mair, »The Cartel Party Thesis: A Restatement«, *Perspectives on Politics* 7, no. 4 (Dezember 2009), S. 753–66, https://www.jstor.org/stable/40407077 (zuletzt aufgerufen am 23.10.2024).

63 Peter Mair, *Ruling the Void: The Hollowing Out of Western Democracy* (London: Verso, 2013).

64 OECD (Grafik), »In most OECD countries there has been a decline in electoral participation: Voter turnout in latest parliamentary election, early 1990 s and late 2010 s, percentage of the voting age population«, in: *Society at a Glance 2019: OECD Social Indicators* (OECD Publishing: Paris, 2019), https://doi.org/10.1787/907b3eb1-en (zuletzt aufgerufen am 23.10.2024).

65 Yascha Mounk und Roberto Stefan Foa, »Confidence in Democracy Is at a Low Point«, *The Atlantic*, 29. Januar 2020, https://www.theatlantic.com/ideas/archive/2020/01/confidence-democracy-lowest-point-record/605686/ (zuletzt aufgerufen am 23.10.2024).

66 »Freedom in the World 2021: Democracy under Siege«, Freedom House, https://freedomhouse.org/report/freedom-world/2021/democracy-under-siege (zuletzt aufgerufen am 23.10.2024).

67 David M. Woodruff, »To Democratize Finance, Democratize Central Banking«, *Politics & Society* 47, no. 4 (November 2019), https://doi.org/10.1177/0032329219879275 (zuletzt aufgerufen am 23.10.2024).

68 »Influence of Big Money«, Brennan Center for Justice, https://www.brennancenter.org/issues/reform-money-politics/influence-big-money (zuletzt aufgerufen am 23.10.2024).

69 Katz und Mair, »The Cartel Party Thesis: A Restatement«.

70 Das deutsche System der gemischten Repräsentation erreicht beide Ziele und bleibt dabei ziemlich proportional.

71 Cristina Flesher Forminaya, »Between Movement and Party: The Case of Podemos«, in: Grace Blakeley (Hrsg.), *Futures of Socialism: The Pandemic and the Post-Corbyn Era* (London: Verso, 2020).

72 Siehe zum Beispiel James Tilley und Geoffrey Evans, *The New Politics of Class: The Political Exclusion of the British Working Class* (Oxford: Oxford University Press, 2017).

73 »Honest Accounts 2017 – How the World Profits from Africa's Wealth«, Global Justice Now, 24. Mai 2017, https://www.globaljustice.org.uk/resource/honest-accounts-2017-how-world-profits-africas-wealth/ (zuletzt aufgerufen am 23.10.2024).

74 Kevin P. Gallagher und Richard Kozul-Wright, *The Case for a New Bretton Woods* (London: Wiley, 2022).

75 Ebd.

76 Ein faszinierendes Beispiel für die zentrale Rolle der brasilianischen Arbeiter in den Kampagnen für die gewerkschaftliche Organisierung in der Gig Economy in Großbritannien finden Sie in Callum Cant, *Riding for Deliveroo: Resistance in the New Economy* (London: Wiley, 2019).

77 Karl Marx, *Grundrisse der Kritik der politischen Ökonomie* (Frankfurt a. M.: Europäische Verlagsanstalt, 1975).

78 Für eine Diskussion dieser Ideen siehe David Harvey, »We Need a Collective Response to the Collective Dilemma of Coronavirus«, *Jacobin*, 24. April 2020, https://jacobin.com/2020/04/david-harvey-coronavirus-pandemic-capital-economy (zuletzt aufgerufen am 23.10.2024).

---

* Die mit Sternchen markierten Textstellen sind keine Zitate, sondern von den Übersetzern selbst übersetzte Texte, die Quellen verweisen auf die englische Originalausgabe. Außerdem weisen Zitate ohne Seitenangabe daraufhin, dass es sich hierbei ebenfalls um für diese Ausgabe eigens übersetzte Textstellen handelt.